摇曳的名分

明代礼制简史

陈士银——著

浙江古籍出版社

图书在版编目（CIP）数据

摇曳的名分：明代礼制简史 / 陈士银著 .-- 杭州：浙江古籍出版社，2021.10

ISBN 978-7-5540-1945-0

Ⅰ . ①摇… Ⅱ . ①陈… Ⅲ . ①礼仪—制度—研究—中国—明代 Ⅳ . ① K892.9

中国版本图书馆 CIP 数据核字（2021）第 023363 号

摇曳的名分：明代礼制简史

陈士银　著

出版发行　浙江古籍出版社

（杭州体育场路 347 号　电话：0571-85068292）

网　　址　https://zjgj.zjcbcm.com

责任编辑　石　梅

责任校对　张顺洁

责任印务　楼浩凯

照　　排　浙江时代出版服务有限公司

印　　刷　浙江新华印刷技术有限公司

开　　本　880mm × 1230mm　1/32

印　　张　17.625

插　　页　6

字　　数　420 千字

版　　次　2021 年 10 月第 1 版

印　　次　2021 年 10 月第 1 次印刷

书　　号　ISBN 978-7-5540-1945-0

定　　价　88.00 元

· 明代　佚名《明太祖朱元璋坐像图轴》

公元 *1368* 年的这一天，应天府城南郊，人山人海。军队进入一级戒备，文武百官一片肃穆。中国历史上第一位农民出身的皇帝应运而生。朱元璋即皇帝位，明朝正式建国，年号洪武。

· 孔府旧藏五梁冠

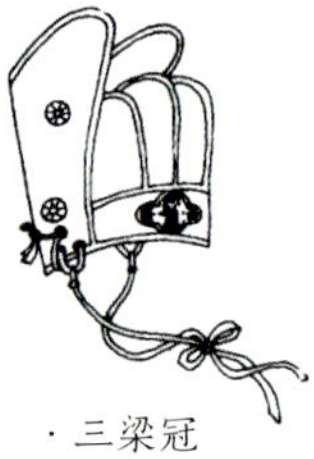

· 三梁冠

· 四梁冠

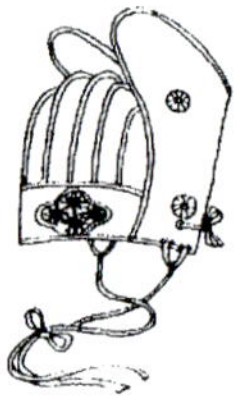

· 五梁冠

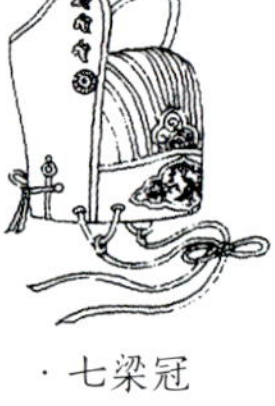

· 七梁冠

农历十一月冬至，天寒地冻。一群文武大臣按照品级头戴梁冠，正从一品官戴七梁冠，二品六梁冠，三品五梁，四品四梁，五品三梁，统一穿着青罗衣，手捧着笏版……庄严肃穆地走向圜丘。

· 明代　商喜《宣宗行乐图》

在接下来的岁月里，宣宗皇帝没有辜负祖宗的希望，在杨士奇、杨荣等贤良大臣的辅佐下，成为明朝历史上第一个太平天子。在位十年间，他延续乃父的惠政，打造出明朝第一个盛世“仁宣之治”。

那么，有没有一种方法消除老虎吃人的危机？答案是肯定的。那就是趁着老虎还是幼崽时进行驯化，即便不能驯化到对百姓唯命是从的地步，也至少让老虎勿以百姓为捕食对象。

· 明代　朱端《弘农渡虎图》

中国古人认为，如果地方官勤政为民，德行所至，就可以感化老虎，让老虎都逃到其他地方。

接到父亲去世的噩耗后，杨慎获准到四川新都老家奔丧。此后，他以罪犯的身份往来奔波于西南边陲……他最终没能免于木梗之患，成为客死他乡的一缕孤魂。

·明代　陈洪绶《升庵簪花图》

杨慎号升庵，此图以夸张的笔法描绘出杨慎在流放云南期间放荡不羁、独具一格的文人风骨。

三年前，朱厚熜陪着母后专程到京城昌平的天寿山谒陵。此行的目的表面上是祭拜列祖列宗，实际目的无非有二：一是为朱厚熜自己寻找合适的陵墓，二是为日薄西山的母后确定葬处。

·明代　佚名《入跸图》（局部）

此图用宏大的篇幅描绘了明代皇帝（一说明世宗，一说明神宗）到京城北郊天寿山谒陵后由水路还宫的盛大景象。

崇祯十四年（1641）八月，重修后的太学焕然一新。依照太祖高皇帝的榜样，朱由检主动提出亲自参加释奠礼。

·清代　佚名《雍正临雍图》（局部）

明代君主临幸国子监的图像已不可寻，从清代雍正帝到国子监讲学的图像中，我们也不难想象当时的壮观景象。

逮于嘉靖后期，俺答侵扰于北，倭寇肆虐于南，明王朝疲于应对，苦不堪言。在俺答接受明朝册封顺义王之后，明王朝的北疆危机大为减轻。此时，倭寇问题成为横亘在大明和日本之间的障碍，悬而未决。

· 明代　仇英《抗倭图卷》（局部）

目　录

前　言

（一）

公元1397年，夏日炎炎，年迈的洪武帝在《御制大明律序》中如是写道："朕有天下，仿古为治，明礼以导民，定律以绳顽，刊著为令，行之已久。"对于朱元璋乱世用重典的阴鸷形象，我们并不陌生。可是，他为什么明明刊行法律，却还要强调以礼导民？对于六百多年前的明王朝而言，礼制究竟意味着什么？

建国之初，朱元璋下令成立三局：礼局、律局和诰局，分别制作国家的礼仪、法律和诰命。能够入局者都是博古通今之辈，可谓一时之选。后来，《明史·礼志》盛称："明太祖初定天下，他务未遑，首开礼、乐二局。"毫无疑问，在洪武君臣看来，礼仪制度是治理国家的当务之急，也是治理国家的核心手段，其重要性绝不亚于以法治国。即便在后来宦官弄权的时代，十二监之中，权位最重者非司礼监莫属。司礼监负责皇城内的一切礼仪刑罚，还负责给内阁的票拟批红。

礼制作为礼仪制度的简称，其表在仪（仪节仪物），其里在制（制度体系），其目标在实现国家之治、天下之治。礼制的框架，举其大者即有吉礼、凶礼、军礼、宾礼、嘉礼等五礼，分别涉及祭祀、丧葬、军事、宾客以及冠婚等事宜。从天子王侯到文武百官，到平民百姓，再到藩邦属国，从本人到列祖列宗，到子孙后代，均在礼仪制度的辐射范围之内。礼制畛域过于宏大，号称“礼仪三百，威仪三千”，对古代中国影响甚巨。如果不了解这些礼仪制度，仅从法律思维、历史材料等角度审视，恐怕很难解读当时的世界。

（二）

若干年前，我在搜索有关中国礼制的论著时，无意间看到一位网友的评价：“闷极！”据实而言，这种著作肯定耗费了作者多年的心血，其中反映出的前辈们的治学精神也值得我们后辈肃然起敬。然而，面对这种评价，我也陷入沉思：礼制研究就只能如此沉闷吗？

言者无心，闻者足戒。当时，我在清华大学攻读历史学博士学位，研究的题目就是“明初礼仪重建”。前前后后用了两年多的时间，终于完成了近三十万字的学位论文。想到这名网友的无心评价，我未免怅然：自己的研究成果不也属于那种“闷极”的系列吗？博士毕业多年，“闷极”二字成为当头棒喝，让我对自己从事的研究环境与研究模式不无省思。

近几十年来，尽管黄仁宇（Ray Huang）、史景迁（Jonathan D. Spence）、卜正民（Timothy Brook）等海外学者的著作越来越多地被介绍进来，但是类似“大众史学”的研究方式很难获得中国主流学界的认可。退一步讲，即便是最精深的学者也不会冒险站出来撕裂学术研究和大众之间的关系。人文领域的论文和著作是用来读的，而不是给自己或者极少数人欣赏的。然而，受制于当下的研究风气，想象力和文学性正在成为稀缺品。这种研究风气也好，写作范式也罢，将所有人裹挟进来，既赋予我们实证主义的科学色彩，成为我们的优势，又斫丧中国历史本身的丰富多彩，成为我们的不足。

专业化和大众化之间分野具在，让两者都朝对方靠拢一点，应该是值得长期努力的方向。大众化可以多一些专业精神，专业化又何妨多一些大众意识。如若不然，专业化的傲慢与大众化的偏见将会构筑牢不可破的壁垒。无古不成今，这种壁垒应该也不是古圣先贤之所期盼。此外，与国际接轨有其不容置疑的必要性，必将有助于开拓我们的视野，充实我们的研究。接轨之后，最大的问题与其说是在过分西化与泥古不化之间来回摇摆，毋宁说是不中不西，既把握不到西学的发展脉搏，又摒弃了自身的叙事传统。学术研究的踩空感以及由此带来的盲从成为困扰学人的达摩克利斯之剑。

就我本人涉足的研究领域而言，“明代礼制”这个课题看上去就让人兴致索然。礼制不就是作揖叩头或者婚丧嫁娶嘛，又有什么可写的呢？根据历史学专业的科班训练，搜罗百十种史料，理出三五条线索，强赋新词，差可告慰。事实上，我们可以做得更多。

（三）

礼制的主题离不开祭祀。本书提到了明代君主的祭天祭地、祭祖祭孔等。至于祭祀的意义，正如本书第十章中所言：“两千多年来，‘天地君亲师’这五个字统摄着中国古人的价值观念。有了天地生养万物，人类才得以生存。故此，天子要代表苍生万民祭天祭地。有了祖宗培育后代，人类才得以繁衍生息。故此，天子要以身作则，在太庙、皇陵等地祭祖。有了师傅开启智慧，人类才得以摆脱愚昧。故此，天子要带头到太学举行释奠礼，感恩至圣先师的教诲。”

朱元璋以罕见的魄力，开启了君主每年都要祭天、祭祖以及在位时期至少参加一次释奠礼的时代。仅此一点，就让明代与汉、唐、宋、元截然不同。明人对此自信满满，认为本朝礼乐甚至可以直追三代。杨维桢诗云：“九天日月开洪武，万国山河属大明。礼乐再兴龙虎地，衣冠重整凤凰城。”何孟春也说：“三代而下，祭法弗备。郊祀之礼，惟我朝为有常，而郊礼之制，亦惟我朝为有体。”当然，和其他朝代相仿，这里面不乏自吹自擂的因素，借用钱穆先生的话来说：“感到现在我们是站在以往历史最高之顶点。”实则，明代祭礼的问题不在少数。

无论是天地祭祀，还是祖宗祭祀，明代礼制的问题却又往往出于礼制之外。从天地分祀，到天地合祀，再到天地分祀，分分合合之间，不仅是儒臣对礼制本身的争议，还有君主权力的强弱以及国家力量的盛衰这些因素的冲击。皇陵祭祀只是礼制问题的表层，面对刚愎自用的君主、倨傲无识的权臣、作威作福的太监、铤而走险的乱民以及来势汹汹的流寇，清醒而无力的少数有识之士以及自身难保的皇陵卫和守陵人，根本无力阻止张献忠的那把大火，让皇陵祭祀毁于一旦。礼制的核心功能是从君主、近侍，到文官、武将，再到地方士绅，以及礼生、庶民等各个阶层各司其职，按照合理的秩序，一道维系国家的有效运转，安上治民，移风易俗。这是礼制之车的发动机，是动力的来源。至于礼制建筑、仪节、器物、乐舞等等，不过是车辆的外壳。外壳再华美，一旦发动机老化，任何车辆都逃脱不了停摆的命运。

在儒家意识形态支配下的明王朝，君主亲自参加释奠礼的目的有二：一是尊师重教，垂范天下，二是拉拢知识精英，为我所用。前者既有汉唐以来祭孔礼制的传统影响，又有洪武祖制“嗣君亲一行之”的惯例约束；后者则旨在向知识精英释放和善的讯号，表明君臣之间国家认同、文化认同的同一身份。孔子所提倡的价值观念在于“君礼臣忠”，而非“无不是的君父”。换言之，君主礼遇臣下是臣下忠君报国的重要条件。如果君主屡次破坏这种价值观念，单方面地强调臣子的义务，则无异于自毁长城。当儒家塑造的“君礼臣忠”的价值观被反复摧毁，孔庙中的神主与其说是明王朝的护身符，毋宁说是明王朝的嘲讽者。价值观念的根茎发生溃烂，士人的精神之花也随之凋零。儒林宗师黄道周的坎坷遭遇即是其中的一个典型。

明代中国依然是多神崇拜的国度。除了天子祭祀天地、祖宗、孔子之外，从天子到庶民都有祭祀城隍的传统。城隍崇拜为古礼所无，没有礼经依据。兴起于唐宋，到了明代，在官方的主导下，蔚然成风。君主和地方长官是阳间的管理者，城隍神则是一座城市阴间的管理者。有明一代，朱元璋本人多次撰写祭文给城隍神，祈求平安。地方府、州、县长官在旱灾、涝灾、蝗灾、瘟疫等时刻也要率领乡老祭祀城隍神，甚至到地方上任的第一件事就是到城隍庙祭祀百神。寻常时间，从王侯将相，到平民百姓，到城隍庙祭祀的人络绎不绝。

（四）

天子才可以祭天祭地，有条件的官绅才能依礼祭祖，读书人才会热衷祭孔。城隍祭祀的范围则是贯通的，受众极广，不仅影响到黎民百姓，甚至还影响到孤魂野鬼。除此之外，明代礼制还有与百姓人伦日用关系最为密切的冠婚丧祭。

为了恢复汉唐衣冠，重振礼乐，明廷规定官民都要举行冠礼。然而，根据大量的地方志材料，我们发现，即便士大夫之家都很少举行。冠礼作为《仪礼》的第一礼，经过两千多年的历史冲刷，哪怕可以仿效南宋的《朱子家礼》，但是明代的官民依然觉得隔膜，故而冠礼恢复踟蹰不前。

至于婚礼，明代百姓忧虑的不是六礼（纳采、问名、纳吉、纳征、请期、亲迎），也不是简化后的三礼（纳采、纳征、亲迎），而是沉重的现实问题：适婚男子（十六岁以上）没钱准备彩礼，只能望婚兴叹；适婚女子（十四岁以上）没钱准备嫁妆，即便嫁过去也可能因为嫁妆的菲薄遭到夫家的虐待，自杀者不在少数，甚至出现了“溺女”的现象——既然嫁不出去，索性不让她长大成人。

明代的民间丧葬问题主要集中在作乐娱尸、火化以及大操大办等方面。国家多次禁止在丧礼上举办酒席，不准火化。然而，民间的风气却并未受到有效遏制。终明一朝，在丧礼上作乐以及火化的现象屡禁不止。丧礼作乐看上去违背礼制，却同样成为新的“人情”，屡屡让朝廷的禁令成为具文。此外，大江南北，民众大操大办乃至借钱操办的现象也从未休止。

尽管女性占据半壁江山，但是相关史籍记载女性的数量与女性的实际数量二者之间远远不成正比。只有通过旌表等个别礼仪制度，我们才能集中看到她们的事迹，即便在这些事迹中她们多数只出现一个姓氏，除非极其幸运才能留下完整的姓名。想要获得旌表，条件苛刻，比如年少守节、年过五十等。实际情况更为残酷，如果不是出身富贵人家或者家里含辛茹苦培养出金榜题名的子孙，当事人几乎无缘受到官方的旌表，反而经常面临被骚扰、被欺凌的危险。每一个被朝廷正式旌表以及被小说、文集等非正式旌表的女子背后都有一段或者接连几段悲情往事。到了被旌表的那一天，她不再作为一个人或者一位女性活着，而是像古往今来的“忠臣”一样，化身为一种名为“节妇”的文化符号。

（五）

聘礼作为礼制的延伸，处理的是外交关系。对明王朝而言，传统的封贡系统仍然延续历史惯性。本书遴取册封鞑靼首领俺答汗以及册封日本关白丰臣秀吉两个片段，一成一败，作为典型。

研究大明和鞑靼之间关系最大的阻力在于现存史料的一边倒，全面倒向大明。就像两个孩子打架一样，你打我一下，我打你一下，各有各的责任。不难预料，明代的史籍几乎将罪名全部扣在鞑靼头上。就像两个小孩打架，每次都是一个孩子挑头，这显然不符合史实。在明蒙冲突当中，围绕着“封贡”的主题，鞑靼对明廷的抢掠以及明廷自身的腐败同样让人触目惊心。在几乎每一次大事件（“壬寅之乱”“庚戌之变”等）里面，我们都能看到大明文官的负气以及武将的通敌。狼群蹂躏之后，也为土地带来了花的种子，让长城南北的田野和草原上绽放出鲜艳的花朵。后来，经过双方的共同努力，明廷成功册封俺答汗和三娘子，开放边市，为双方带来了长达二十年的珍贵和平。

如果说到草原封王尚能看到双方求和的诚意，那么万历时期，大明册封日本关白丰臣秀吉为国王则是彻头彻尾的闹剧。持续七年的万历朝鲜战争（1592—1598，日本方面称“文禄・庆长の役”，朝鲜方面称“壬辰倭乱”）让明王朝的传统邦交遭遇前所未有的挑战。此时的中国看起来强大，以世界中心自居，实则外强中干。天朝的腐败气息刺激了强邻的捕食欲望。日本早就不是盛唐时期那个甘愿拜倒在中国脚下的学徒，而是趁着统一的锐气，借道朝鲜，欲吞灭大明。丰臣秀吉在对朝鲜的国书中赤裸裸地提出：“吾欲假道贵国，超越山海，直入于明，使其四百州尽化我俗。”

日军的强悍和明廷的无知让人印象同样深刻。日本远征军仅用三个月左右的时间就攻陷整个朝鲜半岛，而事后一年，当日本使者小西飞出现在大明京师时，万历君臣依然对日本的真正意图不明就里，在外交仪式上还质问小西飞：“朝鲜是天朝恭顺属国，尔关白上年何故侵犯？”与此同时，大明将士在朝鲜半岛上浴血奋战，并没有换来百分百的友谊。朝鲜对明军既有感激，也有猜忌，乃至“不胜怨苦”，尤其在洞悉天使（大明使者）一度支持将朝鲜一半国土割让给日本之后。此外，“唐兵扰民”的事件也不在少数。

从15世纪到16世纪，世界已经进入“大航海时代”，西方各国正加快步伐在各大洲抢夺地盘，有如竞赛。由于丰臣秀吉的意外病逝，日军退兵朝鲜，万历君臣沉醉在“少命偏师，第加薄伐”的外交辞令中，依然以天朝上国自居，固步自封，这才是最值得警惕的。对此，本书提到：“放下唯我独尊的历史优越感，及时了解其他国家的真实发展，理解变化，把握变化，这或许正是四百多年前大明王朝册封日本这场闹剧带给我们的最大启示。”

（六）

如果我们遇到一道看似简单的问答题：朱元璋是谁？我相信，多数答案都带有强烈的正确性和误导性。一个农民、明代皇帝、开国皇帝、汉人、丈夫、君主、冷酷的统治者……

人的身份、地位、名号等处于变化之中，只有在特定的名分中谈论问题才具有更强的合理性。名分不同，适用的生存法则与评判尺度大相径庭。比如，我们不能以普通男性的标准去要求一名皇帝，也不能用一个帝王的标准去要求一个农民，甚至仅用在位前期或者在位后期的作为去评断一个君主。

善张网者必引其纲，贯穿于本书的核心线索即是名分。虽然朝代在不断更替，历史在不断延伸，但是循名责实却具有永恒的价值。名分是价值评判的基础，也是我们理解中国古代社会进展的重要参考。孔子说的“名不正，则言不顺”，司马光所谓“天子之职莫大于礼，礼莫大于分，分莫大于名”，正是将纲纪名分置于核心之地。

名分摇曳不定，与时变化。礼制也并非万古纲常，铁板一块。本书的正标题为“摇曳的名分”，之所以说摇曳，是因为一个人在不同时期名分各异，一个王朝也是如此。名分既是一种身份，也是一种秩序，更是价值认同、文化认同的根基。副标题为“明代礼制简史”，既然是简史，自然不可能面面俱到，但是不妨作为一次尝试，借以窥探明代礼制的样貌以及受此影响的中国历史进程。

本书最先关心的问题就是朱元璋的明朝到底从何处建立？洪武君臣以及传统学界认为，朱元璋的军队推翻了元朝，是从元朝手中夺取天下，实现天命转移。从礼制名分的角度出发，我们却发现并非如此。在长达十二年（1355—1366）的时间里，朱元璋历经大元帅、吴国公、吴王等名号的变换，却一直尊奉韩林儿的大宋龙凤政权。并且，朱元璋本人存在严重的弑君嫌疑——派人制造意外事故（“瓜步沉舟”），杀掉韩林儿。“皇帝圣旨，吴王令旨”的出现揭开了那段鲜为人知的政权交替过程。从这层礼制维度分析，我们还会轻易地认为明朝的建立真的是“得国最正”吗？真正的历史远比我们看到的乃至想象的要复杂得多。

古代中国深受“敬天法祖”这一观念的侵浸，喜欢打着“奉天承运”“祖宗之法”之类的名号。明前期，皇宫的核心建筑就叫奉天殿。也正是从明朝开始，才有我们熟悉的圣旨模式“奉天承运皇帝诏曰”。“祖宗之法”也是如此，频频出现在各类史籍中。在朱元璋驾崩后，明代礼制同时上演两条主线：一条是建文帝、方孝孺等人开展的用周礼治国的运动，一条是朱棣攻击建文帝变乱祖宗之法，打着“周公辅成王”的旗号，挑战君权。以洪武之名，再残忍的事情，朱棣都做得出来。在他死后，留下了不光彩的“祖宗家法”——藩王造反，而且几乎每个造反的藩王都想当然地认为自己就是当年的燕王朱棣。在这份造反的名单中，有汉王朱高煦、安化王朱寘鐇、宁王朱宸濠等。行径越是离经叛道，旗号越是大义凛然。

天无二日，民无二主。在“土木之变”后，明王朝却同时出现两位皇帝：景泰帝朱祁钰、太上皇朱祁镇。两位皇帝的即位都折射出明代储君制度的根本缺陷——明朝并无教育世子、皇帝的常规机制。驯化君主成为天方夜谭，明代的家天下本质暴露无遗。以史为鉴，人们却依然重蹈覆辙，并不能吸取宝贵的经验教训。对于熟读《礼记·文王世子》《大戴礼记·保傅篇》等篇什的儒臣来说，现实社会中储君教育的缺失也成为杨廷和等人难以治愈的痼疾。他们很难像孝宗皇帝叮嘱的那样，教育时为太子的武宗皇帝，“先生每（们）勤请他出来读些书，辅他做个好人”。

根据礼制，礼乐征伐自天子出。武宗在位期间，亲征反叛的宁王朱宸濠，非但没有施展天子的威仪德行，反而让沿途百姓惶惶不可终日。在扬州仪真，他甚至颁发臭名昭著的“禁猪令”：天下百姓胆敢养猪、食用猪肉，全家都要被发边充军！这样的天子也配礼乐征伐吗？相反，真正平定宁王叛乱的王阳明并没有得到应有的奖赏。“禁猪令”之后，再讲“礼乐征伐自天子出”是荒诞的。

（七）

明代历史上很少有君主像嘉靖皇帝那样热衷于礼制改革，他的某些更张甚至超越了太祖朱元璋。围绕着生父、生母的名号，即位之初年仅十五岁的他不得自由，甚至泪流满面，提出辞职的请求。因为按照礼制，他的生母只能以藩王王妃的待遇从侧门进入皇宫，这让她十分震怒，拒绝入宫。作为国家的最高领袖，朱厚熜的很多命令都被内阁杨廷和、蒋冕等人驳回，这让他内心苦闷无似，倍感屈辱。羽翼丰满后，他趁着杨廷和、蒋冕等重臣的离职，在张璁等人的辅助下，成功地将生父尊称兴献帝，甚至加以睿宗的庙号，并将太宗朱棣改称成祖。一个从未即位的藩王，堂而皇之地和太祖、太宗、孝宗、武宗等人的神位并列在太庙，这在中国历史上堪称奇闻。

围绕着本生父母的名号，嘉靖君臣温和的讨论以及奏疏的往返逐渐偏离了理性诉求的正轨。特别是在杨廷和等内阁元老相继离京、张璁等议礼新贵相继掌权的强烈对比下，各种谩骂、攻讦以及生命威胁等暴力倾向逐步升级。嘉靖皇帝执意去掉“本生”二字，尊隆本生父母，刺激了饱读圣经贤传的儒臣。以杨慎（杨廷和之子）为首的两百多名官员到左顺门哭谏，结果一百多人被捕入狱，十六人被折磨致死，史称“左顺门事件”。皇帝改称父母的名号而已，既不会影响官员的仕途，又不会干扰百姓的生活，为什么明朝官员还要前仆后继地冒着生命危险劝谏呢？其实，他们身上浸润着一种准宗教精神，为了维护贯通古今的礼制，产生一股强劲的殉道倾向。

在相依为命的生母（又称“圣母”）死后，朱厚熜又一次搬弄礼制，成为中国历史上极为罕见的频频改变葬母决定的皇帝。父母二人是分葬，还是合葬？如果合葬，鉴于他的父亲埋在湖北显陵，是让母亲回葬湖北，还是让父亲迁葬北京？

按照原来的计划，他将母亲安葬在北京北部的大峪山，并派人将父亲迁葬至京。不久，他又改变主意，还是让母亲回葬湖北，并信誓旦旦地说：“优柔不断，乃妇人事！朕意决矣，即择日命官恭奉梓宫南祔显陵合葬。”派人到湖北考察后，他又不放心，亲自到显陵拜谒。路过尧母墓，他看到大尧的父母都是分葬，便决意父亲继续葬在湖北，母亲则在北京下葬。回京之后，他又到大峪山拜谒，尘埃终于落定：还是让母亲回葬湖北吧。

朱厚熜的每次纠结都引发廷臣的争执，加剧文官集团的撕裂，也让一些阿谀奉承的人获得信用，比如礼部尚书严嵩的上位。古人讲，非圣人不制礼，殆非虚言。嘉靖皇帝的每道旨意都关乎上百万两白银的陵墓工程，不知浪费了多少民脂民膏。朝廷加派赋税，抽调工匠民夫，殃及千千万万的家庭。类似的礼制变革，在嘉靖皇帝看来是礼乐重兴；在油滑的礼臣看来，无论怎样改变，都是“陛下圣明”；对于正直的儒臣和无辜的民众而言，却是闻“礼”色变。

（八）

君臣名分，乃礼之大节。君主召唤，臣子当闻命即行，在路上整理衣冠，让仆从准备好车马从后面追赶。1644 年，在李自成攻陷京师之际，崇祯帝在殿前鸣钟，文武百官，竟无一人响应。空空荡荡的钟声成为明王朝最后的余响，宣告君臣名分的彻底瓦解。

关于明王朝的灭亡该由谁来负责，仁者见仁，智者见智。作为国家的一分子，无论是“诸臣误朕”，还是“国君误民”，朱由检做过的唯一一件争议最少的事情就是自缢。在巨轮即将沉没之际，船长应当最后一个离开船舱，如若不能，则以身殉职。崇祯帝至少以一死赢得了做人的尊严。毕竟，国君死社稷，礼之正也。

大明虽亡，礼制犹存。然而，此时的礼制究竟还剩下什么呢？忠君君不在，报国国已亡。明亡之后，有人选择了自杀，比如一代儒宗刘宗周，有人却坚强地活了下来，并对有明一朝的文明系统进行彻底检讨，比如黄宗羲、顾炎武等人。

在诸多犀利的问题面前，人们逃无可逃。礼制真能治国吗？如果答案是肯定的，那么国家亡了之后该怎样？当你怀着一腔热血想要治国，可是执政大臣宁可把国家葬送掉，也不愿让你来操心，你又当如何自处？礼制真能治理天下吗？如果答案是肯定的，那么这套以儒家思想和汉族民众为主体的礼制又当如何损益？高岸为谷，深谷为陵。如果曾经恪守的鬼神、尊卑、夷夏等概念都被颠覆，礼制的出路何在？

（九）

《论语》中多次出现："不学礼，无以立。"学礼者谁？出发点在人。以立者谁？落脚点在人。学礼就是由此人转换成彼人的升华过程。如果学礼前是此人，学礼后还是此人，便是未学礼，或者伪学礼。同样的道理，一个国家以礼治国，如果用礼制前是此国，用礼制后还是此国，便是未用礼制，或者伪用礼制。

礼制的历史包袱本来就很沉重，与其说像一座已知的宝山，毋宁说是一座无名的矿山，充满了是非真伪。礼制纷争可能来自某种具体的礼仪，但是礼制的运行及其结果往往都溢出礼制之外。名分并不确定，礼制亦然。登山的路径也并非只有一条，千山我独行，不必相送。我们相信，攀登的人多了，道路也会多起来。

本书没有采用常规的学术语言，而是尝试采撷不同的历史片段，讲述当时的礼制故事。这些礼制故事绝非向壁虚造，而是出自有据可查的典籍。有的在礼制范围之内，有的不时跳出礼制范围之外。无论如何变化，本书的中心主题依然聚拢在"名分"周围，尽管名分本身也在不停的变化之中，所谓"礼，时为大"。正因如此，自古及今，无论对个人还是对国家而言，不断获得新的名分认同都将成为值得倾尽心力的奋斗目标。

本书行文虽然力避艰涩，也避免大量直接引用史籍，但是对明史缺乏基础认知者阅读起来恐怕依然具有一定的挑战性。对于书中未及扩充的知识，读者可以参考引用的相关论著。也正是得益于前辈们的这些杰出研究成果，本书的写作才成为可能。

第一章 皇帝圣旨，吴王令旨

第一节 左副元帅

公元1355年春夏之交，张天祐满怀欣喜，领着一支人数不多的军队从大宋都城亳州（今安徽亳州）赶回根据地和阳（今安徽和县）。他要去宣告王命。

张天祐是义军统帅郭子兴手下的将领，也是郭的妻弟。不久前，郭子兴病逝，张天祐处于劲敌环伺之中。特别是孙德崖等人对郭子兴余部垂涎三尺，随时都可能兼并这支群龙无首的军队。他亟需打开局面。

郭子兴之子郭天叙也一筹莫展，姑且将解局的一丝希望放在前方将领朱元璋的身上。朱元璋想要回兵和阳，帮助郭天叙。麾下将领却认为，此时不宜回去蹚浑水。既然无法取得部下支持，他只好作罢，转而投入与元兵的军事对抗之中。

此时，亳州方面有使者来到和阳，向郭子兴旧部宣布一道消息：我主韩林儿已在刘福通、杜遵道等人的辅佐下称帝，国号大宋，年号龙凤，定都亳州。使者的用意十分明显，郭子兴旧部要么归顺大宋，要么与大宋为敌，如果他们认为自己具备这种实力的话。郭天叙、张天祐他们对当下的情形心知肚明：元军尚难应对，何况背后再杀来宋军？

张天祐看到了破局的希望，于是跟随大宋的使者前往亳州。

古代中国非常重视礼制。对个人来说，“不学礼，无以立”（《论语·季氏篇》），对国家来说，“名不正，则言不顺；言不顺，则事不成”（《论语·子路篇》）。司马光耗费人生中的最后二十年，用尽全部智慧，终于完成了不朽的著作《资治通鉴》。在开篇，他如是评价“三家分晋”：

> 臣闻天子之职莫大于礼，礼莫大于分，分莫大于名。何谓礼？纪纲是也。何谓分？君臣是也。何谓名？公、侯、卿、大夫是也。[1]

儒家圣贤们认识到了名分在礼制社会中的核心地位，有意或者无意地回避了一道难题：如何平衡名分与实力之间的冲突？名分派要求人们循规蹈矩，按照相应的礼仪规则管理人生与家国，如此方能风调雨顺，国泰民安。实力派则蔑视名分的存在，天子从来都是兵强马壮者为之，[2] 太平盛世不过是一厢情愿的图景。

张天祐不是实力派，因为他还不够资格。对他而言，迫在眉睫的问题是如何自保。这一次，他选择拜倒在韩林儿的脚下。关于新皇帝韩林儿的来路，无论是当时的目击者，还是流传至今的史料，都少得可怜。人们只知道，他好像是原红巾军领袖韩山童的儿子，

① 司马光：《资治通鉴》卷一，北京：中华书局，1956 年，第 2 页。

② 史载：“天子宁有种邪？兵强马壮者为之尔！”（欧阳修：《新五代史》卷五十一《安重荣传》，北京：中华书局，1974 年，第 583 页。）

之前的主要职业是放羊。

朱元璋还在率军陆续攻克和阳附近的元军堡垒，战斗规模都不大，战果差强人意。在对自己恩重如山的郭子兴去世之后，朱元璋无法掩饰内心的悲痛。没有郭公，就没有朱元璋，甚至这名字也是郭公赐予的。胜利虽小，差可慰藉丧亲之痛。

张天祐一回到和阳，就召集郭子兴旧部，宣布从此臣服大宋，尊奉龙凤政权。由于丞相杜遵道的举荐，郭天叙被新朝廷封为都元帅，张天祐为右副元帅，朱元璋则为左副元帅。张天祐此举也是审时度势的结果，因为如此一来，既增强了义军的凝聚力，避免军队被瓦解的灾难，又有了可以凭借的后台，共同抵抗元军。

消息传来，朱元璋不胜愤懑。论军功，他往来征战，无人能出其右。论才能，他笼络谋士，屡出奇策，不然这支军队早就分崩离析。如今,要他去臣服一个素未谋面的放羊出身的皇帝,如何可能？另外，一旦接受左副元帅的官职就等于承认他在义军领袖中处于第三的末位，如何能忍？二十八岁的朱元璋拒绝履职，并说了一句：

> 大丈夫宁能受制于人耶？[①]

三年前，濠州城（今安徽凤阳）中，义军郭子兴部上下欢腾，正在筹办一场婚礼。

传统的儒式婚礼有着一套严格而繁缛的程序，尤以“六礼”为核心。这“六礼”即为纳采、问名、纳吉、纳征、请期、亲迎。纳

① 《明太祖实录》卷三，乙未年四月丁丑，“中研院”历史语言研究所1962年校印本，第30页。

采即是提亲。问名不仅是问对方的姓名，重点是问到生辰八字。纳吉即为告诉对方生辰八字匹配，大吉大利。纳征就是下聘礼。男方家定下了婚期，出于礼数，还是要到女方家征求意见，便是请期。亲迎是指黄昏的时候，新郎去迎接新娘。一天之中，只有黄昏这个阴阳和合的时段刚好契合阳往阴来之义，这也是“昏（婚）礼”得名的一个由来。

上层的礼制规定一般都尽善尽美，一旦落到民间，百姓们总有一种删繁就简的智慧。六礼之中，只有三礼对百姓而言不可或缺：纳采、纳征、亲迎。至于问名、纳吉，都是乡里乡亲、街坊邻居，有的甚至是从小到大的玩伴，莫说名字、生辰八字彼此知晓，谁家有什么秘密，往往也都是半公开的。至于请期，也显得多余。父母长辈生生死死都在附近的乡里（甚至同一个乡里），有事都是商量着来。结婚的日子一旦定下来，再去请期就过于外道。

百姓有百姓的生活条件和生活方式，便会依据这些条件和方式去理解和执行他们眼中的礼仪。他们中很多人一辈子目不识丁，却对任何一种礼仪本身都有着天然朴素的认识。在他们看来，六礼简化成三礼，这便是人情，这便是礼。根据后来明廷制定的庶人婚礼仪物来看（如表 1.1 所示），民间结婚成本有限，而且都在政府管控的范围之内。

至于六礼，也许只有士绅才能做得周到。至于他们的婚礼是否依然遵循孔夫子以来的规定，百姓们并不确信，当然也未必感兴趣。百姓们确信的是，这些人的婚礼肯定讲究排面，也增加了一次看热闹的机会。

表 1.1　庶人婚礼所定仪物（洪武五年，1372）[1]

	纳采	纳征	请期	亲迎
上户	红绢四匹	漆纱庆云冠，首饰用银，桃红绢大袖衫、蓝青素霞帔、缘襈、长袄、长裙二袭，用绢及细布，钏镯用银，彩绢八匹，纱罗六匹或四匹	不用仪物	红绢或布一匹
中户	红绢二匹	彩绢六匹或四匹，纱罗四匹或二匹，不用钏，余同上户		随所有用之
下户	红绢一匹	彩绢二匹，不用钏镯、纱罗，余同中户		

濠州城中，将士和百姓们正在看热闹。

从先秦一直到魏晋时期，中国婚礼都是阴礼。所谓阴礼，就是看上去死气沉沉，“无喜可贺，无乐可举”，[2]既没有庆贺，也没有伴乐，这一点和现代中国婚礼迥然不同。按照孔夫子的解释：“嫁女之家，三夜不息烛，思相离也。取妇之家，三日不举乐，思嗣亲也。”（《礼记·曾子问》）唐代以后，受到民族融合、风俗递嬗等方面的影响，婚礼逐渐热闹起来。

濠州城敲锣打鼓，一车车的红文绮、纱绫罗光彩夺目，贵族专用的玄纁束帛、山松特髻、大袖衫、霞帔、褙子以及珠翠漆纱冠、缘襈、长袄、长裙，[3]还有一箱箱亮晃晃的金银器都在宣示这场婚礼气度非凡。各种贺礼纷至沓来，贺宾主要是大大小小的义军将领。

新郎朱重八，安徽凤阳人，早年生活极其坎坷。十七岁那年的

① 《明太祖实录》卷七十四，洪武五年六月丙申，第 1364 页。

② 彭林：《古代婚礼不贺、不举乐》，《石油政工研究》2001 年第 3 期。

③ 参《明太祖实录》卷七十四，洪武五年六月丙申，第 1363—1364 页。

四月初六、初九、二十二，父亲、兄长、母亲相继死去。[①]参加义军之前，他寄住寺庙，一度靠四方乞讨为生。

新娘马氏，原名不详，安徽宿州人。父亲马公，原名不详，与郭子兴是刎颈之交。马公临死前将小女儿马氏托付给郭子兴。郭氏夫妇当成养女，视同己出。

这是一对孤儿。无论是六礼，还是三礼，礼制文献不可能对孤儿这类特殊群体的婚礼予以具体指导。礼制源于人情，在很多情况下都要让位于人情。至于父母之命、媒妁之言，此刻都显得多余。被义军元帅如此器重，恩同再造，故此，重生的朱元璋感激涕零。

此前，郭子兴的妻子张夫人就垂青朱元璋，多方照顾，视同女婿。因此，军中将士早就把朱元璋称为"朱公子"。[②]除了个人感情之外，这场婚礼和中国不少联姻一样背后都隐藏着互相利用的目的：郭子兴需要朱元璋为自己效命，朱元璋也需要郭子兴在背后支撑。无论如何，对朱元璋来说，确实完成了一件人生大事。作为朱公子，当然也理所应当把郭氏夫妇视作亲生父母。

在当年十一月的一次义军分裂斗争中，永义王赵均用因为孙德崖的挑拨，囚禁了亲近鲁淮王彭早住的郭子兴，不日将杀之。朱元璋还在淮北作战，闻讯之后，说道：

> 郭公，吾父也！[③]

然后，他火速回到濠州解围。可是，后来在《明太祖实录》中，

① 《明太祖实录》卷一，甲申年四月，第 3 页。

② 谈迁：《国榷》卷一，张宗祥校点，北京：中华书局，1958 年，第 263 页。

③ 《国榷》卷一，第 262 页。

朱元璋的反应就不再直截了当，而是一本正经：

> 郭公于我恩厚，有难不救，非义也，何丈夫之为！[①]

礼制以名分为核心，名分确定之后势必影响个人的言语和行为。作为朱公子，朱元璋可以有义父；作为朱皇帝，朱元璋不能有感情。中国三千多年来的历史，有谁听过皇帝有两个父亲的吗？礼制不允许，大明朝的臣子也不允许。礼制会塑造一个人和一个国家的道德观念，后来又总是一次又一次被历史改塑。

愤怒解决不了任何问题。和张天祐一样，至少在目前，朱元璋不是实力派，还没有资格挑战名分。郭天叙和张天祐顺理成章地接受龙凤政权都元帅和右副元帅的帅印，准备开启下一段奋发的人生历程。继定远战役、滁州战役、和州战役以来，此时的朱公子已经在军中逐步建立起自己的威望，只是这种威望远不足以让他去冲撞时局。

就在朱公子喊出“大丈夫宁能受制于人耶”的当下，李善长、徐达、汤和等一干将领表现出深重的忧虑。他们谨慎地提醒朱公子，目前我军已经控制滁州、和州，接下来的军事战略是发动渡江战役，伺机攻占集庆路（今江苏南京），建立自己的根据地。如果不接受大宋的任命，无异于给自己平添一个敌人。相反，如果一时妥协，将来万一遇到缓急之事，多少还能获得大宋政权的支持。现在，主公想要成就大事，为何不三思而行呢？

朱元璋陷入了两难：臣服大宋，心有不甘；如不妥协，对麾下

① 《明太祖实录》卷一，壬辰年十一月，第7页。

将领无法交代。和所有成功的起事者一样，朱公子选择了顺势而为。作为折中，他没有接受大宋政权的授职，而是承认龙凤政权，日后檄文、命令等均以龙凤纪年。[①]

名分的妙用就体现于此。采用龙凤纪年就像进贡一抔土、一杯水一样，不会干扰朱公子的任何军事行动，传达的屈服信息却足以让韩林儿的大宋政权终止任何可能的敌对行动。名分背后隐藏的敌我双方实力的巨大差异迫使朱公子不得不让步，一时的让步是为了以后能自如地行走。

军政旁午，以龙凤纪年的圣旨往行于南北之间。拒绝左副元帅的授命之后，朱元璋面临一个尴尬的现实：他连个名号都没有。师出尚且有名，可作为统领，他却不知所称。朱公子迫切需要一个名位，迫切需要证明自己的存在。

三个月后，朱公子率领军队从和州乘舟渡江，攻取太平路（今安徽当涂）。他下令将太平路改称太平府，设立太平兴国翼元帅府，自命为大元帅。同时，任命李善长为帅府都事，潘庭坚为帅府教授，汪广洋为帅府令史，陶安为参幕府事。[②]根据五德终始的说法，朱大元帅相信天命在火，应运者当以火德而王，其色尚赤。于是，他下令军队旗帜和戎装统一换成赤红色。[③]

既然没有名位，朱元璋索性自封了一个名位。看着焕然一新的元帅府和上下忙碌的景象，他开心了起来。他开心不仅是因为自己

① 张廷玉等：《明史》卷一《太祖纪一》，北京：中华书局，1974年，第4页。
② 《国榷》卷一，第270页。
③ 《皇明通纪法传全录》卷一，陈建撰，高汝栻订，吴桢增删，《续修四库全书》第357册，上海：上海古籍出版社，2002年，第26页。

终于有了名位，也因为集庆路就在眼前。

太平城外正在激战，朱公子麾下的军队战胜了元军。元平章完者不花等人弃城逃跑，万户纳哈出被俘，太平路总管靳义走出东门，投水殉国。[①] 一切军事行动都如之前策划的一般顺利进行。此时，陶安陪同年近八旬的耆儒李习率领父老出城迎接义军。

古代中国特别重视尊敬老人，这一传统究竟肇端于何时，礼学家们聚讼纷纭，迄今不能给出定论。当年汉高祖刘邦起事，之所以能够成功，就在于关键时刻取得了沛县父老的支持，“父老乃帅子弟共杀沛令，开城门迎高祖”。[②] 在中国古代的基层社会，宗族发挥着极其重要的作用。从某种程度上讲，谁赢得了父老的支持，就几乎等于赢得了民心。

耆儒有两重身份，一重是父老，一重是儒者。前者是社会地位的象征，后者是经验智慧的标志。对于李习这种年迈八旬的耆儒而言，他的归顺更多的是象征意义。对于陶安来说，经验智慧派上了用场。陶安不是寻常的俗儒，只知道掉书袋。恰恰相反，他成为洪武开国之后国家制礼作乐重大工程的总裁官。[③] 在取信于朱元璋的极少数臣僚之中，陶安即是其中一位。有御史指摘陶安的问题，被朱元璋即时罢黜。但凡国家重大礼制，比如祭祀天地、社稷、祖宗，以及制订天子冕服等，朱元璋专用陶安一个人的提案，给予了他充

---

① 《明太祖实录》卷三，乙未年六月丙辰，第 32 页。

② 班固：《汉书》卷一上《高帝纪第一上》，北京：中华书局，1962 年，第 9 页。

③ 《明史》卷一百三十六《陶安传》，第 3926 页。

分的信任。[①] 在颁赐翰林学士的诰命中，明廷对陶安给予如是评价：

> 国家之立也，必有一心之臣尊戴而光辅之。张其纪纲，植其仪表，正其号名，善其词令。展基图之大，弘功业而昌之，以著其弥缝先后之力焉。[②]

在古代中国，能否施行礼制并不取决于礼臣的礼学修养，而是取决于礼臣能否通过取悦君主获得制礼作乐的权力。天下礼制昉自周公、孔子，历朝礼制则不尽相同，甚至大相径庭。究其缘由，制礼权力的反复易手是造成中国社会数千年来礼制飘忽不定现象的重要因素之一。同样是祭天，有的朝代专门祭祀一个昊天上帝，有的朝代六天（昊天上帝、东方苍帝灵威仰、南方赤帝赤熛怒、中央黄帝含枢纽、西方白帝白招拒、北方黑帝汁光纪）同祭。[③] 同样是祭祖，有的王朝在同一个大殿祭祀，有的王朝却要建立多座大殿分别祭祀。[④] 郊天与祭祖这两种最为隆重的礼仪尚且如此，遑论其他。

礼制应该是一种制度性的刚性存在，却在不同的历史时期呈现完全不同的形态。一旦后来的人们想要重建礼制实现稳定的目的，却惊讶地发现，几乎所有的具体礼仪都存在争议，礼制本身并没有稳定性可言。这也是中国古代礼制进展的吊诡之处。

① 过庭训：《本朝分省人物考》卷四十，《续修四库全书》第 534 册，第 69 页。

② 朱升：《翰林学士陶安诰》，参程敏政：《新安文献志》卷二《辞命》，清文渊阁《四库全书》影印本第 1375 册，台北：商务印书馆，1986 年，第 63 页。

③ 杜佑：《通典》卷四十二《礼典二》，王文锦等点校，北京：中华书局，1988 年，第 1167 页。

④ 郑樵：《通志·礼略第二》，王树民点校，北京：中华书局，1995 年，第 640 页。

陶安能够成为洪武开国制礼作乐第一人，良有以焉。

1355年农历六月，酷暑难当，朱大元帅在军帐中召见李习、陶安二人。清代学者赵翼曾指出，朱元璋行事多仿汉高祖刘邦，并举出诸多例证，包括起事之初宽大为怀，后来徙江南富人十四万户到中都凤阳是仿效汉高祖将齐、楚大族迁到关中，分封朱姓子孙到各省是仿效汉高祖分封诸王，借胡、蓝之狱诛戮功臣是仿效汉高祖菹醢韩信、彭越等。[①] 有一点，朱元璋并没有步刘邦的后尘。

刘邦素来轻蔑儒生，对待将领关爱有加，对待儒生则轻士善骂。根据将士们的回忆，刘邦有一个怪癖，就是遇到有人头戴儒冠拜谒的，他都会让那个人把儒冠取下，然后当场在帽子中小便。作为一名成年男子，刘邦的这种怪癖实在让人费解。直到遇到了以“狂生”闻名的儒者郦食其，刘邦才有所收敛，为自己的行为道歉。[②] 另外一名儒者陆贾建议多读《诗》《书》，遭到刘邦一顿痛骂：“我是靠马上打天下，不是靠《诗》《书》！”陆贾也毫不客气地回敬了他一句：

> 居马上得之，宁可以马上治之乎？[③]

刘邦又一次在儒者面前流露出了愧色，还破天荒地请陆贾总结秦朝政治得失的经验写书给自己阅读。事实证明，郦食其、陆贾等儒者率先开启了汉王朝的文脉。

---

① 赵翼：《廿二史札记》卷三十二，王树民校证，北京：中华书局，1984年，第737页。

② 司马迁：《史记》卷九十七《郦食其传》，北京：中华书局，1982年，第2692页。

③ 《史记》卷九十七《陆贾传》，第2699页。

朱元璋学习刘邦，却不是刘邦，至少没有类似的怪癖。

在军帐中，李习老态龙钟，语焉不详，史书也没有留下他的只言片语。陶安之前做过两个书院的山长，[①] 几乎没有任何从政经验。轮到陶安，陶安先是奉承了大元帅一番："明公率众渡江，神武不杀，人心悦服，以此顺天应人，而行吊伐，天下不足平也！"[②] 这是朱元帅生平第一次听到如此文采飞扬的恭维，不禁表现出浓厚的兴趣，接下来就攻打金陵的军事计划咨询面前的这位儒生。陶安胸有成竹，出口成章：

> 金陵，古帝王之都，龙蟠虎踞，限以长江之险。若取而有之，据其形胜，出兵以临四方，则何向不克？[③]

英雄所见略同。陶安成功打动了朱元帅，一介儒生摇身一变成为朱元帅幕府中的座上宾。十三年后，朱元璋自立为吴王。翰林院学士陶安当仁不让地成为总裁官，全权指挥新王朝的制礼作乐。此后很长一段时间，明朝开国前后的礼制建设都将由此人擘划。戎马倥偬的朱元璋未必对礼制建设有多么重视，陶安的出现为明朝礼制的发动赢得了先机。

多年以后，人们路过陶府门前，都忍不住多看一眼那副洪武帝

---

① 史载："陶安，字主敬，当涂县人，幼颖敏有大志。通判马昂夫令赋喜雨诗，立就，奇之。肆力问学，博极群书。得程氏《读书日程》及吕舍人《学规》，益究心濂洛，沉潜道艺。元至正甲申，举浙江乡荐为明道书院山长，再调高节书院，讲明朱陆之学。"（过庭训：《本朝分省人物考》卷四十，《续修四库全书》第534册，第69页。）

② 《明太祖实录》卷三，乙未年六月丁巳，第33页。

③ 《明太祖实录》卷三，乙未年六月丁巳，第33页。

御制的门帖："国朝谋略无双士，翰苑文章第一家。"[①]

第二节 缓称王

大宋龙凤二年（1356）三月，朱大元帅攻下了元朝的集庆路。

集庆路原名建康路，因为元文宗孛儿只斤·图帖睦尔在此地做过藩王，后来又做了皇帝，两重喜庆之下，就在天历二年（1329）改名集庆路。[②]元朝中期，这是一座人口达百万之众的巨型城市。无论对元军还是对各路义军来说，集庆路都成为必争之地。

在古代中国，人们非常迷信"望气"之说。[③]集庆路在战国时期被叫作"金陵"，一种解释即为当时楚威王听说此处有王气，担心政权不稳，便听从巫师的建议，在此处埋金镇压这股王气，所以得名。[④]统一天下之后，秦始皇也听说"东南有天子气"，[⑤]所以借助东巡的方式镇住这股天子气。此后，东吴、东晋、宋、齐、梁、陈等政权均在此建都，应验了战国时期那个遥远的预言。

至于朱元帅攻占金陵的原因，明代不乏史家将其同王气联系了起来。一般认为，朱元帅攻占金陵是听从陶安、冯国用等人的建议。根据史家高汝栻的观察，却有不同的解读。朱元帅渡江时，有人告

---

① 《明史》卷一百三十六《陶安传》，第 3926 页。

② 宋濂：《元史》卷六十二《地理志五》，北京：中华书局，1976 年，第 1501 页。

③ 《周礼·春官宗伯》中专门设有眡祲一职。郑玄注："祲，阴阳气相侵，渐成祥者。"（《周礼注疏》卷十八，郑玄注，贾公彦疏，彭林整理，上海：上海古籍出版社，2010 年，第 638 页。）

④ 《皇明通纪法传全录》卷一，《续修四库全书》第 357 册，第 27 页。

⑤ 《史记》卷八《高祖纪》，第 348 页。

诉他，想要平定天下，有一位叫作金碧峰的胡僧不可不见。

后来，朱元帅见到这位胡僧，却不被礼遇。他威胁要将这位和尚杀死："可曾见杀人将军乎？"

和尚非但没有丝毫畏惧，反而反问道："可曾见不怕死和尚乎？"

这种充满了杀意和禅意的问答引发了朱元帅的勃勃兴致。他随即丢开了手中的宝剑，开始礼敬这位高僧。

高僧接下来的一句话，让朱元璋坚定了不惜一切代价攻取建康的决心："建康有地可王。"[①]

经过攻城和巷战之后，集庆路一片倾圮破败的景象，这种破败的景象却丝毫没有削弱朱元帅所部胜利的欢愉。占领集庆路后，朱元帅所做的第一件事就是将集庆路改成应天府。早在朱元帅之前，多股义军力量都对金陵垂涎三尺，却功败垂成，比如郭天叙和张天祐等人。如今，朱元帅成为最后的赢家，仿佛冥冥之中，自有上天的眷顾——应天府的改名正是顺应天命的选择。

时不我待，朱元帅决定迅速扩大战果。三月，派遣徐达、汤和等人攻下镇江路，并更名为江淮府。四月，攻克金坛县。六月，派遣邓愈等人攻克广德路。[②]一年前还困守和州无路可去的朱公子，如今已经坐拥太平、应天、江淮、广德数府，大元帅的名位开始满足不了他的欲求。

称王称霸与称帝本来没有实质区别。王即天子，《诗》云："溥

① 《皇明通纪法传全录》卷一，《续修四库全书》第357册，第28页。

② 参《国榷》卷一，第273—274页。

天之下，莫非王土。率土之滨，莫非王臣。”（《诗经·小雅·北山》）秦统一之后，把皇帝的名号加在王、公之上。所以，称王至少表面上看起来依然尊奉礼制。严格意义的礼制规定，王、公等封号莫不从天子出。事实是，称王称公的人多数都是专断自立，把天子当成摆设。

东南地区已经有一位王。公元1354年正月初一，在龙凤政权建立的前一年，以高邮为中心的张士诚自称诚王，国号大周，改元天祐。[①] 称王之后，张士诚的名号传遍了大江南北。称王效应也一触即发。次年，元廷丞相脱脱亲自率领大军围攻高邮。诚王张士诚侥幸击溃了元军，勉强坐稳了王的位置。

就在朱元帅占领集庆路的上一个月，大周政权的军队南下攻陷平江路（今江苏苏州）。平江路的重要性比集庆路有过之无不及，在元朝中期就是一座拥有两百四十万人口的巨大城市。[②] 沿高邮、泰州、常州、苏州一线，诚王政权成为东南地区首屈一指的力量。即便有韩林儿龙凤政权的卵翼，朱元帅也不得不慎重考虑诚王政权的威胁。至少在目前，他还没有实力去挑战这个庞然大物。

龙凤二年（1356）七月初一，在元朝御史台的旧址上，朱元帅建立江南行中书省，自立为吴国公。同时任命李善长、宋思颜为参议，李梦庚、郭景祥为左右司郎中，侯原善、杨原杲、陶安、阮弘道为员外郎，孔克仁、陈养吾、王恺为都事，王祷为照磨，栾凤为管勾，

① 《明太祖实录》卷一，甲午年正月甲子，第14页。

② 《元史》载：“平江路，唐初为苏州，又改吴郡，又仍为苏州。宋为平江府。元至元十三年升平江路。户四十六万六千一百五十八，口二百四十三万三千七百。领司一、县二、州四。”（《元史》卷六十二《地理志五》，第1493页。）

夏煜、韩子鲁为博士。[①]

开省之后，一切按照规模行事。吴国公还设置了江南行枢密院，以元帅汤和摄同佥枢密院事；置帐前总制亲兵都指挥使司，以冯国用为都指挥使；置左右等翼元帅府，以华云龙、唐胜宗、陆仲亨、邓愈、陈兆先、张彪、王玉、陈本等为元帅；置五部都先锋，以陶文兴、陈德等为之；置省都镇抚司，以孙养浩为镇抚；置理问所，以刘祯、秦裕为理问；置提刑按察使司，以王习古、王德芳为佥事；置兵马指挥司讥察奸伪，以达必大为指挥；置营田司等。[②]吴国公的军事、刑罚、监察、农业、教育等系统一一搭建起来。从前的仓皇流窜景象不复存在，现在以应天府为大本营，吴国公开始为日后刷新更高的名位进行一系列的扩张运动。

至正十六年（1356）三月，诚王张士诚在苏州由承天寺改造的大殿中收到了朱元璋使者杨宪带来的一封书信：

> 近闻足下由通州遂举吴郡。昔隗嚣据天水以称雄，今足下据姑苏以自王，吾深为足下喜。吾与足下东西境也，睦邻守国，保境息民，古人所贵，吾甚慕焉。自今以后，通彼往来，毋惑于交构之言，以生边衅。[③]

诸侯之间通过聘礼相往来，这也是三代流传下来的规矩。朱元璋修书一封，派遣使者通好张士诚，既有礼数方面的考虑，更多的

---

① 《明太祖实录》卷四，丙申年七月己卯，第45—46页。

② 《明太祖实录》卷四，丙申年七月己卯，第46页。

③ 佚名：《秘阁元龟政要》卷一，《四库全书存目丛书·史部》第13册，济南：齐鲁书社，1996年，第213页。

还是出于军事利害的权衡。这封书信措辞谦卑，不啻后辈对前辈的恭维。《礼记》上讲："礼尚往来。往而不来，非礼也；来而不往，亦非礼也。"（《礼记·曲礼上》）诚王张士诚觉得有必要对朱元帅进行回礼，而且应该是一份大礼。

同年七月，张士诚的大军兵临镇江城下。

所幸吴国公这边早有准备，未雨绸缪。他派遣手下最知名的将领徐达、汤和等人防御镇江，以逸待劳，击退了张士诚的军队。

礼尚往来，峰回路转。吴国公令徐达等人率领三万人马乘胜围攻张士诚的常州城，稍后又增援三万人。次年三月，经过近半年的鏖战，双方各自投入兵力近十万，朱元璋最后带领常遇春等猛将协同徐达发动总攻，才攻克常州。[①] 常州一战让吴国公意识到，原来王也是可以被打败的。

元朝末年，昏乱的朝廷无法发挥昔日的约束力，天下群雄割据，称王称霸。在抢夺地盘的同时，也在抢夺民心。"民心"自古以来都是很泛滥的词语，因为无论在传统惯性上，还是技术层面上，平民百姓本身无法形成有效的集团，选出发言人发出自己的声音。因此，从上到下，从下诏令的朝廷，到发出命令的地方官僚，再到揭竿而起的大小统领，都认为自己就是民心所在。百姓不会选出代表去发出口头抗议，但是会用脚选择逃避或者用手中的竹竿、兵刃等发起攻击。既然"民心"的概念如此含混不清，是否存在明确笼络一部分民心的可能呢？吴国公选择了祭祀孔子。

在击退张士诚军队的第二个月，吴国公就驾临江淮府。吴国公

---

① 佚名：《秘阁元龟政要》卷一，《四库全书存目丛书·史部》第 13 册，第 223 页。

一行抵达江淮府之后的第一件事，既不是视察官衙，也不是视察军队，更没有挨家挨户体察民情。他把第一站放到孔庙。一位草莽将军换上祭服，到孔庙拜谒孔子，这在南方起事者中十分罕见。

战乱中的百姓除了对食物的本能渴求之外，稍微安定下来，就会考虑孩子的教育问题。哪怕饥寒交迫，至少让孩子认得几个字也是好的。这一点，自古及今，中国人都很少例外。只要提到教育，就必然需要兴学；只要开始兴学，就要尊奉万世师表的孔子。吴国公是个实用主义者，虽然拜谒了孔庙，但是他认为，当下还不是集中精力兴学的时机。他将一干儒生召进了孔庙，交给他们一项政治任务：分头去告诉乡亲们好好种地，好好养蚕植桑，也要卖力修城墙、挖壕沟。[①]

“仓廪实而知礼节”，施行礼制的前提是政权稳固，而稳固政权的方式就是依次消灭割据势力，并彻底推翻元廷统治。在当时诸侯割据的大背景下，吴国公通过拜谒孔子来拉拢知识分子的插曲又显得微不足道。此时的大江南北，称王称霸的浪潮一波未平一波又起，似乎每个称王称帝的人都比吴国公更有资格成为统一中国并重制礼乐的开创者。

姑且不论震动北方的龙凤政权，南部中国业已帝王林立。

早在至正十一年（1351），红巾军的一支徐寿辉在蕲水击溃元朝的威顺王宽彻不花，随后称帝，国号天完，建元治平，任命邹普胜为太师。天完军攻略湖广、江西等地，还攻陷杭州这一南方重镇。[②]

早在徐寿辉之前，广州增城的朱光卿于元统三年（1335），在

① 《明太祖实录》卷四，丙申年九月戊寅，第48页。

② 《明史》卷一百二十三《陈友谅传》，第3687页。

党羽石昆山、钟大名等人的簇拥下称帝，国号大金，建元赤符。好景不长，做了七个月的皇帝之后，朱光卿的头颅便被枭落在京师的街道上。[1]

相较于“前辈”朱光卿，徐寿辉亦处境堪忧。他不久被麾下的陈友谅架空，成为傀儡皇帝。治平十年（1360）闰五月，陈友谅从长江上游出发，率军攻克太平，杀死朱元璋麾下猛将华云。志得意满之下，他在采石派人用铁挝敲碎了皇帝徐寿辉的脑袋，稍后称帝，改元大义。[2] 残酷的弑君者堂而皇之地成为“大义”政权的缔造者，再一次诠释了“义”字解读的多样性。

登极是古代中国所有就职仪式中最隆重的，时间、地点、天气等因素都要妥善考虑。陈友谅把登极地点选在采石江边的五通庙。为了安放龙椅，他下令将神庙正中央的神像抬出去倒放，这种渎神的行为让敬畏鬼神的文武百官感到不安。鉴于陈友谅的威势，天完百官中无人敢提出异议。太师邹普胜、丞相张必先等人让将士在江边列队，等候新主登极。正式即位的那一天，突降大雨，人们四下逃散，登极礼成了闹剧。[3] 南京夏季多雨本属正常现象，人们却依稀从雨中即位礼看出了陈友谅政权灭亡的端倪。

泰州盐商张士诚先后两次称王。元至正十三年（1353），他从泰州出发，攻占元廷重镇高邮，在高邮自称诚王，国号大周，建元天祐。[4] 天祐是上天福佑之意。张士诚从一介盐商转变为一方霸王，

---

① 吴继安：《历代帝王历祚考》卷八，《续修四库全书》第826册，第365页。

② 夏燮：《明通鉴前编》卷二，沈仲九标点，北京：中华书局，2009年，第59页。

③ 《明太祖实录》卷八，庚子年五月戊午，第99页。

④ 《明史》卷一百二十三《张士诚传》，第3692页。

不仅靠人之力，仿佛也有上天的加持。至正二十三年（1363），张士诚重操故伎，又在苏州自立为吴王，建立王府。[①] 南到绍兴，北至徐州，西抵濠州、泗州，东临大海，带甲数十万，张士诚成为名副其实的地方雄主。

就在华东地区纷乱之际，西南地区也不安稳。天完政权麾下的明玉珍知悉陈友谅弑君之后，无力讨伐。同年，在重庆自立为陇蜀王，谋求自保。又于至正二十二年（1362）在重庆称帝，国号夏，建元天统。[②] 从天完、天祐、天统等年号名称来看，每一个政权都认为自己在替天行道，都是天意所在、民心所归。

此时的吴国公朱元璋在张士诚和陈友谅两位帝王的东西夹击之中，前途未卜，自保尚且不暇，遑论礼制建设。明玉珍的夏政权兵力虽弱，但是在礼制上颇有建树。称帝之后，他设立了国子监，将兴学放在新政权的优先发展地位。同时，还建立了社稷坛和祖庙，率先开展了国家祭祀。在诸多割据势力当中，夏国诏求雅乐，开科取士，最具礼乐特色。甚至连夏国的官制都是仿照《周礼》的六官，任命戴寿为天官冢宰，吴友仁、邹兴为地官司徒，刘桢为春官宗伯，万胜为夏官司马，向大亨、莫仁寿为秋官司寇，张文炳为冬官司空。[③] 夏政权之所以能在礼制建设上有一番作为，离不开谋士刘桢的策划。刘桢是元朝的进士，做过小官。天下大乱之际，刘桢蛰居在家，遇

① 《明太祖实录》卷十三，癸卯年九月，第 172 页。

② 《明史》卷一百二十三《明玉珍传》，第 3702 页。

③ 《明太祖实录》卷十九，壬寅年三月己酉，第 267—268 页。

到明玉珍，彼此一见如故，如鱼得水。[1]

保守主义者倾向于将名号的授予权系在当权者手中，非天子赐予不得窃夺名号。对另外一些儒者而言，名号的授予权应系于“天命”手中。如果天子是昏庸无道之辈，再将名号系于天子之手本身就是对名号的亵渎。礼制的核心在于正名，礼制的发展却在于与时俱进，“礼，时为大”（《礼记·礼器》）。天命杳不可知，只要把名号运用得当，定会收到良好的效用。明玉珍国蹙兵寡，却敢于称帝，不能不说是儒者刘桢运筹帷幄的成效。称帝前一年，刘桢就秘密进言明玉珍。虽然是秘密进言，后来的史官还是清楚地记录了有类“隆中对”的“重庆对”：

> 西蜀形胜地，大王抚而有之，休养伤残，用贤治兵，可以立不世业。不于此时称大号以系人心，一旦将士思乡土，瓦解星散，大王孰与建国乎？[2]

连明玉珍这种胜兵不满万人的三流势力都称王称帝，野心勃勃的朱元璋如何能按捺住这种名扬天下的冲动？他太想称王了。

徽州休宁某座不知名的山前，一位名叫朱升的老者正在指挥众人修建几十间草房子。乡人们表示不解，逃难至此，本应一切从简，老先生何必兴师动众搭建如此多的草房子呢？这位老者解释说：

① 史载：“（刘）泽民曰：‘此可就见，不可屈致也。’明日，遂往见之，相与讲论。（明）玉珍喜曰：‘吾得一孔明也！’邀至舟，与议国事，即舟中拜为理问官。”（陆楫：《古今说海》卷四《平夏录》，清文渊阁《四库全书》影印本第885册，第253页上。）

② 《明史》卷一百二十三《明玉珍传》，第3702页。

用不了多久，就会有一批军队经过此地，草房子是为他们准备的。[1]乡人们将信将疑，开始散去。

龙凤四年（1358）秋天，吴国公将手下第一悍将徐达召回应天府，守卫根本之地，自己和常遇春统帅十万大军赶往婺州。婺州战事吃紧，元帅胡大海久攻不下。如果再拿不下来，元朝的这方重镇很可能就要陷入张士诚或者陈友谅的手中。吴国公决定亲自出马，发动婺州战役的最后一击。

军队从应天府开拔，路过广德，之后进入徽州地界。徽州文化先进，人才辈出，朱元璋之前就听闻枫林先生的大名。此次到了徽州，麾下大将邓愈再次提醒吴国公务必造访朱升。[2]

吴国公带着随从来到了山中，迤逦而行，终于找到了朱升的府上。随从的近卫军当夜就入住草房子中。乡人们一边惊讶于朱先生的神机妙算，一边也感受到来访的这位将军非比寻常，至少军纪十分严明。没人在意朱将军和朱先生在草庐里谈了些什么，乡人们最关心的是何时才能过上太平日子。

在见到朱升之前，朱元璋陆续登庸了不少儒生为自己效力。这些儒生说起话来滔滔不绝，对答内容也千篇一律，不嗜杀、法尧舜、重农桑、兴教育等等。老生常谈的对答让这位吴国公甚至有些厌烦。为了将来打理天下的需要，他又不得不频频摆出礼贤下士的姿态，去接见这些儒生。打仗要靠武士，治理州县还是离不开这些文人。

草庐中与他对面而坐的这位老儒看起来和其他人不太一样。朱升早年博览群书，尤其精通术数之学。年老的神态无法遮掩智者的

① 黄瑜：《双槐岁钞》卷一，魏连科点校，北京：中华书局，1999年，第9页。
② 《明通鉴前编》卷一，第41页。

光芒，别人完全猜不透他的心思。他不怎么爱说话，却又擅长读懂别人的心思。越是遇到神秘之人，朱元璋越是感到兴奋，也越急于得到指点。朱老先生终于挤出九个字来：

> 高筑墙，广积粮，缓称王。[①]

朱元璋心中为之一颤，当即拜请朱先生出山，参与军机。年底，吴国公攻破元朝的重镇婺州，改名为金华府。[②] 此时，朱升急流勇退，辞归家乡徽州。次年，按照他的心愿，朱元璋专门为他建了藏书楼，并亲笔撰写“梅花初月楼”。[③] 既是对朱先生的尊崇，也是对君臣初遇的感念。

朱元璋之所以喜欢这位老先生，除了欣赏他的才能之外，也有其他的原因。朱先生也是安徽人，关键也姓朱。同乡情结尤其是同宗情结让朱元璋觉得眼前的这位老先生倍加亲切，如同是祖宗显灵的恩赐。按照礼制，中高级官员封官之后都有诰命一通，以示荣宠。朱元璋称王之后，亲自撰写侍讲学士朱升的诰命，其中特别提到：“眷我同宗之老，实为耆哲之英。”[④] 此后，他还时不时地请朱学士帮自己解梦。洪武二年（1369）十二月，同宗的朱老先生因病去世，享年七十二岁，朱元璋还十分心痛。

一道问题横亘在我们面前：为什么朱老先生当年的那九个字像

---

① 高岱：《鸿猷录》卷二，《续修四库全书》第 389 册，第 227 页。

② 《明通鉴前编》卷一，第 42 页。

③ 朱同：《朱学士传》，参程敏政：《新安文献志》卷七十六《行实》，清文渊阁《四库全书》影印本第 1376 册，第 268 页。

④ 过庭训：《本朝分省人物考》卷三十六，《续修四库全书》第 533 册，第 706 页。

真言一样征服了吴国公？

“高筑墙，广积粮”是妇孺皆知的常识，领兵打仗，谁不知道要修筑好城墙，多囤积粮草？真正打动吴国公的是“缓称王”三个字。六百多年后的今天，我们无法知晓那年秋冬之际，朱升本人是如何解释“缓称王”这一策略的。根据此后吴国公的军事扩张行动来看，他确实严格遵循了这一策略。无论赢得了哪场胜利，攻占了哪座城池，他都选择了隐忍，迟迟没有迈出称王的一步。这一隐忍就长达七年之久。

称王甚至都不需要以重大胜利为基础。占领了高邮城，张士诚就急于称王，结果引来了元军主力的合围。如果不是元廷丞相脱脱被解职，张士诚很可能会把诚王的名号带进坟墓之中。更早之前，一座小小的濠州城就出现永义王赵均用、鲁淮王彭早住等头目。这些跳梁之辈急于求成，结果可想可知。

尽管如此，为什么还是有那么多人汲汲于称王？就连儒者刘桢也明确强调“称大号以系人心”。称王称帝本身就是礼制上的最大僭越，这些人为何还要前赴后继地冒天下之大不韪呢？究其实质，称王称帝背后隐藏的是人性固有的虚荣，这种急为人知的虚荣在越是出身卑微或者性情急躁的人身上表现得越为明显。

一千五百年前，一支楚军正在秦国首都咸阳城大开杀戒。天下最宏伟的宫殿群淹没在熊熊大火之中，据说大火三个月都未曾熄灭。满城哭嚎，男人、女人，甚至是老人、孩子，没人能够幸免。神像被推倒，财宝被抢掠。不可胜计的美人一边绝望地呼喊，一边像物品一样被塞进通往东方的车上。这时，有人建议项王：“关中之地素来富饶，又有山河之固，为什么不以此为根据地建立霸业呢？”项羽回答说：“富贵不归故乡，如衣绣夜行，谁知之者！”[①]建言者大失所望，气愤地说了一句：“楚国人生性急躁，就像猕猴即便戴上了人的帽子也会很快摘下来。现在看来，果然如此！”项羽下令，将此人扔到锅中活活煮死，再一次用实际行动证明了自己沐猴而冠一般的急躁。

一千五百年后，赵均用、彭早住、张士诚等人正是这般思维：富贵不称王，谁知之者！称王之后，可以修王府、建宗庙、纳嫔妃、封世子、设丞相、立百官……似乎称王就等于拥有了一切。称王带来了各种福利，但这种对礼制的挑衅本身也是一种极大的冒险。称王意味着没有退路，意味着在互相猎杀的黑暗森林中率先暴露自己的位置。

美国诗人罗伯特·弗罗斯特（1874—1963）有一首诗，名为《未选择的路》。诗中提到：“我将轻轻叹息，叙述这一切。多年以后：林子里有两条路，我——选择了人迹罕至的那一条路，它改变了我的一生。”在诸王林立的群雄之中，吴国公选择了一条人迹罕至的路：缓称王。从拒绝接受龙凤政权左副元帅官职一事中，朱元璋就表明自己并非守规矩的那一类人。从缓称王一事上，他的这种选择却让他比其他任何割据势力更具礼制上的正义性，后来也改变了他的一生。

攻克金华之后，吴国公召集附近十几名儒生，每天请两位轮流为自己授课，敷陈治道。同时，又请宋濂等人在金华建立学校，让

① 《史记》卷七《项羽本纪》，第315页。

饱经战乱的人们听到了久违的弦诵之声，大家无不欢欣鼓舞。① 新归附的金华百姓也在争相传播朱将军的佳话：朱将军在刚踏入金华城的当天，因为军中的一个士兵拿了百姓的钱财，毫不迟疑地将其斩首示众；就在他进城的前一天，金华城的西方出现了罕见的五色云，那正是朱将军驻兵的地方。②

人们尚未确信是否在这位吴国公身上看到了王者的风范，但是至少明白了一点，他不是咸阳的猴子。

第三节　韩林儿

公元 14 世纪 60 年代，高山云雾之下，一支十多万人的军队正在渡过鸭绿江，压向高丽境内。高丽北境出现了漫山遍野的中原骑兵、步兵，所在守军望风而逃，朔州告急，抚州告急，安州告急，开京告急！

礼失而求诸野，中原王朝在礼崩乐坏之后，习惯于将目光投放到藩属国那里，借以缅寻昔日的荣光，获得某种心灵上的慰藉。对待邻国，中原王朝理应遵照圣贤经传的教训，"招携以礼，怀远以德"（《左传·僖公七年》）。藩属国自然以礼相报，愉快地围绕在中原王朝周围。事实情况远非如此，两下相安的乐章时不时遭遇休止符。

公元 7 世纪，高丽王国偏居一隅，却斗志顽强，让隋炀帝和唐太宗束手无策。唐高宗总章元年（668），大将军李勣趁着高丽内

① 《明通鉴前编》卷一，第 42 页。

② 《国榷》卷一，第 282 页。

乱一举攻破高丽王国，俘获国王高藏，[①]终于洗刷了李世民在安市城（今辽宁大石桥）战败的耻辱。武则天垂拱以后，高丽国稍稍自立。公元10世纪，王建取代高氏家族世袭的高丽王朝，兼并新罗、百济，完成国家统一，建都开京（今朝鲜开城）。[②]历经五代、宋、辽、金等朝代，王氏家族世袭的高丽王国与中原王朝保持名义上的藩属关系，国王的确立需要中原王朝的认可，军政内务则独立自主。

元朝建立前后，高丽国叛服无常：入贡臣服，则相对安宁；如若不然，就会面临蒙古军队的屡次征讨。从元定宗到宪宗年间，蒙古人就四次征讨高丽，攻陷了十四座城池。元世祖忽必烈在位的三十一年中，高丽入贡达三十六次之多。[③]元朝末年，高丽国自忖如例进贡，严守礼制，却不料还是有一支军队突入高丽境内。

突入高丽国境内的军队不是蒙古骑兵，战斗力却非常惊人。他们的军装一律是赤红色，讲的是汉语中的各地方言。经过几次交锋，高丽人才知道这支军队的统帅是潘诚、沙刘、关铎等人。对于高丽人而言，这些入侵者都被叫成了“红贼”。

元顺帝至正十七年（1357），经过多年的蓄势，红巾军领袖刘福通集结中央军队发动围攻宋朝故都汴梁的战役。同时兵分三路：以白不信、李喜喜等为西路军团，进攻关中；潘诚（号破头潘）、关铎（号关先生）、沙刘等为中路军团，进攻山西、河北；毛贵等为东路军团，进攻山东。突入高丽国内的正是潘、关、沙等人率领

① 欧阳修、宋祁：《新唐书》卷三《高宗纪》，北京：中华书局，1975年，第67页。

② 《明史》卷三百二十《外国传一》，第8279页。

③ 《元史》卷二百八《外夷传一》，第4610—4613页。

的红巾军中路军团。

中路军团采取的是不断游击战略，从山西到河北，转战元朝的上都，攻破之后，放火烧了上都的宫阙。上都是元朝的骄傲，元世祖忽必烈就在此处登极。自此，元廷无法举行从大都到上都之间例行的北巡之礼。[①]继而，他们攻破辽阳，将原属元廷的辽阳行省一部纳入宋政权的版图。

元至正十九年（高丽恭愍八年，1359），红巾军就突入高丽国境，年底攻陷高丽西京平壤，之后不断扩大战果。高丽军奋起还击，于次年（1360）赶走红巾军。至正二十一年（高丽恭愍十年，1361）十月，中路军团十余万人再次跨过鸭绿江，兵锋直指高丽首都。[②]国王王颛感到了事态的严重性，在首都开京陷落之前，一路南逃。[③]

依照礼制，高丽国应向宗主国元朝求救。此时的元廷自身难保，黄河以北三分之二的地区都落入大宋政权的手中。就在红巾军将要灭亡高丽的关口，求援无望的高丽王国只能展开自救。

高丽恭愍十一年（元至正二十二年，1362）正月，朝鲜半岛的春天像往年一样寒冷，雨雪霏霏。高丽统帅郑世云指挥安祐、李芳实、黄裳、韩方信、李余庆、金得培、安遇庆、李龟寿、崔莹等一干将领，集结二十万军队开到京城之下，随即发动收复国都的总决战。京城克复之后，沙刘、关铎两位主将阵亡。关铎将军作为义军

① 佚名：《秘阁元龟政要》卷二，《四库全书存目丛书·史部》第13册，第252页。

② 郑麟趾等：《高丽史》卷三十九，重庆：西南师范大学出版社，北京：人民出版社，2014年，第1225、1233页。

③ 朱孟震：《河上楮谈》卷一，《续修四库全书》第1128册，第583页。

中少数擅长诗赋的将领，当年“西风吹醒英雄梦，不是咸阳是洛阳”[1]的梦想彻底破碎，沦为异域他乡的一具冰冷的尸体。红巾军被斩首十余万级，高丽军队缴获了元帝玉玺，还有金印、银印、铜印、兵仗等物。破头潘带着残兵败将，渡过鸭绿江，逃回中原。

数年的隐忍与坚持获得了回报，高丽举国上下都沉浸在复国的狂欢之中。对高丽而言，这是一场保家卫国的胜利，具有礼制上的正义性。对元廷而言，高丽王朝作为藩属国，表现忠勇，于是颁授了诸多赏赐，以示嘉奖。

至于获胜的原因，按照高丽将领安遇庆的说法，是高丽国上下一心，“我军大发，一扫无余”“吾王赫怒，诸将奋勇”。[2]另外一种解释是，中路军团占领高丽城池之后，从军团将领到将校以下都迎娶高丽女子，或者纳妾。长此以往，军队安于享受，放松戒备，削弱了战斗力，成就了高丽君臣的复国功勋。[3]

对宋政权而言，中路军团的败逃还不是最坏的消息。中路军团本来的战略目的是攻占元大都，直插敌人心脏。四处游击，迁延太久，便有在高丽国割据一方的嫌疑。当时，西路军团在关中遭遇惨败，余部溃逃四川。东路军团在山东实现短暂的割据之后，也被击溃。在丧失山东的前夜，中央主力所在的首都汴梁也被元廷夺回。宋政权日薄西山，一蹶不振。

高丽人在驱除红巾军之后，还是一头雾水。中原到底发生了什么事情？宋朝不是早就灭亡了吗，怎么又来一个宋政权？刘福通是

---

① 朱孟震：《河上楮谈》卷一，《续修四库全书》第1128册，第583页。
② 郑麟趾等：《高丽史》卷一百十三，第3455页。
③ 朱孟震：《河上楮谈》卷一，《续修四库全书》第1128册，第583页。

谁，皇帝韩林儿又是一个怎样的人？[①]

当朝廷的礼制与千百年来的习俗无法发生效力的时候，处在水深火热中的百姓往往将希望寄托于宗教理想。中国人的宗教和西方的宗教虽然迥异，却也有很多相通的地方。比如，西方的基督教宣传弥赛亚的降临，元末中国的百姓在韩山童等人倡导的白莲教影响下，坚信弥勒佛将要转世，明王即将降临人间。[②]到那个时候，在救世主的英明领导下，所有的苦难都会终止，从此人间就实现了太平。明王将要恢复大宋的政权，重新收拾山河，凝聚人心，而国家变天的信号则是独眼石人的出世，“莫道石人一只眼，此物一出天下反”。[③]

这其中混合了多种多样的元素：佛教、白莲教、礼俗、政治革命、正统思想、民族冲突、阶层仇恨、转世信仰、救世信念、童谣、异象、复国情怀、乱中渔利思想……总之，独眼石人问世之后，山东、河南、安徽等地区的起义风起云涌，席卷中原。各地的起义力量亟待整合，是时候建国了。

韩林儿自从父亲韩山童被杀之后，和母亲杨氏逃落民间，隐姓埋名，过着默默无闻的生活。至正十五年（1355）二月，在安徽

① 公元14世纪后期，天下大乱之际，高丽军中也有人蠢蠢欲动，意图刷新名位。其中，一位名叫李成桂的将军趁乱废黜高丽国王，终结高丽王朝在朝鲜半岛近四百年的统治，并于1392年建立李氏世袭的朝鲜王朝，史称“李氏朝鲜”，简称“李朝”。五百多年后，时值1910年，李氏朝鲜被日本吞并，王朝灭亡。

② 杨元裕：《读史关键》，《四库未收书辑刊》第8辑第4册，北京：北京出版社，1997年，第107页。

③ 郎瑛：《七修类稿》卷八，《续修四库全书》第1123册，第64页。

省砀山县城西南五十里处的夹河，一支军队搜寻到他们母子两人，[1]随即把他们送到了亳州。惊魂未定的韩氏母子看到全副武装的军队，完全不清楚情况，前途黯淡，险象环生。

杜遵道、刘福通等人像叔叔一样簇拥着韩林儿，提起当年和他的父亲韩山童一同抗击元军的光辉岁月，唏嘘不已。此次迎接韩氏母子来到亳州，不为其他。四处逃难的日子已经过去，如今的义军家大业大，足以称帝，与元朝一决雌雄。韩林儿就这样糊里糊涂地成了宋政权的皇帝，又号小明王，母亲杨氏成了皇太后，杜遵道、盛文郁为丞相，刘福通、罗文素为平章，刘六知枢密院事。由于建造皇宫缺乏木材，他们索性把亳州城的太清宫拆掉。[2]

身处新修的皇宫中，坐在精心打造的龙椅上，韩林儿几乎相信这些面善的叔叔、如今的臣子当真在一心一意做事业，拥护自己成为天子。丞相杜遵道的专权跋扈，让他很快意识到，所谓的圣旨只能传达杜丞相一个人的意图。就在韩林儿快要适应杜丞相的行事风格时，刘福通派人杀掉了杜遵道，自立为丞相。时人对亳州发生的一切似曾相识：亳州就是许昌，刘福通就是曹丞相，而韩林儿半道出家，充其量不过是半个汉献帝。

礼乐征伐每每出自权臣。君臣名分在一开始就有名无实，仅仅是名分而已。红巾军的诏令名义上来自小明王的圣旨，各路将领心照不宣，明白这一切都是刘丞相的旨意。礼书上“君天下曰天子”（《礼

① 《读史方舆纪要》“夹河”条载：“元末刘福通等作乱，自砀山夹河迎韩林儿为帝，即此。”（顾祖禹：《读史方舆纪要》卷二十九，贺次君、施和金点校，北京：中华书局，2005年，第1409页。）

② 陈邦瞻：《元史纪事本末》卷二十四，北京：中华书局，2015年，第194页。

记・曲礼下》）的说辞，多数情况下都只是安置在典籍上的理想，能够具备自由意志的皇帝寥寥无几，遑论真正君临天下。

在古代中国，但凡行事（尤其是起义这种大事）又特别讲究名分，刘福通纵然大权在握，他本人在创造时势的同时也在受制于时势。韩林儿就像他手中的提线木偶，固然可以按照他的意志随意把玩；可是，他又必须设法让百姓们相信，韩林儿就是宋徽宗的九世孙，就是救苦救难的弥勒佛转世，就是可以再造太平的小明王。

东京汴梁作为北宋的都城，自从南宋以来一直是士人、百姓心中宋朝的化身，也是繁盛的代名词。在南宋孟元老的魂牵梦萦之中，北宋时期的东京汴梁城歌舞升平，风光无限：

> 太平日久，人物繁阜。垂髫之童，但习鼓舞；班白之老，不识干戈。时节相次，各有观赏。灯宵月夕，雪际花时；乞巧登高，教池游苑。举目则青楼画阁，绣户珠帘，雕车竞驻于天街，宝马争驰于御路，金翠耀目，罗绮飘香。新声巧笑于柳陌花衢，按管调弦于茶坊酒肆。八荒争凑，万国咸通。集四海之珍奇，皆归市易；会寰区之异味，悉在庖厨。花光满路，何限春游。箫鼓喧空，几家夜宴。伎巧则惊人耳目，侈奢则长人精神。瞻天表则元夕教池，拜郊孟享。频观公主下降，皇子纳妃。修造则创建明堂，冶铸则立成鼎鼐。观妓籍则府曹衙罢，内省宴回；看变化则举子唱名，武人换授……暗想当年，节物风流，

人情和美，但成怅恨。[1]

如今，当年“八荒争凑，万国咸通”“节物风流，人情和美”等繁华景象都成了过往云烟。元廷统治越是昏庸无道，百姓越是思念当年赵宋天下的太平。宋朝不再是曾经真正存在过的宋朝，而是经过层层美化后的一道印象。印象落实到实体才有价值，汴梁就是这个实体。红巾军需要夺回汴梁城。

至正十八年（1358）五月，就在朱元璋、陈友谅、张士诚在南部中国扩张地盘之际，刘福通攻下了元廷的中原重镇汴梁，将韩林儿迎到这里。[2] 从此，汴梁城摇身一变，成了宋政权的首都。迁都汴梁之后，红巾军士气大增，越来越多的百姓开始熟稔红巾军鼓吹的旗号：

虎贲三千，直抵幽燕之地。龙飞九五，重开大宋之天。[3]

民族革命的浪潮四处蔓延，民心逐渐沸腾，元朝的统治仿佛用不了多久就会土崩瓦解。

红巾军与元军的较量表面上是军事上的抗衡，背后也不无礼法冲突的因素。至正十五年（1355），就有人向朝廷谏言：我朝建立以来，蒙古族依然遵循本来的习俗，既不行三年之丧，又延续收继婚的制度——儿子可以娶庶母，侄子可以娶婶子，弟弟可以娶嫂子，

① 孟元老：《东京梦华录·序》，伊永文笺注，北京：中华书局，2007年，第1页。

② 《明通鉴前编》卷一，第37页。

③ 蒋一葵：《八朝偶隽》卷七，《续修四库全书》第1714册，第678页。

传到后世，恐怕让人耻笑，应当改革，“绳以礼法”。[1]元廷对此充耳不闻。两种截然不同的礼法之间的冲突在乱世之中遇到被放大的机会，成为义军拉拢百姓对抗元廷的一大口实。

由于立场不同，蒙汉两方都有坚持自身礼法的充分理由，互相鄙夷。当这种礼法的冲突无法调和时，军事对抗就成为不可避免的形式。迁都汴梁前后，固守在汴梁的红巾军以及三路军团都给元廷造成了重创。但是，元军并不像红巾军预料的一般不堪一击。想要重开大宋之天，单凭礼制上的正义性并不能实现。就在次年（1359）八月，察罕帖木儿集结元军主力对宋政权的首都汴梁城发动总攻。局面突变，星移斗转，“妖人”刘福通带着韩林儿退守安丰（今安徽寿县），红巾军被赶出了河南。[2]

至正二十二年（1362）十一月，山东益都城（今山东青州），一位元军统帅正在举行血祭。

这种残忍的血祭不知道具体出自什么时期，也不局限于特定的族群。祭祀仪式越血腥，说明复仇动机越强烈。满目疮痍的城池，四处堆积的尸体，简陋的祭祀器物，益都城正在进行的这场祭祀仪式确实足够血腥。

祭祀主体：扩廓帖木儿，汉名王保保，元朝将领察罕帖木儿的养子。

① 《元史》卷四十四《顺帝纪七》，第 921 页。

② 曹金：《（万历）开封府志》卷三十一，《四库全书存目丛书补编》第 76 册，第 831 页。另据史载：“安丰即寿州也，元曰安丰路。”（《读史方舆纪要》卷八，第 358 页。）

祭祀对象：刚遇刺身亡不久的元军名将察罕帖木儿。

祭祀仪物：守城将领田丰、王士诚等人的心脏。[1]

以人为牲的祭祀传统由来已久。考古学家在殷商的遗址中发现了大量存在的人和动物的骸骨，证明“人殉”的制度确实一度流行于中国。在《礼记》一书中，周人按照四时的轮转分别把牲畜的脾、肺、心、肝、肾等器官充当本季节优先使用的祭品（《礼记·月令》）。在周代以来的祭祀系统中，也不乏利用动物酱、植物酱的祭品。利用人心和肉酱祭祀就另当别论，显然超出了寻常祭礼的范畴。

察罕帖木儿作为元末最著名的将领，先后转战河南、河北，让红巾军的中路军团无法攻击元大都，同时又在关中地区击溃了西路军团。此外，正是此人集结元军主力收复汴梁，给红巾军造成毁灭性的打击。之后，他领军进入山东，收降了红巾军的将领田丰、王士诚等人，山东即将平定。疑人不用，用人不疑。就在他推心置腹巡视田丰、王士诚军营的时候，被伪降的王士诚派人刺杀。一代名将就此陨落，元廷朝野大为震动。危难之际，一切仪式从简从速，元顺帝派人在军中就地册封他的养子扩廓帖木儿为太尉、中书平章事、知枢密院事，让他全权指挥平定山东的军务。[2]

扩廓帖木儿不负所托，打败了刘福通的援军，最后通过挖地道等方式攻克了益都城，并活捉了仇敌田丰、王士诚二人。这场血祭表面上是复仇后的礼仪，实际上宣告了一条重要的历史信息：红巾军最后的根据地山东被元军平定，红巾军即将退出历史舞台。

① 《元史纪事本末》卷二十五，第202页；《明史》卷一百二十四《扩廓帖木儿传》，第3709页。

② 《明史》卷一百二十四《扩廓帖木儿传》，第3709页。

在剿除红巾军主力之后，扩廓帖木儿被封为河南王，总领天下兵马。在这个历史关头，元廷也不无实现中兴的可能。可惜，元军内部很多人并不把新任的河南王放在眼里。在李思齐、张思道等老将军看来，扩廓帖木儿不过是侥幸取得胜利的侄孙后辈，根本没有资格对自己指手画脚。

在古代中国，有时候辈分的力量要凌驾于能力与名位之上。一个人哪怕能力很强，哪怕名位很高，如果不能恪守后辈的谦卑，难免会遇到来自前辈的阻力。如果这些前辈刚好又是实权派人物，阻力就会演变成大冲突、大动荡。这种礼制上的逻辑，也解释了为什么在古代中国人们总是把教人谦卑摆放在很重要的位置。

扩廓帖木儿并不熟谙此道，就像迦太基的名将汉尼拔一样，他懂得如何赢得胜利，却不懂得如何保住胜利的果实。在李思齐、张思道等割据军阀的眼中，礼制如无物，天子之命如无物，国家存亡亦如无物。礼制作为治国手段，核心任务在于维护国家稳定，必要的时候牺牲少部分人的利益乃至生命换取大局的稳定。礼制的对立面则是混乱、无序，人自为政。割据者们宁肯彼此之间互相攻击，或是出于抢夺地盘的利益考虑，或是仅仅出于泄私愤的意气用事。包括扩廓帖木儿在内，谁都不愿意调兵遣将去应付南部中国正在崛起的朱元璋军团。元朝的首都危在旦夕，他们还像群狼一样互相撕咬，沉迷在血腥味中无法自拔。由于扩廓帖木儿等人救援不及，大都陷落，元顺帝提前北逃。元亡。[1]

① 《明史》卷一百二十四《扩廓帖木儿传》，第3710—3711页。

在国家统一、社会稳定的前提下，君臣名分相对固定，附着明确的权力和责任。在国家混乱之际，帝王林立，究竟谁是君主、谁是臣子，并没有定论。既然没有定论，个体又该如何自处？

韩林儿建国之后，流落江淮之间的丁国珍获得了施展才干的时机，被宋政权任命为监察御史。丁御史能言善辩，享有良好的声誉。[①]等到张士诚手下的悍将吕珍攻破韩林儿最后盘踞的安丰时，丁国珍改投在朱元璋的麾下。名义上，朱元璋依然尊奉韩林儿为宋政权的皇帝。实则，众所皆知，韩林儿不过是朱元璋手中的木偶。

在跟随吴国公征讨彭蠡之后，丁国珍被任命为九江知府。等到朱元璋的军队回师建康，九江附近的山民突然发动叛乱。仓促之间，丁国珍一介文臣，居然靠着临时组建的一批乡勇平定了叛乱。朱元璋大喜过望，赐名丁玉，并将其擢升为武将。[②]丁将军在此后十几年的戎马生涯中，功勋卓著，一直做到了左御史大夫、大都督府左都督，成为洪武帝颇为倚重的文武全才。意外的是，洪武十三年（1380），丁都督因为曾与胡惟庸联姻，受到牵连，被朝廷诛杀。[③]

谁之名分？丁玉的宦海沉浮只是当时众多文臣武将的一个缩影。如果认定元顺帝是天子，丁国珍只是旅居江淮之间的落魄文人，终其一生可能都寂灭无闻。如果抱定忠臣不事二主的想法，继韩林儿死后，在龙凤朝廷任监察御史的丁国珍应当殉国明志。在明朝建立之后，朱元璋成为中原共主。丁玉将军鞍马劳顿，在江西、广西、

---

① 雷礼：《国朝列卿纪》卷六十九，《四库全书存目丛书·史部》第93册，第787页。

② 《明史》卷一百三十四《丁玉传》，第3909页。

③ 雷礼：《国朝列卿纪》卷六十九，《四库全书存目丛书·史部》第93册，第788页。

四川等地辗转，为新生的明王朝连续服务了十几年，下场却是被牵连进谋反大案，死于非命。既然参与谋反，突破理应恪守的礼制底线，在大明臣子眼中，乱臣贼子丁玉死不足惜。

谁之名分？仕宦生涯中，丁玉在四川镇守最久，恩威并行。四川的番人非常钦敬丁玉，他们只认丁大夫。[1] 当年为了和番人建立友好关系，丁玉煞费苦心，特意铸造了印有誓词的银锭，轻重不一。番人当中，谁要是得到了丁玉的银锭都会如获至宝。[2] 多年以后，在他们心中，丁玉不是死有余辜的反臣，而是值得拥戴与怀念的丁大夫。

第四节　吴王令旨

从 1364 年到 1366 年这三年间，应天府的翰林院内，人们像往常一样忙碌。文官们有条不紊地草拟各种诏书，准备将吴王朱元璋的命令签发到各地。诏书用的是印有“圣旨”字样的金黄色卷轴，笔墨纸砚也一律是最上乘的货色。展开卷轴，文官一笔一画写下圣旨的内容：“皇帝圣旨，吴王令旨……”然后再小心翼翼地在卷末署上“龙凤　年　月　日”的字样。能够书写圣旨本是一件无上光荣的事情，接到圣旨的人也会悉心保存，代代相传。可是，若干年后，没人愿意承认自己书写龙凤圣旨的这段经历。不仅这些学士们三缄

① 王圻：《续文献通考》卷二百三十七《四裔考》，北京：现代出版社，1986 年，第 3562—3563 页。

② 杜应芳、胡承诏：《补续全蜀艺文志》卷五十四，《续修四库全书》第 1677 册，第 634 页。

其口，大明王朝崛起之后，在整整两百七十多年的时间里，也没什么人愿意提起这段尘封往事。《明太祖实录》二百五十七卷近百万字，作为了解洪武一朝来龙去脉最重要的一手史料，绝口不提韩林儿建元龙凤一事，就像龙凤纪年从未存在过一样。

关于明朝开国，人们倾向于认为朱元璋是从昏庸无道的元廷手中夺取的政权。设若“皇帝圣旨，吴王令旨”果然存在，那么，明朝的开国皇帝朱元璋就等于在向原来的皇帝韩林儿发动挑战，攘夺了龙凤朝廷的权位。在礼制上，这是僭越，是谋逆，是对宋政权君主的不忠，也无以昭信于天下。

元至正二十四年（1364）正月初一，应天府今年的新年第一天比往年更加热闹。以李善长、徐达为首的文武两班大臣罕见地聚在一起，正月的寒气丝毫没有削减他们心中的热情。去年八月，在鄱阳湖大战中，我军彻底击溃南部中国最为强悍的宿敌陈友谅。此后的整个冬天，我军都在扫荡陈友谅残部，目前他的根据地武昌城已经被围得水泄不通。就在十二月，吴国公朱元璋回到应天府，在鸡笼山下举行了盛大的阅兵仪式。我军凭着摧枯拉朽的运势，士气空前高涨。

吴国公的名位已经无法彰显朱元璋的功勋，即便朱元璋不称王，麾下众将领也按捺不住加官进爵的冲动。请求吴国公称王的上表络绎不绝，有的人还重复上表，这让行中书省的值班文官忙得不可开交。大大小小的官员，不论文官，还是武将，喜悦之情，溢于言表。吴国公功德日隆，击溃陈友谅就是上承天意，下应民心。称王的时机已经成熟。

和所有即位仪式一样，在文武百官的颂扬声中，吴国公先是表现出仪式化的谦卑，频频作出不敢当的姿态，“今日之议且止，俟天下大定，行之未晚”。[①] 群臣对吴国公的谦让行为心知肚明，一而再再而三地请求吴国公即吴王位。既然天意如此，朱元璋只好勉为其难，收起忸怩的姿态，“被迫”称王。依照王国礼制，称王即是建国。

即位之后，作为回报，吴王朱元璋建立了中书省，论功行赏，任命李善长为右相国，徐达为左相国，官居一品，常遇春、俞通海为平章政事，官居从一品。其他大大小小的文武官员，依次得到了相应的官位。[②] 南部中国群雄割据的形势彻底扭转，吴王一统的局面即将形成。

在所有人都踌躇满志之际，新任吴王表现出一贯的慎重。七年前的秋冬之际，同宗的朱升老先生就建言“高筑墙，广积粮，缓称王”，朱元璋至今依然无法忘怀。至于称王是出自朱元璋本人的意愿，还是群臣的裹挟，我们迄今无法做出准确判断。如今称王，朱元璋依然心事重重。起事至今十三年里，他目睹那么多人称王称帝，自己怎能保证不会成为下一个陈友谅？去年九月，苏州城的张士诚不也称吴王了吗？作为军队的最高统帅，他表现出超然的冷静。就在文武百官手舞足蹈的时候，吴王对李相国、徐相国等人发出警告：

> 建国之初，首在正纪纲。元氏昏乱，纪纲不立。主荒臣专，威福下移，由是法度不行，人心涣散，遂致天下骚乱。今将相

① 《明太祖实录》卷十四，甲辰年正月丙寅，第 175 页。

② 《明太祖实录》卷十四，甲辰年正月丙寅，第 176 页。

大臣辅相于我，当鉴其失，宜协心为治，以成功业，毋苟且因循，取充位而已……礼法，国之纪纲，礼法立则人志定，上下安。建国之初，此为先务。吾昔起兵濠梁，见当时主将皆无礼法，恣情任私，纵为暴乱，由不知驭下之道，是以卒至于亡。今吾所任将帅，皆昔时同功一体之人，自其归心于我，即与之定名分、明号令，故诸将皆听命，无敢有异者。尔等为吾辅相，当守此道，无谨于始而忽于终也。[①]

吴王把“礼法”作为治国的第一要务，他的礼法就是纲纪、名分、约束。简言之，礼法治国要求所有人都要守规矩。谁敢以身试法，吴王绝不轻饶。如果是他人如此大讲礼法，恐怕流于表面说辞，未必值得重视。可是，吴王宝座下分班而立的文武大臣听到这番警告之后不寒而栗，因为数年前在金华城发生的那件事情让他们至今记忆犹新。

当初，朱元璋刚攻下婺州城，改名金华城是之后的事情。战争时期，出于保障粮食军需的考虑，朱元璋颁布了禁酒令。胡大海将军的儿子心存侥幸，明知故犯，私自酿酒一事惊动了朱元璋本人。按照军令，私自酿酒罪在不赦。胡将军正在前线领军厮杀。如果这个时候处死胡公子，万一胡将军倒戈，后果不堪设想。就在官员的一片求情声中，朱元璋抽刀出鞘，亲手杀死了胡公子。他手提溅着人血的宝刀，冷冰冰地说了一句：

① 《明太祖实录》卷十四，甲辰年正月戊辰，第176—177页；《明通鉴前编》卷三，第97页。

宁可使大海叛我，不可使我法不行。[①]

如今，吴王刚刚即位就开始大讲礼法，其中暗藏的杀机也让正在兴头上的文武百官噤若寒蝉。形势越是一片大好，前途璀璨，各位越要危言危行，明礼守法。

吴王是个实用主义者，即位之后，眼前的一切新气象并没有让他安下心来。正月刚举行完即位礼，二月初一，朱元璋连吴王的座位都还没有温热，就马不停蹄地赶赴武昌前线，督促军队拿下武昌城。经过前后六个月的围攻，就在朱元璋赶到武昌的当月，陈友谅之子陈理出城投降。江西宣告平定。

陈理投降之后，吴军没有一兵一卒敢违抗军令进入武昌城。不仅如此，吴王还下令把米面等急需物品送往城中慰问百姓。武昌的百姓第一次领教了这位吴王的威信。[②]

名分有序，不容紊乱。由将军而称元帅，由元帅而称公，由公而称王，由王而称帝。就在吴王及其麾下文武官员沉浸在接踵而至的胜利时，人们几乎忘了，滁州城里还有一位大宋政权的皇帝韩林儿。

应天府的行中书省中，早春的寒气尚未消散，空气中弥漫着凝重的气息。此时此刻，李善长、徐达、刘基等人正在参加一场极为重要的军事会议。自从关中、河南、山东相继失守以来，安丰成为韩林儿、刘福通的最后一块据点。如今，南方强敌张士诚派遣悍将

① 《明史》卷一百三十三《胡大海传》，第 3879 页。

② 《明太祖实录》卷十四，甲辰年二月癸丑，第 179 页。

吕珍突袭安丰城。到底要不要救援安丰？自吴国公朱元璋以下，大家都给出了各自的意见。

在李善长等人看来，渡江以来，我军一直尊奉龙凤政权，和韩林儿之间有君臣之义。于公而言，皇帝韩林儿落难，我军理应派遣勤王之师，解救韩林儿于危难之中，如何能弃大义于不顾呢？于私而论，一旦张士诚夺取了安丰城，壮大了实力，必然成为我军日后图取中原的心腹大患。

刘基等人却提出了截然不同的意见：韩林儿一个扶不起来的阿斗，何足谋事？智者务其实，愚者逐其名。利用龙凤纪年本是权宜之计，又何必受累于有名无实的君臣大义？若论心腹大患，眼下我军后方的陈友谅才是大患中的大患。陈友谅不比张士诚，亡我之心，路人皆知。如今，他凭借长江上游的地利，更是不得不防。一旦我军主力出动救援安丰，万一陈友谅沿江直下从后背杀来，大本营建康有破城之虞。孰轻孰重，诸位还不清楚吗？

这一次，朱元璋没有听从刘基的建议。至正二十三年（1363）三月，吴国公携同徐达、常遇春等将军率领精锐部队发兵安丰。其时，刘福通已经战死。[①] 在从汴梁败退之后，刘福通曾经请求朱元璋的保护。后来，张士诚相机而动，趁着刘福通实力大衰，派遣吕珍围攻安丰，刘福通被杀。[②] 这位曾经震动全国差点埋葬元朝的强人最后没有死在元军手中，反而死在了落井下石的张士诚手中。张士诚

① 关于刘福通的死亡时间有两说：（1）刘福通在至正二十三年（1363）被张士诚部将吕珍所杀；（2）刘福通于至正二十六年（1366），与韩林儿一道死于廖永忠的瓜步沉舟。本书从前说。相关研究可参王玉群：《刘福通结局之我见》，《甘肃社会科学》2004 年第 1 期等。

② 《明太祖实录》卷十二，癸卯年二月癸酉，第 148 页。

的背后一刀将红巾军赶下了历史的舞台。

经过一番激战，朱元璋救出了皇帝韩林儿，将其安置在滁州。[①]韩林儿在位十二年，不可谓短。关于龙凤十二年间的史事，史书或多或少都有着墨。唯独没有记载韩林儿本人的所作所为，甚至没有留下他的只言片语。在礼制的应然世界里，天子代百姓言。在具体的实然世界里，丞相代天子言。无论在杜遵道的眼中，还是刘福通的手里，抑或朱元璋的羽翼下，韩林儿这个名义上的天子始终没有摆脱提线木偶的身份。木偶是不能发出自己的声音的。

虽然取得了勤王的成功，但是事实证明，刘基阻拦朱元璋救援安丰确有先见之明。其一，吕珍是张士诚手下悍将，安丰之战于我军而言并没有太大的胜算。朱元璋派遣的先头部队大败，几乎被吕珍全歼。要不是常遇春及时杀出，奋力死战，[②]可能会有另外一种结局。与此同时，庐州城（今安徽合肥）的左君弼也率领援军与吕珍会合。朱元璋压上了麾下最精锐的将领，如徐达、常遇春、廖永忠、傅友德等，才取得安丰之战的胜利，夺下安丰城。其二，出动主力救援安丰造成后方空虚，给陈友谅以可乘之机。就在徐达奉命乘胜围攻左君弼防守的庐州之际，西线传来消息，陈友谅倾举国之力东征朱元璋，南昌告急！徐达前脚刚从围攻庐州的战场上撤下，元军将领竹昌忻都后脚就把安丰夺了回去。[③]就这样，几场鏖战下来，安丰、庐州两座城池均在敌手之中。此时，我军又要仓促迎战强敌陈友谅。朱元璋因为救援安丰，让自己陷入十分被动的凶险局面。

①　《明通鉴前编》卷二，第 84 页。

②　《明太祖实录》卷四十六，洪武二年十月庚午，第 918 页。

③　《明太祖实录》卷十二，癸卯年三月辛丑，第 150 页。

救下了一位素昧平生的皇帝，却让全军陷入危局，这样的君臣名分是否值得？

鄱阳湖大战，朱元璋九死一生，终于战胜了陈友谅。此时，他才心有余悸地对刘基说："我当初不听先生的建议，执意救援安丰。假如陈友谅趁机夺取了建康，我进退失所，大事去矣。好在陈友谅有勇无谋，不来攻打建康，反而去围攻南昌，顿兵不前。陈友谅一死，天下不足定也。"[①] 这不是朱元璋第一次佩服刘基。

早在朱元璋刚称吴国公后，群臣开始讨论座次礼仪。因为尊奉龙凤政权，所以众人认为，应当设置御座，以示对皇帝韩林儿的尊崇，这也符合臣子的职分。就在众人议论得热火朝天之时，朱元璋突然觉察到有人从背后踢自己坐着的胡床。这让朱元璋感到非常不自在。回眸看时，发现踢他胡床的不是别人，正是刘基。朱元璋不为所动，也许是当成了刘基的误踢，也许是对刘基这种小动作非常不屑。当众人开始向御座行跪拜礼时，刘基不但不肯下跪，反而破口大骂："韩林儿算什么皇帝，不过是一个放羊的竖子！何必拜他？"刘基的举动让众人感到愕然，以为这腐儒不识好歹，乱生是非。朱元璋将刘基悄悄拉到一旁，你云我云。二人究竟说了什么，史书只留下"密陈天命所在"六个字。[②] 自此之后，朱元璋获得了一种前所未有的神秘力量，心中不再把任何人当成自己的皇帝。

人们不会根据一个人的内心想法判断他的行为，故此，必要的

---

① 傅恒等：《通鉴辑览》卷九十九，清文渊阁《四库全书》影印本第339册，第171页；《明通鉴前编》卷二，第94页。

② 查继佐：《罪惟录·传五》，《续修四库全书》第321册，第212页。

掩饰有助于事业的发展。不论朱元璋内心究竟所想为何，至少在重创张士诚之前，他还需要皇帝韩林儿的存在，需要站在正义的大旗之下。

在明朝史臣的文书记载中，朱元璋在称帝之前有过很多头衔，比如郭子兴委命的亲兵、和阳总兵等，属下将领推戴的大元帅、吴国公、吴王等。除此之外，朱元璋另有鲜为人知的仕宦履历。根据朱元璋亲自撰写的《朱氏世德碑》，里面谈到了他的祖父、曾祖父被追赠为中书右丞相，父亲被追赠为平章右丞相。追赠者不可能是称帝后的朱元璋，更不可能是敌对的元廷。唯一合理的解释，就是朱元璋在攻克集庆路时，韩林儿的龙凤政权授予朱元璋平章政事、右丞相，同时追赠三代。[①] 明朝建立之后，史官对这段往事做了必要的“处理”，“处理”的结果就是这一切从来不曾发生。只是“处理”的手段并不干净，以至于清朝人发现了这些蛛丝马迹。这也是我们今天能够看到朱元璋另一面身份的原因。

礼制伸张名分，名分是维系社会秩序于不坠的基本守则。那么，在充满变数的动荡时代，名分背后的正义是否真正存在？我们能看到的正义往往体现在檄文之上，能发挥相当效力的反而也是这种檄文正义。继覆灭陈友谅、陈理政权之后，南部中国唯一有能力挑战吴王朱元璋的就是东吴张士诚政权。在讨伐张士诚的檄文中，朱元璋依然使用龙凤纪年。

在龙凤十二年（1366）的一份“皇帝圣旨，吴王令旨”中，记载了吴王朱元璋是如何继承天命、救民伐罪的：

① 《明通鉴前编》卷一，第 22 页。

> 皇帝圣旨，吴王令旨，总兵官准中书省咨敬奉令旨：予闻伐罪救民，王者之师。考之往古，世代昭然……予本濠梁之民，初列行伍，渐至提兵，灼见妖言不能成事，又度胡运难与立功，遂引兵渡江。赖天地祖宗之灵及将士之力，一鼓而有江左，再战而定浙东。陈氏称号据我上游，爰兴问罪之师，彭蠡交兵，元恶授首，父子兄弟，面缚舆榇。既待不以死，又封以列爵，将相皆置于朝班，民庶各安于里田。荆、襄、湖、广，尽入版图。虽德化未及，而政令颇修。惟兹姑苏张士诚……[1]

除了说明自己王者之师的正义性之外，榜文中还历数了张士诚的八大罪状，将其贬为阻碍历史潮流的罪人。欲加之罪，何患无辞？蹊跷的是，檄文的正义性在明朝开国之后就被自己推翻了。

明人袁中道发现同乡人藏有一纸告身，里面提到“皇帝圣旨，吴王令旨”，这让他多少都感到意外。[2] 因为，自从明朝开国两百年来，几乎没有人提起这回事。感到意外的不仅是袁中道一个人。李诩在写《戒庵老人漫笔》的时候，提到了明朝开国前的四道令旨。令旨的收藏者是江阴侯吴良的后人。吴良原名吴国兴，因为“国”字冲了朱元璋的字讳（国瑞），被朱元璋赐名吴良。当朱元璋和陈友谅鏖兵之际，吴良奉命镇守东南屏障之地——江阴。他因为防御有功，致使张士诚的军队不能北进尺寸，有力地捍卫了建康。洪武三年（1370），功封江阴侯。死后，封赠江国公，谥号襄烈。[3]

---

① 吕毖：《明朝小史》卷一《洪武纪》，《四库禁毁书丛刊·史部》第19册，北京：北京出版社，1997年，第439—440页。

② 袁中道：《珂雪斋外集》卷十，《续修四库全书》第1376册，第356页。

③ 《明史》卷一百三十《吴良传》，第3813—3815页。

李诩看到的四道命令都来自朱元璋本人，而且由朱元璋亲笔。其中一道命令是朱元璋让吴国兴派遣一百精锐骑兵驰援濠州、安丰战场。原文如下：

> 密旨教江阴卫指挥吴国兴知会：即日我用马军往淮上取濠州、安丰，你那里则是守城，不须与人野战。你那城中马军，可拨一百精锐的，教忽雷王元帅领来厮杀。你料着不妨，便拨将来。
>
> 龙凤十二年二月十九日。亲笔。[1]

类似的吴王令旨，也零星见于其他史籍。比如，王世贞就记载了吴王朱元璋发给徐达等人的令旨：

> 吴王令旨：命右相国徐达做总兵大将军，平章常遇春做副将军，统领大势马步舟师，征取浙西、苏州等处城池。招抚军民，仰大小官将，悉听节制，依奉施行者。
>
> 龙凤十二年八月十一日。[2]

迄今，我们能看到的最后成文的吴王令旨是朱元璋专门发给徐相国的。时间是龙凤十二年（1366）十一月十二日，大致内容是让徐达、常遇春等将领派兵围攻或者固守新占领的高邮、海安、泰州等处，并抽调兵力到宜兴捕贼。另外，派人与王信、王仁沟通，防

① 李诩：《戒庵老人漫笔》卷一，魏连科点校，北京：中华书局，1982 年，第 1 页。笔者按，“龙凤十二年二月十九日。亲笔”，点校本属下读。如此一来，则前文密旨就没有落款日期，恐于理不合，现予以提前。

② 王世贞：《弇山堂别集》卷八十六，清文渊阁《四库全书》影印本第 410 册，第 309 页。

范和必玛勒。[1] 当时，徐达率领大军攻克杭州、绍兴、湖州等地，合兵包围了张士诚最后盘踞的平江府。[2] 相较于平江府的围城决战而言，高邮、海安、泰州等处的防卫以及捕贼等问题无关宏旨。龙凤纪年就这样淡出了史书的记载，取而代之的是次年“吴元年”的新纪年。

清儒钱大昕对这段往事表示理解：“太祖之称吴王，盖林儿命之，故书皇帝顶格，书吴王空一格。史称诸将推奉为王，亦非其实也。及林儿既亡，始有吴元年之称，亦可见太祖之不忍显背伪宋矣。”[3] 朱元璋本人虽然称王，却在此后的三年中（1364—1366）坚持使用龙凤纪年，表达了对君臣名分的尊重。他心中犹有畏惧，所以一直到韩林儿死后才肯改元。

无论后人如何分析，明人对龙凤纪年一事讳莫如深。对他们而言，提起龙凤纪年就如同在揭整个大明朝的伤疤，也会给自己带来无妄之灾。总之，龙凤十二年（1355—1366）几乎成为凭空消失的十二年。

龙凤十二年（1366）十二月，廖永忠将军接到吴王令，这次的命令不是让他攻城略地，而是把一个人接到应天府来。接人一事对廖将军而言大材小用，廖将军却感到了十二分的为难。要去迎接的不是旁人，正是吴王之前安置在滁州的大宋皇帝韩林儿。

---

① 王世贞：《弇山堂别集》卷八十六，清文渊阁《四库全书》影印本第410册，第310页。

② 《明通鉴前编》卷三，第136—137页。

③ 钱大昕：《跋陶学士集》，《潜研堂文集》卷三十一，《续修四库全书》第1439册，第52页。

这是一块烫手山芋。从滁州到应天府的路途并不遥远，以廖将军在鄱阳湖大战中的神勇表现而言，他并不担心中途会遇到刺客、土匪之类。关键在于，吴王称帝在即，如果把韩林儿顺利地接到应天府，吴王会不会指责自己办事不力？如果顺手杀了这个傀儡皇帝，自己岂不成了弑君者，如何面对天下人的舆论？听了某位谋士的建言后，廖将军紧蹙的眉头终于舒展开来……

迎驾队伍到了应天府北部的瓜步，皇帝韩林儿乘坐的御船倏然沉没了。[①] 廖将军如释重负地回到了应天府，哭哭啼啼地向吴王请罪，并对天发誓，这真的是一场意外……

朱元璋登极之后，在一系列祭文、檄文中仅仅提到刘福通，绝少提及韩林儿，表现了高度的回避意识。毋庸置疑，包括洪武帝在内的明朝君臣不愿意回忆这个人和这段往事。[②] 洪武三年（1370），廖永忠功封德庆侯，俸禄一千五百石。按照洪武帝的说法，廖永忠这位奇男子屡立功勋，完全可以封为公爵。只因为他当年迎接韩林儿，听信儒生的建议，妄自揣摩朕意，因此只能封为侯爵。[③] 洪武帝的这番定论将责任推得一干二净，没有给廖永忠提出异议的任何余地。

到了清代，史学家对"瓜步沉舟"一事的认识也出现了分歧。比如傅维鳞在《明书》中仅提到"龙凤十二年冬十二月，宋主林儿

① 张铨：《国史纪闻》卷一，田同旭等点校，上海：上海古籍出版社，2018年，第117页。

② 史载："史惟称刘福通，而不及韩林儿。至上即位，告上帝文亦止言福通，盖讳之也。"（王世贞：《弇山堂别集》卷二十，清文渊阁《四库全书》影印本第409册，第253页。）

③ 《明史》卷一百二十九《廖永忠传》，第3804—3806页。

殂”，同时认为，朱元璋登极之后，国号之所以为大明，既是出于对小明王的怀念，“不忘旧也”，也是为了应验元末民间“明王降世”的谶语。[①]有的史家，比如夏燮，则直言不讳地讲道：

> 韩林儿在滁州，太祖命廖永忠迎归应天，行至瓜步，沉之于江。[②]

如此一来，朱元璋就成了名副其实的弑君者，是礼法中的罪人。

韩林儿不死，大明王朝如何建立？朱元璋看起来是在指责廖永忠，并做出了不封公爵的惩罚，谁又能说这不是一种感激？果真严守君臣名分，属下犯了弑君的弥天大罪，虽九死而无一赦，不封公爵的说辞未免避重就轻。直到洪武八年（1375），廖永忠才因为僭用龙凤等装饰的器物，被洪武帝赐死。[③]

天气凝肃，坚冰履霜。对当时的绝大多数人而言，韩林儿的死亡无关痛痒。历史本身就很健忘，现实的人们又总是各有所忙。公元14世纪后半叶，在北部中国，元廷内部的扩廓帖木儿、李思齐等人正在上演军阀混战，难解难分。在南部中国，张士诚龟缩在苏州城中苟延残喘。朱元璋的将领一边死死围攻张士诚，一边四处征讨，逐步推行统一大业。应天府中，礼臣们营营逐逐，也忙碌不停。韩林儿死了，龙凤纪年没了，次年要进入崭新的吴元年（1367），一堆工作亟待展开。吴元年作为开国前的过渡年，谁都清楚，正式称帝建元只是时间问题。饱读诗书的礼臣们一致认为，“一代之兴，

---

① 傅维鳞：《明书》卷八十九，《四库全书存目丛书·史部》第39册，第198页。

② 《明通鉴前编》卷三，第138页。

③ 《明史》卷一百二十九《廖永忠传》，第3806页。

必有一代之制”，提议筑造宫阙，创立制度。吴王的意思，宫阙不妨缓一缓，应当先建造宗庙和社稷坛。[1]他这种尊祖爱民的政治觉悟又一次赢得了群臣的喝彩与折服。

在位十二年之久的君主韩林儿崩殂，这本应是礼制方面值得大书特书的事情。可在明人眼中，如果非要提及此人，那么，韩林儿无论是死是活都有且仅有一种价值，那就是衬托我朝太祖高皇帝的圣明：

> （韩）林儿不死不改元，下令犹以皇帝圣旨先之。汉高之于义帝、光武之于更始，未然也。呜呼，非圣人而能若是乎？[2]

① 《明太祖实录》卷二十一，丙午年十二月，第 311 页。
② 高岱：《鸿猷录》卷二，《续修四库全书》第 389 册，第 236 页。

第二章　祭天祭地

第一节　孤独的上帝

公元 15 世纪到 17 世纪，不乏游客到安徽凤阳府游玩。来到凤阳府，第一站要去观光的地方便是龙兴寺。龙兴寺在府城东边三里外的盛家山南麓，寺庙不大，却蔚然可观。山民和僧人可能会不厌其烦地告诉游客，龙兴寺大有来头，本名皇觉寺，乃我朝太祖高皇帝龙兴之处，洪武初年才改了今名。到了龙兴寺，你还会有幸看到太祖御书的“第一山”三个大字。如果万历年间来此，僧人还会骄傲地告诉游客，本寺有皇帝钦赐的藏经。[①]正是沾了真龙天子的贵气，龙兴寺的香火素来旺盛。游人香客相信，此处的神祇比别处都要灵验，太祖高皇帝当年就是在这里获得的神启。

元顺帝至正十二年（1352），一个二十多岁的和尚在寺庙里诵经念佛，挑水扫地，过着平淡如水的日子。之前，寺庙几乎断炊，便打发他到外地云游，一晃就是三个春秋。如今，寺里艰难度日，生活勉强维持。这个年轻和尚原本的梦想就是活下去，如果一辈子待在寺庙，幸运的话，会做到方丈。就在二月份，下山的僧人回来

---

① 沈葆桢、吴坤修等：《（光绪）重修安徽通志》卷五十八，《续修四库全书》第 652 册，第 546 页。

报信，让大家赶快逃命。郭子兴、孙德崖等人谋反，攻占濠州城。人心惶惶之际，没过多久，乱兵就赶到山上，放火烧了皇觉寺。夜晚将至，小和尚茕茕孑立，饥寒交迫，人生陷入了绝望。

无计可施之下，他顺手从怀中摸出了一对半月形的筊。此时此刻，是留在残破的寺庙中，还是换到别处？两枚筊投掷出去，同是正面为阳，吉；同是反面为阴，凶；一正一反，平。一番虔诚的祝祷之后，他开始掷筊。留在寺庙？掷筊，阴。去其他寺庙？掷筊，阴。和尚大惊失色。留也不是，去也不是，难道要我下山当兵吗？现在去当兵，就是造反，九死一生。如果天意如此，也就无话可说！他忐忑地将两枚筊掷了下去……[①]

虽然无法确定朱元璋祈祷的是哪位神祇，但是这次占卜的结果后来确实应验了。他从一个走投无路的小和尚，因为掷筊的启示，转而参军，峰回路转，后来成为天下独尊的帝王。冥冥之中，自有天意。从那时起，他便是一个彻头彻尾的有神论者。即位之后，他自己也没有料到，他将要成为中国礼制史上自秦汉以来所有皇帝当中祭神最为殷勤的一位。

正月初四是明王朝的国庆日。公元1368年的这一天，应天府城南郊，人山人海。军队进入一级戒备，文武百官一片肃穆。中国历史上第一位农民出身的皇帝应运而生。朱元璋即皇帝位，明朝正式建国，年号洪武。[②]

改天换日之际也是礼臣焦头烂额之时。如何从战乱之中重制礼

① 《明太祖实录》卷一，壬辰年二月乙亥，第4页；《国榷》卷一，第261页。
② 《明通鉴》卷一，第173页。

乐，打造文明恢弘的大明气象，这一难题让礼臣们既兴奋不已，又手忙脚乱。相国李善长作为文官集团的首脑，责无旁贷地接过新王朝制度建设的重担。其中，祭天大典首当其冲。

祭天又称郊祭、郊天、郊祀等，因为一般都在京城南郊举行，所以得名。祭天是天子最重要的礼仪，《明集礼》作为洪武开国时期最重要的礼制文献，开篇第一句就是“天子之礼，莫大于事天”。[1]1368 年的即位礼中最重要的部分便是祭祀天地，向天地宣告新天子降临人间。自兹以后，朱元璋成为上帝在人间的唯一代言人，负责将上帝的旨意施行人间。

祭天的对象是笼统的天，天也有具体的名称。在《周礼》一书中，祭天有多种不同的措辞，比如“大旅上帝”（《天官冢宰》）、“祀昊天上帝”（《春官宗伯》）、“旅上帝”（《春官宗伯》）、“类造上帝”（《春官宗伯》）等等。昊天上帝或者上帝作为天神的称谓，也是祭天大典中至高无上的神祇。

参与即位礼的礼臣们都清楚，祭祀天地的礼仪看起来顺风顺水，却还是有失观瞻，即便为了这种登极大礼，他们准备了近一年时间。吴元年（1367）正月，由李善长领衔的礼臣团队开始紧锣密鼓地筹备建国后天地、宗庙、社稷等方面的祭祀礼仪。经过长达八个月的紧张建设，于当年八月，圜丘、方丘及社稷坛这三个最重要的祭祀场所宣告竣工。

作为祭天场所，明朝最早的圜丘坐落在京城东南方的正阳门外，钟山之南。作为祭地场所，方丘最初在京城太平门外，钟山之北。

---

① 徐一夔等：《明集礼》卷一，清文渊阁《四库全书》影印本第 649 册，第 66 页。

此时的圜丘和方丘仿效汉代的制度，各有上下两重，都是方形。圜丘的第一重宽七丈，高八尺一寸，第二重宽二丈五尺，高八尺一寸。方丘规模略小一些，第一重宽六丈，高六尺，第二重宽二丈五尺，高八尺一寸。[①]祭坛变方为圆，还是后来的事情。[②]

就在圜丘、方丘及社稷坛建成的次月，平江方面传来特大喜讯，张士诚被俘，南部中国即将一统。[③]这一切既是上天显灵，也是将士效力。吴王下令，将平江路改为苏州府。浙西平定之后，论功行赏，封李善长为宣国公，徐达为信国公，常遇春为鄂国公，其他人依次封爵，赏赐金银布帛。按照封赏礼制，受封的官员次日要来谢恩。朱元璋问众人："公等昨晚回家都摆酒欢庆了吗？"众人回答："赖主上的恩德，我们回家后都摆酒庆贺，非常欢乐。"朱元璋说："我却没有。难道本王不想和众位将军一道摆酒庆贺吗？中原还没有平定，现在还不是寻欢作乐的时候。你们看看张士诚，他们当时终日饮酒作乐，结果落到国破身亡的下场。你们要引以为戒！"[④]众人皆醉之际，朱元璋表现出领袖独有的清醒。通过这番训诫，他将冷酷的意志与顽强的决心下贯到每一名将士的骨髓之中，中国必须统一。在此之前，任何人都不得有丝毫懈怠！

同年十月，也就是歼灭张士诚的次月，吴王命徐达为征虏大将

---

① 《明太祖实录》卷二十四，吴元年八月癸丑，第 354—356 页。

② 洪武四年（1371），明廷重修圜丘、方丘二坛，变方为圆。改建后的圜丘坛上面一重面径四丈五尺，高五尺二寸。方丘也是两重，上面一重面径三丈九尺四寸，高三尺九寸。（参《明太祖实录》卷六十二，洪武四年三月丙戌，第 1195—1196 页。）

③ 《明通鉴前编》卷四，第 155—157 页。

④ 《明太祖实录》卷二十五，吴元年九月辛丑，第 377—378 页。

军，常遇春为征虏副将军，统兵二十五万，从淮河出发，北伐中原。[①]十一月，又派出廖永忠、汤和两员大将，从海道出发，南征方国珍，并攻取福建等地区。

重制礼乐与统一战争几乎同时进行，桴鼓相应。就在冬至的前一天，朱元璋带着世子朱标到建成不久的圜丘视察。视察的第一个问题：我们现在建成的圜丘、方丘是否符合古制？随侍的起居注官员熊鼎诚惶诚恐，回答道：大同小异。吴王表示理解，周代以来已有两千多年，想要完全恢复周代礼制基本不可能，姑从汉制，也是退而求其次的最好选择。接下来，朱元璋、熊鼎君臣二人的一番对话讲明了郊外祭天的意义。

> （熊）鼎曰："主上创业之初，首严郊丘之祀。既斟酌时宜，以立一代之制，又始终尽其诚敬，此诚前代之所未及。"
>
> 上曰："郊祀之礼非尚虚文，正为天下生灵祈福。予安敢不尽其诚？"[②]

天子祭天是为天下百姓祈福，寒冬行礼也是代百姓受苦。趁着视察圜丘的时机，朱元璋给年仅十三岁的世子朱标上了一课，让人带他到附近农家去考察，亲自体验百姓的疾苦。世子回来之后，又谆谆告诫：

> 汝知农之劳乎？夫农，勤四体，务五谷，身不离畎亩，手

① 《明太祖实录》卷二十六，吴元年十月甲子，第 395—396 页。出于为清王室避讳的考虑，夏燮编纂的《明通鉴》将"征虏大将军"纂改成"征讨大将军"。（《明通鉴前编》卷四，第 162 页。）

② 《明太祖实录》卷二十七，吴元年十一月甲午，第 414 页。

不释耒耜，终岁勤动，不得休息。其所居不过茅茨草榻，所服不过练裳布衣，所饮食不过菜羹粝饭，而国家经费皆其所出，故令汝知之。凡一居处服用之间，必念农之劳，取之有制，用之有节，使之不至于饥寒，方尽为上之道。若复加之横敛，则民不胜其苦矣。故为民上者，不可不体下情。[①]

吴王这次视察圜丘的目的，是在为次年称帝正式祭天做准备。包括朱元璋在内，所有人都心照不宣，达成了相当程度的默契。视察圜丘之后，朱元璋内心不无波动。根据之前的听闻，他告诉侍臣：当年慕容超祭天的时候，遇到了一只大得像马一样的老鼠，太史成公绥占卜之后，归咎于国家信用小人公孙五楼之辈，杀害贤人，赋役繁重，所以天降异象。本王怎么能像慕容超一样再犯“亲奸佞，远贤良”的错误？你们这些近臣，如果见到了什么、听到了什么，一定不要对我隐瞒。[②]

十二月，北伐、南征两路大军捷报频传。山东的益都、济南、济宁等地先后被攻克，福建的福州也被略取，就连之前叛服无常割据温州的方国珍也归顺天命。当朱元璋驾临新建成的宫殿时，李善长等人突然下跪，奏请称帝。朱元璋表现出惊慌失措的举状，频频让众臣起身，连连称自己“不敢当”：四年前，我称王都是“被迫”的，如今岂敢称帝？一种且惊且喜且怨且无辜的姿态瞬间附体。结果群臣还是像着了魔一样伏地不起，高呼“万岁”。无奈之下，朱元璋“被迫”答应先去祭祀上帝，听听上帝的意见。大致的意思是说：

① 《明太祖实录》卷二十七，吴元年十一月甲午，第 414—415 页。

② 《明太祖实录》卷二十七，吴元年十一月丙申，第 416—417 页。

如果微臣朱元璋真的是生民之主，那么，祭祀上帝的那一天，上帝显灵，天朗气清。如若不然，狂风不止，天降异象。[1]朱元璋的这番表态，一方面让群臣舒了口气，另一方面却让太史院（钦天监的前身）[2]的官员感到格外的压力。接下来，他们面临的是明朝天文观测史上最具挑战性的工作，空前绝后。如若失误，岂止是杀头之罪！经过万分谨慎的观测与检查之后，太史院建议，即位大典最好安排在正月初四，而非正月初一。原来，天意也是可以制造的。

就在自惭德薄的八天后，朱元璋手里正拿着一份奏疏仔细端量，内容是李善长领衔草拟的即位礼仪。这封奏疏内容过于冗长，朱元璋竟然从头到尾反反复复读了几遍，并作出最高指示：内容一切都好，就是仪仗旗上有几个字过于招摇，必须删除。李善长看了一眼这几个字："天下太平皇帝万岁。"[3]

在古代中国，名义上讲，享有最高权力的既不是君主，也不是民众，而是天命。天命是公认的最高主宰。天命不会直接发布，而是借助日食、月食、地震、旱灾等异象表达，提醒人间注意。按照儒家的传统，天命的人间代理人便是天子。尤其是从董仲舒的"天人感应说"畅行以来，君主经常会因为天变发布罪己诏书，向臣民

---

① 《明通鉴前编》卷四，第170页。

② 太史院的前身是至正二十五年（1365）设立的太史监（《明太祖实录》卷十七，乙巳年七月壬午，第237页），吴元年（1367）改名太史院（《明太祖实录》卷二十六，吴元年十月丙午，第384页），洪武元年（1368）改名司天监（《明太祖实录》卷三十七，洪武元年十二月壬申，第710页），洪武三年（1370）又改名钦天监（《明太祖实录》卷五十三，洪武三年六月庚午，第1040页）。

③ 《明通鉴前编》卷四，第170页。

宣告自己德行的亏欠与能力的渺小，借以获得上天的垂怜与原谅。除了罪己诏书这种事后弥补措施之外，天子获得神助的提前措施即为祭祀。洪武帝也不例外。

朱元璋登极之后，天地并不开心，因为明朝还欠他们一个正式的祭礼。洪武元年（1368）二月，根据李善长、傅瓛、陶安等人的奏议，我朝应当聿遵古制，分祭天地于南北郊。今年冬至，祀昊天上帝于圜丘，用大明、夜明、星辰、太岁等神祇从祀；夏至，祀地祇于方丘，以五岳、五镇、四海、四渎等神祇从祀。[①]依照礼臣的建议，当年夏至，洪武帝要到方丘参加开国后的第一次祭地大典，然而这一次，他缺席了。

礼制进程绝非简单的线性发展，而是不可避免交织到当时的军政格局之中。易言之，礼制、军事、政治等多方面的纠葛始终贯穿在中国古代社会的历史进程当中。离开礼制去谈军事、政治，总给人感觉有隔膜，彰显不出中国历史固有的特色；离开军事、政治等背景去谈礼制，也只是在单方面地构筑理论礼制的空中楼阁。结合天地祭祀而言，明朝的礼制走向同样离不开军政格局的进展。

三月，大将军徐达在平定山东之后，继而攻克元朝的中原重镇——汴梁。四月，朱元璋听闻一种说法：汴梁居天下之中，是宋朝的故都，天子应当巡幸此处。建言者没有留下姓名，建言的内容却引起了朱元璋的强烈关注。朱元璋巡幸汴梁还有另外一层军事考虑，那就是与徐达会面，确保君主对军队的绝对控制权，同时务必保证顺利攻克元大都。于是，他留下李善长、刘基居守应天府，无

① 《明太祖实录》卷三十，洪武元年二月壬寅，第509页。

暇顾及夏至祭地的礼典。安排妥当之后，车驾向汴梁进发。[①]

五月，朱元璋抵达汴梁，将汴梁路改成开封府，并召唤徐达、常遇春等将军速到行在密事。六月，在面受机宜之后，徐达、常遇春宣誓效忠，尊奉圣意，北征元廷，兵指元大都。此时的洪武帝错过了祭地大典，作为补偿，他亲自祭祀开封府里里外外诸多神祇，还派遣官员祭祀河南境内的山川。七月，洪武帝回銮。

在驻跸汴梁的三个月中，朱元璋做了三件事情，两件做成，一件搁置。做成的两件事：其一，笼络徐达、常遇春，指示下一步北伐策略；其二，通过祭祀等手段，安定中原地区的神意民心。没有做成的一件事就是迁都开封。由于汴梁城“天下之中”“宋朝故都”的特殊性，符合建都的条件。将都城从应天府迁到汴梁，对接下来的北伐和西征策略也大有裨益。迁都一事至关重要，必须取得文官和武将集团的支持，还要考虑民意。应天府已经在自己手中经营了十三年，汴梁一地虽然重要，却没有扎实的群众基础，此时贸然迁都，是否会引发骚乱？有资格商讨迁都大计的官员最终显示了保守的一面，朱元璋迁都汴梁的计划像洪武元年夏至的祭地大典一样，最终搁浅。直到同年八月北巡刚攻克不久的元大都，朱元璋在诏书中提到，在中原人眼中，都把应天府视作南京，开封府视作北京，朕以后就在春秋之间往来巡狩。[②] 迁都大计落空之后，这番说辞不失为自我慰藉之举。

出于北巡汴梁的客观因素，祭地大典告阙。故此，明王朝的第

① 《明通鉴》卷一，第 195 页。

② 《明通鉴》卷一，第 206 页。

一次祭地大典推迟到洪武二年（1369）五月的夏至才举行。[1]元年（1368）八月，朱元璋北巡，将元大都路改名为北平府，就在十月，车驾匆匆南返，朱元璋要赶去参加十一月冬至的祭天大典。“天尊地卑，乾坤定矣”（《周易·系辞上传》），这一次，他不会缺席，不敢触怒上帝。这也是明朝历史上第一次正式的祭天礼。

毋庸置疑，祭天大典在所有祭祀礼仪中地位最为崇高。按照中国古代的哲学观念，越是崇高的礼仪，仪式反而越简单。祭天礼最显著的特征之一就是简单，所谓“扫地而祭”（《礼记·郊特牲》），随便打扫出一块干净的地方就可以祭天，根本不需要什么建筑、仪式之类。即便后世不断修饰礼典，和其他礼仪横向比较，祭天还是保持相当程度的简单性。这种至高至简的哲学观念同样影响到称谓，比如皇帝作为上天的独生子、国家的最高统治者，自称偏偏是寡人，寡德之人。

整个祭天大典遵循斋戒七天、视察祭祀牲畜（祭前两天）、迎神（当天）、燔柴（焚烧柴，升出烟来，沟通上帝）、进献青色的玉璧与布帛、进献青色的小牛、皇帝亲自初献酒、读祝官跪读祝文、亚献与终献（不读祝文）、饮福受胙（喝掉福酒，接受祭肉）、彻豆（撤下祭祀物品）、送神、望燎（看着把祝文和布帛等焚烧）。在相应的环节，乐生要演奏相应的音乐，舞生表演相应的舞蹈。之后皇帝回到奉天殿，百官行庆成礼。祭天大典的次日，朱元璋在奉天殿大宴群臣，[2]只是这种赐宴的福利并没有作为惯例延续下去。明

---

① 《明太祖实录》卷四十二，洪武二年五月癸卯，第828—830页。

② 《明太祖实录》卷三十六上，洪武元年十一月庚子，第660—664页。

王朝的第一次祭天礼还是相对粗疏，因为很多条件并不具备。职此之故，从洪武元年（1368）到九年（1376），祭天礼始终处于不断修订之中。

正式的祭天礼是从斋戒开始的。从皇帝到参加祭祀的文武百官都要严格遵守斋戒的礼制规定，祭天大典需要散齐（“齐”通“斋”）四日、致齐三日。散齐是斋戒的预热期，可以办公，服丧的人暂停服丧，要惩戒的罪犯一律停刑。官员在衣、食、住、行上要洁身自好，不能饮酒食肉，不能参加娱乐活动，尤其不能和妻妾同床。致齐三日就是在祭天大典的前三天，皇帝要到专门的斋宫，断绝一切政事，一心一意侍奉神灵，同时排练礼仪。洪武二年（1369），加入了仁祖配祀上帝的环节，所以朱元璋在进入斋宫致齐前，还要到他的父亲仁祖的宗庙中完成告庙礼。[①] 致齐时，与祭官员也要统一住到斋所，放下政务，连续习礼三天。

在深奥的天意面前，个人显得非常渺小。无论是南征，还是北伐，明军都势如破竹，诸事顺遂。究竟鹿死谁手，谁将坚持到最后，一切又都没有绝对性可言。当年，红巾军也取得过席卷长驱的压倒性胜利，攻灭元廷唾手可得。然而，没过多久，红巾军就被元廷彻底击溃，功败垂成。

即便军事上取得捷报，此时如果后方发生叛乱，或者遇到重大的旱灾、水灾、蝗灾、瘟疫等意外，所有的策略都可能无限期搁浅。纵使没有这些灾难，连续遇上天文异象，也会让新生的明政权神经紧张。

① 《明太祖实录》卷四十七，洪武二年十一月乙巳，第930页。

早在洪武元年（1368）的祭天大典之前，礼臣就请求把朱元璋的父亲仁祖配享上帝，遭到朱元璋的果断拒绝。朱元璋提出，之所以不同意仁祖配天，是因为去年上天就显示了很多异象，先是发出莫可名状的声音，然后雷电引发了大火，焚烧了御船，并且击中了大殿的鸱吻。诸多异象表明，朕德行不足，此时如果罔顾天意，妄自尊大，用父亲的神位配天，恐怕会惹怒上帝。因此，仁祖配天之事务必缓一缓。[①]

洪武三年（1370），刚过了正月初一，朱元璋又遇到了天文异象。天无二日，民无二主，天子就是太阳，就是光明。故此，任何和太阳有关的天文现象历来都受到统治者的特别关心。正月初一以来，根据司天台的奏报，太阳频频出现黑子。朱元璋十分焦虑，认为日中出现黑子和自己祭天不当有关。祭天礼过于简单，从今以后，增加从祀神祇。此时，礼部尚书崔亮提出不同意见。周朝祭天仅用日月从祀，汉朝祭天十分烦渎，祭天从祀神祇多达一千五百十四位，唐宋以来，损益不同。我朝祭天从祀之礼简繁得当，本身并不存在问题。[②]崔尚书有理有据的回答让朱元璋恢复了一些理智，停止了增加从祀神祇的计划。

今天看来，太阳黑子本是常见的天文现象，和君主德行、祭天得当、国家稳定等并没有任何直接的联系。可是，在古代中国，这种天文异象的多次出现，足以引发一时的动荡。崔尚书暂时阻止了洪武帝增祀的冲动，可在三天后，朱元璋就派遣使者分别到安南、高丽、占城等纳表称臣的藩属国祭祀山川。至于此举的用意，按照

① 《明集礼》卷一，清文渊阁《四库全书》影印本第649册，第69页。

② 《明太祖实录》卷四十八，洪武三年正月丁酉，第953—954页。

朱元璋的解释，我大明朝不能仅想着自己通过祭神获得保佑，也要让尔等藩属国共享福利，一视同仁。[①] 洪武八年（1375），根据礼部尚书牛谅的提醒，朱元璋才意识到这种行为的荒谬。依照礼制，四夷山川根本不用天子祭祀。[②] 天子去祭祀山川，而且是属国的山川，多少都是在自我降格。明朝没有官方宗教，在大大小小的祭祀中，朱元璋心中却燃起了宗教徒一般的热忱，坚信祭祀和神佑的必要性和真实性，所以才有“输出祭祀”的举动。原来，祭祀也是可以让人上瘾的。

农历十一月冬至，天寒地冻。一群文武大臣按照品级头戴梁冠，正从一品官戴七梁冠，二品六梁冠，三品五梁，四品四梁，五品三梁，统一穿着青罗衣，手捧着笏版。[③] 经过多日斋戒之后，他们今日一大清早就从斋所出发，排着整齐的队伍，庄严肃穆地走向圜丘。

圜丘上下两重祭坛，即便周围有墙，坛下却还是像广场一般空旷，在凛冽的寒风面前，基本没有任何御寒的功能。对官员来说，能够参与祭天既是一种荣耀，也是一份苦差。在祭祀过程中，稍有差错或者举止失仪，还会面临罚俸半月的惩处。[④]

洪武四年（1371）之后，朝廷对参加祭天大典的官员执行新的遴选标准：其一，武官四品、文官五品以上才可祭祀；其二，又老又病以及有疮疥的官员不许祭祀；其三，受过刑罚、刚经历过丧事

① 《明太祖实录》卷四十八，洪武三年正月庚子，第954—955页。

② 《明太祖实录》卷九十七，洪武八年二月癸巳，第1657页。

③ 《明集礼》卷一，清文渊阁《四库全书》影印本第649册，第81页。

④ 《大明律·礼律》，《皇明制书》，杨一凡点校，北京：社会科学文献出版社，2013年，第924页。

的官员不许祭祀；其四，身上有狐臭以及其他刺激性气味的官员不许祭祀。[1]祭祀官员的队伍越来越精干，祭天大典落选的官员不知道该笑该哭。

除了文武高官之外，祭天大典需要一批执事人员。《明集礼》上列出了一份不完全清单：

> 国朝设皇帝大次、皇太子幕次官二人，扫除坛上下官一人，御史监扫除二人，洒扫斋舍神厨官二人，设馔幔官二人，设昊天上帝、仁祖淳皇帝龙椅龙案，从祀神案官一人，设御位、皇太子位官二人，设燔柴官二人，设分献及文武官诸执事官版位官二人，设仪仗官二人，设庭燎坟烛官二人，设牲榜省牲位及割牲官二人，牵牲十五人，掌鼎镬视涤濯官二人，协律郎一人，舞士一人，乐生一人，舞生一人，撰祝、书祝官各一人，读祝兼捧祝官一人，导驾奏礼官六人，导引皇太子官四人，分献官执事八人，引陪祭官执事四人，纠仪御史四人，奉爵官六人，捧币官六人，司香官六人，掌祭官十二人，举饮福案官二人，进福酒官一人，进俎官二人，授胙执事官一人，司御洗捧匜一人，进巾一人，司分献罍洗各酌水一人，进巾二人，司御盥洗酌水一人，进巾一人，司分献盥洗位酌水一人，进巾一人，司御酒尊所官一人，司分献酒尊所各二人，进正配位馔官六人，举案斋郎十二人，举从祀馔案四十八人。[2]

这份庞大的清单在后来的执行之中有所调整，宣告了皇家祭祀

① 《明太祖实录》卷六十八，洪武四年九月甲辰，第1283—1284页。

② 《明集礼》卷一，清文渊阁《四库全书》影印本第649册，第83—84页。

的气度。除了皇帝、太子、文武高官、执事之外，还有圜丘管理队伍与护卫队伍。祭天的神位版上，正位题“昊天上帝”，配位题“仁祖淳皇帝”，从祀则题“风伯之神”“云师之神”“雷师之神”“雨师之神”等等。除了祭天之外，明廷祭礼繁多，所用大量牲畜均由神牲所专门饲养，中间三间房舍喂养祭天的牲畜，左右各三间分别喂养祭祀宗庙、社稷的牲畜。所用币帛也由神帛局专门负责纺织，务必精良。[①] 作为识别标志和特殊荣耀，凡是参与祭天大典的执事人员都会领到御赐新衣。[②]

为了扩大祭天礼的影响，明廷还规定，祭天之前，丞相和太常官员要到城隍庙发文，告诉百神祭天的日期，事后还要到各大神庙烧香。[③] 祭天这种天底下第一重要的事情，理应让人、鬼、神三界众生都知晓。于是乎，冬至这一天不仅成为明王朝一年之中最重要的日子，也成为三界众生最熟稔的日子。

祭神如神在，朱元璋还让中书省在祭天的时候，把全国户口簿、钱粮簿等一一陈列在祭台上，恭候上帝的查阅。[④] 洪武八年（1375），明朝还颁布了一条特别的规定：为了凸显我朝祭天的最大诚意，从皇帝到文武百官，再到寻常执事，所有人都要在祭祀当天把鞋子脱了，放在圜丘的墙门之外，之后方可入坛。[⑤] 农历十一月寒冬，天还没亮，北风呼啸，明王朝最核心的统治阶层通过这种近乎自虐的

---

① 俞汝楫：《礼部志稿》卷八十二，清文渊阁《四库全书》影印本第 598 册，第 464 页。

② 《明太祖实录》卷六十九，洪武四年十一月丙辰，第 1287 页。

③ 《明太祖实录》卷六十八，洪武四年九月甲辰，第 1284 页。

④ 《明太祖实录》卷四十九，洪武三年二月癸酉，第 968 页。

⑤ 《明太祖实录》卷一百二，洪武八年十一月乙丑，第 1720—1721 页。

年度性礼仪，向上帝展露赤诚之心。不知道上帝有没有体会到洪武君臣的良苦用心，至少洪武八年（1375）的祭天大典让所有参礼者都铭记终生，回想起来都是从脚部升起的侵肌入髓的寒冷。

咚……咚……咚……

洪武六年（1373），一座钟楼屹立在圜丘斋宫的东北方。钟楼里藏有大钟，八尺一寸高，镶以九龙环绕的霸气纹饰，名为太和钟。当洪亮的钟声响起的时候，与祭官员都清楚，圣驾已经启程。钟声和祭天的乐声交替响起，伴随祭天大典的始终。[①] 南郊外，圜丘边，肃雍的太和钟声正是天威的象征。

如果认为朱元璋殷勤祭天完全出乎迷信，这恐怕并不符合历史事实。[②] 祭天之礼由来已久，是儒家意识形态的核心元素。朱元璋是创立明朝的君主，并不具备抛开汉唐以来祭天传统的自由意志。作为取代元朝的新政权，明朝难免要网罗前朝罪证，然后反其道而行之，树立本朝政权的合法性。

在明朝列举的元朝罪证之中，祭天混乱即是醒目的一条：

> 听民人祀天地，祈祷无所不至。普天之下，民庶繁多，一日之间，祈天者不知其几。渎礼僭分，莫大于斯！[③]

按照明人的逻辑，本朝在批驳元廷之后，就有义务担当起重建

① 《明太祖实录》卷八十五，洪武六年九月戊午，第1514—1515页。

② 南炳文撰文指出，明朝建国前后的祭祀活动消极与积极并存，需要仔细分析。（南炳文：《消极与积极并存：明朝建国前后祭祀活动述论》，《求是学刊》2011年第1期。）

③ 《明太祖实录》卷五十三，洪武三年六月甲子，第1037页。

祭天礼的责任，接续唐宋以来的儒家礼仪传统。

古代中国，名义上是独尊儒术，敬鬼神而远之，实则长期以来都是多神崇拜。多神崇拜之中又有一个核心，就是上天崇拜。上天保佑、天意弄人、天运如此……诸如此类的上天崇拜落实到行动上，就是全民祈天，通过各种仪式希冀上天的庇佑。乱世之中，政权尚且不保，国家不可能干预民间的这种朴素信仰。天下一统之后，既然有了天下共主，祭天的权力必须从民间统一收归中央。为了强化祭祀权力，明朝甚至将禁止祭天写进了《大明律》。私人如有告天、拜斗、焚烧夜香、燃放天灯等行为，杖责八十。妇女犯罪，株连家长。[①]如果毁坏祭天大祀的祭坛，就会面临严厉的惩罚：杖责一百，流放两千里。如果毁坏祭祀用物，也会杖责一百，并判处三年有期徒刑。[②]

明廷不仅禁止百姓祭天，也把元末流行的白莲教、明教等定性为旁门左道。主犯处以绞刑，从犯杖责一百，流放三千里。甚至装扮神像、举行迎神赛会也会被杖责一百，为首之人还要被问罪。除了本人受罚、家长连坐之外，里长如果匿而不报，也会被鞭笞四十。[③]将禁令渗透到基层，让百姓彻底明白，从今以后，普天之下，只有一个人可以祭天。

国家趋于一统，皇帝独揽大权，包括对天文星象的唯一合法阐释权。天文图谶的禁书绝对不准阅读，未经朝廷允许，任何人都不得私自学习天文。为了落实天文禁令，明廷鼓励检举揭发的行为，在《大明律》中明确规定，许诺给举报人十两白银作为奖赏。钦天

① 《大明律·礼律》，《皇明制书》，第921页。
② 《大明律·礼律》，《皇明制书》，第920页。
③ 《大明律·礼律》，《皇明制书》，第921页。

监的官员如果没有及时观察呈报，则会面临杖责六十的惩罚。[①]

皇帝作为真龙天子，在垄断祭天权的同时，也对龙凤纹饰进行严格管控。《大明律》规定，官民如果在房舍、车辆、服饰、器物等方面僭用龙凤纹饰，会被杖责一百，处以三年徒刑。对于检举揭发者，官府会给予五十两白银的重赏。[②]三年徒刑并不是最严厉的处罚，僭用龙凤装饰往往被认为居心叵测，甚至和谋反联系起来。开国将军廖永忠被赐死的一条罪状，就是僭用龙凤装饰。[③]

日中则昃，月满则亏。洪武八年（1375），明王朝的祭天祭地二礼都走到了拐点。当年夏至，皇帝没有按照本朝礼制的规定亲自到方丘参加祭地大典，转而让皇太子摄祭。[④]经过几年的多番修订，明朝在复古制方面已经做足了功夫。锐于复古，步伐迈得太快，很容易走到极端。每年祭天，不仅天子本人深受其苦，参加祭祀的文武百官也视如畏途。本来简单的郊祀，逐渐演变为洪武朝君臣不堪负荷之重。

洪武八年（1375）十一月，朱元璋对分别祭祀天地的兴趣也接近峰值。一向不擅长写诗作赋的他居然亲自撰写了祭天和祭地的乐章，下令颁布施行。在祭天组曲中，《迎神曲》云：

> 仰惟兮昊穹，臣率百职兮迓迎。幸来临兮坛中，上下护卫兮景从。旌幢缭绕兮四维重，悦圣心兮民获年丰。[⑤]

① 《大明律·礼律》，《皇明制书》，第923、927页。
② 《大明律·礼律》，《皇明制书》，第926页。
③ 《明史》卷一百二十九《廖永忠传》，第3806页。
④ 《明太祖实录》卷九十九，洪武八年四月甲辰，第1680页。
⑤ 《明太祖实录》卷一百二，洪武八年十一月丁丑，第1722页。

《送神曲》云：

旌幢烨烨兮云衢长，龙车凤辇兮驾飞扬。遥瞻冉冉兮去上方，可见烝民兮永康。[1]

两首乐章朴实无华，全然不受文辞对仗等常规的限制，彰显了洪武帝我行我素的一贯作风。在祭天的同时，他也不忘致敬个人偶像汉高祖刘邦。《送神曲》明显借鉴《大风歌》的韵调，即便文不雅驯，这位作词人也真的已经用尽自己的才力。天若有情，也许会垂见他的辛苦。

第二节　大祀殿

洪武十年（1377）八月，明王朝突然宣布一个重大决定：从今年开始，本朝不再专门祭祀昊天上帝。

继洪武八年（1375）御制天地祭乐之后，在接下来的一年里，明廷在天地祭祀上没有丝毫更动。告别了之前的多番修订，冬至祭天、夏至祭地两大典礼陷入罕见的宁静。宁静分为两种：一种宁静象征着相安无事，一切照常进行；一种宁静蕴藏着力量的攒聚，等待下一个爆发的时机。洪武九年（1376）前后的宁静属于后者。

朱元璋本人一向对神灵敬畏有加，洪武十年（1377）却不再专门祭祀至高无上的上帝。怪诞的事情远不止此。次年整整一年，朱元璋都没有出面祭祀上帝。根据史料记载，这是他在位三十一年中

① 《明太祖实录》卷一百二，洪武八年十一月丁丑，第 1723 页。

唯一一次缺席上帝祭祀。[①] 洪武元年（1368）秋季北巡刚攻克的元大都之时，即便日理万机，他也要赶回应天府参加祭天大典，为何偏偏在洪武十一年（1378）缺席？

按照元年定下来的规矩，国家本可以按部就班地举行郊祀，冬至祭天，夏至祭地。从洪武十年（1377）到十二年（1379），明朝的祭天祭地发生突变，祭祀的日期、对象和地点等全部更新，面目全非。在洪武十年后，祭天的时间由冬至改为春正月，祭祀的对象由独尊的昊天上帝变成并尊的天地合祀，地点也由朴实无华的圜丘改成一座壮丽华美的大祀殿。

有学者将洪武中叶的郊祀改制归结为“反映了太祖‘重本尚诚’‘不事虚文’的政治现实主义”，[②] 颇有道理。设若追问下去，朱元璋“重本尚诚”，何以劳师动众，耗时近一年，于圜丘之上兴建大祀殿？如果“不事虚文”，何以从洪武元年到洪武九年，不断润饰郊祀仪节？洪武三年（1370），朱元璋就嫌弃“礼文太简”，认为日中黑子和祭天不当有关，打算增加从祀神祇，后来被礼部尚书崔亮劝止。[③] 洪武朝郊祀应当是一个动态的变化过程，除了线条勾勒之外，还有太多方面需要重新解读。

洪武元年，秋风萧瑟，江西行省参政陶安一病不起。弥留之际，他强打起精神，给皇帝上疏十二件事，件件都关乎国计民生。就在

① 嵇璜等：《续文献通考》卷六十七，清文渊阁《四库全书》影印本第628册，第68页。

② 赵克生：《明代郊礼改制述论》，《史学集刊》2004年第2期。

③ 《明太祖实录》卷四十八，洪武三年正月丁酉，第953、954页。

奏疏送出没多久，他撒手尘寰，享年五十九岁。

朱元璋接到噩耗后悲恸不已，感到自己丧失了臂膀。鉴于陶安是安徽姑孰人，朱元璋就破格追封他为姑孰郡公，他的父亲和祖父为姑孰侯，母亲和祖母为姑孰侯夫人。[①] 文臣被追封为公爵，而且恩及父祖，这在整个明朝都是不多见的事情。

陶安在朱元璋从和阳渡江攻打太平的时候就投入其麾下，率先建言，攻取金陵作为根本之地。从此开始佐助朱元璋建立大业，前后长达十四年之久。论资排辈，他都是宋濂、刘基这些人的前辈。此后，他相继担任黄州（今湖北黄冈等地）、饶州（今江西鄱阳）等地知府。镇守饶州时，他抵御外敌入寇，同时为胁从贼寇的百姓求情，使他们免于一死。百姓们感激涕零，自发为他建立生祠。吴元年（1367），他被任命为翰林院学士，奉命主持国家的礼制建设。其后，因为汪广洋远调山东，朱元璋将打理江西行省的要职特别委派给陶学士，[②] 表现出充分的信任与倚重。

洪武元年，因为李善长官居丞相，傅瓛是中书省参知政事，官位居高，所以二人名字排在了议礼总裁陶安的前面。[③] 作为明朝开国制礼作乐实际上的第一人，陶安对朱元璋在礼制建设上的影响不容低估。洪武初期最高级别的三大祭祀（天地、宗庙、社稷），都是陶安和他的团队一手策划制订。陶学士本人也十分庆幸，能在有生之年得君行道，把平生所学的儒家理论一一变成现实。在《自效》一诗中，他如是写道：

① 《明太祖实录》卷三十五，洪武元年九月癸卯，第627—628页。

② 《明史》卷一百三十六《陶安传》，第3926页。

③ 《明通鉴》卷一，第185页。

出入兵戎里，挥毫代执戈。病余身易老，日短事偏多。

山月出青霭，江风生白波。心专图报效，才薄愧蹉跎。[1]

他太想攫取人生的光阴，一心一意扑在新王朝的礼乐建设上。惜乎体弱多病，不到六十岁就去世，可谓赍志以没。明王朝首次祭祀上帝是在元年（1368）十一月冬至，首次祭祀地祇是在洪武二年（1369）五月夏至。作为祭天祭地大典的首席专家，他在元年九月就溘然长逝，天地不见两蹉跎。

在古代中国，包含礼制在内，很多制度无论当初看起来多么卓越、多么完美，一旦流传下去，总会发生消减、变形，以至于死亡。这种“人亡政息”的规律像咒语一样，影响着大大小小的王朝更迭，笼罩着林林总总的典章制度，并一次又一次冲刷、改变历史前进的轨辙。陶安制订的祭祀天地的蓝图有效期仅有九年，这一点让当初所有参与议礼工作的大臣都感到意外。

在陶安的团队中，有人似乎很早就闻到了气息，及早调整了人生选择。钱用壬即是赫赫有名的一位。他出身不凡，才识过人，早在元朝末年就以南榜进士第一名的成绩名动天下，被朝廷授予翰林编修的职位。后来，他在出使张士诚的时候被扣押，并在张士诚的吴王政权中供职。此后，他又归顺朱元璋，因为杰出的礼学素养被纳入陶安的制礼团队。陶安已死，祭天已毕，当年十二月，时任礼部尚书的钱用壬趁着龙颜大悦之际请求告老。获得恩准后，他带着

① 陶安：《陶学士集》卷三，清文渊阁《四库全书》影印本第1225册，第614页。

皇帝赏赐的六千文钱，与家人到湖州养老去也。[1]不在其位，不谋其政，至于后来祭天祭地如何变换，钱用壬也不再挂怀。事了拂衣去，深藏功与名。

中国哲学对“进”“退”这组观念有特别的诠释。《周易》说：“知进退存亡而不失其正者，其唯圣人乎！”（《周易·乾卦》）《道德经》更是提倡明哲保身的人生哲学：“生而不有，为而不恃，功成而弗居。”无论世乱世治，善于急流勇退的人更容易收获安定的晚年。钱用壬不愿像陶安一样累死在官位上，在贡献出所有的礼学智慧后，他也知晓自己对于新王朝丧失了利用价值。仕途凶险，当避则避。如果执迷不悟恋位不去，轻则取辱，重则丧身。此后，宋濂被贬谪，刘基死于非命，他们二位的遭遇仅仅是洪武大臣受难的开始罢了。在急流勇退的队伍中，钱用壬并不孤独。

开国初期的礼臣当中，陶安还不是威望最高的一位。朱升比陶安年长十多岁，凭借九字真言赢得了朱元璋的倾心以待。洪武元年（1368），朱学士年过七旬，享有免朝谒的优待。与朱元璋相识已过十个春秋，朱升始终保持若即若离的尺度。在议礼过程中，陶安对朱老先生非常敬重，一次临别之际，还专门赋诗相赠：

年年应召赴秦淮，此会留连百日偕。

王室议成新制作，客窗飞动旧情怀。

未霜荷叶迎湖露，初月梅花映雪斋。

---

① 施沛：《南京都察院志》卷三十九，《四库全书存目丛书补编》第 74 册，第 446 页。

更约相逢多胜事，御沟垂柳拂春街。①

历经元末明初的天下大乱，加之对《周易》的半生参悟，朱升早就看淡红尘。人生七十古来稀，日益临近的死亡也加重了他的这种倾向。能够进入朝廷参谋国事本是读书人一生追求的美事，对朱升来说，这一切已然无足轻重。由于朱元璋对这位同宗老者的特别关照，朱升和他人不同，每年到应天府待上一些时日，就可回到徽州老家休养。这种礼遇在文臣之中极为罕见。陶安看来并不理解朱老先生，又对前景过于乐观。诗中憧憬着“更约相逢多胜事”，没过多久，陶安本人就谢世了。次年，朱老先生也驾鹤西去，享年七十二岁。②

在历史的大江大潮之中，朱升、陶安、钱用壬等人躬逢其时，援经据典，斟酌古今，为明代礼制的勃兴奠定了基础。当天地、宗庙、社稷等祭祀依次推行之后，明朝的礼乐气质和文明气象也逐次树立并提升起来。当年作为被动接受者的吴王羽翼渐丰，如今行礼娴熟的洪武帝开始直入礼制的堂室亲自操刀，重新规划眼前的一切。当那些能对朱元璋产生影响的礼臣相继凋零之后，谁还能阻挡他变更天地祭祀的步伐呢？

时值深秋，应天府南郊的圜丘上，成千上万的工人正在施工。查看图纸、运送砖木、建设夯土台、铺设路面、搭建围墙……应天府之外的地方也感到了施工的压力，江西、四川、湖广等地都收到

① 陶安：《陶学士集》卷六，清文渊阁《四库全书》影印本第1225册，第654页。

② 《明史》卷一百三十六《朱升传》，第3929页。

催缴木料、石料、铜器等方面的通知。一处施工，几乎半个中国都被调动起来。这项工程万众瞩目，知名度丝毫不逊于天子听朝的奉天殿。负责人是当朝太师韩国公李善长，建设项目为大祀殿——一处合祭天地的新圣地。①

圜丘本是天子专门祭天的圣地，闲人严禁入内，违者按《大明律》严惩。奉旨建造大祀殿的工人们来到圜丘上，发现所谓的祭天圣地不过是普普通通的两层祭坛，实在没什么稀奇，怪不得皇帝要重新建设一座大祀殿了。大祀殿从洪武十年（1377）八月动工，一直到次年十月才竣工，② 前后耗时一年多。

作为明朝最神圣的宫殿，大祀殿富丽堂皇。前面一排就有十二根耸立的楹柱，最中间的四根全部用黄金装饰，两边各四根分别用红色、白色、青色的三种混合色装饰。大祀殿前方是东西两庑，有楹柱三十二根，再前方是正南门，有六根楹柱。正南门、东庑、西庑、大祀殿都有步廊相通，清一色全用黄琉璃瓦。大祀殿的正后方是天库，有六根楹柱，用来存放神物。另外，还有厨库、宰牲亭等一应设施。正南门外有三洞的石门，南方为三条甬道，中间最宽敞的是神道，供上帝、地祇行走，东西两侧分别为御道、王道，帝王专用。三条甬道两旁低矮的小道才是从祀官员所用。整个大祀殿由内垣、外垣两层防护，皇帝专用的斋宫就在西南方位的外垣内侧，里里外外都有重兵防守。

祭天本来不是应当崇尚朴素的吗？为何洪武中叶彻底推翻了本来的祭祀制度，建造了一组规模宏大的宫殿群？笃信神祇的朱元璋

① 《明太祖实录》卷一百十四，洪武十年八月庚戌，第 1873 页。

② 《明太祖实录》卷一百二十，洪武十一年十月，第 1956 页。

难道不怕上帝和地祇的愤怒吗？上帝仿佛真的怒了。

改建圜丘的命令是洪武十年（1377）八月初四发布的，到了八月二十二，洪武帝就接到奏报，因为圜丘施工，南方有民众在运输建造木材的途中溺水身亡。大祀殿才刚开工不到二十天，就出现了多条人命。死难者的具体数字不见记载，我们只知道，事发之后，朱元璋特意命令工部给遇难者每家发放了抚恤金十锭宝钞，并置办棺材，护送遗体回家。① 十锭宝钞的具体购买力不得而知，但是天子亲自降旨处理，对平民来说，这绝对不是一笔小数目。朱元璋感到了一丝畏惧，开弓没有回头箭，他命令李善长继续施工。同时，他还下令把原计划的黄琉璃瓦一律改成青色，以契古礼，② 这种改变也表现出相当的克制。

施工期间，明朝一时丧失了祭天的场所。洪武十年（1377）十一月，明廷在奉天殿举行了合祀天地的大典。③ 十一年（1378），整个王朝的祭天和祭地典礼都付之阙如。洪武十二年（1379）春正月，第一次“合祀天地于南郊大祀殿”，④ 洪武朝由此正式完成了祭天的重大转变。自此以后，祭天定为每岁春正月合祀天地于南郊大祀殿，这种定制也一直沿用至明中叶嘉靖前期。

改建圜丘的原因，朱元璋之前的说辞是分祭上帝“人情有所未安”，含混不清。⑤ 就在洪武十二年正月合祀天地时，星纬昭焕，天朗气清。得意洋洋之下，朱元璋才道出了合祀天地的真正缘由：

① 《明太祖实录》卷一百十四，洪武十年八月戊辰，第 1879 页。

② 《明太祖实录》卷一百二十，洪武十一年十月，第 1958 页。

③ 《明史》卷二《太祖纪二》，第 32—33 页。

④ 《明太祖实录》卷一百二十一，洪武十二年正月己卯，第 1969 页。

⑤ 《明太祖实录》卷一百十四，洪武十年八月庚戌，第 1873 页。

朕周旋祀事，十有一年，见其仪太繁，乃以义起，更其仪式，合祀社稷，既祀，神乃欢。今十二年春，始合天地大祀而上下悦，若有肸蚃，答于朕心。[1]

原来，所谓的“人情有所未安”，一言以蔽之：每年严寒祭天，酷暑祭地，朕实在受不了了！[2] 国家最高级别的祭天祭地典礼就这样彻底改换了头面。

天地改祀出于洪武帝乾纲独断，儒臣纵有异议，也未敢触犯龙颜。然而，天地改祀明显与洪武初年的政策相悖相离，在古制上也有诸多违碍之处。国家政策岂可朝令夕改，礼文古制又不能轻率地以人情相夺。后来的儒士反而引以为傲，表现出对开国君主的高度认同。以饱学之士丘濬为代表，他在《大学衍义补》一书中讴歌道：

我圣祖初得天下，即筑坛为南北郊，冬至祀天于圜丘，夏至祀地于方丘，一如《周礼》之制。行之数年，风雨不时，天多变异，乃断自宸衷，复为合祭之礼，而以正月行礼……行之百年，神祇飨答，休征屡应。其克享天地之心，而遍致明灵之格者，非一日矣，万世所当遵守。[3]

天地改祀是礼制上的头等要事，原因繁杂，在某种程度上来说，

---

① 《明太祖实录》卷一百二十二，洪武十二年正月己卯，第 1971 页。

② 后来，郊祀大典即便改成合祀，安排在正月，依然寒气逼人。据史料记载，成化十二年（1476）正月十三，宪宗皇帝在京师南郊祭天时，执幡、执麾以及乐官被活活冻死。（沈德符：《万历野获编》卷二十九，上海：上海古籍出版社，2005 年，第 2666 页。）

③ 丘濬：《大学衍义补》卷五十六，清文渊阁《四库全书》影印本第 712 册，第 660 页。

还和一位女人有关。

除了马皇后之外，朱元璋一生当中最钟爱的女人非孙贵妃莫属。元末天下动荡，孙贵妃先是跟随兄长孙蕃从世代居住的陈州（今河南淮阳）避乱扬州，后来兄妹离散，被元帅马世熊的妻子收为义女。到了十八岁，因为容德出众，被吴国公朱元璋选入宫中。建国后，册封为贵妃，位列众妃之上。洪武七年（1374）九月，在侍奉朱元璋十五年之后，孙贵妃病逝，年仅三十二岁。在世时，她为朱元璋生了三个女儿，次女早卒。十五年的伴侣一朝离去，朱元璋十分悲悼。[①] 悲悼之余，遇到一道礼制上的难题。孙贵妃没有儿子，两个女儿年纪又小，朱元璋一生共有二十六个儿子，孙贵妃薨逝时已有太子朱标、燕王朱棣、吴王朱橚等一群皇子，[②] 如何让这些皇子服丧呢?

礼部尚书牛谅认为，根据《仪礼》，如果父亲还在，儿子应当为母亲服期年之丧，若是庶母则不需要服丧，所谓“大夫以上为庶母无服”。故此，太子等人无须为孙贵妃服丧。礼臣的回答让朱元璋既愤怒，又费解：都是父母，怎么服丧的差别有如霄壤？这是什么礼制，太不符合人情了！[③] 孙贵妃是跟随朕十五年的人生伴侣，有情有义。她死了，难道朕的儿子连丧服都不用穿吗？随即下令翰林学士宋濂带着礼臣进行丧服大讨论：皇子到底要不要为孙贵妃服丧？如何服丧?

① 《明太祖实录》卷九十三，洪武七年九月庚寅，第 1624—1625 页。

② 《明史》卷一百十三《后妃传一》，第 3508 页；《明史》卷一百十六《诸王传》，第 3559 页。

③ 《明史》卷六十《礼志十四》，第 1493 页。

宋学士接到圣旨后惴惴不安，坠入两难的境地：如果严格遵守礼制，牛尚书的话有理有据，周代以降两千多年来都是如此，妻尊妾卑，嫡尊庶卑，但是坚持礼制，必定忤逆圣意；如果屈从圣意，自己就会不可避免地受到学林攻讦，认为自己是曲学阿世的宵小之辈，成为遗臭后世的名教罪人。

相关礼臣在翰林院集结完毕，唇枪舌剑，各是其是，各非其非。无论争议如何，宋濂心如明镜：如若讨论结果达不到皇帝的预期，自己根本无法交差！虚与委蛇之下，宋学士把讨论结果有选择地呈报了上去：陛下，经过讨论，我们发现，在古今议论丧服的 42 人中，赞成为庶母服丧期年的有 14 人，服丧三年的有 28 人……

朱元璋龙颜大悦，让宋濂趁热打铁，写本《孝慈录》出来，越快越好。同年十一月，《孝慈录》纂成，颁行天下，宣告明朝进入丧服的新时代：从今以后，子孙为父母、庶子为生母，一律服丧斩衰三年；嫡长子、众子为庶母，一律服丧齐衰杖期（一年）。[1]

以孙贵妃去世为契机，经过朱元璋、宋濂等君臣之间的默契配合，明朝在开国初期就把自己推向中国丧服史上的风口浪尖。男尊女卑、嫡尊庶卑作为中国古代社会最核心的观念统摄社会的方方面面，为父母服丧有三年、一年等差别，为生母、庶母服丧也有轻有重，有服丧与不服丧的差别，洪武帝如何能根据私情轻易改变这种传统呢？

朱元璋下令皇太子、诸王等人为孙贵妃服丧一年，并让吴王朱橚服丧三年。朱橚即便心有不甘，服丧是父皇指定，他也无可奈何。

① 《国榷》卷五，第 511 页。

之所以让朱橚服丧三年，是因为他是马皇后所生五个儿子（太子朱标、秦王朱樉、晋王朱㭎、燕王朱棣、吴王朱橚）中最小的一位。服丧满三年后，朱橚由吴王改封为周王，封地在中原重镇开封府，王府就是宋朝故宫所在地，这算是君父的一种奖赏与信任。[①]

服丧对任何人来说都是一场挑战，因为服丧意味着断绝任何娱乐活动，否则就会被钉到大不孝的耻辱柱上。皇太子表示不服，按照礼制，我们这些皇子不用服丧，为什么陛下贵为天子，却执意如此？列祖列宗泉下有知，也不会答应。朱元璋火冒三丈，太子危在旦夕！这时，担任太子正字一职的桂彦良劝谏太子，要体谅君父对孙贵妃的感情，不要因为拘泥古礼而坏了孝道。经过母亲马皇后、桂彦良先生等多人的劝告，太子终于让步，身披孝服跪到父皇面前认错，这才平息了君父的如天之怒。[②]

有学者认为，洪武丧服制度的重大转变，“不能不充分肯定子女为母亲服斩衰三年丧的制度顺乎天理人情的一面，充分肯定其尊重母亲亦即尊重人类自身的自觉”。[③]问题在于，朱元璋此事的本来动机是出于对过世妃子的怀念，未必确有将母亲放在与父亲平等地位的意图。如果朱元璋真的尊重母亲，何不允许女性参加天地合祀的大典？包括马皇后在内，始终没有任何女性获准进入大祀殿的门槛。

洪武七年（1374）一扫古制，规定子女为父母均服丧斩衰三年，

① 《明史》卷一百十六《诸王传一》，第3565—3566页。

② 《明通鉴》卷五，第328页。

③ 陈戍国：《中国礼制史》（元明清卷），长沙：湖南教育出版社，2002年，第313页。

确实从诏令上抬高了母亲的地位，也为十年（1377）的天地合祀张本。郊天的对象原以昊天上帝独尊，重天轻地，一变而使天地二者共尊，天地合祀。从洪武政令的内在理路剖析，郊祀的这种变化洵非偶然。既然在现实生活中，至少在服丧上，父母地位已然同埒，那么郊祀再沿袭重天轻地、天地分祀的陈规，显然不近人情。君主父天母地，父母都是同室而居，天地为何还要分地而祀呢？从这种意义上来说，洪武十年到十二年的天地改祀，也正是洪武七年丧服改制的重要连锁反应之一。

作为中国历史上第一位每年都要亲自祭天的皇帝，朱元璋为明朝后来的君主做出了示范，定下了惯例。丧服改制让原本细密的区分更加简单明了，天地合祀也让原本颇费周章的一年两祭变成操作性更强的一年一祭，去坛为殿，免受寒暑之苦，从而便捷继位者依例遵行。

唐朝贞观年间，皇后所生长乐公主出嫁，太宗狃于私情，命令有司准备的资财是永嘉长公主的两倍。魏徵谏言："或可情有浅深，无容礼有逾越。"[①] 太宗从谏而止。明太祖钟爱孙贵妃，厚赏孙贵妃故旧可以，哪怕令吴王等服心丧也不至于违背礼制。何必更毁丧礼，骤升无服之丧而为斩衰三年？同样的道理，洪武中叶的天地改祀看似"天理人情之所安"，其实等于挑战传统的乾坤、父母、男女等观念。如果这种天地合祀的逻辑得到发挥，父母一体同样服丧三年，男女一体是否也要平权？男女平权之后，君臣一体是否也要平等？朱元璋在天地祭祀上的改动已经超出他那个时代能够解决的

① 《通典》卷五十九，第1669页。

问题的范畴，从而留下火药一样的隐患。只要后世有人擦亮一点儿火星，火药随时可能被引燃。

在洪武君臣眼中，他们做了一件再正确不过的事情，通过祭祀调整，他们让彼此错过的一对天地重新走到了一起，就像人世间的夫妻一样，有了相依相偎的温暖。明王朝的天地祭祀步入崭新的时代，也进入难得的平静状态。然而，如同上帝不会一直孤独，明朝的礼制也不会一直平静。

第三节　拆散天地

嘉靖九年（1530）二月，乍暖还寒，右副都御史万镗在家中来回踱步。即便已入夤夜，他却丝毫没有睡意。和文武百官一样，他接到消息，皇帝刚发布诏令，打算将延续一百五十多年的春天正月的天地合祀重新改回冬至祭天、夏至祭地。为此，朝廷要大家知无不言，言无不尽。毫无疑问，这是国家的头等大事，万御史不能置身事外。

万御史早在孝宗弘治十八年（1505）就中了进士，做了刑部主事的小官。武宗正德年间，官至大理少卿。世宗嘉靖皇帝即位之后，由于出色的政绩，他出任顺天府尹，成为管理京师的最高行政长官，又被擢升为右副都御史，成为天子耳目、国家重臣。[①] 嘉靖皇帝十五岁登极，即位以来因为本生父母的讨论，早就让群臣领略了这位少年天子的锐气和执拗。如今，天子又将目光投向天地祭祀方

① 《明史》卷二百二《万镗传》，第5339页。

面。作为明朝的股肱重臣，这一次，万御史不能听之任之。皇帝既然发布诏书，让大家讨论，说明此事还有周旋的余地，皇帝本人对这件事也没有十足的信心。在详细翻阅了开国以来的相关文献之后，万御史拟了一道名为《陈愚忠以裨郊议疏》的奏疏，希望自己的忠诚能够感动皇帝，停止天地改祀的荒唐想法。

明朝官员往往都有一股按捺不住的血性，即便知道上疏之后，可能会给自己带来麻烦，还是选择仗义执言。本朝皇帝驾驭群臣的一大家法就是廷杖，经常有官员因为上疏或者跪求被廷杖至死的例子。这种致命的威胁并没有让来者后退半步。知其不可而为之，这也是明朝官员的一个可敬之处。在奏疏中，万御史提出了“有不可改者二，有不忍改者一，有不当改者三，有不必改者一，有不易改者一”共计五大条八小条的理由。[①]他的这些理由很有代表性，可以视作明朝主流官员的呼声。

不可以改祀的两条原因：其一，周朝分祀天地，是因为周人把冬至所在的十一月作为岁首，先祭天，后祭地。我朝以正月为岁首，如果改成天地分祀，就是先祭地，后祭天，岂有地排在天之前的道理？其二，在大祀殿合祀天地是我朝太祖高皇帝的创制，大祀殿可以遮蔽风雨，一旦拆除大祀殿，日后祭祀遇到风雨怎么办？

不忍心改祀的原因：百善孝为先。父母死后，子女连看到他们生前读过的书、用过的杯子都不忍心，怎么忍心毁坏殿宇呢？大祀殿是高皇帝一手创建，如今要把它拆除，震撼击撞之余，就连过路的人都闻之酸鼻，何况高皇帝他老人家的圣子神孙呢？

① 万镗：《陈愚忠以裨郊议疏》，参见施沛：《南京都察院志》卷二十七，《四库全书存目丛书补编》第74册，第34页。

不应当改祀的三条原因：其一，大祀殿中的正位是昊天上帝、皇地祇两位神灵，配位是太祖、太宗，就像父母和儿子一样朝夕相处，一旦拆除，不等于拆散父子吗？太祖、太宗泉下有知，也不会同意吧。其二，拆除大祀殿以及重建圜丘、方丘都是重大工程，不知费财几许，劳民几年，何必改作？其三，说天地分祀符合周礼，殊不知周礼内容很多，比如封建、井田、肉刑、宗法等等，今天看来都不能恢复，为何非要专门恢复天地分祀呢？

不必改祀的原因：如果天地合祀违背了天意，导致连年灾害，那么改祀的话也情有可原。可是，天地合祀一百多年来，风调雨顺，休征屡应。何必多此一举？

不容易改祀的原因：大礼必简，圣人制作礼乐是为了让其可以流传、继承下去。太祖将天地分祀改成天地合祀，删繁就简，方便子孙遵行。如今，再改回冬至祭天、夏至祭地，后人不堪其繁，也许还会改过来呢！所以，天地合祀是不容易变更的。

洋洋洒洒两千言，万御史的这封奏疏有理有据、情文并茂，指出了天地改祀的种种不可行。可在古代中国，单凭讲道理远不足以影响事情的走向。万御史的意见只是这场大讨论的开始，很快被淹没在堆积如山的奏疏之中。天地改祀这件国家大事的进展也越来越让人觉得乱花迷眼，扑朔迷离。

大臣们素来都不体谅朕的心意，只会拿各种古制和规矩来对抗朕。这一点，朱厚熜从即位之初的“大礼仪之争”中便刻骨铭心。即便阻力很大，朕心自有天佑，到头来还是朕意达成。换言之，朱厚熜从来不缺乏与官员斗智斗勇的信心。

嘉靖九年（1530）二月，朱厚熜在读书过程中发现一个问题，请大学士张璁解答：朕读《尚书》《孝经》等典籍，祭天之礼都是和祭地分开而行，本朝居然在大祀殿合祭天地，这是怎么回事？[①]

张大学士年近六旬，在世宗皇帝即位之前，没人会在意这位进士。他曾经连续科考七次都不及第，人生跌入低谷。一直到武宗正德末年，才侥幸及第，他那时已经四十七岁了。[②]进士及第，幸运的话，也不过授予主事之类的小官。依照他快五十岁及第的履历来看，仕途上应该没什么指望。人生一旦没有出路可言，个体的抉择无非二途：其一，乐天安命，与世无争，一切随缘，了却残生；其二，为了转运，哪怕不择手段，也要出人头地。这位老进士不甘寂寞，最终选择了第二条路。

嘉靖皇帝即位之后，想要追尊本生父亲，引发文武百官的群体性反抗。只有张璁等极少数人跳了出来，赞成天子所为。按照张进士自己后来的说法："臣与举朝抗四五年，举朝攻臣至百十疏。"[③]他为此被学林不耻，被认为是曲学阿世、十恶不赦的小人。作为回报，嘉靖皇帝将他一路破格提升，过去仕途黯淡的老进士如今成了天子跟前的红人。

到了国家重臣的地位以及将近六旬的年纪，张大学士十分谙熟如何应对君臣之间的问答。他早就不是血气方刚的年轻后生，也不是拘泥古礼的老儒，所以，他不会脱口而出，更不会掉书袋子。在

① 《明世宗实录》卷一百十，"中研院"历史语言研究所1962年校印本，嘉靖九年二月癸酉，第2593—2595页。

② 《明史》卷一百九十六《张璁传》，第5173页。

③ 《明史》卷一百九十六《张璁传》，第5176页。

回答嘉靖皇帝的问题之前，他把握住了君臣对话的第一原则：弄清皇帝的意图，并顺着皇帝的意图讲下去。只有把握住第一原则，对答才有意义，他才能证明自己在天子心中的重要性甚至是不可或缺性。不然，他早就在举朝大臣的攻击中被天子弃若敝屣。

皇帝既然问到了此事，内心应当是抵触的。故此，张大学士接下来的回答富含玄机：

> 古者，冬至祀天于南郊之圜丘，夏至祭地于北郊之方泽。至敬不坛，扫地行事，其礼至简。至周公制礼，冬至郊天配以祖，季秋祀帝明堂配以考。至汉成帝时，王莽谄事元后，傅会《昊天有成命》之诗，合祭天地，同牢而食，殊为渎亵。自此，天地遂合祭。至宋神宗，始议分祀。迄宋终元，屡分屡合。国初，太祖皇帝建圜丘钟山之阳，以冬至祀天。建方丘钟山之阴，以夏至祀地。俱配以仁祖。洪武十年（1377），始定合祀之礼。即圜丘旧址为坛，以屋覆之，曰大祀殿。后列圣相承，皆以太祖、太宗并配。说者谓上为屋，即周之明堂，下为坛，即周之圜丘，是亦孔子从周之意。[1]

张大学士的回答并不满足于描述周代以来的天地祭祀简史，在理清基本史实的基础上，他还特别强调，是从王莽开始合祭天地的，而王莽则是众所周知的篡汉的奸贼。听了张学士的解说之后，年轻气盛的嘉靖皇帝倒是毫不掩饰自己的意图：

> 冬至祀天圜丘，夏至祀地方泽，亿万代不易之理。今之大

① 《明世宗实录》卷一百十，嘉靖九年二月癸酉，第2594页。

祀殿拟周之明堂或近矣，如以为即圜丘，实无谓也。[①]

张璁的回答妙就妙在有理有据，祭天祭地确实从王莽开始，[②]只要举出此人，他就获得了先机。至于当年高皇帝为何执著于改成天地合祀，他几乎一笔带过。轻重之间，导向立见。难道他不知道天地合祀的那一套道理？问题在于，现在再提这些，皇帝也未必听得进去。听到嘉靖皇帝的结论，他的气息像往常一样安稳。

朱厚熜确有执拗的一面，但远不至于到任性胡为的地步。想要改动祭祀天地的大典，他自己也知道阻力重重。带着对祖先神灵的敬畏，他惴惴不安地来到太祖神位前开始占卜。如果改祀顺应祖宗心意，请降吉兆；如果不合，请降凶兆。一番虔诚的祝祷之后，占卜即将出现结果。

迄今为止，我们都很难进入朱厚熜这位年轻皇帝的精神世界。如果他像乃祖朱元璋一样是鬼神崇拜的虔信徒，事情就容易许多。和不少中国人一样，他的鬼神信仰充其量只有一半：遇到对自己有利的预言和征兆，就手舞足蹈，以为天意如此；遇到对自己不利的预言和征兆，就选择性地失忆，然后表现得像三岁孩童一样：这次不算，下次再来。

面对第一次占卜的凶兆，朱厚熜表示不服。完全不理会太祖皇帝在天之灵的感受，他即刻把礼部尚书李时宣召进宫，询问他的态度。李尚书的回答委婉得体：陛下稍安勿躁，现在突然改祀，恐怕

① 《明世宗实录》卷一百十，嘉靖九年二月癸酉，第2595页。

② 宋儒洪迈指出：“三代之礼，冬至祀天于南郊，夏至祭地于北郊。王莽于元始中改为合祭，自是以来，不可复变。”（洪迈：《容斋随笔》，孔凡礼点校，北京：中华书局，2005年，第809页。）

人情未安，可否缓一缓？等到治化隆洽、上下一体之时，陛下再召集儒臣进行讨论，这样最好不过。[①]

李尚书的回答让嘉靖皇帝更加烦闷，这帮老臣向来如此滑头。万分焦虑之下，有些神经质的朱厚熜又一次跑到奉先殿的太祖神位前占卜，结果依然是凶兆。他非常懊恼，只能暂且放下改祀的念头，被迫隐忍。神若有知，懊恼的不仅是朱厚熜。朱元璋生前绝对没有料到，自己死后一百五十年，竟然有这么一位年少的朱家子孙胆敢屡次挑衅与蔑视自己的威严。

群臣早就乱成一团，继“大礼仪之争”以后，天子又要变乱旧章了。读圣贤书，所为何事？如今不上疏阻止天子的奇思异想，我大明朝的颜面何在？

嘉靖九年（1530）三月，关于天地改祀，群臣纷纷表态：主张改成冬至祭天、夏至祭地的，有都御史汪鋐等82人；主张分祭天地，但是时机未到的，有大学士张璁等84人；主张分祭但是建议以山川坛为方丘不必另外改建的，有户部尚书李瓒等26人；明确主张遵守传统合祭天地的，有吏部尚书方献夫等206人。群臣讨论的最终结果：“臣等祗奉敕谕，折衷众论，似从合祭。”[②]近400名官员的最后讨论意见并没有左右朱厚熜这位拗皇帝的意志，连本家太祖皇帝的神谕，他都置若罔闻，又如何能让群臣的投票表决阻碍自己的意志？

政治讨论中的表态会直接影响一个人的仕途，这一点在古代中

① 《明世宗实录》卷一百十，嘉靖九年二月癸酉，第2595页。

② 《明世宗实录》卷一百十一，嘉靖九年三月辛丑，第2626页。

国极少例外。极力赞成分开祭祀天地的都御史汪鋐当年十月就被提升为兵部尚书，提督团营，同时兼管都察院的大小事务。极力主张继续合祭天地的吏部尚书方献夫当年九月因为多次被弹劾，引咎辞职，获得嘉靖皇帝的许可。[①]

不知不觉就到了十月，南郊外的圜丘基本竣工，明王朝即将迎来全新的冬至祭天大典。为了坐实天地改祀的合理性与正义性，朱厚熜特意让大学士张璁连同礼部尚书李时编纂礼书——《祀仪成典》。按照最高指示，这部礼书必须光明正大，体现朕敬天法祖的精神，并可以作为万世法程。[②]

数日之后，听说新制的圜丘龙床御案完工，嘉靖皇帝亲自到文华殿视察，还让张璁陪同。视察之后难得龙颜大悦，朱厚熜把张学士召进后殿，出示一封手札，亲自指示下一步工作：而今，圜丘的工程告一段落，现在要全力以赴修好日坛。到下个月初一，所有工程都要暂停，朕要静心准备祭天。至于地坛和月坛，过了正月十六也要动工了，算着日子，到了五月份也能修完。爱卿和工部官员好好料理此事，不要辜负朕体天恤民之意。[③]

到了十一月，祭天大典在即，所有的工程都暂时停止。就在嘉靖皇帝下令张璁编写《祀仪成典》的过程中，他又发现一处必须修正的地方：为什么祭祀孔子用十二个笾豆，这不和祭天相同了吗？需要减到十个，再把孔子的塑像销毁，改成木主，还要把孔子“文宣王”的名号去除，保留“至圣先师”即可。与此同时，他还亲自

① 《明通鉴》卷五十五，第 2112—2114 页。

② 《明世宗实录》卷一百十八，嘉靖九年十月辛未，第 2801—2803 页。

③ 《明世宗实录》卷一百十八，嘉靖九年十月癸酉，第 2813 页。

写了一篇《正孔子祀典说》，又写了一篇《正孔子祀典申记》，让史馆收藏。这一发现和改正让朱厚熜兴奋不已。张大学士随即也写了一篇《正孔子庙祀典或问》的文章，紧跟天子步伐。嘉靖皇帝认为，张学士的文章真是“议论详正”，发给礼部官员学习讨论。[①]

出乎嘉靖皇帝的意料，这场讨论会很快演变成一场一边倒的讨伐会。以黎贯为首的十三道御史，饱读圣贤之书，绝对不会坐视国家在孔圣人头上动刀子的行径。他们一致认为：我朝太祖当年削除很多神号，唯独孔子称王如故，良有深意。《论语》上讲：“夫子之不可及也，犹天之不可阶而升也。”（《论语・子张篇》）唐朝就把孔子尊称为文宣王，使用天子礼乐。为什么一定要贬低孔子去除王号呢？黎御史的这番言论义正辞严，很快也为这番言辞付出代价。皇帝认为他是奸恶小人，下令法司抓起来拷讯，并褫夺了他的官职。之前，翰林编修徐阶也上疏，认为销毁孔子的塑像万万不可，惹恼了皇帝，遭到降职的处分。[②]有了徐阶、黎贯的教训，接下来的讨论毫无悬念。孔子的塑像被销毁，王号也被革除。

为了彰显自己的恩威浩荡，在临近冬至的时候，嘉靖皇帝还特别嘱咐兵部尚书李承勋，祭天当日，大可不必像往常一样动用那么多的护卫军队，只要派遣几队军士清道即可。李尚书自然清楚皇帝的意图，马上惴惴不安地答复：陛下体恤我们禁卫军，不忍将士遭严寒之苦，真是推赤心以待下，至仁至明！臣只知道天子安危为重，减少护卫，我们于心未安！作为护卫，臣等唯有忠义为上，敢请陛

① 《明史》卷五十《礼志四》，第 1298 页。

② 《明史》卷五十《礼志四》，第 1298—1299 页。

下收回成命！[1] 李尚书的回答让朱厚熜心中泛起一丝暖意，愉快地同意了他的请求。

冬至这一天，嘉靖皇帝如愿以偿地举行单独祭祀上帝的祭天大典，并于次日在奉天殿大宴群臣和四方来使。在祭天的当日，他还发布大赦令。民间百姓年满八十以上者，给绢一匹、绵一斤、米一石、肉十斤，九十以上者一律双倍。各地之前所欠的钱粮，能够减免的统统减免。他还颁布诏书，明告天下，其中提到：

> 朕遵太祖高皇帝敬天之制，恭建圜丘于南郊……[2]

至于之前两次在太祖神位前占卜的凶兆，早就被他有选择地遗忘了。如今，他在圜丘专门祭祀上帝，不正符合太祖高皇帝的初心吗？

工部尚书章拯听到朝廷要改祀的事情，不禁忧从中来。圜丘和方丘都是国家工程，一旦动工，必定虚耗国帑。章尚书执掌工部多年，主管整个国家的工程建设，各大工程需要耗费多少银两，又要抽取多少民财，天下没有几个人比他心里更清楚。天地改祀征求群臣意见的时候，他也提出了个人的诸般顾虑："臣听闻，太祖在世的时候，先民后神，如今四方都是灾难，饿殍遍野，民间已经不止一处出现人吃人的惨状。当下，为什么不去治理民生，反而一定要变动祭典？国之大事，在祀与戎。如今，北方时有边患，陛下屡次遣将北征，也不见好转。为什么不把精力放在抵抗北虏上，反而纠

① 《明世宗实录》卷一百十九，嘉靖九年十一月戊戌，第2835页。
② 《明世宗实录》卷一百十九，嘉靖九年十一月己酉，第2843页。

结于改祀？陛下信奉神灵，应该也听说，先前泗州发生了坠石事件，恐怕惊动了祖陵，继而凤阳地震，恐怕惊动了皇陵，现在南京太庙的栋梁也发生了朽蠹现象，这都是祖宗示警。陛下一意复古，有没有考虑这些问题？”[①]

任凭章尚书等人如何苦口婆心，嘉靖皇帝我自岿然不动。

四月，章尚书接到圣旨，让工部尽快动工修建天坛、地坛、日坛、月坛，之后又加入了先蚕坛。[②]章尚书快要崩溃了，国家每年既要维持各大宗室的巨额花销，又要支出大大小小的官吏俸禄，还要支付北方的军费，又有那么多的赈灾开销，哪里还有闲钱去修建这些祭坛？久在工部，他扪心自问，从来都是想方设法替大明朝省钱，省下的不都是民脂民膏吗？从他的墓志铭中，我们了解到，他生前曾对人述说：

> 某在工部，惟约束财力，不加赋天下，此心无愧！[③]

树欲静而风不止，眼下他又不能抗旨。事出无奈，章尚书只好提出辞职。即便要辞职，也不能明确说明原因，以免让皇帝难堪。于是乎，他编写了一套古今通用的说辞：“臣幸蒙圣恩，不次超擢，

---

① 徐咸：《皇明名臣言行录续集》卷四，《续修四库全书》第520册，第360页。

② 关于先蚕祭祀，赵克生指出：“嘉靖天地分祀制先是依赖亲蚕礼而启动，分祀之制既定，亲蚕礼对于世宗来说，意义不再如前了……轰动一时的皇后北郊亲蚕礼，前后只六年而已，而北郊祭先蚕仅嘉靖九年一次。由此可反证，亲蚕礼之于南北分郊的前奏曲意义。”（赵克生：《明朝嘉靖时期国家祭礼改制》，北京：社会科学文献出版社，2006年，第105页。）

③ 徐咸：《皇明名臣言行录续集》卷四，《续修四库全书》第520册，第361页。

虽鞠躬尽瘁，死生以之，不足言报。弟（第）久婴疾病，恐致旷官，乞放臣归，以警不职。”[①]

章尚书有没有病，不仅他自己清楚，嘉靖皇帝也清楚。接到辞职信之后，嘉靖皇帝震怒：既然说了死生以之，为什么又沽名求去？说一套，做一套，其实你考虑的只有你自己！辞职不成，还惹上了官司，嘉靖皇帝让吏部官员讨论，要给章尚书定罪。

作为多年的同事，吏部尚书方献夫左右为难，章尚书不过是辞职而已，何罪之有？随即回复皇帝，章拯的本意是担心施工费用，秉心为公。至于是去是留，还请陛下圣裁。嘉靖皇帝看到之后气从中来：不要拿这种模棱两可的话糊弄朕，必须拿出定议来！

诚惶诚恐之下，方尚书赶忙上了第二封奏疏：章拯就是自信朴愚，说话过分，累渎圣聪，罪无可赦。只是进退之间，国家有优礼大臣的美意，像工部尚书这种国家重臣的去留问题，确实不是微臣能够擅自议论的。接到奏疏之后，嘉靖皇帝又开始生气：臣下们又在推诿责任，不能实心替朕分忧。朕决定：章拯不准致仕！[②]

章尚书辞职不成，险些面临牢狱之灾。既然建设祭坛的事情不可避免，他还是尽力减少施工的负担。他建议，天坛、地坛、日坛、月坛、先蚕坛如果同时施工，经费开支过于庞大，也难以保质保量。请求陛下恩准，我们工部按照次序，先修建圜丘，再修建方丘，其次是日坛、月坛，最后是先蚕坛。看到臣下终于肯站出来做事，嘉靖皇帝勉强同意了工部的请求。[③]

---

① 《明世宗实录》卷一百十二，嘉靖九年四月癸酉，第 2659—2660 页。

② 《明世宗实录》卷一百十二，嘉靖九年四月癸酉，第 2660 页。

③ 《明通鉴》卷五十五，第 2106—2107 页。

嘉靖皇帝留住了章尚书，从此对此人不再信用。在十一月冬至祭祀上帝之后的第二天，他特别赏赐了负责建设圜丘的工部人员，工部员外郎宋锦、周朝著被升为署郎中，就连下层官员主事龚辕、王慎中、陈东等人都升俸一级，其他建设工人也都获得了赏赐，[①]赏赐名单中唯独不见工部尚书章拯的影子。原来就在祭天大典开始的前几天，工部尚书章拯被嘉靖皇帝罢免，罪名是缺误郊坛祭器。[②]辛辛苦苦建设了大半年，因为一件小事，圜丘工程的总指挥章尚书获得了被免职的处分，辱莫大焉。嘉靖皇帝再一次流露出本朝君臣的生存法则：朕可以不君，但尔必须臣。

如果要论证这一法则的成立，恐怕不胜枚举。纵观有明一朝，天子亲自参加祭天大典的制度确立在洪武时期，变更于嘉靖时期，却也败坏在嘉靖时期。太祖在位三十一年，亲郊三十次，惠帝四年三次，成祖二十二年十七次，仁宗一年一次，宣宗十年九次，英宗先后在位二十二年，亲郊十六次，景泰帝八年七次，宪宗二十三年二十三次，孝宗十八年十八次，就连声名狼藉的武宗在位十六年都亲郊十五次。从明太祖到明武宗一百五十年中，天子几乎每年都要亲自参加祭天祭地的大礼。世宗即位后，九年（1530）再复古制，更天地合祀为分祀，在位四十五年，亲郊却不过十八次而已。[③]无论是严寒，还是酷暑，朕都可以不去祭天祭地，官员却一律不得告假。

作为君主，嘉靖帝以复古之名拆散了天地，将延续一百五十年之久的天地合祀改成了天地分祀。作为祖宗的子孙和天下的主人，

① 《明世宗实录》卷一百十九，嘉靖九年十一月庚戌，第2849—2850页。

② 《明世宗实录》卷一百十九，嘉靖九年十一月壬寅，第2840页。

③ 参嵇璜等：《续文献通考》卷六十五，清文渊阁《四库全书》影印本第628册，第68—70页。

朱厚熜坚定地认为自己秉承的正是“敬天法祖”的根本制度，哪怕祖宗不支持，哪怕不再亲自祭天，哪怕不把民生放在第一位，他也从来不会质疑自身的正确性，当然也不会容忍臣下的质疑。

第四节　祈谷

公元1566年寒冬腊月，嘉靖皇帝朱厚熜驾崩了。在遗诏中，他说道：朕在位四十五年，无疑是我朝最久的一位。朕心惓惓，一生做过的最重要的事情就是敬天勤民。朕在位时因为建言获罪的大臣，存者召用，亡者抚恤……受到这份遗诏的润泽，户部主事海瑞等人被释放，樊深等人被录用，[①]明王朝迎来革新的时机。

按照《论语》中孔老夫子的教诲，“三年无改于父之道，可谓孝矣”（《论语·学而篇》），新即位的隆庆皇帝本来不应当变更先帝的制度，哪怕只是部分修改。可是，先帝在位时锐于改作，大明朝的礼仪制度叠床架屋，已经到了非改不可的地步。隆庆元年（1567）正月，刚脱下衰服换上麻布袍的朱载垕就发布诏书，让礼部官员讨论包括祭天祭地在内的各项礼制。

新皇帝登极，王朝气象一新，礼臣终于可以坐下来以实事求是的态度平心静气地梳理近两百年来我朝的祭祀沿革，并提供意见，供皇帝参考。洪武元年（1368），太祖冬至在圜丘祭天，夏至在方丘祭地；洪武十年（1377），建成大祀殿，正月在殿里合祭天地。洪武三十二年（1399），洪武帝庙号太祖，获得配祀天地的独特荣耀。永乐十八年（1420），北京大祀殿落成，行礼如前。洪熙元年（1425），

① 《明通鉴》卷六十三，第2544—2546页。

增加太宗皇帝配祀天地。一祖一宗配祀天地的制度延续了一百多年，未起波澜。直到嘉靖九年（1530），拆散天地祭祀，新建圜丘于南郊，冬至祀天，用日月、星辰、风云、雷雨从祀，新建方泽于北郊，夏至祀地，以岳镇、海渎、陵寝、诸山从祀。祭天祭地奉太祖高皇帝配祀，停止太宗配祀。其后，又建朝日坛于东郊，以春分祭日，建夕月坛于西郊，以秋分祭月，以星辰从祀，都不设配祀。① 简言之，原来的郊礼只需正月在大祀殿合祭天地，可先皇却将郊礼一分为四，天、地、日、月都要按照冬、夏、春、秋的顺序分别到南郊、北郊、东郊、西郊的祭坛祭祀。新皇帝究竟该如何是好？

天地分祀、合祀都有礼可考，如果不改成合祀，祭礼有失繁杂，如果改成合祀，先帝才驾崩一个月，骤然改祀，会不会置新皇帝于不孝的境地？最后，综合四坛祭祀，礼部给出一条折中意见：天地祭祀还是沿袭旧制，在冬至、夏至分别祭祀于南郊、北郊，皇帝要亲自祭祀；东郊的祭日只要在逢甲、丙、戊、庚、壬年的春分，皇帝亲自祭祀即可，西郊的祭月只要在逢丑、辰、未、戌年的秋分，皇帝亲自祭祀即可，其余时间遣官代祭。② 天地分祭保持原样，日

① 《明穆宗实录》卷二，隆庆元年正月丙寅，“中研院”历史语言研究所1962年校印本，第48—49页。

② 《明穆宗实录》卷二，隆庆元年正月丙寅，第49页。根据明人文集的记载，穆宗即位之后没有将天地分祀改回天地合祀，其实另有隐情。天地改祀的方案本应由儒臣提出，可是太监李芳却率先提出。闻讯之后，时任礼部尚书的高仪极力反对。有人对此感到疑惑，天地祭祀改成合祀既有经典可依，又有祖制可循，尚书何必如此执拗！难道天地合祀果真有错吗？高氏回答说，天地合祀、分祀孰是孰非姑且不论，但是朝廷礼制不出廷议，却出自宦官的建议，一旦李芳等人的意见被采纳，日后逐渐掌权，事且奈何？高尚书的高瞻远瞩获得时人赞赏，而天地改祀一事则被暂时搁置。（参沈德符：《万历野获编》卷十三，第2261—2262页。）

月祭祀从简，这是隆庆皇帝最终认可的妥协方案。

隆庆之初，名义上是议礼，实际上所有礼臣都明白，新皇帝要削减乃至部分废除先帝的残留礼制。增祀已不可能，因为先帝凭借超人的天资在位时早就把能加码和变革的国家礼制统统进行了加码和变革。问题在于何减何废？

先帝当年改成天地分祭之初，并未立即拆除原来合祭天地的大祀殿。于是乎，大祀殿就有了别样的功能：嘉靖九年（1530），孟春上辛日在殿里行祈谷礼。礼臣建议，祭天祭地都以太祖高皇帝配祀，如今在大祀殿行祈谷礼可以请太宗配祀。两次上疏之后，嘉靖帝震怒，认为这些大臣“违君叛礼”，最后仅用太祖配祀。[①] 嘉靖十年（1531），又于正月启蛰日（惊蛰）改在圜丘行祈谷礼。十八年（1539），最终改在了禁内的玄极宝殿。[②] 祈谷也是祭天，名称不同。名义上是在向上帝请求五谷丰登，可是明朝自国初以来就规定二月祭祀先农，已有类似的礼仪存在。另外，玄极宝殿地处禁内，从祀官员较多，万一发生意外，就会直接威胁天子的安危。祈谷礼到了必须废除的时刻。

嘉靖皇帝当年决定举行祈谷礼也是更改天地祭祀的一大反应，是出于当初大祀殿既不能拆除又不能空闲的考虑。其后，大祀殿被拆除，改成了大享殿，还是用以祭祀上帝，并安排一位身份极为特殊的藩王配祀。这就是嘉靖帝的亲生父亲兴献王，其后被追封为兴献帝，又有了庙号睿宗。正是私心作怪，嘉靖帝打着恢复古制的幌

① 佚名：《太常续考》卷八，清文渊阁《四库全书》影印本第599册，第298页。

② 《明穆宗实录》卷二，隆庆元年正月丙寅，第50页。

子让国家罗列孟春祈谷、夏至祭地、季秋大享、冬至祭天等名目，本质上却都是在祭天祭地。朱载垕即位后，祈谷礼一朝废除。[①]大享礼来路不正，因为当初嘉靖帝考虑自己的生父没有资格配天，心有不甘，于是别有用心地设计出大享礼，让睿宗堂而皇之地获得了配天的资格。[②]昊天上帝的名号也被改成了皇天上帝，可谓多此一举。和祈谷礼一样，大享礼也被隆庆皇帝废除。

颇具反讽意味的是，嘉靖皇帝有精力三番五次改动祭礼，自己却严重缺乏亲自祭祀的体力与诚意。在位时，他屡次让郭勋等人替他祭天。为了避免臣民误会，他还特别面谕礼部官员：朕从嘉靖十三年（1534）以来就有病，四肢乏力，又容易患冻疮，时常耳鸣，心神不宁。平心而论，朕享受过一天的安宁日子吗？所以，只能请人代朕祭天。[③]难道朕不想亲劳吗？这根本不是朕的错。尔等要体谅朕心，各司大小官员都要周知。之后，他退居深宫，祈求长生之术，通过二十多年不上朝的方式来表达遗诏中“敬天勤民”的真实不欺。

礼制不是空口白话，而应落实在具体的行动之中。朱厚熜亲手打造出精美绝伦的枷锁，却又冠冕堂皇地甩给了别人甚至是自家子孙，这也许就是他的一生对儒家礼制最生动的践行。

万历三年（1575）十一月，辅臣张居正又一次将天地分祭一事提了出来，试图挣脱嘉靖皇帝的枷锁：

① 祈谷礼自隆庆废除之后，到崇祯十四年(1641)正月又恢复举行，是为特例。(参见嵇璜等：《续文献通考》卷六十七，清文渊阁《四库全书》影印本第628册，第68页。)

② 沈德符：《万历野获编》卷二，第1939页。

③ 《明世宗实录》卷二百八，嘉靖十七年正月壬寅，第4321—4322页；《礼部志稿》卷六，清文渊阁《四库全书》影印本第597册，第98页。

> 宜遵高皇帝之定制，循列圣之攸行，岁惟一举合祀之礼，而奉二祖并配。斯于时义为协，人情为顺。[①]

由于不是国家的当务之急，加上万历皇帝富于春秋，此事不了了之。后来随着张居正的倒台，全家被抄，没人再愿意提及此事。[②]

张居正死后，大明朝没有人再有力气从宏观层面上改变国家礼制，如同没有人可以阻止这个国家走向穷途末路。在嘉靖改制的大框架下，嗣后的几代君主沿着天地分祭的道路，依然渴求上帝、地祇保佑大明江山万年永固。事实证明，这种渴求不久就成为幻想。

明王朝见于史籍的最后一次祭地大典发生在崇祯十五年（1642）六月，于北郊地坛；最后一次祭天大典发生在崇祯十六年（1643）十一月冬至，于南郊天坛。次年三月，李自成攻破京师，崇祯帝自缢，明亡。[③]

---

① 《明神宗实录》卷四十四，万历三年十一月丁酉，“中研院”历史语言研究所1962年校印本，第988页；张居正：《进郊礼图考疏》，《新刻张太岳先生文集》卷三十九，《续修四库全书》第1346册，第345页。

② 礼制问题往往源于礼制之外。明人沈德潜在追忆此事时提到，一如张居正所提倡的，天地分祀改回天地合祀“最为确当”。假如张居正能够长久在位，万历年间存在天地改回合祀的可能。可惜，在张居正死后，攻讦他的官员络绎不绝。他们往往求全责备，乃至以功为罪。假如张居正生前真的做成了天地合祀的大事，他死后也很有可能被冠以“悖逆皇祖”的恶名，坐以“大不道”的重罪。这真是世事无常，人所难言。（参《万历野获编补遗》“江陵议分祀天地”条，第2780页。）

③ 《明史》卷二十四《庄烈帝纪二》，第330—335页。

第三章　城隍爷

第一节　封城隍

处理政务之余，明帝国的官员难得离开劳形的案牍，寄情于游历之间。万历后期，时任国子祭酒的朱国祯听说在京师的都城隍庙中发现一方巨石，前去观看。此石长一丈六尺，上面“北平府”三个大字犁然可辨。根据一位老兵的回忆，石头下方还刻有“城隍庙”三字。这块巨石乃我朝开国之初的旧物，原来埋在土中，却又露出顶端。缘何如此设计，朱国祯等人百思莫解。

城隍神赫然居于庙中，将京师官民的一切善恶尽收眼底。仪门两旁树立大明王朝十三省的城隍塑像，塑像前面的香火极其兴旺。许多官民寄旅京师，不能回家，便到都城隍庙中的本省城隍爷面前进香祈愿。帝都居，大不易，如果有城隍爷的护佑，兴许可以逢凶化吉。

依照大明礼制，顺天府尹每年都要会同太常寺、礼部官员到都城隍庙祭祀。以此类推，省、府、州、县也当有相应的官员祭祀城隍。可是，朱国祯发现，本朝京师有都城隍，府、州、县都有府城隍、州城隍、县城隍，唯独没有省城隍。至于原因，他也理不清头绪。

明朝创立之初，继承唐宋之制，建立了独具特色的城隍祭祀制度。城隍祭祀在儒家经典中并没有明确的文献依据。人们只知道，至迟在唐朝时已有祭祀。到了宋朝，“其祀遍天下”。[①] 至于城隍神究竟是谁，人们颇有争议。有的地方祭祀纪信，有的地方祭祀灌婴，两人均为汉初名臣，都有护城之功。城是城市，隍是护城河，既然有城有隍，自然也有城隍神。

于是乎，在洪武二年（1369）正月，太祖高皇帝下令封应天、开封、临濠、太平四府以及滁州、和州的城隍神为王，官居正一品。应天府是明朝心脏所在，城隍封为承天鉴国司民升福明灵王。开封府当时号称北京，乃中原重镇，所在城隍封为承天鉴国司民显圣王。其余临濠府、太平府、和州、滁州四地都是朱元璋在定都金陵前的发迹重地，渊源匪浅，故而依次封为贞祐王、英烈王、灵护王、灵祐王。这些封号无不折射出时人对城隍神的希冀，一定要显灵才好。其他各府城隍为公爵，正二品。各州城隍为侯爵，正三品。各县城隍为伯爵，正四品。

在冕服上，京师顺天府的城隍是十二章，开封等五府州及各府的城隍九旒九章，州县则是七旒七章。[②] 这不是自相矛盾吗？爵位不同，品秩不一，王与公的冕服、侯与伯的冕服怎么能相同呢？[③] 后来，朝廷废除封赠，不用塑像，改用木主[④]，大概也意识到类似的问题吧。

经过都城隍庙的一番游览，朱国祯收获了不少，把这些心得默

① 《明太祖实录》卷三十八，洪武二年正月戊申，第765页。

② 《明太祖实录》卷三十八，洪武二年正月丙申，第755—756页。

③ 朱国祯：《涌幢小品》卷十九“城隍”条，上海：上海古籍出版社，2005年，第3546页。

④ 《明史》卷四十九《礼志三》，第1286页。

默写在他的《涌幢小品》一书中，聊备掌故逸闻。香客们慕名而来，络绎不绝，沉迷于各种许愿之中，若狂若醉。万历末年，朝纲不振，大明官员早就在各种危局中得过且过，谁会在意都城隍庙中的这些细枝末节呢？

朱国祯也是一时起意，并没有深究下去的冲动。万历末年，他本人便谢病回家。天启皇帝登极之后，被朝廷召回。自兹以后，他在仕途上平步青云，一直做到内阁首辅。首辅即是真宰相。只是乱世宰相并没有什么吸引力，不仅难展宏图，反而步步惊心。其后，魏忠贤擅权，派人弹劾，有意中伤。朱阁老便借此机会连续上了三道奏折，最终如愿以偿，合眼放步，一任造物之低昂，回到家乡浙江乌程养老去了。①

即便是洪武皇帝亲自下达的诏令，可是给城隍封爵并不符合古制，所以一年多来，明廷朝野不乏质疑的声音。洪武三年（1370）六月，这一做法得以修正。朱元璋下令，以前的诰命封爵统统予以收回。如今，各府、州、县的城隍止称某府、某州、某县城隍之神。②至于为何收回封号，研究城隍问题的日本学者滨岛敦俊撰文指出：

> 这一诏令未言及否定的理由，但可以认为是出于这样一种观念：即作为冥土一定领域之管理者的城隍，与岳镇、海渎、山川诸神一样，原本不需国家（即人君）封赠，其本身就是

① 《明史》卷二百四十《朱国祯传》，第6251页。

② 《明太祖实录》卷五十三，洪武三年六月癸亥，第1035页。

“神”。[1]

神本身就是一种尊号，任何人间的封赠都有亵渎的嫌疑。到了明朝末年，收回城隍封号的做法还遭到个别地方的反对。浙江绍兴府的百姓就发动请愿，恳求给本府城隍神颁授封号，只有如此才能彰显本府城隍爷的无量功德，结果毫无意外地被朝廷驳回。[2]

洪武三年（1370）九月，京师的都城隍庙终于建成，朱元璋仿佛了却了一桩心愿。依据六月份颁布的诏书，天下各府、州、县城隍庙的高度应当和当地官署相当，旧庙可用则用，不可用则另外修建。[3] 京师原来的城隍庙选址不佳，十分低矮。既然要求各地城隍庙的高度与官衙相当，京师的城隍庙肯定要作出表率。根据中书省臣及礼部尚书陶凯的奏请，可以把不用的东岳行祠改为城隍庙。这一建议获得朱元璋的首肯。

城隍庙建成之后，礼臣又在东西两侧增添左司之神、右司之神的配神。[4] 城隍神的牌位用龙纹装饰，非比寻常。祭神总该知道神的姓名，可是从朱元璋到中书省，再到太常寺、礼部，没有一个人能说出城隍神到底是谁。非但城隍神是谁说不清楚，就连左司之神、右司之神也来路不明，大概是想当然有之。如果一定要给京师的这

---

① ［日］滨岛敦俊：《明初城隍考》，许檀译，《社会科学家》1991年第6期。也有学者对滨岛敦俊提出的意见进行驳正。可参赵轶峰：《明初城隍祭祀——滨岛敦俊洪武“三年改制”论商榷》，《求是学刊》2006年第1期；张传勇、于秀萍：《明初城隍祭祀三题——与赵轶峰先生商榷》，《历史教学》2007年第8期等。

② 李廷机：《李文节集》，《四库禁毁书丛刊·史部》第44册，第703页。

③ 《明太祖实录》卷五十三，洪武三年六月戊寅，第1050页。

④ 俞汝楫：《礼部志稿》卷八十四，清文渊阁《四库全书》影印本第598册，第504页。

尊城隍神起个名字的话，人们也许会想起去年敕封的早已过气的明灵王。

尽管一头雾水，朱元璋还是掩饰不住内心的激动。作为天子，他不便屈尊到新落成的城隍庙中祭祀。为了表示重视，他迫不及待地拿出祭文，特别叮嘱礼部尚书陶凯在迎接神主入庙的时候务必认真宣读。在祭文中，朱元璋表示："朕起布衣，自渡江左，十有七年。统一天下之后，一心侍奉神明，谨慎治理百姓。京都城隍神，您是天下所有城池守护神的主宰！以前军民都是在小巷子、小院子中祭祀您，不成体统。朕对此非常厌恶！以前的城隍庙过于卑隘，无法表达朕的心意。如今给您搬了新家，特命礼部尚书陶凯率领官员迎接您的神位到新家安住。这一切，您都要知道呵！"①

城隍庙落成之后，上至王侯将相，下至贩夫走卒，都来祈福。想要考取功名，到城隍庙去；想要大病痊愈，到城隍庙去；想要人丁兴旺，到城隍庙去；想要家畜蕃息，到城隍庙去……无数次的祈福，总有灵验的事件。一旦灵验，就有人来还愿。一传十，十传百，城隍庙成了满足心愿的道场。

十多年过去了，城隍庙前车水马龙，有慕名前来的士女，有乔装打扮的王公，也有叫卖不绝的小贩……有的人虔诚还愿，有的人将信将疑来这里试试运气，有的人纯粹出于游玩的兴致……城隍庙前人流如织，造成了严重的交通堵塞。对一些爱热闹的人来说，城隍庙倒是一个好去处，只是对于尚幽阴的神明来说，这块地方实在过于喧嚣。洪武二十年（1387），朝廷下令在京城外钦天山的南麓

① 《明太祖实录》卷五十六，洪武三年九月戊子，第1088页。

改建城隍庙。再次改建城隍庙的原因，除了拥堵喧嚣之外，还与灵异事件有关。

说是灵异事件，其实出自一场意外。有一次，由于管事疏忽大意，城隍庙失火。为了推脱责任，管事便奏称无故失火。一场人为意外，经过这般修饰，洪武君臣居然信以为真。管事的小聪明只有顺应国家的意愿才有可能得逞，免去司法官员的调查。比起真相，人们更倾向于相信他们愿意相信的东西。明廷认为，既然天意如此，说明城隍神也不满意这块地方。经过讨论，大家一致同意：再次给城隍爷搬家。接到命令后，国家的工部官员马上忙碌起来……

洪武二十年（1387）改建之后，都城隍庙蔚然可观。核心建筑是大威灵祠，正中兀自端坐着都城隍木主（一度用塑像代替），神位左右有两尊护法神，分别掌管善恶。大威灵祠后方是城隍神的寝祠，前方是东西两庑。两庑的前方是阐威门，门外的东西两侧分别矗立着钟楼和鼓楼。钟楼、鼓楼的前方是东西道房，道房前是顺德门，顺德门的正南方是都城隍门。官方的祭祀频次最终确立下来：一年三次。一次是仲秋择日祭祀城隍神，一次是皇帝的生日（万寿圣节）当天祭祀，还有一次是城隍神的生日五月十一。[①] 为了彰显我朝的事神诚意，朱元璋特命翰林学士刘三吾勒石铭记。在《敕建都城隍庙记》中，刘学士描述了城隍祭祀的盛况：

> 京师，天下之本，五方之人之所萃。日祷祀者，将不下千万计……[②]

① 佚名：《太常续考》卷六，清文渊阁《四库全书》影印本第599册，第242页。

② 佚名：《金陵玄观志》卷十三，《续修四库全书》第719册，第191页。

一方水土，有一方神佑。如果没有神，也要造出一尊神。就像刘学士在诗中所言："城隍都庙今古崇，彰善瘅恶秉至公。"[①] 城隍神成了公义的化身，掌握着惩恶扬善的神秘力量。经过朝廷的大力提倡，到都城隍庙祈福成为京师的新风尚。

永乐迁都之后，仿照应天府的样式在顺天府的西南方新建了都城隍庙。应天府作为南都，地位不可与北都同日而语。受此影响，应天府的官方祭祀也越来越懈怠。成化八年（1472），南京太常寺少卿刘宣言上奏：南京都城隍庙不仅没有例行的年祭，就连五月十一日的诞辰都不见官员祭祀。[②] 既然太常寺不嫌麻烦，愿意祭祀都城隍庙，成化皇帝慨允了刘宣言的相关请求。

城隍神本来没有确指，如今在朝廷层面，春天合祭天地之前，要到城隍庙禀告城隍神，秋天要按例祭祀。城隍神不知道是谁，却有了冠冕堂皇的生日。在城隍诞辰之际，京师百姓争先恐后地涌入都城隍庙给他老人家庆生，既对保佑一方的城隍神表示感激，同时也不忘许下各种各样的愿望。对此，有人表示强烈质疑：城隍非人非鬼，怎么会有诞辰？可见谬妄。[③] 风气一旦形成，想要中途改辙并非易事。寻常官民我行我素，许愿祈福，至于祭祀本身应当如何，

① 佚名：《金陵玄观志》卷十三，《续修四库全书》第719册，第191页。

② 俞汝楫：《礼部志稿》卷四十六，清文渊阁《四库全书》影印本第597册，第865页。

③ 史载："国朝之制，天下府、州、县皆有城隍庙之祭。京都城隍庙旧在顺天府西南，累朝皆加修葺，岁以五月十一日为神之诞辰。及万寿圣节，各遣官致祭。夫庙祀城隍之神，本非人鬼，安得诞辰？可谓谬妄。"（黄光升：《昭代典则》卷二十二，《续修四库全书》第351册，第634页。）

早就是次要的事情。要之，一方面，学者援经据典，慨叹人心不古，轻捋胡须，徒唤奈何；另一方面，百姓闻风而动，络绎进香庆生，有说有笑，不亦乐乎。

执著于城隍祭祀的并非只有普通官民，开国之初，朱元璋多次煞有介事地向城隍神祈福。炎炎夏日，亢旱不雨。再这样下去，到了秋季，农田就会颗粒无收。朱元璋动了祈雨的心思。祈雨最尊隆的地方是京城南郊外的大祀殿，直接向天子的父母上帝和后土[①]说明来意，恳请上天、后土垂怜。上天、后土两位神祇无比尊贵，总不能凡事都烦劳二位。就像聪明的小孩子向父母求情，也不会单刀直入，而是拉上兄弟姐妹、叔叔婶子等人一道，企图提高求情的成功率，至少可以壮胆。在《祷雨咨京都城隍文》中，朱元璋表示，先和京都城隍神事先咨询，以通声气。城隍神为证，朕不久会亲自祭祀钟山山神，请钟山山神向上天、后土转达朕祈雨的意思。[②]在朱元璋眼中，城隍神人格化色彩最为浓厚，成为他可以依赖的谋臣、可以咨询的对象。上天、后土是天下神祇的最高主宰，掌握着万事万物，自然包括风雨雷电。祈雨本来是一种寻常礼仪，经过朱元璋咨询城隍神、托请钟山山神的演绎，反而显得委婉曲折。诸神宛若眼前，在在皆有。

大小城隍神管理大小地方，如果地方出事，那么城隍神肯定了然于胸。朱元璋对待城隍神几乎到了佞神的地步，汲汲于与神灵沟

---

① 后土在社稷祭祀中专指土神，与上天、上帝等连用时，则代指地祇。地祇主宰地面上一切神，包括土神、山神、河神等。二者不能混淆。

② 朱元璋:《明太祖文集》卷十八，清文渊阁《四库全书》影印本第1223册，第213页。

通。太仆寺上报，京城郊外有四千三百多匹战马患上传染病。接到奏报，朱元璋的第一反应是给群牧监所在地的蒋庙城隍神写了一封祭文，大意是："朕起寒微，以前平定战乱，都是靠战马效力。因此，朕才让太仆寺在京师郊外养马。如今四千三百多匹马刚上槽就患上传染病，朕十分忧虑。朕身为天下的主宰，管理的是阳间的百姓，神灵管理的是阴间的事件。朕有忧虑，怎么能不向神灵禀告呢？现在，朕的战马生病了，希望城隍神您知晓，并保佑它们！"[①]

结果如何，并没有下文。史书上诸如此类的记载，意义往往并不在于神明显灵，而在于彰显太祖高皇帝敬神的姿态。敬神未必是朱元璋不可撼动的信仰，很多情况下都流露出政治表演的色彩。这种政治表演在一开始不乏真诚的敬神因素，随着时间的推移，君主的更替，仪式越来越定型，敬神、祭神越来越范式化。

城隍本来无神可言，礼经上同样没有城隍祭祀的记载。现实生活中，百姓们不可能完全按照书上的记载行动：书上有的未必照着祭祀，书上没有的未必不能祭祀，所谓"礼虽先王未之有，而可以义起者，城隍是也"。[②]城池既然具有保卫百姓的基本功能，是否也有神灵眷佑呢？于是，便产生了城隍神——城市的守护神。[③]唐

① 朱元璋：《明太祖文集》卷十七，清文渊阁《四库全书》影印本第1223册，第206页。

② 陈谟：《泰和县新修城隍庙记》，《海桑集》卷七，清文渊阁《四库全书》影印本第1232册，第649页。

③ 《（嘉靖）常德府志》载："愚按，城隍古不载祀典。后代以为高城深池，捍外卫内，其英灵之气或炳而为神，不可以无祀。其祀与社稷、山川同义。"〔陈洪谟：《（嘉靖）常德府志》卷十《祠祀志》，《天一阁藏明代方志选刊》第56册。〕

宋以来，城隍祭祀风靡一时。我朝也不能示弱，应该将其发扬光大，再创辉煌。

洪武初年，出于朝廷的提倡，各地刮起了兴建城隍庙的飓风。在此后的两百多年时间里，修建、重修城隍庙的记载比比皆是。这些记文众口一词，称赞太祖高皇帝倡议天下祭祀城隍神这一举动的英明，实乃“旷世之盛美也”。[①]同时指出各地百姓受积习所累，不能完全遵照朝廷旨意祭祀，或者用塑像代替神主，或者放任城隍庙倾圮而不加修葺。从人情这一角度考虑，百姓对仅仅书写某府、州、县城隍之神的木主并不满足，反而更钟爱于形象直观的城隍塑像。根据史料记载，遑论广州等边地，内地的城隍庙和孔子庙都用塑像代替了木主，就连京师太学也不例外。[②]木主虽然符合古制，可是冷若冰霜，让人敬而远之。塑像虽然不合古礼，但是形象生动，更接地气。相较之下，各地城隍庙自然是塑像压倒木主，即便这种行为是朝廷多次禁止的。

即位之初，朱元璋竭力将众神崇拜推广到各地。根据《洪武礼制》，他曾经下令让天下各布政司、府、州、县每年春天二月和秋天八月择日祭祀三大神：风云雷雨居中，山川居左，城隍居右。[③]风云雷雨主管天气，山川遮蔽一方，城隍主管城池。城隍是后起的神灵，却呈现后来居上的态势。洪武二十一年（1388），三大神一

① 陈谟：《泰和县新修城隍庙记》，《海桑集》卷七，清文渊阁《四库全书》影印本第1232册，第649页。

② 李诩：《戒庵老人漫笔》卷四，魏连科点校，北京：中华书局，1982年，第145页。

③ 佚名：《洪武礼制》，《皇明制书》，第299页。

律停止春天二月的祭祀，仅保留秋祭。[①]在朱元璋的理念构建中，新兴的大明朝不仅军事强大，文治煌煌，同时也是天选之国、神佑之邦，上有上天、后土的护佑，下有风云雷雨、山川、城隍的加持。上承天意，下顺民心，我大明朝必定会传之久远，以至于无穷。

顶层的祭神设计也获得地方官民的响应，地方的城隍祭祀很快形成模式。城隍庙修建的直接动力源于地方官员和乡老的福报信念，通过集资的方式加以重修，再聘请地方贤达撰写记文，镌刻于石，传诸后世。明英宗正统年间，江苏常熟县由知县郭南领头，通过捐资重修城隍庙，并礼请退休官员吴讷撰拟记文，[②]将洪武旧制传承下去。

各地官员祭祀城隍神的频次不尽相同。次数较少的，如顺天府尹每年祭祀两到三次；个别地方如安福县（今江西安福）的城隍祭祀和孔庙祭祀一样，每个月的初一和十五都要进香。[③]将城隍神与先师孔子同样祭祀是因为孔子教人向善，而城隍神也能予人祸福。二者殊途同归，同样有益于国家、生民，所以一体礼遇。

各地城隍庙的记文大同小异，基本上都认为城隍神和地方守令是维护地方安稳的两大主宰。湖南郴州城隍庙重修之后，人们认为，为政的第一要务就是治民事神，太守是一州军民的父母，城隍神则

---

① 《明太祖实录》卷一百八十九，洪武二十一年三月乙酉，第2836页。

② 陈九德：《皇明名臣经济录》卷十二，《四库禁毁书丛刊·史部》第9册，第211—212页。

③ 在许多地方，城隍祭祀和孔子祭祀同样重要。史称："今天下有司得兼致祀事不为谄，惟先圣贤、山川、社稷与城隍之神尔。然社稷、山川皆位乎坛，岁不过再享。其巍然正席而庙处，月朔望须上致虔，则惟城隍与先圣贤为然。"（刘球：《两溪文集》卷六，清文渊阁《四库全书》影印本第1243册，第476页。）

是百神的总领、军民的保障。[①] 山西代县城隍庙重修后，知县在记文中提到：城隍神受上帝派遣，管理境内的阴事，我受皇帝委派，管理境内的阳政。阴阳虽然不同，爱民却不分彼此。[②] 城隍神成为地方守令的伴侣，看不见、摸不着，却又无处不在。

在《重修城隍庙记》中，韩邦奇对地方官员的职责作出直截了当的表述："夫有司之职，治民、事神二者而已。"[③] 铜陵县（今安徽铜陵）城隍庙的正门和两庑新建之后，教谕杨泰阐明城隍的重要性。在杨氏笔下，城隍成为对百姓功绩最大的神灵，因为城隍神可以保民禁奸，通节内外。[④]

总之，在地方官员眼中，官员听命于皇帝治理百姓，如果治理不当，会受到皇帝处分；城隍听命于上帝保障百姓，如果福祸不当，也会受到上帝惩罚。在乡绅和百姓眼中，城隍爷在上，洞察人间的善恶，有冤的可以到城隍庙伸冤，有求的可以到城隍庙求福。对于管庙的道士而言，城隍爷赏了饭碗，要小心伺候，南来北往的香客奉献的香火钱也能改善自己的生活。

山高皇帝远，朱元璋与城隍神之间的谨慎沟通并不总能为臣下效仿。有的地方对城隍神的祭祀非但没有尊敬的含义，反而充满了浓重的谴责味道。洪武年间，叶砥在《告太原府城隍庙文》一文中，

① 胡汉：《（万历）郴州志》卷十二，《天一阁藏明代方志选刊》第 89 册。

② 孟思：《孟龙川文集》卷十八，《四库未收书辑刊》第 6 辑第 21 册，第 300 页。

③ 韩邦奇：《苑洛集》卷三，清文渊阁《四库全书》影印本第 1269 册，第 374 页。

④ 沈梅：《（嘉靖）铜陵县志》卷八，《天一阁藏明代方志选刊》第 35 册。

按照上司的授意向城隍神发出了别具一格的讯息，大意是：“我朝已经给你颁授了诰命封爵，你就应当接受责难。城隍神理应守土安民，你扪心自问：百姓真的没有忧患吗？土地真的治理了吗？最近八九年来，五台山附近到处都有寇虏，像魑魅魍魉一样窜伏山林，像虎狼蛇虺一样洗劫百姓。你作为城隍神，为什么不能扬阴威用祸福警告他们？还是因为你本来就冥然无知？如果你有知，就赶快显灵，让我军所向无前，所征无敌。唯有如此，才不辜负天子封爵立庙的美意。不然，战场失利，责任在我。神若失职，何能免责？总之，你还是赶快显灵，不要成为众神之中的羞辱。敢告！”[①]

太原府作为明朝的北边重镇，不时遭遇大大小小的军事冲突。成败本为兵家常事，不料官员将其与城隍祭祀联系起来。如此一来，他们难免会觉得城隍神形同虚设，根本无法达到帮助将士实现百战百胜的理想效果。

同样是城隍神，在各地的遭遇有天壤之别。在太原府，因为无法保证百战百胜，所以此地的城隍神颜面尽失。而在湖南澧州（今常德市澧县）等地，相传城隍神多次显灵，受到地方百姓的万分景仰。在《澧州城隍庙重修记》中，刘瑞刚开始对城隍显灵一事也是将信将疑。后来，母亲病危，他到城隍庙中祈祷，获得吉兆，结果母亲痊愈。其后，因为上奏刘瑾擅权有杀身的危险，结果在城隍庙获得吉兆，后来刘瑾果然倒台，自己安然无恙。[②]一种偶然叠加另一种偶然就足以转变一个人的信念，一个人的信念叠加成一群人的信念

① 李侃、胡谧：《（成化）山西通志》卷十四，《四库全书存目丛书·史部》第174册，第488页。

② 刘瑞：《五清集》卷十一，《四库未收书辑刊》第5辑第18册，第151页。

就可以制造出一种信仰：城隍显灵真实不虚，城隍祭祀必不可少。

洪武帝用礼乐、鬼神相结合的治理手段，“明有礼乐以维民生，幽有鬼神以司民命”，[①]假借地方官员和城隍神之手，表里阴阳，意在维护地方稳定。在安徽绩溪县建好城隍庙后，程敏政称颂我朝高皇帝具备大圣人的功德，制礼作乐，首先赋予城隍祭祀尊贵的地位，目的就是让城隍神和地方长官一道各司其职，成为百姓的主心骨。神明在上，天道昭昭。地方长官如果胡作非为，就会受到天谴神诛。百姓也可以到城隍庙中诉求，借助神灵的力量实现公义的目的。

洪武六年（1373），在中都凤阳城隍庙的神主制作之后，朱元璋御制祝文，并派遣乐韶凤等人到凤阳安神。稍后，他对宋濂讲出自己让天下百姓祭祀城隍神的真实动机：

> 朕立城隍神，使人知畏，人有所畏，则不敢妄为。朕则上畏天，下畏地，中畏人。自朝达暮，恒兢惕自持。夫人君，父天母地，而为民父母者也，苟所为不能合天地之道，是违父母之心，不能安斯民于宇内，是失天下之心矣。如此者，可不畏哉！[②]

也许，正如明末东林党领袖高攀龙在一次祭祀城隍中所说的那样：“细民之信神者半，不信神者半……夫国听于神则亡，民不信神则肆矣。”[③]对于城隍神，民间百姓信与不信各居其半。城隍神

① 李乐：《新淦县新修城隍庙记》，《见闻杂纪》卷七，《四库全书存目丛书·子部》第242册，第314页。

② 《明太祖实录》卷八十，洪武六年三月癸卯，第1447—1448页；余继登：《典故纪闻》卷三，北京：中华书局，1981年，第47页。

③ 高攀龙：《代耆老祭城隍文》，《高子遗书》卷十二，清文渊阁《四库全书》影印本第1292册，第710页。

古礼所无，如今不妨为我所用，为什么不充分发挥他的效力？既然世人喜欢崇拜偶像，何不抬出一尊偶像供他们祭拜？百姓知道敬神，就有了敬畏之心，方便管理。官员们有了敬畏之心，就不至于恣意妄为，方便约束。借助神明的力量管理臣民，这种朴素的愿望也屡见于地方的城隍庙祭文当中。

鉴于城隍屡次显灵，江苏昆山（今属苏州）的乡民筹资修葺城隍庙，并在庙前新建一座儆石亭。城隍庙的道士苏景祥央求名儒顾潜撰写记文，记录这桩美事。顾潜应允下来，并在儆石亭书写十六个大字，表达城隍祭祀不可或缺的重要意义：

彰善瘅恶，幽有鬼神。毋欺上天，毋虐下民。[①]

天地祭祀已经由皇帝垄断，总不能因此斩断了百姓求神的冲动。城隍祭祀并非源于明代，只是到了明代才走向兴盛。放眼望去，明朝两京一十三省，大大小小的城隍庙拔地而起。香火兴旺，人声鼎沸。

明代的城隍祭祀可谓用心良苦，旨在告诫地方官员廉洁爱民，不然城隍神不会饶恕。设官立神的双重机制相辅相成，不失为一种地方管理特色。可问题在于，如果活着的官员都不能治理好一方百姓，莫须有的神明又能有何作为呢？

① 顾潜：《城隍庙儆石亭记》，《静观堂集》卷十一，《四库全书存目丛书·集部》第48册，第584页。

第二节 生作循吏，死为城隍

天空飘着小雨，微风拂过，泥土与芳草的气息更见浓郁。三五顶黄斗笠，七八件青行囊，一队人马不慌不忙地向前挺进，这是一位明朝官员正在赶赴县城就任的路上。他凭借吏部颁发的勘合到沿途驿站一一验明身份，享受准官员待遇，获得妥善招待。一路跋山涉水，他们即将抵达走马上任的县城。读书半生，金榜题名，如今皇恩浩荡，钦点了知县，自己终于可以大干一场。就这样，新的人生开始了！

在京师办理手续的时候，他还领到一份太祖高皇帝御制的《到任须知》。当年，高皇帝特别重视吏治，亲自撰写到任官员的指南。在《到任须知》中，除了谆谆告诫之外，还有一份详细的说明，指导新任官员如何祭祀神明、处理案件、收缴税粮、管理仓库、审核矿务、修缮官衙，如何对待乡老、胥吏、儒者、孝子、节妇以及可疑分子等等。[①] 高皇帝英明，一方面兴复儒学，重开科举，一方面又担心士子书生气太重，不周实用，所以才有了《到任须知》等文件的出台。

早在洪武十八年（1385）正月，太祖就让礼部拟定非常具体的官员到任仪式，让所有到任的地方官员依此奉行。[②] 官员到任的第一件事便是先在城外三十里左右的地方斋戒三日，然后由耆儒、衙役、生员等人迎入城中，一一祭祀神祇。在父老乡亲的见证下，新任官员宣读统一的祭文："维某年某月某日，具官某，奉命来官。

① 申时行等：《明会典》卷九，北京：中华书局，1989年，第53页。

② 《明太祖实录》卷一百七十，洪武十八年正月癸未，第2586页。

今天，我来此祭神，对神起誓。如果我在行政上有不足之处，还请神明襄助。如果我贪污腐败，陷害他人，欺凌百姓，愿意接受神明的严厉惩罚。尚享！”①

高皇帝定下了规矩，敬神爱民，动机纯正，理应遵守。百姓们却另有打算。规矩是死的，人是活的。千百年来，比起各种圣旨谕令，民间灵活处事的做法才是颠扑不破的法则。依照礼制，如果祭祀山川、城隍等神，用羊头、猪头各一，如果是忠臣烈士等，只用一个猪头。一座城池，神明众多，不可能严格按照朝廷礼制祭祀。有的地方为了节省经费，拿着一份羊头、猪头辗转祭祀所有神明。为了方便行事，有的地方干脆直接到城隍庙一处总祭本城各路神明。一动百动，其他地方也开始偷偷效仿总祭的行为。

祭神一事虽好，毕竟经不起折腾。从内到外把所有神明都祭祀一番，安排祭品，举行仪式，千头万绪。祭祀第一个神明，大家尚有新鲜感，三番五次转移到各处祭祀，对年迈的乡老来说便成为一份苦差。祭祀耗费不少银两，这些费用都从地方收入中扣除，消耗的还是民脂民膏。与其劳民伤财遍祀神明，何不合祭一处？然而，减少神明祭祀的倡议，从中央到地方，没有官员愿意直接提出来。其中缘由不难理解：祭祀彼神，不祭祀此神，惹怒了神明，谁能担当？再者，遍祀神明乃我朝太祖高皇帝的定制，谁愿意背负变乱祖宗之法的罪名？当官员们畏首畏尾时，个别地方“不安分”的百姓鼓起勇气悄然无声地迈出了第一步。

最早进行城隍总祭的地方州县无疑冒了巨大的风险，涉事乡老

① 《明太祖实录》卷一百七十，洪武十八年正月癸未，第2586—2587页。

等人很可能面临朝廷问责。直到今天，第一个吃螃蟹的州县都没有留下姓名。宣德七年（1432）直隶庐州府英山县知县贺完的一封奏疏中提到，有的地方在城隍庙总祭，并没有指名道姓。[①] 贺知县非常委婉地指出目前流行的情况，请求朝廷裁决。我们由此推测，第一个发动到任官员祭神改革的州县应该在庐州府（今安徽合肥）附近。这个无名州县的变革最终获得朝廷的允许，并颁行天下。自此以后，明朝官员到任只需到城隍庙一处祭祀百神即可。

明朝开国两百多年后，一位来自杭州的儒生田艺蘅对城隍祭祀颇有微词。他发现浙江省下面的杭州府有杭州府城隍之神，所辖仁和县、钱塘县等有仁和县城隍之神、钱塘县城隍之神，唯独没有浙江承宣布政使司城隍之神，于礼不合。另外，浙江省分别掌管地方行政、司法、军事的承宣布政使司、提刑按察使司、都指挥使司到任时，按例都要到城隍庙祭拜，竟然对杭州府城隍之神行四拜之礼。这不等同于上司向下属行礼吗？既然没有省一级的城隍，还必须行礼，为什么不到孔庙去？[②] 田艺蘅只是地方小官，人微言轻。与同侪觥筹交错之际，此番言论作为谈资，赢得一片喝彩，“田兄果然高见”“城隍爷岂能骑在孔圣人头上”……杯盘狼藉之后，再没有任何下文。

---

① 俞汝楫：《礼部志稿》卷六十六，清文渊阁《四库全书》影印本第598册，第120页。

② 史载：“总制部院三司莅任之日，必斋宿谒庙，而反行四拜礼于一府之神，是以亲临上司而跪拜于属官也。何冠履倒置，幽明悖礼之若是哉？不若斋戒拜谒于先师孔子之庙，亦为合礼也。世有议礼君子举吾言而奏行之，以正祀典，以妥神灵，亦可以补国家二百年之缺典也。”（田艺蘅：《留青日札》卷二十八，《四库全书存目丛书·子部》第105册，第370页。）

万历十六年（1588）六月初九，礼部观政进士袁黄有意挑选了这个良辰吉日到宝坻县（今天津市宝坻区）上任。知县作为一方百姓的父母，和百姓的生活息息相关，乃至手握他们的生死大权，俗称“灭门的知县”。和不少官员一样，刚上任的袁黄饱含激情，想要有一番作为。在城隍庙的祭祀仪式上，他宣读了一通风格别致的祭文，让在场的百姓久久不能忘怀。

在祭文中，袁知县立下七大愿：恭敬地对待上级，明洁地侍奉神明，谦虚地礼敬贤达，节俭度日以厚风俗，尽量全活犯法的百姓，努力开垦荒地，及时修整灌溉农田的沟渠。他还在城隍神前宣誓明志，要公正地对待诉讼，判决也要以提升百姓的廉耻心为追求，而不是简单地辨别是非，税粮要想方设法减免，劳役要尽力调停，处理事务要左右平衡、上下通达，要让农民乐意耕种、旅客乐意前来……在每一条后面，他都会提高嗓门，用带有家乡浙江嘉善方言味道的官话说出三个字——“神殛之”。[①] 如果我袁某人说到不能做到，就让神明立刻杀死我！至于阴晴、风雨、疫疠等事，请宝坻县城隍之神和其他神明多多帮助。

当地的百姓对这位南方来的官员将信将疑，看他信誓旦旦的郑重姿态，仿佛是个好官。也不乏百姓在心里犯嘀咕，哪个贪官污吏刚上任不是惺惺作态?

秋来夏往，岁月如常，宝坻县的百姓惊喜地发现，袁知县在城隍庙前的宣誓并非装装样子。恰恰相反，在任期间，县老爷公正廉明，赢得了百姓的交口称赞。

① 贺复徵：《文章辨体汇选》卷三十二，清文渊阁《四库全书》影印本第1402册，第169—170页。

迄今为止，有关袁黄的研究依然是学界的一个热点。[①] 袁黄，号了凡，他对神明的敬畏以及对教化的重视都写入《了凡四训》一书当中。《了凡四训》作为著名的劝善书，从明清至今，在底层百姓中都有广泛的阅读基础。根据自己的亲身经历，袁了凡让世人相信神明确实存在，只有通过积德行善才能转变命运。比如，他命中无子，因此许愿做三千件善事。善事完成之后，果然如愿，延续了袁家的血脉。

不仅文臣，战乱频仍之际，就连最强悍的名将都对城隍神祭祀唏嘘不已。1560年，戚继光在祭祀海门卫城隍神时指出："一方气运，咸宰于神。"[②] 在之前的海门保卫战中，我军成功击溃来犯倭寇，"蠢兹丑类，意靡孑遗，是又神无涯之烈也"。[③] 这也是城隍神的保卫之功。

朱元璋通过祭祀城隍的仪式强化了到任官员的敬神意识，袁了凡等人又通过个人的影响力将这种意识下贯到民间。鬼神之有无难以论证，但是鬼神报应的信念足以影响一个人的行为方式。如果这个人身居要职，手握一方百姓的管理大权，他的行为方式便会直接影响到千千万万个家庭。从这一点来看，祭拜城隍神便不能不说没有积极意义。

---

① 郑克晟：《袁黄与明代的宝坻水田》，《天津社会科学》1982年第5期；王卫平、马丽：《袁黄劝善思想与明清江南地区的慈善事业》，《安徽史学》2006年第5期；张献忠、崔文明：《明代县域治理的实践与困境——以袁黄〈宝坻政书〉为中心》，《史学集刊》2018年第4期等。

② 戚继光：《止止堂集·横槊稿下》，《四库全书存目丛书·集部》第146册，第208页。

③ 戚继光：《止止堂集·横槊稿下》，《四库全书存目丛书·集部》第146册，第208页。

在冯梦龙的《警世通言》等明代小说中，百姓惯于“指着城隍爷爷说誓”，[①] 可见城隍崇拜在民间的流行状况。对明朝官民而言，城隍祭祀已经成为他们生活中不可或缺的一部分。

正统年间，广灵县（今山西广灵）重修城隍庙后，记文中提到，城隍神保障军民，人们遇到旱灾、蝗灾都会近乎本能地到城隍庙中求神。[②] 会稽县（今浙江绍兴）重修城隍庙后，当地人相信，除了旱灾、蝗灾之外，城隍神还可以驱除妖蛇、猛虎。[③] 成化年间，在高州府（今广东高州）重建城隍庙之后，孔镛在记文讲到，我朝从京师到天下郡邑没有不建设城隍庙祭祀城隍神的，并强调所有的地方官上任，第一件事就是到城隍庙祭神。[④]

祭祀城隍神之前需要斋戒，这样才能感动神明。洪武十一年（1378），儒者叶子奇被逮下狱。原来，二月初一要祭祀城隍神，一些衙役偷偷在斋戒期内喝猪脑酒。叶子奇刚巧在这个时候来到县学，受到牵连。这场无妄之灾也为他本人提供了静心写书的机会，他在狱中以瓦研墨，出狱后续写出他的代表作——《草木子》。[⑤] 直到今天，《草木子》一书依然成为当代学者研究元史、明史的必

① 冯梦龙：《警世通言》卷二十四《玉堂春落难逢夫》，北京：人民文学出版社，1956年，第362页。

② 李侃、胡谧：《（成化）山西通志》卷十四，《四库全书存目丛书·史部》第174册，第489页。

③ 汪应轸：《青湖先生文集》卷三，《四库全书存目丛书·集部》第73册，第388页。

④ 孔镛：《重修城隍庙记》，参见曹志遇：《（万历）高州府志》卷九，《日本藏中国罕见地方志丛刊》第1册，北京：北京图书馆出版社，1990年，第129页。

⑤ 过庭训：《本朝分省人物考》卷五十六，《续修四库全书》第534册，第566页。

读之书。

来也城隍，去也城隍。明中叶，浙江鄞县（今宁波市鄞州区）儒者张邦奇提学四川，在离开成都府的时候，专门到城隍庙辞别。在《辞成都府城隍庙文》中，他表示，自己德行菲薄，如今“万里而来，期年而去”，[①] 即便离开成都，也不会违背一年前在城隍庙中许下的誓言。张邦奇是位非常正统的儒家信徒，他经常教训学生的一句话是：“学不孔、颜，行不曾、闵，虽文如雄、褒，吾且斥之。”[②]

儒家对待鬼神的态度比较暧昧，一方面“敬鬼神而远之”，另一方面在王朝的大小祭祀中总能看到儒生活跃的身影。张邦奇也不例外。在担任南京国子祭酒时，太学接二连三发生各种意外。四月份刚进入夏季，太学发生火灾，熊熊大火烧掉了诸多号舍。更蹊跷的是，智、仁、勇等号舍无缘无故白天起火。师生一片恐慌，不知所措。此时，张邦奇到南京都城隍庙祭祀，在祝文中说道：这些太学生是国家栋梁，背井离乡，不远千里而来，实属不易，请神明哀怜他们。如果是我张邦奇有罪，惹怒上天，请惩罚我一个人，不要连累无辜。[③]

城隍神的处罚有时非常严厉，超出寻常律例。弘治十四年（1501），江苏昆山县城隍庙外人来人往，秦小哥近来生意兴隆。他专门靠在城隍庙前给人解签为生。江湖饭碗阴晴不定，为了多赚些银两，少不得夸夸其谈，“上上签，城隍爷保佑能生贵子”“上

① 张邦奇：《张文定公环碧塘集》卷九，《续修四库全书》第 1337 册，第 187 页。

② 《明史》卷二百一《张邦奇传》，第 5316 页。

③ 张邦奇：《张文定公环碧塘集》卷九，《续修四库全书》第 1337 册，第 186—187 页。

上签，城隍爷保佑生意成功”，如是之类，不一而足。突然有一天，有人喊他的名字，让他跟自己走。他的头发无故自燃，惊悚之余，夺路狂奔，刚到家门口，就一命呜呼了。三天后，他居然睁开了双眼，好像什么事情都没有发生过一样。他对家人说，恍惚之间，自己被押送至城隍司，有人抱上来一堆案宗。此时，城隍爷发话：大胆秦某，胡乱解签，妄自应承。尔解签之中，只有一件是我的旨意，其余都是尔放肆无知，胡编乱造！如今，再许你活十一日。街坊四邻都对秦某的话将信将疑……

转眼之间，十一天过去了。秦某果然咽气，再也没有醒来。他被城隍爷带走了。[①] 此事颇为荒诞，却可以看出人们对城隍神的态度。他老人家明察秋毫，惩恶扬善。秦某之死即便不是神诛，也是他罪有应得，虽然对于诈骗这种处罚过于严重。

地方守令没有千手千眼，不可能做到心如明镜、明察秋毫。这时就需要另外一位主宰——城隍神出场，主持人间的公道。万历三十六年（1608），苏州米价上涨，饥民遍地。此时，有一个囤积粮食的富户到城隍庙求神问卜。道士问他想要求什么，富户说：“米价可再增否？”一向清静无为的道士实在看不下去，破口大骂：“因为买不起米，大街上饿死了那么多人，你还要米价再涨！混账东西，你的良心都让狗吃了？”[②] 富户灰头土脸地回到家中，暴毙而亡。人们都认为是城隍神的处罚，并为此拍手称快。

① 沈周：《石田翁客座新闻》卷十，《续修四库全书》第1167册，第394页。
② 陈仁锡：《陈太史无梦园初集·劳集三》，《四库禁毁书丛刊·集部》第59册，第582页。

城隍神和地方守令势同一体，这种一体性不仅体现在守令的祈祷与城隍的应验上，还体现在守令死后变成城隍的愿景上。《醒世恒言》载，石月香的父亲石璧为当地知县，死后，上帝察其清廉，悯其无罪，就敕封他为本县的城隍神，让他以另外一种神秘的方式继续造福当地百姓。[①] 循吏化作城隍神反映出百姓对循吏的眷恋，更重要的是，无论阴阳两界，他们内心深处渴望遇到一位清官善神来保障他们的安宁生活。

明前期，著名御史首推广东南海的周新。永乐年间，因为能谏敢言，很多贵戚都畏他三分，人称“冷面寒铁”。此人以冷酷著称，名动京城，以至于百姓在小孩子哭闹时，只要喊出周御史的名字，小孩子就会吓得到处躲藏。后来官至浙江按察使，因为锦衣卫指挥使纪纲的陷害，被朱棣杀死。在菜市口行刑前，他大声疾呼：“生为直臣，死当作直鬼！”这一幕给围观的百姓留下极为深刻的印象。事后，永乐帝悔悟，知道错杀此人。他还看到烈日之中，有一位穿着红衣服的人，便将其召来询问。红衣人答道：“臣周新已为神，为陛下治奸贪吏。”[②] 听闻此言，一向冷酷无情的朱棣内心深处突然涌起一丝愧意与久违的感动。

周新的事迹在浙江一带流传甚广。有人被城隍神附体，对众人开口说：“杭州府本来的城隍神已经离职，我是新任城隍周新，诞辰是五月十七日。上帝因我刚直，特命我到杭州做城隍神。”[③] 周

① 冯梦龙：《醒世恒言》卷一《两县令竞义婚孤女》，北京：人民文学出版社，1956 年，第 18 页。

② 《明史》卷一百六十一《周新传》，第 4375 页。

③ 郎瑛：《七修续稿·国事类》，《续修四库全书》第 1123 册，第 354 页。

城隍的名声越传越大，人们相信循吏不死，化作神明，继续守护一方。此外，周新的故事经过小说家的演绎，口耳相传，更加深入人心，成为能和宋代包拯齐名的清官。

> 看官，你道浙江城隍爷爷姓甚名谁？这尊神道原是广东南海人，姓周，单讳一个“新”字，初举乡荐，为御史弹劾敢言，贵戚畏惧，与宋朝包拯是一样之人。那包拯生平再不好笑，人以其笑比之黄河清。又道：“关节不到有阎罗包老。”所以人称之为“阎罗包老”。我朝这尊活神，道人都称他为“冷面寒铁周公”。永乐爷亦知其名，命他巡按福建及永顺、保河，凡所奏请，无有不从，后擢云南按察使，又改浙江按察使。①

大江南北，各地的城隍爷不尽相同，即便不是千人千面，却也反映出不同的地方特色。

河北临漳县的百姓把春秋时期的西门豹作为城隍神加以崇拜，以四月初一为城隍神的诞辰。②

浙江象山县则把陆引奉为本县城隍神。因为洪武年间，陆引来本县做县丞，锄强植弱，吏畏民怀，后来忧劳得疾，死在任上。一天晚上，城隍庙的门子梦到有人传呼：“新城隍爷驾到！”门子问其姓名，别人回答说，此人就是陆县丞。门子从梦中惊醒过来，向

---

① 周楫：《西湖二集》卷三十三《周城隍辨冤断案》，北京：华夏出版社，1995 年，第 370 页。

② 曹安：《城隍庙记》，参景芳：《（正德）临漳县志》卷十，《天一阁藏明代方志选刊续编》第 3 册。

人打听，才知道陆县丞刚刚过世。[1]

福建罗源县的城隍神名叫陈洁。天顺年间，陈洁来到罗源县上任，实施了许多善政。他临死前，同样有人做了怪梦。梦中，城隍司使者忙忙碌碌地打扫庙里内外，之后有人大声传话："新城隍上任！"做梦人走近一看，发现正是陈知县。次日，陈知县果然断气了。[2] 百姓听闻故事后称叹不已，纷纷自发地到城隍庙哭奠，既为父母官的离世感到悲痛，又因为新城隍的上任感到欣慰。

在明朝两百七十余年的历史上，除了浙江省的周城隍外，声名最为卓著的就属海南琼县的海城隍了。这一次，琼县百姓没有被托梦，却发生了远比托梦更为严重的事情。

琼州遭遇罕见的地震，官民的房舍都受到不同程度的损毁，唯独城隍神像安然无恙。突然有一天，城隍神像的脑袋掉落在地，好像有人一刀劈下去似的。惊恐万状的人们赶快用铁皮把城隍爷的脑袋接上，第二天城隍爷的脑袋又滚落在地。城隍神看来要换人了……

之前，大家都在讨论要在什么地方建造海公祠，缅怀这位罕见的清官。挑来挑去，选了几个地方都不吉利。既然原来的城隍神人头不保，琼县士民一致同意，推举海瑞为本县新任城隍神。[3] 就这样，海公祠和城隍庙合二为一，死去的海瑞开始以海城隍的面目继续活在当地人们的心中，守护一方太平。

① 过庭训：《本朝分省人物考》卷七十，《续修四库全书》第535册，第138页。

② 闵文振：《涉异志》，明万历刻纪录汇编本。

③ 史称："先是，琼之士民竞言城隍之神，今为海忠介，此其征乎！公生为正人，没为明神，此理之常，又何奇焉！"（张萱：《西园闻见录》卷九，《续修四库全书》第1168册，第233页。）

第三节　城隍显灵

明英宗正统三年（1438），六月的京师久旱不雨。王公大臣难耐燥热，纷纷减少了出门的兴致。平民百姓更是焦虑万分，地里的禾苗日渐枯萎，秋收面临严峻的考验。为什么今年的旱情如此严重，坊间传出各种猜疑。

有人说，今年正月祭祀天地，皇帝本该亲自行礼，结果请叔父卫王代替，是不是得罪了上天？[①]有人说，正月十五上元节，皇帝开恩，照例赏赐文武百官十天假日。一年之计在于春，是不是有官员在元宵节胡作非为，惹怒了上天？[②]也有人说，远不止哩，二月份祭祀大社、大稷的时候，小皇帝也没有出面，同样请卫王祭祀。[③]马上有人附和，这不就得了，得罪了上天、后土、大社、大稷这几位大神，还能有什么好处？可不，今年就旱成这样！还有人说，今年事情就是比往年多，三月的晚上，咱们京师不还地震了吗？[④]很快有人附和，岂止一次地震！连着几天，白天夜晚都震了好几次，害得我们全家老小连觉都不敢睡。也有人替朝廷说话：甭看天子年幼，其实英明着呢。我们家老爷端午节去皇宫赴宴，看到皇帝神采飞扬。当时，龙颜大悦，还每人赏赐了一把纳凉的扇子。[⑤]百姓们

---

① 《明英宗实录》卷三十八，正统三年正月丁酉，“中研院”历史语言研究所1962年校印本，第735页。

② 《明英宗实录》卷三十八，正统三年正月庚子，第737页。

③ 《明英宗实录》卷三十九，正统三年二月戊午，第750页。

④ 《明英宗实录》卷四十，正统三年三月庚子，第777页；《明英宗实录》卷四十，正统三年三月甲辰，第781页。

⑤ 《明英宗实录》卷四十二，正统三年五月戊子，第814页。

风言风语，没有什么定论。就在此时，有人开始行动起来。

一位不知名的和尚看到京师大旱，心血来潮，想要通过一种大无畏的仪式求雨：自焚。自焚或者焚烧巫师求雨的仪式早在几千年前业已存在，只是手段过于极端，非到万不得已的时候一般不会采用。听闻消息，京师官民对这位僧人顿时肃然起敬，马上准备好干柴。

万众瞩目之下，伴着奇异的鼓乐，这位僧人隆重出场。围观的人群默不作声，一半出于敬仰，一半出于好奇。如果这种自焚的方式果真有效，僧人的牺牲意义重大，他本人也将为后人铭记。随着佛经唱诵，僧人鼓起勇气站到了柴堆之上，双手合十，想要把握成佛的最后机会。炙热的天气之下，火焰升了起来，现场的氛围逐渐进入高潮。有人捂住孩童的眼睛，有人则在默默祷告，有人伸长了脖子努力向前挤去。火舌一步步逼向和尚的肉身，即将把他整个人吞没。

就在这个时候，戏剧性的一幕发生了。和尚经受不住考验，“哎哟”一声从柴堆上跳了下来，放弃自焚。围观的人群被成功激怒，想要把他捉住打死。和尚受到了惊吓，获得了狂奔的神力，像兔子一样很快消失在人们的视线之中。

后来，和尚居然回到京师，手中拿着一枚铜印。街旁的人们听到他不断叫嚷着两句话：“我手拿紫金印，我还有金锁甲在泰山之巅！我手拿紫金印，我还有金锁甲在泰山之巅……”巡捕很快将其捉拿归案。刑部认为，僧人妖言惑众，应该斩首。年轻的英宗皇帝反而觉得，这和尚只是狂妄而已，还是不要杀掉，关起来便是。[①]事后，人们还颇为同情地认为：这和尚看来真的是热疯了。[②]

和尚虽然被抓起来了，但是干旱造成的精神压力并未削减丝毫。朝廷派遣官员祭祀大小青龙之神，可惜骄阳似火，枯树纹丝不动。[③]稍后，行在刑部尚书魏源上了一封奏折：京师之所以发生如此严重的旱灾，恐怕和冤假错案有关，请皇帝派遣官员清理可疑案件。正统皇帝随即命令都察院，让他们赶快派人到刑部去。[④]案子都在从轻发落，天上的太阳依然无情地炙烤着京城的地面。

入夏以来，就有难以计数的百姓涌入都城隍庙求雨。祈祷声，呼喊声，唱诵声，混成一片。城隍神仿佛消失了一样，对眼下京师的旱情不闻不问。难道他老人家有更重要的事情要处理？就在这个时候，有人看到一群小孩儿蹦蹦跳跳地在街上玩耍，一边嬉闹，一边唱着歌谣：

雨帝雨帝，城隍土地。雨若再来，还我土地。[⑤]

---

① 《明英宗实录》卷四十三，正统三年六月辛酉，第 834 页。

② 关于这名自焚未果的和尚的下落，有文集记载，他北逃到草原，蓄发辫结，在伯颜帖木儿帐下效力。后来，发生“土木之变”，英宗被俘。这位和尚念及英宗皇帝的不杀之恩，小心斡旋，通过伯颜的关系让英宗免于被杀的危险。（朱国祯：《涌幢小品》卷一“械僧报效”条，上海：上海古籍出版社，2005 年，第 3134 页。）

③ 《明英宗实录》卷四十三，正统三年六月丁卯，第 839 页。

④ 《明英宗实录》卷四十三，正统三年六月癸酉，第 843 页。

⑤ 《皇明通纪集要》卷十八，陈建辑，江旭奇补订，《四库禁毁书丛刊·史部》第 34 册，第 208 页。笔者按，《皇明通纪集要》所记正统二年，疑当为三年。另，关于此则童谣，《双槐岁钞》载：“雨滴雨滴，城隍土地；雨若再来，谢了土地。”（黄瑜：《双槐岁钞》卷五，第 101 页。）

当时，大人们嫌弃这些小孩子碍事，嘴里唱的这些词儿莫名其妙，什么雨帝、城隍、还我土地，和眼下的旱灾并没有什么关系。

若干年后，京师的人们都忘了正统三年（1438）那一年究竟什么时候下的雨，却对当时那首莫名其妙的《雨帝谣》记忆犹新。正统十四年（1449）秋天，皇帝亲率五十万大军御驾亲征，在土木堡被也先的军队围歼，全军覆没。明朝最骁勇的将领以及最善战的士兵几乎全部殒命，就连皇帝本人也成为俘虏。这是大明朝开国以来遭受的最严重的挫折，史称“土木之变”。国家危难之际，京师戒严，英宗的异母弟郕王登极，次年改元景泰。在于谦的带领下，京师转危为安，国家也慢慢趋于稳定。景泰八年（1547），明王朝风波再起，石亨等人发动“夺门之变”，成功拥戴英宗复辟。

此时此刻，人们才明白了《雨帝谣》的全部含义：“雨帝”即是与弟，把皇位传给弟弟；“城隍”就是郕王的谐音，郕王成为土地的主人；“雨若再来，还我土地”的含义也不言而喻。和“土木之变”“夺门之变”这些大事相比，那年的旱灾无足轻重。神明在上，灵验异常，不然《雨帝谣》何以一一成真呢？

《雨帝谣》中的唱词在传统儒者看来未免荒诞不经，就像《明朝小史》中记载的“城隍救驾”的传说。燕王朱棣起兵，遇到南军将领平安的顽强抵抗，多次遇险。在梦中，朱棣遇到一位美髯公，身骑白马，手持大刀，从西南方来，保护燕王。梦中，这位救驾的美髯公自称城隍神。[1] 无论是《雨帝谣》的哼唱，还是“城隍救驾”的传说，其事未必可信，但是将城隍神与天子以及国家命运直接联

---

① 吕毖：《明朝小史》卷四《永乐纪》，《四库禁毁书丛刊·史部》第19册，第517—518页。

系起来，至少足以说明城隍崇拜在明朝百姓心中已经扎下根来。

对以农立本的古代中国来说，国家和百姓最担心的一大问题就是旱灾。连年旱灾严重危及百姓的生存，如果处理不当，就会出现大规模的饥民叛乱，直接威胁国家的统治。京师不雨，天子要带头祈雨。祈雨前，礼部通知顺天府府尹率领属官先到京师的都城隍庙上香。与此同时，顺天府发布告示：全城三日之内禁止一切屠宰行为。刑部、大理寺等司法部门也要在三日内暂停案件判决，以示配合。陪同天子祭祀的文武百官严守斋戒礼制，在祈雨当天一律穿青色衣服。按照五行的说法，东方属青，青色能够带来降雨的好运。天子祈雨之后，顺天府所辖大小州县都要如实记载本处是否降雨、降雨多少，然后上报给礼部归档。①

地方不雨，守令也要通过各种仪式祈雨。1357年农历三月，在徐达、汤和等将军的率领下，经过长达半年的围攻，张士诚所辖重镇常州终于被攻克。吴国公朱元璋将常州路改称长春府，任命高复为知府。易手之后，常州城里城外满目疮痍。不料祸不单行，当年夏天，一场旱灾就袭击了这座城市。此时，明朝尚未建立，城里有一座元朝留下来的城隍庙。高知府到城隍庙斋戒，祈求甘霖。就在斋戒的晚上，他梦到城隍神在耳畔发话："赶快起身，下雨了！"黎明时分，他发现果然天降甘霖。当年，常州百姓获得了意外的丰收。他们认为，

① 郭正域：《皇明典礼志》卷二十，《四库全书存目丛书·史部》第270册，第717页。

这都是新知府爱民如子感动了城隍神。[1]

城隍神托梦高复是《明实录》有关城隍崇拜的第一则史料，也引发一个问题：在城隍神眼中，是不是不分统治者，只要有人诚心祈祷就会灵验？如果答案是肯定的，明朝成立后的城隍祭祀也就没那么特殊了。这一点，明人自然羞于承认。如果答案是否定的，高知府向前朝敌对势力的神祇祈祷的行为是否得当，恐怕还存在不确定性。

嘉靖末年，长兴（今浙江长兴）知县归有光心急如焚。本县今年大旱，从五月到六月，整整两个月没有下过一滴雨。城隍庙中祈雨的百姓络绎不绝，依然未见成效。城隍不语，似乎在考验人们的诚意。

归知县听闻本县方山之巅有一汪水潭，名叫黑龙湫，一年四季从未断流。往年大旱之际，人们都到山下祈雨，也有不少次都灵验了。救旱如救火，归知县决心亲赴黑龙湫祈雨。

到了山下，他被好心的百姓劝阻。人们祈雨都在山下设坛，因为山势陡峭，难以攀登。乡民的劝阻反而激发了归知县的斗志，他决意勇攀高峰，向神明表达最真挚的诚意。一路披荆斩棘，历经风险。山路极其狭窄，有的地方仅仅放得下半只脚。层层攀登，空气也变得湿润起来。过了小龙洞之后，又到了大龙洞。洞口高十几米，黑龙湫宽一两米，潭水十分清凉。稍事歇息之后，归知县取出随身祭品，进行拜祭。临走前，还特意灌了一些潭水。

下山后，他赶到城隍庙中，用专门取来的黑龙湫水祭神。仪式

---

① 《明太祖实录》卷五，丁酉年三月丁亥，第 52 页；过庭训：《本朝分省人物考》卷九十四，《续修四库全书》第 535 册，第 557 页。

刚结束，他前脚刚迈出城隍庙，就发现天降大雨。全县上下的百姓无不欢欣鼓舞，奔走相告，“老天开眼了”，“城隍爷显灵了”。[①]等到秋天的时候，旱灾又一次降临长兴县。归有光故技重施，再一次到黑龙湫取水，准备拿到城隍庙中拜祭。这一次，他刚下到山腰，就开始下雨。这两场雨成了全县百姓的救命雨，今年总算躲过了旱灾。

礼尚往来。祈雨应验之后，人们就要到城隍庙中谢神。在《谢雨祭长兴城隍神文》中，归有光发挥了中国人一向推崇的谦逊美德，认为降雨都是神的福泽，和自己的努力没有什么关系：

> 实上天之爱人，岂微诚之能感也？蒙神之力，敢不报谢！[②]

景泰年间，衢州（在今浙江）知府唐瑜爱护百姓。任期内，凡是对百姓不利的规定依次废除，受到百姓的拥戴。有一年夏天，衢州迎来大旱，而且大旱之下又爆发了疫情。唐知府在从京师朝觐回来的途中接到消息，抵达衢州后，当晚就住在城隍庙中。他虔心斋戒，并谨慎地撰写祭文与城隍神沟通。三日之后，雷雨大作，滋润了干涸已久的衢州大地。不仅当年如此，在此后的几年中，唐知府总能通过这种虔诚祈祷的方式获得城隍神的恩赐，造福当地百姓。[③]

西北边地永宁县（在今宁夏），当地百姓因为累月亢旱，万分焦

---

① 归有光：《长兴县城隍神灵应记》，《震川集》卷十六，清文渊阁《四库全书》影印本第1289册，第261—262页。

② 归有光：《谢雨祭长兴城隍神文》，参见董斯张等：《吴兴艺文补》卷三十八，《四库全书存目丛书·集部》第377册，第190页。

③ 过庭训：《本朝分省人物考》卷二十五，《续修四库全书》第533册，第510页。

灼。为了降雨，他们几乎祭遍了所有能想到的神明，比如城隍神、龙王爷等等。祈祷求神本应当是匍匐在神前请求神的降福，多次祈祷不见效果之后，人们失去了耐心，在祭文当中表现出越来越浓重的戾气。在《永宁夏旱祷城隍神文》中，知县认为："城隍神不是和守令一样有保障百姓的责任吗？我县多月不雨，山涧都变成了道路，农田大面积龟裂。十日之内再不下雨，今年一粒粮食都收不上来。百姓汹汹，呼天抢地，究竟什么时候才能下雨啊？作为知县，我愧对百姓；作为神明，你如果不降雨，不也是众神之中的羞耻吗？我县多年亏空，还欠着朝廷很多赋税没有上交。你知不知道，百姓现在把一粒粮食看得像珍珠、美玉一样宝贵。你还是快下雨吧，不然以后百姓谁还祭祀你呢？谨告！"[①]

一旦连最基本的生存都无法保障，神明祭祀也立刻陷入可有可无的尴尬境地。永宁县百姓走投无路，开始要挟城隍神。这一次，城隍神没有让他们失望。就在祭祀的次日，天降大雨，而且连续下了两天。农田活过来了，百姓们相拥而泣。

在知县的率领下，人们来到城隍庙谢神，不仅要感恩神明保佑，也为之前祭文中的多有冒犯前来请罪。在《永宁祈雨谢城隍神文》中，如是写道：

> 信尔神之不弃斯民也！
>
> 信尔神之能回天也！
>
> 信尔神之能赦人罪过而鉴其衷也！[②]

---

① 金瑶：《金栗斋先生文集》卷五，《续修四库全书》第1342册，第561页。

② 金瑶：《金栗斋先生文集》卷五，《续修四库全书》第1342册，第561页。

在城隍神原谅他们之前，他们自己已经原谅自己了。

天气变化，晴雨无定。有的地方饱受旱灾的折磨，百姓引颈苦盼甘霖；有的地方遭受淫雨的肆虐，多日不见太阳。累月不降雨，禾苗会干枯而死；累月不晴天，禾苗会被淹死。一些《祈晴文》《祈晴疏》散见在明人的笔记、文集当中，表达人们对城隍显灵驱除淫雨的希冀。

万历十八年（1590）五月初三，天蒙蒙亮，连月大雨把杭州城变成了一片汪塘。在父老的陪同下，知府陈师到杭州府城隍庙中祈祷：城隍神若有灵，应当知道，近年来我们杭州百姓处在水深火热之中。连年旱灾、水灾已经导致斗米百钱，流民遍野，十室九空。今年四月以来，几乎没有一天晴天。如此下去，禾苗歉收。农民手足无措，感到前途渺茫。还请您体谅民生艰苦，早日放晴吧。[①]

在地方守令看来，“雨旸水旱，神实司之，非官所能制也”，[②]如果城隍神不及时放晴，也是神的失职。假如地方守令做了错事，一人做事一人当，神明惩罚我一个人就可以了，何必连累无辜的百姓饱受淫雨之灾呢？[③]城隍爷，您到底在哪里呢？

除了应对干旱、淫雨之外，城隍神还承载着百姓们驱除蝗虫、恶虎的寄托。带头求神的往往是地方守令，他们既承担了行政长官

① 陈师：《祈晴疏》，《禅寄笔谈》卷十，《四库全书存目丛书·子部》第103册，第771页。

② 何乔新：《祷城隍祈晴文》，《椒丘文集》卷二十七，清文渊阁《四库全书》影印本第1249册，第415页。

③ 张邦奇：《城隍庙祈晴文》，《张文定公环碧堂集集》卷九，《续修四库全书》第1337册，第187页。

的职责，又扮演了通灵巫师的角色。

景泰年间，盐城县（在今江苏）遭遇罕见的蝗灾。这场突如其来的灾难没有难倒知县刘谅。刘知县率领父老到城隍庙祈祷，结果蝗虫向东飞去，入海而死。蝗虫的飞向变化本在常理之中，发生在祈祷城隍神之后，人们自然认为这是刘知县心诚的福报。有一次，他因为天旱向城隍神祈雨。天空终于降雨，唯独一个村落例外。经过核查，刘知县发现这个村子藏有冤情，原来是妻子谋杀亲夫，迟迟没有自首。

关于这位通灵知县的传说很多，还有一次他在地方考察，住在百姓家里，夜晚梦到有人告状。明日醒来，发现一只妖猫自投灶台而死。刘知县命人向下挖掘，赫然发现一座古墓。于是下令改葬，才让古人获得安息。[①] 接二连三发生的怪事，坚定了人们的城隍信仰。人们相信，只有积德行善才会获得福佑。如果做了坏事，哪怕隐藏得再深，也会被神明暴露出来。

在借助城隍神驱蝗的事件中，地方守令的角色既像巫师，又像今天的魔术师。正统年间，刚为父亲服丧完毕的苏璟上任徐州知州。徐州为南北要冲，需要应付各种苛捐杂税，民生艰苦。苏知州尽力保证农业耕作，将百姓无休止的徭役减成每月三日。此时，又有大规模的蝗虫过境，禾苗存在被啃食殆尽的危机。在向城隍神祈祷之后，苏知州并没有坐以待毙，而是派遣衙役在关节处挖坑。由于安

① 过庭训：《本朝分省人物考》卷七十六，《续修四库全书》第535册，第252页。

排得当，蝗虫纷纷落入坑中。惊讶之余，人们认为这是城隍显灵。[①]苏知州爱民如子，感动了神明。

蝗虫食谷会对庄稼造成灾难，影响收成。在不少地方，除了蝗灾之外，也时有虎灾，直接伤及百姓性命。洪武初年，六安州英山县（今湖北英山）知县随赟上任不久，就出现老虎吃人事件，引发县民恐慌。随知县到城隍庙中祈祷，之后老虎暴毙。他下令把老虎斩首，并将虎头悬挂在城隍庙门口。[②]经过这种杀一儆百的仪式，英山县再也没有出现虎患。《明实录》等史籍忠实地记下了随知县斩虎首的事迹，似乎非如此记述不能彰显循吏的政绩以及让百姓敬畏神明。

正统年间，广西灌阳知县潘文浩接到手下报告，有民众被老虎咬伤，舆情沸腾。潘知县亲自撰文到城隍庙中祭祀，祈求神力。三日之后，不知何人所为，有一具老虎的尸体被摆放在城隍庙门口，虎皮上还依稀可见鞭打的痕迹。[③]对于这种事件，本来可以用人为打虎的理由阐释，打死之后再移尸城隍庙。灌阳县百姓却坚信，这是县太爷借用神力杀死了老虎，替百姓报仇。

曲沃县号称“三晋重地”，地处山西省中南部，境内多山。永乐二十二年（1424），有部分县民啸聚山林，不时袭扰县城，就连

① 过庭训：《本朝分省人物考》卷八十四，《续修四库全书》第535册，第389页。

② 《明太祖实录》卷一百二十五，洪武十二年闰五月庚申，第1997—1998页；过庭训：《本朝分省人物考》卷九十八，《续修四库全书》第535册，第659页。

③ 过庭训：《本朝分省人物考》卷七十八，《续修四库全书》第535册，第293页。

知县都要礼敬三分。县城主簿朱海山想要将其扫平，反被戕害。之后，他们隐藏山间，逍遥自在。

宣德元年（1426），朝廷严令捉拿盗贼。曲沃县四处派遣兵丁，并无斩获。无奈之下，知县解义、县丞刘穆、主簿刘士恭、典史贾真等人郑重其事，一起到城隍庙求神，希望早日将这伙人捉拿归案，向朝廷复命。祭神之后数日，各大主犯竟然先后到县衙自首。问其原因，他们声称，自己在深山中躲藏时，总觉得官府兵马四面围绕，每日如此，心惊胆战。因此，只好来自首。① 面对官军的各处围堵，这些人时刻承受着高度的精神压力，一旦精神崩溃之后，自首便成为最不坏的选择。此事本来可以依照常理解释，曲沃县从知县解义以下，反而一致认为是城隍显灵，不然何以祭神之后犯人自首呢？此事对当地百姓造成强大的冲击，城隍庙的香火比往常更加兴盛。

梁材是明中叶鼎鼎有名的循吏，从德清（在今浙江）知县开始，一直做到贵州、广东的左、右布政使，成为地方大员。后来，官拜户部尚书，管理国家的钱袋子，成为明廷颇为倚重的股肱大臣。② 他在德清做知县时，县衙大牢里的几位重刑犯趁他外出考察时越狱。梁知县回城后，没有赶到大牢，而是到城隍庙里祈祷。没过几天，这几名逃犯统统落网。问其原因，他们回答说："无论我们逃到哪里，后面总有一位红衣人紧紧尾随，我们逃脱不得。"③ 人们蓦然想起，德清县城隍庙中城隍爷穿的正是红色的衣服，先前的祈祷真的应

① 刘鲁生：《（嘉靖）曲沃县志》卷四，《天一阁藏明代方志选刊续编》第 4 册。

② 《明史》卷一百九十四《梁材传》，第 5149 页。

③ 过庭训：《本朝分省人物考》卷十二，《续修四库全书》第 533 册，第 273 页。

验了。

祭拜是凡人与城隍神沟通的主要方式，作为回报，城隍神经常通过托梦的方式启迪当事人。长兴知县归有光即将离任，明日要去城隍庙辞神。当晚，他梦到城隍神向自己诉苦：我的衣服和靴子都破了，住的房子上连船纹都没有。

次日一早，归有光来到城隍庙中，发现神像下方因为不显眼，工匠偷奸耍滑，敷衍了事，弄得城隍爷的下衣和靴子污秽不堪。很多城隍庙的梁上都有船纹装饰，可长兴县没有。问了管庙的道士，道士回答说，本来是有的，后来脱落，就没有再画上。归有光于是捐钱令道士找人补画船纹，又惩罚了工匠，整理好城隍爷的下衣和靴子，这才安心地到临安上任。[1]

日有所思，夜有所梦。之前多次祈雨，归有光与想象中的城隍神发生了某种微妙的联系。加上官员到任、离任都要到城隍庙中拜祭，于是有了一种类似宗教的感情。这种宗教感情经过几次偶然的应验之后，不断加深，成为当事人脑海中根深蒂固的信仰。哪怕日后有几次失灵，当事人不但不会觉得城隍神并不存在，反而将其视作对自己诚意的考验。

永乐年间，常州府迎来一位通灵的官员，他就是常州府同知赵泰。在他的影响下，大旱的时候，官民到城隍庙中祈雨，就会大雨沾足，蝗虫飞来的时候，焚香祈祷，蝗虫就会飞离。在梦中，赵泰梦到城隍神亲自发布指示，让他为一名女子伸冤。次日一大早，他翻阅案宗，果然查到有一名女子被误判死刑。于是，他全力以赴，四

① 归有光：《长兴县城隍神灵应记》，参见董斯张等：《吴兴艺文补》卷三十八，《四库全书存目丛书·集部》第377册，第188页。

处搜罗证据，终于查明真相，为这名女子讨回了公道。[1]

天下各府、州、县的城隍庙建立后，在迷信与理智之间，城隍祭祀的确改变了地方官员和民众的思维方式和行为习惯。城隍神本来不知其谁，在百姓眼中，既然官员有上朝，百姓有集会，天下的城隍爷也应该如此。京师都城隍庙中的道士诉说，有一天晚上，他听到大殿中有点名的声音。根据济南知府的回忆，五月初一，他带人到城隍庙进香，刚进庙门，所有官吏都莫名其妙地昏迷过去。此时，有一位妇人刚巧路过城隍庙，看到一名男子站在门口管门。定睛一看，才发现是自己死去多年的丈夫。丈夫对他说："此时此刻，城隍庙进去不得，知府大老爷都被弄昏迷了。天下的城隍爷们都在这里登记造册，生人勿扰。"[2]

善解神意的百姓还认为，我们小民尚且夫妇同居，城隍爷也不能孤零零一人。有的地方索性塑造了城隍夫人像，配成一对，消除城隍爷的孤独。有儒者认为，这种给城隍神私配夫人的行为体现了"习俗之难变，愚夫之难晓"，真是一件值得怪罪的事情。[3]

陕西按察司副使梁策小时候就有"孝童"的美誉，七岁那年，母亲病重不起。他到城隍庙中焚香，伏地涕泣，万分悲痛，差点丧命。此时，一位头戴黄冠的老者出现在他面前，授予他一支一寸长的药

---

① 过庭训：《本朝分省人物考》卷一百一，《续修四库全书》第536册，第3页。

② 金日升：《颂天胪笔》卷二十二，《四库禁毁书丛刊·史部》第6册，第418页。

③ 陆容：《菽园杂记》卷五，清文渊阁《四库全书》影印本第1041册，第272页。

草，并告诉他，回家煎汤服用，母亲的病就可以痊愈。梁策小朋友接过药草，飞奔回家，依言煎汤给母亲服用后，母亲果然恢复生机。[1]当地的百姓纷纷认为，这是梁策的孝心感动了城隍神，才治好了他母亲的重病。

城隍爷既可以救苦救难，也有不灵光的时候，让人啼笑皆非。陕西人焦三向来是火爆脾气，他儿子患了疹病，便到城隍庙中祈祷。之后的几天时间里，他儿子的病情未见任何好转。这是什么城隍神，一点儿用处都没有！一怒之下，焦三回到城隍庙中，打坏了城隍爷的鼻子。与此同时，焦三贵为王妃的妹妹忽然感到鼻子疼痛难忍。在梦中，城隍神告诉了王妃她哥哥焦三的劣行。王妃心里委屈：我哥哥的过错，为什么要我来承担？城隍神面露难色："此人凶恶，吾不敢犯。"事已至此，王妃只好央求王爷出资重塑了一尊城隍神像。[2]这则故事成为一则笑话，很快在民间流传开来，看来鬼怕恶人，城隍爷他老人家也欺软怕硬。

千人千面，不同地区城隍神的脸谱截然不同。明朝开国之初，东南沿海地区陆续遭到倭寇骚扰。嘉靖后期，倭患愈演愈烈。嘉靖四十一年（1562）十一月，趁着戚继光回师浙江的空当，各路倭寇完成集结，大举进攻福建，并攻陷了兴化府（今福建莆田）。[3]在此之前二十多年的时间里，倭寇蹂躏东南州县近百座，从来没有攻陷过一座府城。如今，号称富饶的东南大郡兴化府陷落，举国震惊。

---

① 张萱：《西园闻见录》卷二，《续修四库全书》第1168册，第39页。

② 都穆：《都公谈纂》卷下，《明代笔记小说大观》第1册，上海：上海古籍出版社，2005年，第583—584页。

③ 《明世宗实录》卷五百十五，嘉靖四十一年十一月己酉，第8469页；《明通鉴》卷六十二，第2497页。

一个月前，有一位婢女因为被主母虐待，逃到城隍庙中避难。就在当晚躲在城隍神座位下面时，隐约听到土地神和城隍神的对话。城隍神对土地神发号施令：速速把生死册写好，上帝正在催要！不到一个月，倭寇果然进城，大开杀戒。城隍神本为城池的守护神，如今面对外敌入侵，非但没有履行守土之责，反而汲汲于索要兴化府城的生死册，有助纣为虐的嫌疑。有的百姓不去检讨府城沦陷的缘由，奋发图强，反而认为倭寇屠城一事“前定如此”，[①] 这真的令人匪夷所思。

危难之际，能够拯救黎民于水火之中的并不是城隍神。当时，大多数百姓不可能了解到的情况是，就在兴化府沦陷之后，明廷急调俞大猷为福建总兵官，戚继光为副总兵，又起用正在守丧的谭纶，志在收复国土。

次年四月，戚继光率领浙江军队抵达福建，与俞大猷部会师，一鼓作气，荡平倭寇，收复了兴化府。倭寇遭受重创，自食恶果，而袭扰福建多年的倭患也迎来平定的曙光。嘉靖四十三年（1564）二月，时任福建总兵官的戚继光歼灭最后一股曾经侵犯兴化的倭寇余党，史载：“福建倭平。”[②]

第四节　孤魂野鬼

公元1378年夏四月，淮安府沭阳县（在今江苏）城外，三五

① 王同轨：《耳谈类增》卷二十八《神篇上》，《续修四库全书》第1268册，第172页。

② 《明通鉴》卷六十三，第2509页。

成群的农民正在田间除草施粪，南来北往的商旅还在路上为生计奔波。太阳不久落入西山，夜幕开始笼罩一切。当地百姓听说毗邻的安东县（今江苏涟水）最近发生不少怪事，晚上有人撞鬼。他们对此将信将疑，不知不觉也提高了警惕，但完全没有料到接下来将要发生的事情。

一个衣衫不整的乡民正在原野上跌跌撞撞地向前奔突，边跑边喊“闹鬼了”。其他人一脸茫然，刚将这个人扶稳，就发现他背后不远处，一大群手持火把的野鬼阴森恐怖，晃晃悠悠，朝这边逼近。乡民们开始逃亡，十百成群，纷纷涌入沭阳县城。当地知县闻讯后，将这帮无知小民斥责一番，随即带领衙役出城“剿鬼”，看看到底是何人在背后捣鬼。几个胆大的兵丁向野鬼靠近，用刀剑胡乱砍杀一番，野鬼后退了，有的好像消失了。短暂的平静之后，火把燃烧的“簌簌”声格外清晰。就在此时，人群中发出呐喊，原来新的野鬼又出现了，而且有数百个。县太爷和衙役们吓破了胆，丢下刀剑，拼命后撤。伴随着各种尖叫声，官民争先恐后洪水般逃入县城……

事态紧急，安东县和沭阳县立刻差人禀告淮安府。接到呈报之后，淮安知府六神无主，转将目光投到一位将军身上。此时，开国大将永嘉侯朱亮祖刚好来到淮安府巡视。朱将军一生杀人无数，从未怯阵，但是没有与众多野鬼对阵的经验。人生中，他头一次感到了无助，遂将野鬼事件上报，仰听圣裁。奏疏上称，一到夜晚，两县的百姓都惶惶不可终日，总觉得野鬼随时会谋害自己。[①]

接到永嘉侯的奏疏，朱元璋神情沮丧。因为就在前几天四月五

① 《明太祖实录》卷一百十八，洪武十一年四月戊午，第1924页。

日清明节的时候，他刚去太庙祭祀了列祖列宗，祈求他们的在天之灵保佑我大明朝风调雨顺，国泰民安。[1] 放下奏折，朱元璋陷入了痛苦的沉思，安东、沭阳二县的野鬼事件相当于给他一记响亮的耳光。朕到底做错了什么？一夜难眠，他百思不得其解：这几百个野鬼究竟意欲何为？

尽管有礼臣上疏安慰，说是不劳圣虑，事件自可平息，朱元璋还是决定亲自撰写祭文，让朱亮祖代祭野鬼。在祭文中，他搜肠刮肚，提出了种种可能："中原大乱以来，死者不可胜计。尔等手持火把的野鬼应该是没人祭祀的孤魂吧，此次出现是否想要人来祭祀自己？你们是不是因为不能见到父母妻子，而有遗恨？还是因为无罪被杀，别有冤情？抑或当地官府没有按时祭祀，让你们感到生气？四种情况，总有一种。朕即位以来，祭祀鬼神从来不曾懈怠。但是，不该祭祀的鬼神，朕也不会违礼祭祀。现在，朕告诉尔等手持火把的野鬼，你们呵，去祸害那些该祸害的人，保佑那些该保佑的人，千万不能祸害无辜百姓，招来上帝的责罚。"[2]

今天看来，这种大规模野鬼事件通过现代科学知识很容易解释。安东、沭阳地扼南北，为军事要地。战乱之后，夏日出现鬼火，不过是人和动物的尸体腐烂散发出磷化氢，与空气中的氧气发生化学反应，引发自燃。可是，在六百多年前的明初，人们并不具备这种认知。野鬼事件造成了恐慌，致使明廷上下大动干戈，天子本人出面，御制祭文，遣使祭祀。

至于祭祀结果，史载："十一年，奏安东、沭阳二县之野有鬼

① 《明太祖实录》卷一百十八，洪武十一年四月己酉，第 1923 页。
② 《明太祖实录》卷一百十八，洪武十一年四月戊午，第 1924—1925 页。

夜持炬者数百，或成列，或四散，逐之无有，击之若有应者。诏亮祖以敕文祭之，乃息。”[①]无论是出于天气、温度等自然原因，还是天子遣祭野鬼的神奇效果，野鬼事件总算告一段落。

朱元璋在祭文中所言不虚，明朝建立以来，多神崇拜早就遍布各地。省、府、州、县有各种神庙，乡、村、里、社也有各种神坛。据《安东县志》的记载，洪武三年（1370），安东县就有官方建设的邑厉坛，[②]用以祭祀孤魂野鬼。

就两京与各府、州、县而言，朝廷规定，每年清明节、七月十五、十月初一，当地官员必须祭祀孤魂野鬼。根据阴阳观念，北方属阴，所以各地厉坛一般都设在城池北郊。祭祀物品用三个羊头、三个猪头、三石大米，另外还有数量不一的香烛、酒、水果等。[③]但凡祭祀必有主要的祭祀对象。既然孤魂野鬼出于各种原因早就断了香火，也没人记得他们的姓名，所以，明廷规定，将各地的城隍神请出来作为祭祀孤魂野鬼的主祭对象。

基层乡、村、里、社祭祀孤魂野鬼之前，要到所在县的城隍庙告知城隍神。在祭文中，要说明是某府某县某乡某村某里的里长某人代表全里百姓联名敬告城隍神，即将举行祭厉仪式，请神灵明鉴。祭文与府、州、县大同小异，略有删减，并加入“乡村里社一年三祭”八字。[④]

① 查继佐:《罪惟录》卷八中《朱亮祖传》，杭州：浙江古籍出版社，1986年，第1421页。

② 金元烺、吴昆田等：《（光绪）安东县志》卷二，南京：江苏古籍出版社，1991年，第16页。

③ 《明会典》卷九十四，第535页。

④ 《明会典》卷九十四，第536页。

之所以把城隍神请出来做主祭对象，是因为城隍庙承担的不仅是祭祀功能，在制定乡礼、乡约的时候，州县的民众要在城隍神前起誓，乡村的民众则在里社起誓，相互遵守，达到立教明伦的效果。按照共同制定的契约谨慎地对待冠、婚、丧、祭的事情，大家同心同德，改良风俗。[①]如若不然，就会遭到城隍神的责罚。遇到非常时期，城隍庙变成官员和乡绅议事的场所，[②]一道讨论如何御寇抗敌。要之，城隍神主宰孤魂野鬼是其功能扩张的一大体现。

正统末年，“土木之变”后，皇帝被俘，全军覆没。消息传播开来，在全国各地引发恐慌，心怀异志的百姓伺机作乱。民生多艰，从来不易，久晴怕不雨，久雨怕不晴，国家动荡之际，怕兵怕匪怕瘟疫，甚至也怕孤魂野鬼。有人确信自己白天看到了野鬼显形，抛砖弄瓦，便觉得自己命不久矣。

身处广东的黄瑜一家也感受到国家危难大背景下的不祥之兆，天下将乱，全家人将何去何从？他的父亲去城隍庙中祈祷的次数越来越频繁，直到有一次梦到城隍神开示：“天下大乱，常诵《妙法莲华经》，切记！切记！”梦醒后，念诵《妙法莲华经》便成为黄公人生中的头等大事。景泰改元之后，黄家人所在的地方果然遭到

① 有明一代，城隍庙也成为地方士绅召集百姓议事的公共场所。《泰泉乡礼》“乡礼纲领”条载：“凡乡礼纲领，在士大夫表率宗族乡人申明四礼而力行之，以赞成有司教化。其本原有三：一曰立教，二曰明伦，三曰敬身。乡士大夫会同志者择月吉，斋戒具衣冠，相率以正本三事相砥砺，申明四礼条件，誓于神明。在城，誓于城隍；在乡，则里社可也。”（黄佐：《泰泉乡礼》卷一，清文渊阁《四库全书》影印本第142册，第594页。）

② 《甲申纪事》载：“（四月）初八日，路军门传一令箭，谕合城乡绅、孝廉、青衿、乡约，俱集城隍庙议事，众谓必守城事耳。”（冯梦龙：《甲申纪事》卷六《淮城纪事》，《四库禁毁书丛刊·史部》第33册，第460页。）

盗贼袭击。黄公坚信，由于听从城隍神诵经的缘故，才躲过了一劫。从此以后，黄公将《妙法莲华经》视若珍宝，日夜讽诵。某年六月的一天，琉璃灯掉了下来，灯火焚烧了佛经。当天，黄公也随之谢世。[①] 黄瑜将父亲的事迹记录下来，并感叹城隍神的灵异。

黄瑜父亲的经历表现了中国民众务实的鬼神信仰。从仪式上说，城隍祭祀和儒家礼仪较为接近；从日常管理来看，各地的城隍庙一般都由道士充当庙祝；从显灵上讲，城隍神指示民众诵读佛经消灾解难。儒教的礼仪，道教的道士，佛教的经典，三教融合，九流归一。无论是何门何派，只要有实用价值，百姓们都会趋之若鹜。

既然担当了孤魂野鬼的主宰，城隍神就应当增强了法力。法力提升之后，在下次求雨之际，城隍爷能否及时显灵呢？归有光在《祀厉告城隍神文》中，一边祭祀孤魂野鬼，一边提醒城隍爷：孤魂野鬼自然需要关怀，眼下更要紧的是我县大旱，再不下雨，颗粒无收，活人都难以为继。故此，请您尽早大展雄风：

> 若能督率万鬼，呼吸风雷，顷刻以至，犹能使岁半熟，以慰此嗷嗷之民也！敢告！[②]

朝廷的意图昭然可见：我朝敬神爱民，孜孜矻矻，不仅对黎民百姓关怀备至，也对孤魂野鬼格外加恩。明廷的这一举动对凝聚人心确实发挥了积极效果，也提升了大明百姓的国家自豪感，所谓“城

---

① 黄瑜：《双槐岁钞》卷六，第 109 页。

② 归有光：《祀厉告城隍神文》，参董斯张等：《吴兴艺文补》卷二十八，《四库全书存目丛书·集部》第 377 册，第 190 页。

隍神之重于天下，蔑以加矣”，[①]“我朝祭厉坛以城隍主祭，郡县官莅任必谒神与誓，至朔望复行谒见礼，比宋为尤重矣”。[②]从数量上看，各地厉坛数远在城隍庙之上。然而，正如归有光的祭文所揭，如果活着的百姓都举步维艰，谁还会在意城隍神手下的孤魂野鬼呢?

明廷厉鬼通祀的礼制过于完密，从中央到地方都要建坛。县级以上尚能坚持，乡里之间，百姓能按时祭祀自己的祖先已属难能可贵，遑论跑到乡厉坛一年三祭孤魂野鬼。日中则昃，月盈必亏，这种事无巨细的体制并不能旷日持久。到了嘉靖时期，以山东青州府为例，乡里以下的厉鬼祭祀全面崩溃。

青州府下辖诸县中，府治益都“乡厉坛，洪武八年定制，每里立坛一，里中耆老主之，用羊、豕、果、酒，如郡期祭。本乡无祀鬼神，州县同。今悉废”，临淄县“乡厉坛六十有二所，今废”，博兴县“乡厉坛七十六所，今废”，高苑县“乡厉坛二十八所，今废”，乐安县“乡厉坛九十九所，今废”，寿光县“乡厉坛一百三十五所，今废”，昌乐县“乡厉坛凡一百一所，今废”，临朐县“乡厉坛凡一百一所，今废”，安丘县“乡厉坛凡一百一所，今废”，诸城县“乡厉坛凡一百九十五所，今废”，蒙阴县“乡厉坛凡五十二所，今废”，莒州“乡厉坛凡一百九十九所，今废”，沂水县“乡厉坛

① 史称：“唐以来郡县皆祭城隍，今世尤谨，守令谒见，其仪在他神祠上；社稷虽尊，特以令式从事，至祈禳报赛，独城隍而已。礼不必皆出于古，求之义而得，揆之心而安者，皆可举也。”（叶盛：《水东日记》卷三十，魏中平点校，北京：中华书局，1980年，第297页。）

② 张元谕：《篷底浮谈》卷二，《续修四库全书》第1126册，第10页。

凡一百四十四所，今废”，日照县“乡厉坛凡八十七所，今废”。[①]

洪武建坛以来，青州府所辖共计一州十三县，[②]仅据不完全统计（益都府缺），乡厉坛就有1380所。及至明中叶，这1380所乡厉坛全面荒废。祭祀本来是生人向鬼神致敬获得福报的方式，具有很长的时效性，比如城隍祭祀等一直风靡民间。明朝建国之初的这种厉鬼通祀新制并不具备可持续性，不久就失去了在民间底层的影响力。

历史雄辩地证明，只有真正符合百姓需要的礼仪才是生命力最顽强的礼仪，也最能经受住时间的考验。至于基层的孤魂野鬼祭祀，既然礼无明文，史无先例，本可以让民间发挥力量。儒家虽然间有厉鬼祭祀，却并不被以亲亲为宗的儒家正统所重视。宋元以降，佛道二家趁虚而入，弥缝其间，很快后来居上，填补了儒家文化在孤魂野鬼安抚上的空白。无论是作坛设醮，还是盂兰盆会，都推动了对孤魂野鬼这些无主亡灵的安抚。明廷过度介入，规定各级政府都要建立厉坛，一年三祭，还要请来城隍神充当主祭对象，尤觉赘痈。

在百姓看来，孤魂野鬼不是有阎罗老爷管着吗，为何还要城隍爷出面？再说了，和尚、道士每年都会设立道场、法会超度他们，我们小民何必多此一举？守护满城生民，城隍爷尚且应接不暇（祈雨、祈晴等不能及时应验即是明证），又如何安抚难以计数的孤魂野鬼呢？

---

① 杜思修、冯惟讷：《（嘉靖）青州府志》卷十，《天一阁藏明代方志选刊》第42册，上海：上海古籍书店，1965年。

② 《明史》卷四十一《地理志二》，第947页。

第四章　以祖宗之名

第一节　用周礼治国

万历十六年（1588），距明王朝开国已过两百多个春秋，国子司业王祖嫡上了一封奏疏。这封奏疏很快触发朝野震动，可谓“一石激起千层浪”。王祖嫡冒天下之大不韪，在奏疏里戳中了大明王朝的中枢神经，因为他胆敢公开提出恢复建文年号。

靖难之役后，曾经是天下之主的朱允炆被迫逊位。建文年号遭到革除，建文元年（1399）到四年（1402）被强制变成洪武三十二年到三十五年。[1] 自兹以后，建文年号成为国家禁忌。为了避免惹火烧身，一代又一代的君臣基本上都选择了缄默的态度。缄默并不等于忘记，靖难之役一百多年来，天下士庶也不可能将其抛到九霄云外。换句话说，建文年号就像是被朱棣扔到回收站却未能及时清空的特殊文档，而国子司业王祖嫡要做的事情就是试图将建文年号从回收站中进行还原。除了恢复建文年号之外，他还请求朝廷辑录

① 关于建文年号有无革除之事，学界聚讼纷纷。近来，杨永康根据孔尚任所藏《燕王靖难札付》等新证据，坐实朱棣革除建文年号一事。（参杨永康：《朱棣“革除”建文年号考——以孔尚任所藏〈燕王靖难札付〉为证》，《文史哲》2018 年第 5 期。）

景泰皇帝的事迹。同时为两位退位的皇帝求情，大臣们一边为王祖嫡捏了把汗，一边又不禁为他点赞：我大明朝的这两个历史遗留问题是时候解决了。

对于国子司业王祖嫡来说，大义凛然地上疏除了学养使然之外，也和他本人负气任侠的性格有关。早在二十八岁通过乡试之际，他就从老家信阳跑到京师告御状，为父亲王诏昭雪冤情，使父亲官复原职。穆宗隆庆年间，他高中进士，先后被授予庶吉士、检讨的官职。其间，他曾登上华山之巅，创作了若干首诗歌，抒发豪情壮志。母亲去世后，他回家守丧。丧服期满继任检讨一职，很快被擢升国子司业，成为学林领袖。[①] 京师国子监是天下人才荟萃的教育中枢，能够获得祭酒、司业一类的头衔说明此人在学识与威望上的影响力非同凡响。上任之后，王司业第一把大火就是倡议恢复建文年号、纂修景帝实录。

关于恢复建文年号，他道出了一个人人皆知却又人人噤言的实情：

> 高皇帝艰难百战，奄有天下，挈神器而付之建文，立嫡之大经也。文皇帝际时艰危，兴兵靖难，挈神器而完之高庙，济变之微权也。[②]

朱允炆作为朱元璋钦定的皇太孙，继承大统，天经地义。永乐皇帝发动靖难之役，也是顺应高皇帝之志的权变。在奏疏中，他提

① 过庭训：《本朝分省人物考》卷九十三，《续修四库全书》第535册，第554页。

② 《明神宗实录》卷一百九十五，万历十六年二月丁丑，第3673—3674页。

出恢复建文年号的多条理由。比如古来只有革命之说，并无革年之说。建文年号确为海内外奉行，且达四年之久。当年成祖在位时，只是说将建文四年（1402）改称洪武三十五年，并没有说革除建文年号。逢迎之臣没有体谅成祖他老人家敬祖亲亲的美意，节外生枝，反而造成了革除建文年号的既定事实。

有人提出疑问，如果恢复建文年号，将置靖难之役于“师出无名”的不利境地，成祖未必答应。王氏反驳说，大明朝的天下是太祖他老人家的天下，成祖、建文帝都是他老人家的子孙。成祖有再造之功，建文帝有居位之实。如果不恢复建文年号，太祖他老人家会答应吗？再者说，以洪武之名，成祖在世自然也应当体顺太祖之意。反过来讲，如果不恢复建文年号会酿就诸多恶果。依王氏目力所见，用建文纪年的野史就达数十种之多。[①]年号一乱，史事更难董理，只会坠入朱紫淆乱的境地。革除建文年号旨在隐晦此事，可问题在于洪武纪年仅有三十一年，凭空多出四年，名不副实，如何向后人交代？与其让后人议论纷纷，给予他们改弦更张的把柄，不如本朝自行解决更加痛快。[②]

王祖嫡的奏疏引发朝中正直之士的共鸣，礼部尚书沈鲤、内阁大学士申时行等趁此机会先后向皇帝建言。即便如此，万历皇帝还是表现出十二分的慎重。作为折中，他在恢复景帝名号的基础上，同意纂修实录，至于恢复建文年号一事暂时搁置。[③]

① 事实上，流传的记载建文革除之事的史书可能比王氏所见的还要多。《明通鉴》载：“明人纪革除遗事，无虑数十百种之多，即其收入《四库书存目》者，亦有二十余种。”（《明通鉴》卷十三，第605—606页。）

② 《明神宗实录》卷一百九十五，万历十六年二月丁丑，第3674—3678页。

③ 《明神宗实录》卷一百九十六，万历十六年三月壬辰，第3694页。

万历皇帝的让步并没有让朝臣满意，政治折中的时效性很快耗尽。万历二十三年（1595）九月，也就是七年之后，礼科给事中杨天民、四川道御史牛应元再一次打破了朝堂上的宁静。此次，他们提请恢复建文年号的理由与王祖嫡大同小异。即便是改朝换代，斗争如何激烈，尚且不隐没前朝皇帝的年号，何况成祖与建文帝本为一家，皆为太祖子孙。建文年号的问题不解决，以后但凡修史都会遇到因为年号不统一带来的种种弊病。这一次，万历皇帝意识到，如再稽留，以后可能还会接到奏疏，纷纷扰扰，终无已时。他最终妥协，下诏恢复建文年号，将建文事迹附在太祖高皇帝之末。①

冰冻三尺，非一日之寒。从王祖嫡的奏疏一直到七年后杨天民、牛应元的提请，还有之前朝野人士一百多年的鼓荡，适才形成一股风气，最终推动恢复建文年号的实现。

礼制的可贵之处即在于不以成败而论，而是别有一套理念架构。建文年号的恢复多少都超出明廷的打算，却又是礼制正常化的题中之义。靖难之役以来，朱棣与朱允炆的叔侄对抗伴随着巨大的流血冲突与政局动荡。朱棣胜出后，一切关于建文帝的记载在朝廷看来都带有一定程度的叛逆色彩。即便朱棣大获全胜，采取了文化高压政策，随着时间的推移，真实的君臣名分总会浮出水面。王祖嫡在仕宦生涯中依然见到数十种以建文纪年的史乘，由此即可窥知，悠悠公道并未泯灭。这些记载反映的问题不仅是对建文帝的同情，还有对君臣名分的恪守，纵使不是朱允炆，而是另外一位名正言顺却横遭夺权的皇帝，人们同样会予以同情。

① 《明神宗实录》卷二百八十九，万历二十三年九月乙酉，第5358页；《明史》卷二十《神宗纪一》，第277页。

万历皇帝的妥协对象并非王祖嫡、杨天民、沈鲤、申时行这些臣工，而是基本的道义是非。从现实的继承次序考量，明中后期的皇帝都是成祖一脉。从更广阔的维度来说，无论是成祖，还是建文帝，都是太祖高皇帝的苗裔，所代表的都是同一个王朝。成祖的后继者谨小慎微地保持与建文之间的距离，以至于连建文的年号都不愿触及，仿佛听了也是一种羞辱。孔夫子早就指出："名不正，则言不顺。"（《论语·子路篇》）每一次重修史书，只要遇到靖难这段往事，史官都会左右为难。即便史官屈从了朝廷意志，统一口径，民间史家的声音与记载却从未中绝。

值得指出的是，在万历年间恢复建文年号绝非偶然。万历二年（1574）十月，神宗在文华殿与辅臣讨论，无意间谈到了建文遗事。张居正将听到的传闻和盘托出：当年建文帝削发为僧，云游四方，有人曾在云南的某处墙壁上看到他的题诗，其中有"流落江湖数十秋"等描述凄惨人生的诗句。这引发万历皇帝的慨然兴叹，特别下令张居正书写建文遗诗供自己阅览。[1] 万历皇帝的这一经历生动地解释了明朝人始终不能忘却建文帝的缘由。人非草木，孰能无情？贵为九五之尊的皇帝尚且如此恻然，何况黎民百姓？并不是所有的皇帝都有恢复建文年号的契机与魄力，万历皇帝的经历为最终同意恢复建文年号埋下了伏笔。

礼臣们前赴后继，在建文年号被革除两百年后，终于将"建文"

---

① 《明神宗实录》卷三十，万历二年十月戊午，第728—729页。除了"流落江湖数十秋"之外，《明史纪事本末》也保留了少量建文遗诗，其中一首："牢落江南四十秋，萧萧白发已盈头。乾坤有恨家何在？江汉无情水自流。长乐宫中云气散，朝元阁上雨声收。新蒲细柳年年绿，野老吞声哭未休。"（《明史纪事本末》卷十七，第287页。）

二字还原到洪武、永乐之交的那段历史编年之中。对明廷而言，这是一次富有勇气的历史纠偏。没有梃杖，没有牢狱，没有流血，建文年号的回归似乎自然而然就发生了。对历史遗留问题的温和处理基于一条最根本的认知——君臣名分。因为这条认知，胜利者的意志不能将扭曲的历史永远定格，正如弘治十二年（1499）四月已经退休的礼部主事杨循吉在奏疏中提到的：

夫建文虽以一时左右非人，得罪社稷，而实则生民之主也。①

《明实录》作为当今学界研究明史的第一手史料，无论是宏大的规模，还是客观的记载，都是其他史籍难以望其项背的。然而，出于众所周知的原因，建文一朝彻底丧失了被编纂实录的资格。与此同时，洪武末年到永乐初年的这段历史也成为《明实录》中涂抹最为严重的一段历史。我们有理由相信，朱棣即位之后，蓄意删除了建文时期的诸多记载，特别是关于建文善政的历史书写。即便如此，明清以来那些心有不甘的史家还是战战兢兢地保存了一些记载。这些记载即便未必全然可信，也为我们了解建文时期的规模与制度预留了纸窗上的一道观察孔。

洪武三十一年（1398）闰五月，明太祖朱元璋驾崩，年仅二十二岁的皇太孙朱允炆正式即位。按照儒家丧礼，子女应为父亲服丧三年。三年之丧是大概说法，《礼记》所谓："三年之丧，二十五月而毕。"（《礼记·三年问》）根据礼学名家郑玄的解读，

① 《明孝宗实录》卷一百四十九，弘治十二年四月乙巳，"中研院"历史语言研究所1962年校印本第2631页。

服丧二十五月之后不能马上除服，要到满二十七月举行禫祭后才能脱去丧服，所以三年之丧要服满二十七个月。[①]鉴于皇帝为一国之君的特殊情况，从汉文帝颁布遗诏以来，就出现了“以日易月”的转变，即用二十七日的短丧代替三年的长丧，并且让一般百姓服丧三天。皇室成员、文武百官等人穿特制的丧服，寻常百姓穿素服（白色的衣服）即可。在整个中国历史上，服满三年丧的皇帝屈指可数，比如晋武帝、北魏孝文帝、后周高祖、宋孝宗等。[②]在短丧的大背景中，如果君主还能坚持服丧三年，容易获得臣民的高度赞扬，本人的事迹也会被史家记载下来，流芳后世。只是服丧三年，谈何容易？需要斩断一切娱乐生活，在饮食男女上也有诸多禁忌。故此，数千年来能行三年丧的皇帝凤毛麟角。把太祖安葬在孝陵之后，建文帝罔顾礼臣劝阻，以身作则，坚持服丧三年，借以表达对乃祖的敬意。《明史》中保留了建文帝服丧三年的孝行，体现了孝子慈孙的光辉形象，而在《明太宗实录》的记载中，皇太孙安葬太祖之后，“遂矫诏嗣位”，俨然是另外一副奸诈猴急的“篡位者”面孔。[③]

践阼之后，建文帝很快召来方孝孺，任命其为翰林侍讲，在文渊阁当值。方孝孺作为天下读书人的楷模，如今得君行道，开始谋划用周礼辅佐建文帝开创一个新时代。在接下来的历史长河中，明王朝不时激荡起礼制变革的浪花，在阳光的照射下，炫目而又短暂。

建文元年（1399）正月，建文帝沿袭洪武旧制，在京师南郊举

① 《礼记正义》卷六，郑玄注，孔颖达疏，龚抗云整理，北京：北京大学出版社，2000 年，第 222—223 页。

② 《文献通考》卷一百二十一、一百二十二，第 3754、3768—3769 页。

③ 《明太宗实录》卷一，洪武三十一年闰五月乙酉，“中研院”历史语言研究所 1962 年校印本，第 5 页。

行即位后首次合祀天地大典。同时，派遣儒臣分别到五岳告祭。又让大明臣民继续推荐贤能，并颁布养老令，给百姓减免田租。二月，下令暴昭等人担任采访使，分巡天下，解除民间疾苦。[①] 三月的上丁日（丁巳），建文帝亲自到太学祭祀孔子。为了完成这次祭祀，他虔心斋戒，盥洗、献酒、跪拜等礼节如同拜祭自己的祖先。礼成后，建文帝还到彝伦堂接见师生，并赏赐钞币。

由于推崇礼治，民风淳厚，迭出美谈。一位叫黄彦清的儒学博士在街头散步，发现两个小儿吃枣。吃到最后一枚大枣时，年纪稍小的孩子让给年纪稍长的吃，而稍长的那个孩子又推让给年幼的。互相推辞无果，刚巧有一个乞丐路过，两个小孩便把这枚大枣送给了他。黄博士还看到另外一件事情，有人在街上捡到一张纸钞，拂去上面的尘土，然后放在附近的高台上，取来一块小石头压在上面，最后扬长而去。次日入朝，黄博士向建文帝禀告了这两件事，认为如此美好的风俗是皇帝陛下的德化所致。建文帝加以谦让，顺便提及另外一件事情。一次，宫中有两人大声喧哗，冒犯了皇宫威严，也打扰到了君主。建文帝将喧哗的二人传到面前，既没有下令处死，也没有责罚，反而对着这两位匍匐在地上的下人自责："朕以宽治国，反而连自己宫中的人都教化不了。看来是朕德行乖离，仁义不足。"两名宫人惭愧不已，叩头谢过。[②] 为政以宽，教化以礼，对待低贱的宫人，建文帝尚且如此仁厚，美好风俗的出现恐怕不是偶然。

古代礼制并非总是产生理想的效果。在方孝孺的建议下，建文

① 赵士喆：《建文年谱》卷上，《中国野史集成》第23册，成都：巴蜀书社，1993年，第172页。

② 赵士喆：《建文年谱》卷上，《中国野史集成》第23册，第172—173页。

帝决定变革本朝官制，用《周官》的称谓代替当今的称谓。本朝官制乃太祖所定，如今太祖刚刚驾崩，就更定官制，引发朝臣不满。史仲彬、楼琏等人纷纷上疏，认为治国当以安静法祖为主。然而，他们的意见并不被采纳。建文帝委任方孝孺，坚持更定官制的举措，并下令群臣勿要再言。[①]

建文二年（1400）二月，朝廷下诏，把都察院更名为御史府。至于更名的必要性，建文君臣认为，皇帝即位以来，一直把裁汰冗员作为施政要务，如今民风淳厚，刑事案件减少，可以依照汉朝的制度，将都察院变回御史府，主要负责纠察贪腐的官僚，同时培养忠厚的民风。这种制度上的更张遭到了不少朝臣的抗议，认为是不急之务，多此一举。[②]尽管去年七月靖难兵起，但是在建文帝、方孝孺看来，燕兵仿佛不足为虑。一个民风敦厚的社会指日可待，周礼复兴的理想正在一步一步成为现实。

洪武末年，皇宫奉天门左侧的东角门边，时为皇太孙的朱允炆遇到了亲信黄子澄，表达了对登极之后诸王威胁的担忧。黄子澄信心满满地说道，汉朝七国之乱都能平定，将来天子以顺取逆，藩王不足挂虑。

即位后，黄子澄和齐泰参与国政，开始实施削藩大计。[③]建文元年（1399），周王、代王、湘王、齐王、岷王相继被废为庶人，

① 赵士喆：《建文年谱》卷上，《中国野史集成》第23册，第173页。
② 赵士喆：《建文年谱》卷上，《中国野史集成》第23册，第175页。
③ 《明史》卷一百四十一《黄子澄传》，第4015页。

其中湘王朱柏还以自焚的极端手段表达强烈抗议。[1] 同年七月，燕王举兵谋反，号为靖难，矛头对准齐、黄二人。一场以自保为初衷的反叛很快演变成明王朝南北之间最惨烈的军事对抗，战事的进展也越来越出人意料。

建文二年（1340）四月，燕军大败王师。数十万军队覆灭，主帅李景隆单骑逃到德州。李景隆败逃后并没有获得惩罚，尽管御史大夫练子宁嚎啕大哭请求诛杀此人以正军心。

这一年秋天，在方孝孺的主持下，明朝的周礼复兴计划方兴未艾。先前，明廷已经把吏部、户部、礼部、兵部、户部、工部等六部尚书的官品从原来的正三品破格提升到正一品，尚书之下的左侍中、右侍中升为正二品，位在侍郎之上。[2] 又仿效《周官》的记载更定勋阶，用公、卿、大夫、上士、中士、下士来命名。同时，为了契合周礼，还特意把承天门改名为皋门，端门改为应门，谨身殿改为正心殿，其他殿阁与官名都进行大规模更名，难以细数。[3]

朱允炆遇到方孝孺，不知道是幸还是不幸。当王师大溃败之际，中央朝廷不将工作重点放到赢取军事胜利上，反而分心于复兴周礼。为了彰显自己的仁孝，在儒臣的熏染下，建文帝甚至颁布命令，不准将士伤害燕王，让自己背负杀害叔父的恶名。

朱元璋塑造了自身的传奇，缔造了一个崭新的国家。在位期间，他以重典治国，通过胡惟庸案、蓝玉案等案件对文臣武将发动多次清洗。根据后人的回忆，京师官员每次上朝之前都会与妻子上演生

---

① 《明史纪事本末》卷十五，第227—228页。

② 《明史》卷七十二《职官志一》，第1738页。

③ 赵士喆：《建文年谱》卷上，《中国野史集成》第23册，第176页。

离死别的一幕，等到晚上下班无事，家人相聚，认为总算活过了一日。[①]朱元璋对自己的酷虐有清醒意识，乱世当用重典，对后继者却有宽刑的期待。朱允炆在施行宽政等方面并没有辜负乃祖的期许。建文元年（1399）以来，明朝重制礼乐，气象非凡，天下想望太平。治世之下，却又暗流汹涌，燕军的反叛逐渐对建文政局形成致命的冲击。建文君臣比照周礼，进行大刀阔斧的复古改制，希冀再造一个比肩周代的盛世。可惜，他们错判了时局，在应当全力以赴平定反叛的关口，却将精力旁骛到不急之务——礼制建设上。

最让人诟病的是，方孝孺还打算恢复井田制，由于舆情鼎沸，胎死腹中。他的友人王叔英时任翰林修撰，也提醒他不要泥古不化，恢复井田制之类的古礼遗制，不仅不能让百姓获利，反而可能酿成灾患。[②]井田制虽未施行，但是用周礼改革制度的种种做法带来了严重的恶果，那就是给燕王提供了变更祖制的攻讦口实。结果，建文帝、方孝孺他们似乎赢得了周礼，却显然输掉了天下。[③]

① 《廿二史札记》卷三十二，赵翼著，王树民校证，北京：中华书局，1984年，第744页。

② 《明史》卷一百四十三《王叔英传》，第4054页。

③ 建文三年（1401）十二月，燕王经过三年苦战后，多次重创南军，决定挥师南进，直取京师。此时，明廷还汲汲于更定六科给事中的品级，厘定仓官的黜陟制度。明代史家陈建如是批评道：“是时南师屡熸，靖难之兵日逼，国势危如累卵矣，而犹以改更制度为事，扬扬若无事时。昔人‘燕雀处堂’之喻，其建文君臣之谓乎！”（陈建：《皇明通纪》卷二，钱茂伟点校，北京：中华书局，2008年，第363页。）笔者按，燕雀处堂是指燕雀在堂上筑巢，母子相安为乐，等到堂上失火，依然没有警觉，最后双双毙命。

第二节　成王安在

长剑折断，尸横遍野，到处都是厮杀的士兵与逃难的百姓。经历了太多的死亡之后，明朝军民的神经渐趋麻木，人们差不多快要忘了发动战争的初衷。正义的一方在杀人，不正义的一方也在杀人。厕身其间的百姓万分煎熬，妻离子散，家破人亡，早点结束战争——无论哪一方取得胜利——成为民众最朴素的渴求。建文四年（1402），明王朝长达四年的南北战争终于迎来尾声。

这一年夏天，京师闹了一场蝗灾。遮天蔽日的蝗虫掠过，禾苗、树木被啃食一空，出行也成了一件艰辛的事情。蝗灾肆虐，直到十多天后才完全散去。[①] 人们有种不祥的预感，尤其是四月份灵璧大战我军猛将平安被俘之后，这种疑虑如黑云压城，日甚一日。自高皇帝攻取金陵半个世纪以来，京师规模稳步推拓，百姓安居，商旅荟萃，俨然是天下的中心。洪武开国后，京师迎来送往的都是征讨不服的王师，还没有哪支军队能开到城下挑战王庭。从燕王起兵以来，特别是今年，各地一方面都在宣称平定燕逆指日可待，另一方面却分明看到燕王率领的靖难之师滚滚南下。这场突如其来的蝗灾让人们嗅到了末日的气息，饱读诗书的士人未免联想起“国家将亡，必有妖孽”（《礼记·中庸》）的经典记载。

大江南北，有的人感受的是末日的气息，有的人感受的则是新生的欢喜。建文四年（1402）五月，在攻取祖陵所在地泗州（祖陵在今江苏盱眙）之后，朱棣主持召开了对南军作战的最高军事会议，

① 《明史》卷二十八《五行志一》，第437页。

讨论接下来的军事动向。有人建言攻打凤阳，有人则认为应该攻打淮安。朱棣以为，凤、淮两府都是军事重地，易守难攻，不如攻打扬州府。扬州府防守薄弱，只要攻克此城，便可溯江直取京师。[1]

生死存亡之际，名分的内涵被简化成一道选择：是固执地舍生取义，还是变通地贪生求荣？作为拱卫京师的藩篱，扬州一旦失守，意味着京师直接暴露在敌军面前。山雨欲来，在燕军即将抵达之际，扬州守军内部发生严重分歧，势同水火。在燕军使者的诱惑下，守将王礼携同下属表现出明显的投降倾向，扬州卫指挥崇刚以及朝廷派来的监察御史王彬却显示了抵抗到底的决心。王御史是洪武中叶的进士，深受儒家君臣大义的感染，临危受命，立下了“不成功，便成仁”的宏愿。[2]为了防止出现临阵投降的事情发生，他当机立断，下令将守将王礼及其同伙打入大牢。

面对随时可能攻来的燕军，王彬、崇刚二人搜罗军粮，修缮楼橹，整饬器械。他们连日连夜都不曾卸甲，将臣子的本分发挥得淋漓尽致。气势强盛的燕军很快袭击扬州，在发动猛攻的同时，也不断飞书城中，不厌其烦地劝降，并承诺：如果有人能将王御史绑来投降，燕王将赏以三品官位。在爵禄的诱惑面前，不少人忘却了名分的存在，对他们而言，尽忠职守的王御史成了一件可以换取荣华富贵的奇货。可恨的是，王御史每次出行都有能举千斤重物的力士贴身保护，没人能够接近。王礼残党利诱力士的母亲，设计召回力士。此后，他们闯入王御史住处，将正在洗浴的王御史捆绑起来，

① 《明太宗实录》卷九上，建文四年五月癸巳，第121页。

② 何乔远：《名山藏》卷八十二《臣林外记》，《续修四库全书》第427册，第372页。

并从城墙上抛到了燕军当中。

王彬拒绝投降，死在燕军刀下。一同遇害的还有扬州卫指挥崇刚等人，他们实现了杀身成仁的抱负。建文天子的忠臣死于非命，扬州城门大开。随后，高邮、泰州、通州、镇江等地纷纷望风投降，宣誓效忠他们的新主人——燕王，[1] 就像四年前各地纷纷宣誓效忠新登极的建文帝一样。

燕王朱棣兵临京师，金川门守将李景隆率先开门投降。李景隆乃故岐阳王李文忠之子，国家功勋集团的柱石人物。这位负有盛名的贵胄却是纨绔子弟，曾经统兵五十万，大败而归。举朝愤懑，请求诛杀此人以谢天下。建文帝念及乃祖功勋，网开一面。[2] 至此，李景隆用投降的方式作为对天子恩遇的回应。

建文四年（1402）夏天，京师文武百官盛装打扮，争先恐后地迎接新天子入城，尽管他们之前还有不少人在奏疏上信誓旦旦地要诛杀燕贼，为国分忧。君臣名分荡然无存，此时此刻，人们奉行的价值观念是“识时务者为俊杰”，至少活命要紧。忠君报国的内涵发生了新的解释，成王败寇的丛林法则再一次应验。在一干将领的拥护下，胜利者朱棣在马上耀武扬威，得意且轻蔑地扫视匍匐在街道两旁的臣民，却赫然发现少了一个人。

魏国公徐辉祖乃故中山王徐达之子，是洪武功勋集团中举足轻重的领军人物。燕军入城，万念俱灰的太子太傅徐辉祖没有汲汲于

---

① 《明太宗实录》卷九上，建文四年五月己亥，第 122 页；《明史纪事本末》卷十六，第 267—268 页。

② 《明史》卷一百二十六《李景隆传》，第 3746—3747 页。

迎驾，而是形单影只地守在父亲的祠庙中。鉴于徐辉祖的特殊身份，没有朱棣的命令，任何官员都不敢轻举妄动。没过多久，燕王派遣了审判魏国公的官员。

官员得到的指令十分简单，要徐辉祖写下认罪书。新朝廷相信，如果徐辉祖归顺，势必可以起到示范效应。对他本人而言，保住荣华富贵如俯身拾芥。徐辉祖对燕王的意图了然于胸，他更牢记自己的名分，于建文帝而言，他既是久食君禄的大明臣子，又是国家勋戚的中枢人物。一身系天下之重，他岂能留臭名于后世？面对官吏的拷问，他没有选择李广式的自刎，而是给燕王出了一道难题。他在认罪书上反复书写先父中山王的开国勋号以及高皇帝颁赐免死铁券上的文辞。接到奏报后，新天子大发雷霆："你以为朕不敢杀你！"

朱棣确实不敢杀死徐辉祖，哪怕他在心里已经将此人杀死千万回。徐辉祖是开国头号功臣徐达的后人，免死铁券分明又是太祖所赐，杀了徐辉祖无异于违背祖制，而燕王起兵一个煽惑人心的口号就是建文君臣变乱祖制。尽管徐辉祖名列奸臣榜，朱棣无论如何都不能轻易杀死此人。另外，从私情而论，燕王妃乃徐达长女，[①] 是徐辉祖的妹妹，杀了徐辉祖，燕王如何向枕边的王妃交代？当年，在北平被围困的危急关头，正是王妃率领军民妻妇执戈守城，谱写了壮丽的篇章。史载："上怒，欲诛之，徘徊既久，竟从宽典。"[②] 朱棣下令褫夺徐辉祖的一切爵位，将其软禁在家。

任何英睿独断的皇帝都不可能凭借一己之力治理天下，而是需要勋臣集团的辅助与世家大族的夹持。从立国之日起，世家大族的

---

① 《明史》卷一百十三《后妃传》，第 3509 页。

② 《明通鉴》卷十三，第 611 页。

命运就和皇室紧紧地拴在一起，成为国家忠实的捍卫者。永乐帝想要塑造起一个聿遵祖制、宽宏大量的君主形象，也必须拉拢这些勋臣子孙。永乐五年（1507），徐辉祖去世，永乐帝长舒了一口气。在他死后一个月，朱棣主动提出“中山王不可无后”，让徐辉祖的长子徐钦继承爵位。[①]

徐达的后人并非都像徐辉祖一样“冥顽不灵”地死守君臣名分。燕军之所以能在南北战争中胜出，除了军事指挥得当之外，就是建立了极其精准的情报系统，以至于建文君臣在京师的一举一动很快传到朱棣耳中。京师情报站的最高指挥就是左都督徐增寿，中山王徐达的少公子，也是徐辉祖的弟弟。

之前，有人向建文帝汇报徐增寿的行为。建文帝念及他是功臣之后，宽大为怀，免予追究。当燕军即将攻破京师之际，建文帝发现正是徐增寿不断将情报输送给燕军，证据确凿。他将徐增寿招来亲自问话，徐增寿依然一副无辜之状。事到如今，一向柔弱的建文帝也不禁怒发冲冠，拔剑出鞘，亲手结束了徐增寿的性命。建文帝的叛臣却是燕王的忠臣。燕王入京后，趴在徐增寿尸体上大哭，痛感失去了肝胆相照的挚友。即位后，他先后追封徐增寿为武阳侯、定国公，谥号忠愍。[②]

在靖难之役中，明朝官员对名分的诠释各不相同，但是恪守建文臣职的官员几乎无一例外难逃悲惨的境遇。刘璟是刘基之子，在洪武二十三年（1390）承袭父爵，深受朱元璋青睐。有一次，刘璟与皇子朱棣下棋，连番赢了几盘。朱棣不开心地说道：“卿难道不

① 《明史》卷一百二十五《徐辉祖传》，第 3731 页。

② 《明史》卷一百二十五《徐增寿传》，第 3732 页。

能稍稍让我一下吗？”刘璟正色回答：“该让的时候会让殿下，不该让的时候不敢让殿下。”朱棣默然无语。多年以后，燕王朱棣即位，派遣官员将刘璟从浙江老家逮入京师。见到朱棣，刘璟依然以皇子视之，坚称“殿下”，而非“陛下”，并且说了一句让朱棣目眦尽裂的话：

> 殿下百世后，逃不得一“篡”字。[1]

在狱中，墙壁斑驳，秋意正浓。刘璟百感交集，却又神色坚定，解下了腰带自经身亡，向建文帝尽了最后的臣职。刘璟的去世让永乐帝无可奈何。当时，有官员请求将罪臣刘璟抄家。朱棣顾念他是开国元勋刘基的后人，予以赦免。死生有命，各为其主，此事就到此为止吧。

永乐十六年（1418）三月，皇帝接到奏报，庆寿寺有位八十四岁的老和尚病入膏肓。他放下国家的政务，赶忙起驾探视。在寺庙中，君臣二人相谈甚欢。彼此心照不宣，这是老和尚的回光返照。他行将就木，大限即至。永乐皇帝问他，在人世间，可还有什么牵挂的事情。这位老和尚说，有位叫溥洽的僧人被关押了十几年，还请陛下开恩。听罢，永乐帝陷入沉思……

溥洽和尚当年藏匿了建文帝，只有他最清楚建文帝的下落。此人十多年来守口如瓶，长此以往，注定横尸囹圄。面对追随自己南征北战的无敌军师的临终请求，永乐帝的心终于软了下来，即刻下

① 《明史》卷一百二十八《刘璟传》，第3784页。

令释放溥洽。[1]

姚广孝的意见并不总是奏效。有的人可杀却不能杀，徐辉祖是也；有的人不可杀却必须杀，方孝孺是也。在大军南下之际，姚广孝特地拜托燕王一件事：京师城破之日，不要把“天下读书种子”方孝孺杀掉。当时，朱棣明确颔首同意。可到了京师之后，一切都发生了变化。

方孝孺师出名门，是号称“开国文臣之首”[2]宋濂的高足。与乃师宋濂以文章著名不同，方孝孺把文章视作末技，而以明王道、致太平为终身抱负。在洪武十五年（1382）、二十五年（1392）先后两次获得太祖皇帝召见，被寄予厚望。等到建文皇帝即位的时候，他先后担任翰林侍讲、学士，呕心沥血辅佐建文帝打造一个太平盛世。[3]方孝孺是一个努力想成为周公一般伟大政治家的文士，可事实证明，他严重缺乏政治家的才干。

当时，人们依然醉心于他的文采，醇厚深邃，雄迈脱俗，每作一篇文章，海内外都会争相传诵。[4]如今，燕王朱棣端坐在龙榻上，召来方孝孺，想要利用他起草诏书，公告天下。方孝孺前脚才进了大殿，便放声大哭，仿佛整个宫殿群都能听到他的悲恸。

朱棣从龙榻上走了下来，安慰道：“方先生不要如此自苦，我只是效法周公辅佐成王而已。”

方孝孺厉声问道：“成王安在？”

---

① 《明史》卷一百四十五《姚广孝传》，第 4081 页。

② 郑楷：《翰林学士承旨宋公行状》，参程敏政：《明文衡》卷六十二，清文渊阁《四库全书》影印本第 1374 册，第 421 页。

③ 《明史》卷一百四十一《方孝孺传》，第 4017—4018 页。

④ 《明史》卷一百四十一《方孝孺传》，第 4020 页。

燕王说："他已自焚而死。"

"为什么不立成王之子？"

"国赖长君。"

"为什么不立成王之弟？"

"这是朕的家事。"

朱棣让人递上笔札："草诏天下的大事，还是要请先生动笔才行。"

方孝孺投笔于地，边哭边骂："有死而已，诏书断不可拟！"[①]

被方孝孺的行为激怒后，朱棣收起了慈悲的惺惺作态，转而露出狰狞的面目，下令判处方孝孺死刑，加上朋友、门生卢原质、郑公智、林嘉猷等，并夷十族。根据多种史籍的记载，在方孝孺案中，一同被屠戮的共有八百七十三人，另有一千多人被发配充军。[②]空前绝后的灭十族也成为永乐政权臭名昭著的一大罪证。

行刑前，时年四十六岁的方孝孺即兴作了一首绝命词。按照永乐时期的规定，私藏方孝孺诗文可判处死刑。即便如此，后人还是冒险记载下来，让我们看到了绝命词的大致内容：

> 天降乱离兮孰知其由，奸臣得计兮谋国用犹。
>
> 忠臣发愤兮血泪交流，以此殉君兮抑又何求。
>
> 呜乎哀哉兮庶不我尤！[③]

天下奸臣只有一个，那就是反贼朱棣！我方某人已经拼尽全力，

---

① 《明史》卷一百四十一《方孝孺传》，第4019页。

② 《明通鉴》卷十三，第610—611页。

③ 《皇明通纪集要》卷十二，陈建撰，江旭奇增补，《中国野史集成续编》第10册，成都：巴蜀书社，2000年，第154页。

可谓死而无憾了。

孟子云："天下无道，以身殉道。"（《孟子·尽心上》）方孝孺之于建文帝亦师亦臣，以身殉国，求仁得仁。在胜利者的笔端，恪守名分的这对君臣反而成为昏君乱臣的负面形象。至于草诏一事，有人向朱棣推荐了方孝孺的同门楼琏。楼琏，浙江金华人，与方孝孺同拜宋濂门下，时任翰林侍读。接到朱棣的命令，楼琏惶恐万分。在草拟好诏书之后，他回到家中，对妻子解释说："死是我的本分，只是如果我不草拟诏书，恐怕会连累你们。"当天夜里，楼琏整理好衣冠，自缢身亡。[①]

和方孝孺一起殉国的还有时任御史大夫的练子宁。当年，李景隆大将军丧师辱国，练子宁在朝廷上大声疾呼，必须诛杀此贼。建文帝对李景隆尚存希冀，练子宁便大哭求死。为此，建文帝只能下令罢朝。[②]

练子宁被捕后，在朝堂上不停大骂燕王逆贼，以下犯上，不得好死。怒火中烧的朱棣令人割掉他的舌头，钳制他的言论自由。练子宁一边口中流血不止，一边用手指蘸着吐出的鲜血在地板上写下四个大字——成王安在！

随后，这位血书撰写者被推出斩首。他的宗亲一百五十一人受此牵连，或者人头落地，或者被发配边疆。妻女受尽凌辱，练家为此一空。[③]

① 《明通鉴》卷十三，第613页。关于朱棣诏书的草拟者，一说括苍（今属浙江丽水）王景，一说无锡（在今江苏）王达。

② 《明史》卷一百四十一《练子宁传》，第4022页。

③ 《皇明通纪法传全录》卷十二，陈建撰，高汝栻订，吴桢增删，《续修四库全书》第357册，第199—200页。

除了方孝孺、练子宁,还有一位翰林修撰王艮做出了同样的抉择。王艮，字敬止，建文二年（1400）进士，对策排在第一。此人容貌丑陋，沉默寡言，却举止有度，刚毅坚卓。相形之下，他的殉难并不像方、练二人一样慷慨激昂。在燕军即将攻破京师之前，他平静地对家人留下遗言：“食人之禄者，死人之事，吾不可复生矣。”之后，饮鸩而亡。[1] 为了践行名分，他把个人的生命视作鸿毛一样。

质言之，礼制名分主要回答一个根本问题：为什么而生，为什么而死？对徐辉祖、方孝孺、练子宁、王艮以及成千上万个无名氏而言，坚守名分非但不能改变世界，非但不能获得荣耀，反而将自己及亲友推向极其凶险的境地。那么，名分是否多余，可否被任意颠倒？

燕王起兵传檄天下，自比于周公，而把名正言顺的建文帝比作弱不经事的周成王。既然成王受到齐泰、黄子澄等奸佞小人的蛊惑，周公就有必要出来清君侧，还我大明朝一个清白的伦常世界。事后，人们才发现，当年这位周公发下的誓言并不算数，向别人许下的诺言也不遵守。因此，对明朝而言，从某种程度上讲，政统在永乐，人心却向着建文。

在万历皇帝为建文君臣建祠祭祀之前，任何有关他们的言论都是国家禁忌。等到明朝灭亡后，清人可以相对客观、自由地发表评论，在《明史》中称赞方孝孺他们“百世之下，凛凛犹有生气”。[2] 那些参与修撰《明史》的作者在讴歌建文忠臣的时候，也有凄楚的难言之隐：如果拒不向同宗同族的篡位者投降是忠贞之举，那么，

① 《明史》卷一百四十三《王艮传》，第 4047—4048 页。

② 《明史》卷一百四十一《方孝孺传》，第 4030 页。

向覆灭明朝的清政权效忠又该如何看待呢？

明清以来，不乏史籍将永乐帝刻画成奸诈与暴虐的君主形象，但是我们无法相信，一个嗜杀成性的君主带着一群残暴的将士就能稳固地统治偌大的国家。反之，永乐帝身上一定存在可圈可点之处，这些可称之处即便不能帮他转正名分，也足以成为他树立政权合法性与稳定性的助推器。

入主京师之后，朱棣搜出南北两军文官武将上千通封事，其中不乏辱骂自己的京官以及勾结京官的北军将领。他特意嘱咐翰林侍读解缙，凡是有关钱粮的封事统统留下备览，其余有干忌讳的封事一律焚烧。他还揶揄解缙等官员说："这里面应该也有你们的奏疏吧！"就在大家顿首不语时，有一位名叫李贯的官员得意洋洋地说，自己确实没有。他的献媚非但不被永乐帝领情，反而遭到一通责骂："难道你以为没有撰写骂朕的奏疏就说明你是贤臣吗？食君之禄，忠君之事。作为近臣，国家危难之际，却一言不发，这样可以吗？朕并不讨厌忠于建文帝的人，只是憎恶那些误导建文帝的臣子，变更祖制，败坏国法。你们前日侍奉建文帝，就应当忠于建文帝。今日侍奉朕，就应当忠于朕！"[①]

靖难之役后，永乐帝多次下令减免遭乱省份的赋税，与民休息。为了抵抗北方的侵略，他迁都北京，并屡次御驾亲征，史称"雄武之略，同符高祖"。[②]无论出于何种目的，他前后多次派遣郑和出使西洋，沟通了中国与东南亚、印度次大陆乃至非洲大陆的关系。至今看来，这依然是伟大的壮举。对于如此复杂的人物，不同的史书之

① 黄光升：《昭代典则》卷十二，《续修四库全书》第351册，第330—331页。

② 《明史》卷七《成祖纪三》，第105页。

间很难形成统一的结论。人们只是隐约感觉到，这是一位集倒行逆施与雄才大略于一体的君主，谈不上恨之入骨，更谈不上亲之誉之。

永乐帝驾崩后，仁宗即位，国家对建文诸臣的严酷镇压政策发生松动。朝廷下令，建文诸臣被发配边疆的，留一人戍边即可，其余放回原籍。被官府收为奴婢的，一律宽宥为民，给其田土。神宗万历三年（1575），国家在南京全节坊建立表忠祠，专门褒奖建文忠臣，方孝孺为文臣之首。[①] 万历十三年（1585）三月，朝廷特别下诏，方孝孺的宗族后裔还在戍边的一律遣回故土，散落在浙江、江西、福建、四川、广东等地加起来共有一千三百多人。[②] 永乐皇帝的后继者体恤建文忠臣的种种举措顺应了历史的潮流，迎合了民心。当年血雨腥风的政治斗争经过时间的沉淀与洗刷之后，一切真相都逐渐浮现出来。无论对于靖难之役，还是对于建文君臣，人们的态度渐渐趋于和缓与平静。

建文初年，有位道士像吟游诗人一样在道路上传唱莫名其妙的歌谣：

莫逐燕，逐燕日高飞，高飞上帝畿。[③]

人们想要问他歌谣的意义时，道士忽然凭空消失了。后人习惯于通过这些神秘主义的异象来解释当年轰动天下的靖难之役，仿佛一切都是天意。天意所在，即是民心。

---

① 程嗣功、王一化：《（万历）应天府志》卷二十，《四库全书存目丛书·史部》第203册，第538页。

② 《明史》卷一百四十一《方孝孺传》，第4020页。

③ 雷礼等：《皇明大政纪》卷五，《续修四库全书》第353册，第487—488页。

中国历史上极少有皇帝因为善政被篡位，死后却被民间反复追念。每一次有关建文帝行止的出现，无论真假，都会毫无悬念地成为明朝的头条新闻。建文帝的故事关乎国本，在靖难时牵连范围过大，在靖难后产生的影响又非常深远。

正统五年（1440）十一月，有一位九十多岁的僧人自云南去往广西，自称建文皇帝。消息传来，满朝震惊。正统皇帝特地出动了锦衣卫，将其抓捕归案。这位僧人被查明正身，实为河南钧州（今河南禹州）白沙里人杨行祥。经过四个月的关押之后，杨行祥死于狱中，死因不详。[1]他的同伙十二人被流放到辽东戍边，以儆效尤。

虽然是虚惊一场，杨行祥案折射的政治意义却远在法律意义之上。此案发生后，无论他是不是真的建文帝，都释放了一则不难推断的讯息：当年，建文帝恐怕并没有死去，永乐帝捏造的建文帝自焚的消息恐为政治谎言！

建文帝的下落成为明朝第一谜案，其中还流传一则真假难辨的传说，反映出民众对这位皇帝的同情。明英宗正统五年（1440），距靖难之役已经快四十个春秋。自永乐帝以来，历代皇帝继任后始终没有放松的工作就是秘密派人寻找建文帝。苦苦寻觅，终于有人打探到他的下落。为了辨别真假，朝廷专门派去了曾经服侍过建文帝的老太监吴亮。

建文帝见到这位老太监，开口问道："你难道不是吴亮吗？"老太监闪烁其词，谎称不是。建文帝从容地说道："从前，我在偏殿的时候，你还在吃饭，把一片鹅肉扔在了地上，让狗过来吃，还

① 《明英宗实录》卷七十三，正统五年十一月丁巳，第 1419 页。

说你不是吴亮？”吴公公听闻后，万分感慨，伏地大哭。一边哭着，一边匍匐在建文帝的脚下，偶然发现建文帝左脚趾上还保留儿时的黑痣。他捧起建文帝的脚踝，整个人都被痛苦的记忆和哭声淹没……[①]

离开后，一向规矩的吴公公没有按照规矩向朝廷汇报，而是选择了自缢身亡。

第三节　以洪武之名

今天我们如果去安徽凤阳旅游，明皇陵是值得注意的历史文化胜地。凤阳作为朱元璋崛起之地，在明朝被奉为中都，是除了南京、北京之外又一处政治要地，宫殿建筑莫不彰显皇家威严。明皇陵本名英陵，洪武二年（1369）改称皇陵，[②]是朱元璋用来安葬父母和兄嫂之处，世世代代由著名的部队——皇陵卫镇守。

建文元年（1399）十一月，燕王起兵多时。在与南军的军事对抗中，北军捷报频传。有人向燕王报告，我们刚俘虏了一批南军将士，经过询问，发现有一部分士兵的番号正是皇陵卫。

面对营中的降卒，朱棣胸中荡起一丝难过。少主看来真的深受奸臣蒙蔽，行军打仗，征战天下，难道还差这几个守卫我朱家皇陵的将士吗？他亲自来到衣衫褴褛的俘虏当中，对他们世代镇守皇陵的行为表示感激，并发放钱粮，让他们回去继续守陵。有的士兵不愿意回去，想要留在燕王军中效力。燕王挥了挥手，回去吧，守卫

① 《明史纪事本末》卷十七，第288页。
② 《明太祖实录》卷四十二，洪武二年五月甲午，第827页。

皇陵要紧。[①]

明祖陵服务区位于江苏省盱眙县，供宁宿徐高速公路上的乘客中途休憩。时移世易，南来北往的旅客在匆匆休息之后继续赶路，对此处的印象应该是某个不太知名的旅游景点。六百多年前，盱眙受京师直隶的凤阳府泗州管辖，[②]因为是明祖陵所在地，所以声名赫赫。如今，本地的声名则大半和美味的龙虾有关。

凤阳是朱元璋及其父母、兄嫂生于斯、长于斯的地方，所以朱元璋下令在凤阳建造皇陵祭奠。与其他朝代的开国皇帝不同，朱元璋出身布衣，并没有久远的族谱。朦胧之中，他只能追思自己的祖父、曾祖父、高祖父，便在泗州盱眙的老家建造祖陵。祖陵竣工后，官员按时祭祀，一切行动都步入常态化，直到多年以后一支军队的到来打破了此地的宁静。

建文四年（1402）五月，燕王的军队抵达泗州。一矢不发，守将周景初举城投降。受降后，朱棣奇怪地问周将军，为何本王还没有攻城，你就投降？周将军回答说，本地民众信奉僧伽神，卜问旱、涝、病、灾都非常灵验。听到殿下领军南下的消息，臣等一番斋戒，虔心求神，获得了神谕，顺应王命才是吉兆。臣等不敢违背神意，故而及早打开城门。[③]听了周将军的回答，朱棣脸上掠起几丝笑意，顺势将周将军从地上扶了起来。随后，他下令随从即刻动身前往祖陵拜谒。

① 《明太宗实录》卷五，（建文）元年十一月戊寅，第49—50页。
② 《明史》卷四十《地理志一》，第914页。
③ 《明太宗实录》卷九上，（建文）四年五月己卯，第119—120页。

洪泽湖水波澜不惊，西岸不远处有一方不起眼的土地，这便是大明王朝的根脉所在。朱元璋的祖父朱初一、曾祖父朱四九、高祖父朱百六及他们的配偶均安葬在此，号称祖陵。在列祖列宗面前，燕王朱棣除了感念祖宗恩德之外，更重要的是为自己辩白，并控诉不肖子孙朱允炆的昏聩。祖宗神灵在上，既然保佑我能够活着来到此处祭拜，就请继续保佑我完成靖难的大业吧！祭祀礼成，祖陵附近的父老乡亲都来军门拜谒。朱棣亲自接见，并将祭祀用的肉、酒等分发下去，同时还分别赏赐了钞币。捧着刚分发的福利，兴高采烈的百姓们对燕王的靖难旗号笃信不疑。对刚投降的泗州将士而言，没有人比他们更希望看到燕王取得最终的胜利，否则等待他们的必将是灭顶之灾。

建文四年（1402）六月，京师金川门守将谷王朱橞、李景隆等开门迎降。此时，一部分“识时务”的建文大臣争先恐后来到金川门谒见燕王，纷纷表示自己早就归心燕王，如大旱之望云霓。

有一位名叫杨子荣的翰林编修不慌不忙地来到燕王马下，问了燕王一个问题：

> 殿下今始入城，当先谒陵乎？先入庙乎？①

正在兴头上的朱棣被这个突如其来的问题问住了，本王征战四年，能有今日，不是应该直接登极吗，和谒陵、入庙有何关系？杨子荣非此即彼的问题暗藏玄机。颖悟过人的朱棣马上缓过神来，明白了这个隐晦问题背后的政治寓意，随即下令所有人马立刻掉头。

---

① 《皇明通纪法传全录》卷十三，《续修四库全书》第357册，第214页。

传令官四下传令：我们不是要去奉天殿，而是要去孝陵！

在掉头去孝陵的途中，朱棣对胆识过人的杨子荣格外敬重：如果不是先生提醒，本王险些铸成大错！杨子荣也因此被破格选入文渊阁，参与军机要务，并改名杨荣。[①]一个问题改变了一个人的一生。

到了孝陵，燕王朱棣匍匐在太祖神位面前，痛哭流涕，反复诉说：儿臣真的无心觊觎帝位，都是劣侄朱允炆听信谗言，才到了今天这种地步。如今大势已定，儿臣请求父皇在天之灵护佑……

刚在孝陵祭拜完毕，朱棣摆出一副返回军营的姿态。这时，蓄谋已久的文武大臣在路上簇拥过来，一定要请燕王即位。燕王从马上下来，连忙称自己德行不足，不敢即位。为了表明自己的态度，他又骑上了马背，煞有介事地下令全军回营。群臣和民众热情高涨，不顾礼数，围堵在燕王马前，以至于燕王寸步难行。几番推脱未能成功，这便是天意民心。朱棣非常"不情愿"地从马上下来，登上了群臣事先准备的龙辇，之后到奉天殿即皇帝位。读者如果还记得我们前文表述的朱元璋登极前的种种推辞，应该对此时朱棣的演技并不陌生。

根据《明太宗实录》的编排，当时燕王一行从孝陵到奉天殿，沿途民众莫不欢欣鼓舞，跪在街道两旁连称万岁。即位之后，京师人民更是欢声动地，[②]仿佛尧舜在世，盛世来临。

先前，当燕军抵达龙潭时，建文帝派遣曹国公李景隆、兵部尚书茹瑺到燕军军营中议和。建文帝的失败，在用人上暴露得一览无遗。李景隆心怀异志，之后率先迎降。掌握明朝兵马大权的茹尚书

① 《明史》卷一百四十八《杨荣传》，第4138页。

② 《明太宗实录》卷九下，（建文）四年六月己巳，第135页。

见到燕王时竟然伏地不起，流汗不止，由于过度紧张，在燕王面前居然一个字都说不出来。[①]燕王入京后，茹瑺率先请求燕王即皇帝位。朱棣坐定后，对茹瑺一班建文旧臣，不无难过地说：如今，朕得罪天地祖宗，如何是好？茹尚书调整到罕见的从容状态，跪地高喊：

陛下应天顺人，何谓得罪？[②]

哈哈哈哈……这是即位当天朱棣听到的最满意的回答。好一个"应天顺人"！他龙颜大悦，封茹瑺为忠诚伯，食禄一千石。

谒陵事件在很多人看来，是杨荣的提醒才使篡位的朱棣恍然大悟，意识到自己行为的乖张。如前所述，我们无法想象，一个奸诈的将领带着一群嗜血的将士就能发动冒险成为中国的主人，并管理好偌大的国家。在朱棣身上，被迫起兵与主动谋反二者之间很难划清界限。即便在礼制上，他干犯了"篡位"的恶名，心中对名分依然保持戒惧。就谒陵事件而言，人们很容易忽略朱棣在建文元年（1399）遣散明皇陵俘虏以及建文四年（1402）亲谒祖陵的行为。尊祖敬宗是儿孙的义务，逃无可逃。如果朱棣骨子里连这种伦常名分都不在意，杨荣的劝诫又有多少意义可言呢？

洪武三十五年（1402），一个虚拟的纪年。

同年六月十七日，是朱棣一生当中最值得纪念的日子，这一天

① 《明史》卷一百五十一《茹瑺传》，第4173—4174页。

② 张铨：《国史纪闻》卷四，田同旭等点校，上海：上海古籍出版社，2018年，第211页；《明史》卷一百五十一《茹瑺传》，第4174页。

他登极为天子。

七月初一，即位不久的朱棣在京师南郊举行规模盛大的合祀天地大典，恭请太祖神位配祀，同时下诏：

> 今年仍以洪武三十五年为纪，其改明年为永乐元年。建文以来，祖宗成法有更改者，仍复旧制。[1]

凡是太祖定立的规矩都要遵守，凡是建文帝变乱的制度都要改回。

朱棣的确说到做到。一位新任君主把开国皇帝的所有规定都原原本本加以复原，仿佛非如此不能证明自身的合法性。不幸的是，明王朝也随着这位新君主的怪诞诏令被一同拖入到一段近乎凝滞的历史当中。一个国家如果不把进步作为追求的目标，那么接下来发生任何荒谬的事情都在情理之中。

公元15世纪的头几年，人们进入京师的政治心脏——奉天殿，会看到与之前完全不同的景象。在建文帝时期，奉天殿之南分别矗立着奉天门、端门、应门、皋门、辂门等五座大门，附会天子五门的名称规定。[2] 如今，其中端门、应门、皋门、辂门四座都被撤去了匾额，改成午门、端门、承天门、正前门。在由南而北的三大殿（奉天殿、华盖殿、正心殿）中，正心殿也被改回了洪武时期的旧名——

---

① 《明太宗实录》卷十，洪武三十五年七月壬午，第145页。

② 《礼记·明堂位》："大庙，天子明堂。库门，天子皋门。雉门，天子应门。"郑玄注："言庙及门如天子之制也。天子五门：皋、库、雉、应、路。"（《礼记正义》卷三十一，郑玄注，孔颖达疏，龚抗云整理，北京：北京大学出版社，2000年，第1097页。）

谨身殿。[①]

同年七月，吏部上报一份建文时期的官制变革情况细目：六部尚书原来正二品，升为正一品，又增设侍中二员，正二品；户、刑二部下属部门原来十二司，改为四司；罢都察院改为御史府；改通政使司为通政寺；翰林院官旧设学士及侍读学士、侍讲学士，建文于翰林增设正官学士承旨一员，在学士之上，又改侍读学士、侍讲学士俱为文学博士；光禄寺少卿旧五品，升四品，寺丞旧六品，升五品；太仆寺寺丞旧六品，升五品；鸿胪寺少卿旧从五品，升正五品，寺丞旧从六品，升正六品；升国子监丞为堂上官，革罢学正、学录。就地方官员而言，各布政司布政使旧从二品，建文时期升正二品，参政旧从三品，升正三品，参议旧从四品，升正四品。又改各处提刑按察司为肃政按察司。

接到吏部奏报，朱棣认为，前人创立制度都有深意，行之既久，并无弊端。建文肆意变更祖制，所以才会迅速灭亡。从今以后，但凡建文帝变革的官制统统复旧。[②]

建文帝在官制上的改革并非完全稽古，徒增纷扰，也有行政简化的举措。比如在外文职官员考满时必须本人赴京，建文帝命令只要进缴牌册即可，不必来京，又如各处闸、坝、驿、丞、递运、司狱等官原来要三年一次考核，建文改为九年一考。原来地方官员，包括布政司、府、州、县官的考核都要填写纸牌，还要准备功迹、功业、须知三份文档，建文帝命令只要上缴一面纸牌，一本功业文

① 《明太宗实录》卷九下，洪武三十五年六月庚午，第 136 页。

② 《明太宗实录》卷十上，洪武三十五年七月甲申，第 151—153 页。

册。这些举措在洪武三十五年（1402）七月之后，也一律被废除。[①]历史的时钟就这样被拨回，时光仿佛在倒流。

除了地方守官之外，还有天下卫所的建制。建文初年，朝廷将沈阳左卫改为衡山护卫，右卫为临安护卫。至此，兵部迎合朱棣的意图，提出不仅要恢复沈阳左右二卫的旧名，还应当把建文时期天下改革的卫所恢复到原来的面貌。[②]这一奏请也获得朱棣的允许。

朱棣"去建文化"的举措在朝臣之中不无异议。因为迎附有功，吏部右侍郎蹇义升为左侍郎。蹇义就曾进言，变革要损益得当。建文时期的种种更改固然不妥，如今陛下全部恢复洪武旧制，似乎也未必得当。永乐帝听从了他的意见。[③]

朱棣之所以妥协并非意识到自己政策的问题，更大的用意在于树立自己从谏如流、重贤纳士的明君形象。蹇义与夏原吉都是建文重臣，官至侍郎。朱棣力排众议，将此二人分别拔擢为吏部尚书、户部尚书，管理明王朝的人事与经济。二人果然不负所托，历仕永乐、洪熙、宣德等朝，在位二十七年，对"仁宣之治"盛世的出现做出不可磨灭的贡献，中外交口称誉，号为"蹇、夏"。[④]也正是因为用对了人，即便朱棣倒行逆施，政治局面也不至于陷入分崩离析的

① 《明太宗实录》卷十下，洪武三十五年七月甲午，第161—162页。

② 《明太宗实录》卷十下，洪武三十五年七月戊戌，第165页。

③ 《明史》卷一百四十九《蹇义传》，第4147—4148页。

④ 《明史》卷一百四十九《蹇义传》，第4148页。

境地。[①]

早在洪武三十五年（1402）七月，朱棣就表现出他并非悉数恢复祖制的主见。当时，礼部奏言，建文时期，把天地坛祠祭署改为南郊祠祭署，山川坛籍田祠祭署改为籍田祠祭署，泗州祠祭署改为泗宾祠祭署，宿州祠祭署改为新丰祠祭署，又新设钟山祠祭署，不合旧制。朱棣认为，泗州、宿州、山川坛籍田祠祭署仍复旧制，天地坛祠祭署定为郊坛祠祭署，钟山祠祭署既然设立，不可革罢。[②]以恢复洪武旧制为主，但是零星地保留建文更制，也不可避免地有所新制。

在其位，谋其政，变革官制一事让吏部最为焦虑。朱棣即位之初，特别谈到官制，比如散官，本是沿袭前代，更改与否都无关紧要，为什么非要变革？孝陵封土未干，小子何忍骤行新制？他又提到，后世总有一些轻佻谄媚之徒，诱导君主变革祖制，企图获得君主的恩宠，以至于国家凋敝，人民反叛，应该引以为戒！无论朱棣

① 朱棣目光如炬，在黄福的任用上可窥一斑。永乐四年（1406）七月，由于安南国（今越南）的篡位大臣黎季犛伏杀明朝使者护送回国的安南国王孙陈天平，朱棣下令成国公朱能、西平侯沐晟、新城侯张辅等远征安南，任命北京行部尚书黄福等人总督军饷。此时，有武臣认为，黄福是建文旧臣，让他来总督军饷，恐怕不妥。永乐帝引用唐太宗委任王珪、魏徵的例子，反驳说："今朕用人，无问新旧，惟贤才是用，何尝存一毫私意！有过者，必体情容之；有才者，必推诚用之。上能诚，则人乐尽力。若蓄疑，则人图苟免责，谁肯尽心？尔自今慎之，勿复有言。"（陈建：《皇明通纪》卷五，第426页。）安南平定后，内属于明王朝，称为交趾省，设置郡县。黄福以行部尚书的名义被任命为布政使、按察使，全权管理新归附的属地。史称，黄尚书在交趾供职十九年，与民休息，交人仰之如父母。黄福调回后，由于宦官马骐的虐政，交趾叛乱。此后，明廷放弃交趾。头目黎利感叹道："中国遣官治交趾，使人人如黄尚书，我岂得反哉！"（《明史》卷一百五十四《黄福传》，第4226页。）

② 《明太宗实录》卷十上，洪武三十五年七月丁亥，第157页。

这番话的真正意图何在，当时侍奉在一旁的吏部尚书张纨如坐针毡。前不久，因为同僚兵部尚书茹瑺的进谏，张尚书刚从奸臣榜上除名。[①]如今，朱棣这番言语应该不是无的放矢。

从奉天殿回到吏部官署，张尚书一路上心情沉重。回首往事，他曾经在云南执政十七年，治行为天下第一，得到高皇帝御赐诗二首的破格表彰，获得无数人歆羡的目光。建文帝即位后，他由封疆大吏入朝拜为吏部尚书，为朝廷举荐了诸多贤才。事到如今，张尚书受到新君主猜忌，无颜面对高皇帝、建文帝。他一路踉跄，来到了吏部后堂，手里拿起一条白绫……张尚书的府邸也传来噩耗。下人发现张夫人和公子、小姐的尸体漂浮在后院池中……吏部尚书张纨一家自杀后，吏部侍郎毛泰亨也选择了用死亡的方式来表达对永乐新世界的无可留恋。[②]

如果朱棣的说辞果然可信，太祖高皇帝立下的制度果然都深谋远虑可以福泽后世，事情无疑容易许多。然而，真实情况并非如此。朱元璋表面上强调礼律并重，[③]实则在具体施行中，往往律先于礼。他所颁行的《大诰三编》，单是凌迟、枭首、族诛者就有千百个名目，弃市以下的罪名更是成千上万。为了鼓动民众学习《大诰》的热情，京师曾经一次性接待天下来讲读《大诰》的十九万名师生，并发放

① 《明通鉴》卷十三，第608页。

② 《明史》卷一百五十一《张纨传》，第4176页；《明史纪事本末》卷十六，第274—275页。

③ 《御制大明律序》言："朕有天下，仿古为治，明礼以导民，定律以绳顽。"（《皇明制书》，杨一凡点校，北京：社会科学文献出版社，2013年，第811页。）

津贴。[1]当时，民间还盛传，只要家藏一部《大诰》，即便犯罪，也可罪减一等。实则，罪减一等仅适用于笞、杖、徒、流等罪名。[2]学习《大诰》的声势如此浩大，不免让人怀疑《大明律》本身的地位与效力，至少这不是一个法治的国度。

在古代中国，立法权和司法权很难实现独立。如果朱元璋既是公正的立法者，又是公正的执法者，二者也并不冲突。问题在于，朱元璋遇到具体的事件，既不依照《大明律》，又不依照《大诰》，而是依照“圣裁”（一己私心）大开杀戒。在洪武四大案中，胡惟庸、蓝玉两案，株连死亡的人数累计超过四万，郭桓案也造成数万人殒命，还有空印案中数百名官员人头落地，内外官僚近半数受此牵累。[3]以执法部门而言，国家已经设立刑部。洪武中叶，朱元璋又额外设立镇抚司，成立锦衣卫，并使其凌驾于刑部之上。洪武末年，朱元璋废除镇抚司，将关押罪犯移交给刑部。朱元璋崇奉“乱世用重典”的信条，每每带头徇私枉法，久而久之，也逐渐意识到流弊。和大多数中国式父母一样，他把无力完成的希望寄托在子孙身上。通过对继承人朱允炆的观察，他相信自己看到了大明朝轻刑罚的美好明天。

建文帝即位之后，不负所托，改变重典治国的旧国策，采用仁义化民的新国策。他颁布诏书，向天下人昭告国家风向已经转动：

> 夫律设大法，礼顺人情，齐民以刑，不若以礼。其谕天下

① 《明史》卷九十三《刑法志一》，第 2284 页。

② 陈建：《皇明启运录》卷七，钱茂伟点校，北京：中华书局，2008 年，第 255 页。

③ 《明史》卷九十四《刑法志二》，第 2318—2319 页。

有司，务崇礼教，赦疑狱，称朕嘉与万方之意。[①]

在他的治理下，成效立竿见影。建文元年（1399），刑部上报本年度刑犯人数同比洪武末年减少30%。[②]当明朝的百姓刚从洪武时期的严刑峻法中松口气的时候，突然发现有一只强大而有力的手掐住了自己的脖子。

燕王入主京师，本着“去建文化”的理路，一切刑罚审议要严格按照《大明律》行事。朱棣的这种作为充满矛盾，乃祖朱元璋之所以用重典，是乱世中的选择，如今朱棣恢复重典，无异于承认自己带来的是一个乱世。

永乐四年（1406），朱棣“申严诽谤之禁”，再一次强调，严禁民间诽谤朝廷。[③]简单地讲，就是将针对其统治的所有负面议论通通视作“诽谤”，甚至鼓励互相检举揭发。诽谤罪也由此成为不少官民被揭发、检举的一条重罪。家破人亡，比比皆是。

如果说朱元璋以重典治国是因为乱世的特殊背景，需要为一个乱世尽快确立法律典范，那么朱棣的诽谤罪则几乎完全出于私心。由于篡位的特殊关系，朱棣执政后，对建文帝的后宫、忠臣等采取了极为残忍的清洗政策。把犯人满门抄斩、挖墓鞭尸不再是新闻，幸存的妻女要么发送到浣衣局服役至死，要么发送到教坊司成为新贵的玩物，要么直接被当成奴婢赏赐给有功官员。亲戚朋友但凡有一些联系的，也往往难逃被发配戍边的厄运。[④]

---

① 《明史》卷九十三《刑法志一》，第2285—2286页。

② 《明史》卷九十四《刑法志二》，第2320页。

③ 《明太宗实录》卷五十六，永乐四年七月乙巳，第831页。

④ 《明史》卷九十四《刑法志二》，第2320页。

“奸党”成为永乐新世界最致命、最流行的词汇。无论有罪还是无罪，只要沾染“奸党”二字，涉事人可能倾家荡产，乃至家破人亡。淮安府山阳县有一位名叫丁钰的平民，以“诽谤”的罪名，先后检举揭发数十人。实则这数十人不过是在举行年度性的赛社活动，仅仅是出于祈祷平安的目的。因为丁钰的检举，数十人就这样背负“奸党”的污名死于非命。他的这种疯狂举动获得司法官员的高度赏识，更被永乐帝视为忠勇，破格授予刑科给事中的职位。[①]

申严诽谤罪折射出的不仅是统治政权的不自信问题，更致命的是，它打造了一个人人自危的恶世界。在这个恶世界中，人与人之间的信任成为必须被摒弃的美德。诽谤成风，诬告流行。在永乐新世界中，受到官方鼓励的不再是敦睦修好的宗族美德，而是互相揭发牟取名利的资格。只有人人自危，才没人胆敢质疑永乐政权的合法性。

我们并不完全清楚从建文元年（1399）到建文四年（1402）这段时间里，朱棣本人到底遭遇过多少挫折。根据史籍记载，早在建文帝派人刺探他的时候，为了打消朝廷的猜忌，他在街道上装疯卖傻，一会儿胡言乱语，一会儿晕厥在路边。炎热的夏天，他还抱着火炉，并反复嘀咕：天怎么这么冷，天怎么这么冷……[②] 为了应对高压的形势，朱棣佯狂的诸多行为，要么说明他是个天生的演员，演技一流，要么说明他内心已经黑化，为了生存，他愿意豁出一切。他不但不相信任何人，甚至根本不把人命当成一回事情。他曾经因为被通缉、被羞辱受到的内伤，即位之后要让全天下人一同体会。

① 沈德符：《万历野获编补遗》“朝士匿丧”条，第 2790 页。

② 陈建：《皇明通纪》卷一，第 320 页，

即便如此，善良的历史学家还是坚信永乐帝身上依然闪耀着人性的光辉。不少史籍都举出一个例子，通过永乐帝的纠结与检讨，歌颂依法治国的重要性。永乐十三年（1415）十月，司法官员上奏，有人冒支官粮，朱棣下令立即处死。刑部官员清楚，冒支官粮虽然可恨，但是罪不至死，却又不能违抗圣旨，最后还是小心翼翼地第二次上奏。接到刑部的奏文，朱棣若有所失地说道："下令处决犯人乃朕一时之怒，这是朕的过失，应当依律行事。从今以后，凡是处决要案应当坚持五次覆奏，反复审查，以免滥杀无辜。"[①]

时间和经历二者之间经过某种微妙的化学反应之后，会重塑一个人的性格，无论善恶，当然也可能无能为力。永乐二十二年（1424）十一月，礼部尚书吕震接到一封御札，大意为：建文奸党中的正犯都已被处决，家属发送在教坊司、浣衣局服役的以及在功臣家当奴隶的，可以赦免为民，给还田土。还有发配充军的，也一并宽宥为民。[②]吕尚书内心深处不禁发出"皇恩浩荡"的呼喊。二十多年过去了，幼童早已成人，少男少女不再年轻，有些人已经衰老，乃至离开了人世。无论如何，饱受磨难的建文忠臣的后裔和亲属终于开始从历史的夹缝中走出来……

可惜，这封御札并不出于朱棣之手。朱棣早在七月就驾崩了。直到临终之际，他都没有原谅"建文奸党"及其家属。只要符合所谓的祖制，只要以洪武之名，再残忍的事情，朱棣都做得出来，而且死不悔改。

① 《皇明通纪集要》卷五十七，《中国野史集成续编》第10册，第638页。

② 《明仁宗实录》卷四上，永乐二十二年十一月壬申，"中研院"历史语言研究所1962年校印本，第131页。

惺惺相惜，自古而然，只有落难的皇帝才最能理解落难的皇帝。时光一转眼，就到了天顺元年（1457）十月的冬天。明英宗朱祁镇经历阶下囚的北狩生活，之后奇迹般地通过“夺门之变”重登宝座。即位之后，改元天顺。在落难草原的日子里，悲惨的经历让他挂念起一个人——建文君。建文君失踪之后，他有两个儿子，七岁的长子朱文奎下落不明，次子朱文圭年仅两岁，便被废为建庶人。因为身份的拖累，还在牙牙学语的朱文圭被打入中都广安宫。[①]建文君还有一个异母弟，也被废为吴庶人，同样被判处了无期徒刑。

这年冬天，在请示太后之后，明英宗特别下令，允许建庶人和吴庶人在凤阳居住，每月由当地官府提供柴米，并且可以自由婚配，生儿育女。[②]被关押了五十多年后，年近六十岁的建庶人第一次迈出牢房，看到路上的牛羊，好奇地向同行的太监牛玉等人询问，这些都是什么动物。同行者告诉他这是牛、那是羊之后，忍不住泪流满面……建庶人终究没有生下子嗣，不久撒手尘寰。建文帝的血脉至此彻底断绝。[③]

上天有好生之德。建文帝在明朝中叶彻底绝后，他的忠臣却意外地保留下来子嗣。方孝孺因为辱骂朱棣、拒不草诏被处以灭十族的极刑，九岁的幼子方德宗却躲过了一劫。当时，刑部尚书魏泽被贬为宁海尉，受命追捕方德宗。由于良心未泯，魏泽将找到的方德宗偷偷托付给余学夔。余学夔带着方德宗潜逃到松江岛屿，以织造

① 《明史》卷一百十八《诸王传三》，第3615页。

② 《明英宗实录》卷二百八十三，天顺元年十月丙辰，第6079—6080页。

③ 史载：“庶人入禁时方二岁，至是年五十六矣，出见牛马亦不识。未几，庶人卒。懿文太子及建文君皆无后。”（《皇明通纪法传全录》卷二十一，《续修四库全书》第357册，第362页。）

渔网为生，将其改姓为余。此后，华亭（今上海松江）当地的百姓俞允将自己的养女许配给余德宗，方家才得以繁衍生息……

明熹宗天启二年（1622）五月，时隔两百二十多年后，国家对建文忠臣的后裔不再冷若肃霜。方孝孺的十世孙方忠奕来到京师伏阙上书，请求朝廷恤录方孝孺，允许公开祭祀。①

这一次，明廷没有让天下人失望。

第四节　父亲的榜样

著名气象学家竺可桢先生在《中国近五千年来气候变迁的初步研究》一文中指出，公元15世纪到19世纪，中国的冬季更加寒冷。②加拿大学者卜正民（Timothy Brook）教授在《哈佛中国史·元明卷》中也提到，元明时期，中国正经历一个小冰期（The Little Ice Age）。这一时期，温度普遍较低，有很多传世的图画可以为证。③洪武末年，北平燕王府内，人们确实感到寒冷比往常来得更猛烈一些。

严寒之下，人也变得无聊起来，总要找些事情打发时间。燕王朱棣看到身边的谋士道衍，知道这位和尚擅长对对子，不妨出个对子，将他戏耍一番。结合当下的天气，朱棣捋了捋胡须，操着凤阳

① 《明熹宗实录》卷二十二，天启二年五月己亥，"中研院"历史语言研究所1962年校印本，第1090页。

② 竺可桢：《中国近五千年来气候变迁的初步研究》，《考古学报》1972年第1期。

③ Timothy Brook. *The Troubled Empire: China in the Yuan and Ming Dynasties*, The Belknap Press of Harvard University Press, 2010, pp.53—59.

方言吟出了上联：

天寒地冻，水无一点不成氷（冰）。

坐在一旁睡意沉沉的和尚，拨动了一下手上的念珠，带着浓浓的姑苏乡音几乎不假思索地对出下联：

国乱民愁，王不出头谁作主。[①]

听完下联，朱棣浑身燥热，大喜过望："先生果然才思敏捷，天资过人！"

这位形如病虎的胖和尚微微睁开了双眼，嘴角上扬了一下，又继续瞌睡过去。

这副对子在不经意间点中了朱棣最敏感的穴位，让他的热血全部燃烧起来。父皇不久将离开人世，天下将落于何人之手，尚未可知。事在人为，只要能抓住机会，朱棣便可为燕王府争得一顶白帽子。[②]

洪武帝驾崩了，皇位传给了皇太孙朱允炆。君臣名分是礼之大节，但包括燕王朱棣在内的诸位皇叔对年轻的侄子实在无法提起应有的尊重，这位乳臭未干的小子怎能统御我大明江山？

建文元年（1399）四月，洪武帝驾崩一周年，皇室正在筹措小

---

① 陈建：《皇明启运录》卷七，第 237 页。

② 洪武十五年（1382），朱元璋将高僧分派给诸王，承担辅导的职责。其中，俗名姚广孝的道衍和尚向燕王毛遂自荐："殿下若能用臣，臣当奉一白帽子与大王戴也。""王"字上面加一个"白"字，便是"皇"。道衍精通异术，在他心中，燕王很可能成为他日的皇帝。（参陈建：《皇明启运录》卷七，第 236—237 页。）

祥祭典。皇城内外一片肃穆，宗亲子弟、文武百官有条不紊地参加祭礼。一切肃穆得出奇，仿佛高皇帝不是驾崩一年，而是刚刚去世。时节分明已经进入初夏，国家官员却感受到令人窒息的寒气。这股寒气不是来自小祥的仪式，而是源于云谲波诡的政局。宁谧的祭礼之后，明朝从京师到边陲都散发出剑拔弩张的战火气息。一场侄子与众皇叔的权力争夺战正在如火如荼地展开……

众皇叔之中，镇守北平的燕王实力最强。就在上个月，朝廷命令都督宋忠调遣戍边的三万马步官兵在京东重镇开平（今河北开平）完成集结，又命令老将耿炳文之子都督耿瓛到山海关一带军事操练，都督徐凯到临清（今山东临清）地区进行军事演习。同时，还将燕王府护卫中的精锐军士全部调拨宋忠麾下，又命令永清（今河北永清）左卫官军到彰德（今河南安阳）地区待命，永清右卫官军于顺德（今河北邢台）一带集结。[①] 一张大网正在收缩，燕王府已经成为瓮中之鳖。

朱棣失去了先发制人的优势，正在被锁死。此时此刻，他即便拿出手下的兵马孤注一掷，也注定是竹篮打水一场空。因为他的三个儿子朱高炽、朱高煦、朱高燧都在京师守丧，一旦举兵，朱棣可能立刻绝后。这种代价过于沉重，他只能频频上奏，谎称自己染有重病，命在旦夕，恳请朝廷开恩，允许三子回来探视，成全父子天伦。

关于是否遣回燕王三子的问题，朝廷意见并不统一。兵部尚书齐泰认为，不用理会燕王的奏疏，应该扣押三子作为人质。翰林学士黄子澄以为，应该遣送他们，正好可以打消燕王的戒心，然后发

① 《明太宗实录》卷一，（建文）元年三月，第9—10页。

动突袭，一劳永逸。建文帝询问了魏国公徐辉祖的意见。徐辉祖是朱棣的内兄，也是燕王三子的舅舅。于私而论，他应该为外甥考虑。不料，他明确回奏建文帝，这三个人断然不可遣送回府。特别是朱高煦，此人凶悍无赖，不但会背叛国家，甚至会背叛亲生父亲，此时遣送，必将后患无穷！[①] 建文帝仁孝为本，最后还是听从了文臣黄子澄的意见。自此，燕王朱棣无所顾忌，即将举起对抗朝廷的靖难大旗。[②]

当年，三个王子获准离京，喜出望外。朱高炽和朱高燧都在收拾行囊，然后与友人一一惜别。北归时分，兄弟二人在龙江港的船上伫立良久，迟迟没有看到朱高煦的身影……

不远处，有一位青年骑着一匹快马正朝这边夺命奔来。此人正是朱高煦。临行前，他想起一向不和的大舅徐辉祖家里还有一匹宝马，平日里早就垂涎三尺。在离京的最后关头，他将其从马厩中偷了出来。等到怒不可遏的大舅带人追到港口时，朱高煦兄弟三人早已渡江去也。[③]

禅让和世袭是古代中国最重要的两种皇位继承制度。禅让制与其说实有，毋宁说是儒者对上古社会的一种浪漫主义构想，刻意光大尧、舜、禹的传说。至于“天下为公”的理想社会究竟是否存在，历朝历代始终存在络绎不绝的质疑声。

---

① 《明通鉴》卷十二，第 562 页。

② 史称：“（三子）至则燕王大喜曰：‘吾父子复得相聚，天赞我也。’于是反志益决。”（《明通鉴》卷十二，第 563 页。）

③ 陈建：《皇明通纪》卷一，第 318—319 页。

延康元年（220），魏王曹丕从汉献帝手中接过天下之前，人为地编造天命转移的故事。[1]在祭坛举行完禅让大典之后，曹丕回过头来，对群臣说了一句十分值得玩味的话：

舜、禹之事，吾知之矣。[2]

作为汉王室的篡权者，曹丕的犀利言辞为禅让传说裹上了一件阴谋论的外衣。禅让制的依据是天命转移，可自古以来，上至改朝换代的君主，中至辅国或者弄权的重臣，下至反叛的盗匪头目，无不认为自己所做的事情就是替天行道。回归到周礼的框架中，既然后禅让时代已经是大势所趋，如何稳固家天下便成为最为棘手的问题。所谓的嫡长子继承制看似是最不坏的王位继承制度，其实从历史经验上看，这种制度并没有有效地阻止动荡的产生。

洪武二十五年（1392）四月，在太子朱标薨逝后，朱元璋十分清楚面临的国本危机。同年九月，朱标次子允炆被立为皇太孙。[3]朱标父子二人向以宽厚著称，但宽厚这种美德远不足以驾驭整个国家，尤其是朱允炆作为晚辈，在宿将和皇叔面前严重缺乏威望。老迈的高皇帝无力解决这种问题，只能依照礼制伦序顺应历史的潮流，与之浮沉。直到燕王的军队杀入京师之后，人们才不得不承认，明

① 袁宏《汉纪》记载汉帝禅位诏书："朕在位三十有二载，遭天下荡覆，幸赖祖宗之灵，危而复存。然仰瞻天文，俯察民心，炎精之数既终，行运在乎曹氏。是以前王既树神武之绩，今王又光曜明德以应其期，是历数昭明，信可知矣。夫大道之行，天下为公，选贤与能，故唐尧不私于厥子，而名播于无穷。朕羡而慕焉，今其追踵尧典，禅位于魏王。"（陈寿：《三国志》卷二《文帝纪》，北京：中华书局，1982 年，第 62 页。）

② 《三国志》卷二《文帝纪》，第 75 页。

③ 《明通鉴》卷十，第 512 页。

帝国这艘巨轮被卷入汹涌的旋涡之中，所有人都不能置身事外。

永乐二十二年（1424）七月，朱棣在北征归途的榆木川（在今内蒙古）驾崩，即位者毫无意外是太子朱高炽。对此，汉王朱高煦嗤之以鼻，甚至对死去的父皇也难以流露出儿臣应有的悲恸。

朱高炽和朱高煦同父同母，本应当是最亲密的兄弟。靖难以来，朱高煦对朱高炽积怨日增，两人间的貌合神离最终恶化到无可扭转的地步。朱棣之所以能够顺利地问鼎天下，朱高煦功不可没。他身长七尺，身形矫捷，擅长骑射，勇武有类乃父，在白沟河、东昌等一系列南北大战中，战功显赫，获得燕王麾下名将丘福等人的铁杆拥护。[1] 特别是在即将攻克京师的渡江战役中，朱高煦率领骑兵及时增援，才让燕军转危为安。燕王颇为感激地拍了拍他的后背，对他说了一句："吾病矣，汝努力，世子多疾。"[2] 世子朱高炽素有足疾，走路都要别人搀扶，想来也是废人一个。关键时刻，哪里能指望远在两千里之外的那位身体肥硕的兄长呢？经过朱高煦的奋勇突破，渡江战役一举成功。随后，京师被攻克，燕王摇身一变成了皇帝。

永乐二年（1404）四月，父皇口中那位"多疾"的胖兄被召至京师，身体看上去却非常硬朗。随后，世子朱高炽被册封为皇太子，朱高煦、朱高燧二人分别被册封为汉王、赵王。更让朱高煦懊恼的是，他的封地远在万里之外的云南！他强烈地感到，自己被父皇无

---

① 丘福在永乐武将中，地位显赫。史载："（成祖）即位，大封功臣，第（丘）福为首。授奉天靖难推诚宣力武臣、特进荣禄大夫、右柱国、中军都督府左都督，封淇国公，禄二千五百石，与世券。命议诸功臣封赏，每奉命议政，皆首福。汉王高煦数将兵有功，成祖爱之。福武人，与之善，数劝立为太子。"（《明史》卷一百四十五《丘福传》，第4088页。）

② 《明史纪事本末》卷二十七，第399页。

情地利用后像敝屣一样丢开。

按照朝廷礼制，汉王朱高煦在受封之后应当尽快前往封地云南。他满腹委屈，不愿离去，并且口出怨言：“我何罪，乃斥万里之远！”[①]永乐帝震怒，在太子的调和下，才让汉王朱高煦姑且羁留京师。在此后的十几年里，次子朱高煦经常随从父皇北征。与此同时，他多了一位人生偶像——唐太宗李世民。李世民曾经做过秦王，尽管不是太子，后来却通过发动震惊天下的“玄武门之变”坐到了唐帝国的龙椅之上。北征途中，山一程，水一程，朱高煦念念不忘在父皇耳边吹风。他处心积虑，必欲取代太子而后快。凭借自己的特殊地位和威望，他顺便清理了朝中的一位名士——解缙。

解缙自幼聪敏，是洪武二十一年（1388）进士，深受高皇帝宠爱。朱元璋曾经用“朕与尔义则君臣，恩犹父子”[②]来形容对解缙的赏识，如此礼遇，并世罕见其匹。朱棣入主京师后，他主动迎附，以翰林侍读的身份当值文渊阁，参与军机要务。和多数才华横溢的人一样，解缙身上流露出难以遮掩的狂傲之气，他自己也非常热衷臧否人物。如果只是批评一般的同僚也无伤大雅，而他却轻率地介入到王储遴选的死生大事之中。

永乐二年（1404），在建储问题上，朱棣摇摆不定。淇国公丘福等武将极力赞成册封汉王为皇太子。丘福是燕王藩邸旧人，心腹中的心腹，介入建储大事，无可厚非。等问到解缙的意见时，解缙似乎忘记了自己迎附新臣的地位，贸然说道：“皇长子仁孝，天下归心。”看到永乐帝还在摇摆时，解缙又发挥自己的智慧，顿首说

① 《明通鉴》卷十四，第654页。

② 《明史》卷一百四十七《解缙传》，第4115页。

道："好圣孙。"世子朱高炽体肥足疾，孙子朱瞻基却器宇轩昂。[1]解缙的聪慧终于帮助朱高炽赢得皇太子的位置。祸福相依，得失相继。解缙帮助明朝确立了一位好皇帝，日后为此付出的代价却远远超出他的想象。

汉王朱高煦自此将解缙列为重点打击对象，不断拉拢文臣武将罗织罪名。解缙先是被流放到交趾为官，命悬一线。永乐八年（1410），他到北京奏事，正值朱棣北征，便在觐见皇太子后径自回去了，犯了人臣大忌。陪同亲征的汉王极力中伤，导致永乐帝震怒，下令将解缙逮入诏狱。在诏狱中，解缙备受折磨，体无完肤。五年之后，他终于迎来了彻底解脱的曙光。

当锦衣卫统领纪纲呈报囚犯名册时，永乐帝看到了解缙的名字，不无嫌弃地说了一句："缙犹在耶？"纪纲得到暗示后，从诏狱中提出解缙，罕见地请他喝了一次酒。酒醉后，纪纲令人把他埋在了皑皑白雪之中。大明朝名噪一时的解学士就此成为一具冻骨，年仅四十七岁。当年，解缙在凭吊南宋丞相文天祥的长诗中，就有"崖山云寒海舟覆，六载孤臣老燕狱"[2]之语，如今自己竟然在被囚数

---

① 《明史》卷一百四十七《解缙传》，第4121页。

② 《题文文山上巳诗后》全诗为："崖山云寒海舟覆，六载孤臣老燕狱。东风杜宇三月三，五陵望断春芜绿。墨花皇皇五十六，写出江南愁万斛。当时下笔眼如虎，日落天低鬼神哭。扬帆昔走仪真船，手持鳌柱擎南天。间关岭海血洒檄，回首家国随飞烟。六宫粉黛黄埃里，汉火无光吹不起。全躯肯学褚渊生，嚼舌甘为杲卿死。蓟门草碧春凄凄，高官不换西山薇。哀吟一曲肝肠裂，劲气万丈蛟龙飞。当年恨杀葛岭贼，恨不刳心食肉血。堂堂忠义行宇宙，白日青天照遗墨。落花寒食风雨时，展卷如对虎龙姿。再拜酹公金屈卮，有酒不读《兰亭诗》。"（解缙：《文毅集》卷四，清文渊阁《四库全书》本影印本第1236册，第620页。）

年后同样没能逃脱死亡的命运。死后，他全家被查抄，妻子和宗亲也被流放到辽东。[1]

如果说伴君如伴虎，那么在建储问题上，任何涉事的官员不啻处于群虎之中。永乐十三年（1415），解缙案件对朝臣形成了一股空前的压力。此后，汉王势力正在增长，太子依然存在被置换的危机。永乐十四年（1416）十一月，永乐帝正式公布迁都北京的决定。与此同时，早在去年应该前往新封地青州（今山东青州）的汉王非但没有离开南京，反而私募三千军士，僭越天子器物，图谋不轨。

接到奏报，朱棣专程从北京星夜来到南京，询问吏部尚书蹇义，汉王究竟有无逾越雷池。有了解缙的前车之鉴，蹇尚书咬定自己并不知情。朱棣反复问了几遍，蹇尚书只是跪地不起。[2] 蹇尚书此举确实明哲保身，可如果人人缄口不言，人人只顾利害，将置太子于何地，置是非于何地？

阁臣当中，杨士奇虽非燕邸旧臣，却担当教导皇太子的职责。与解缙不同，杨士奇行事极其谨慎，“私居不言公事，虽至亲厚不得闻”。[3] 不仅不喜欢批评别人，反而乐于替别人解围，宽宥他人的小过。在朱棣北征期间，杨士奇与蹇义等人奉命留守京师，辅佐太子。当永乐帝问询汉王谋反一事时，杨士奇回答说，当初陛下分封汉王到云南，汉王没有就国，此后转封青州，汉王还是没有就国。如今陛下刚要迁都北京，汉王就主动请求留守南京。汉王之心，路

① 《明史》卷一百四十七《解缙传》，第 4122 页。

② 《明史纪事本末》卷二十七，第 400—401 页。

③ 《明史》卷一百四十八《杨士奇传》，第 4131 页。

人皆知。还请陛下自行处置，“用全父子之恩，以贻永世之利”。[①]没有搬出长篇大论，只是列举事实；没有直接道明孰是孰非，只是将决定权全部归于圣裁。

父子之恩、兄弟之情、君臣之分，能够周旋其间者，要么素为股肱心腹，要么望重德高，这两者又都离不开极其慎重的处事方式。杨士奇、蹇义二人一言一默，均得以寿终，分别享年八十、七十三，成为有明一朝的名臣典范。

至于处理结果，汉王朱高煦被朱棣削夺侍卫，于永乐十五年（1417）三月被发往山东乐安（今山东惠民）安置。[②]之所以作出这种安排，按照朱棣的话说，乐安离北京甚近，如果汉王谋事，朝廷大军可以朝发夕至。[③]失去了爪牙的汉王如今只能龟缩一隅，带着不甘寂寞的心向父皇显示表面的忠诚。

此后七年中，永乐帝一如既往地带着军队北征，俘获寥寥，用户部尚书夏原吉的话说：“比年师出无功，军马储蓄，十丧八九，灾眚迭作，内外俱疲。”[④]皇太子一如既往地带着文臣监国，处理政务。多年以来，这对父子配合默契，一个主外，一个主内，不像是君

① 黄训：《名臣经济录》卷二，清文渊阁《四库全书》影印本第443册，第28页。

② 朱高煦被迁往山东乐安州安置，《皇明通纪》载为山东永安州（《皇明通纪》卷七，第478页）。今检《明实录》等史籍，当以乐安州为是。（参《明太宗实录》卷一百八十六，永乐十五年三月丙午，第1994页。）朱高煦因为图谋不轨被削除两护卫一事在永乐十四年（1416），徙封乐安一事在永乐十五年（1417）。（参《明史》卷一百十八《诸王传三》，第3617页；《明通鉴》卷十六，第742、745页。）《明史纪事本末》混二事于一年（永乐十五年，1417），不确。

③ 《明史纪事本末》卷二十七，第401页。

④ 《明通鉴》卷十七，第767页。

臣，更像是夫妻。当然，南北中间还夹杂着一位心比天高的怨妇。

仁宗即位（1424）之后，随着大赦令等惠民政令的颁布，官民可以从永乐一朝的高压政治中松口气。可是洪熙元年（1425）的春天，南京官民心情格外沉重。是年正月，洪熙皇帝带着文武百官到京师南郊举行合祀天地大典，并以太祖、太宗的神位配祀，祈祷国泰民安。天下改元，万象更新，本来是普天同庆的时刻，后来发生的事情却越来越让人感到迷惘。

同年二月，国家的祭典诸如祭祀社稷、籍田礼、祔祭太宗神主等鳞次栉比地进行。可惜，这些祈福的典礼非但没有让人收获福报，反而被接二连三的南都地震袭扰。洪熙时代才刚刚拉开帷幕，根本之地南京就频频地震，这未免让文武百官提心吊胆，大明朝恐有不祥之事发生。

三月，洪熙皇帝颁布一道诏书。其中提到两点：一、从今以后，必须按律治罪。即便朕法外用刑，法司也不必执行，可以五次覆奏，定为永制。二、针对社会上依然流行互相检举揭发的行为，导致百姓手足无措，从今以后，凡是诽谤、诬告等案件，法司一律不予受理。[1]朝廷希望通过减轻刑罚获得百姓的拥戴，平息天怨地怒，并减轻地震灾害带来的心理恐惧。即便诏书已经颁布，三月份，南京的官民依然活在地震频发的高压之下。

四月，南京地震未息，人们的恐慌与日俱增，仿佛大难来临。至于是何等大事，没人知晓。当月，皇太子被派往南京拜谒孝陵，

① 《明仁宗实录》卷八下，洪熙元年三月己丑，第259—260页；《明史》卷八《仁宗纪》，第111页。

祭礼完成后居守南京，防备异动的用意不言而喻。①

五月，南京终于不再地震，北京传来消息，皇帝驾崩了！

北京内阁，杨士奇、蹇义、黄淮、杨荣等顾命大臣愁云惨淡。按照仁宗皇帝生前在思善门的遗命，阁臣们果断草拟并发出敕令，火速召太子还京。

山东汉王府，提前刺探到仁宗驾崩消息的汉王无比兴奋。蛰伏多年，他敏锐地嗅到了时机到来的气息。新皇帝驾崩了，那个小侄子朱瞻基尚在南京居守。两京之间，长路漫漫，如果中间出了什么意外的话……②

南京，仁宗长子朱瞻基接到父皇驾崩的消息后不无意外。悲痛之余，他对眼下的形势做出了判断，妥善安排好北归事宜。在汉王眼中，朱瞻基依然是建文帝之类的仁弱小侄。可是，我们不能忘记，自从永乐七年（1409）被册立为皇太孙以后，朱棣每次北征都会令他跟从。换言之，朱瞻基并不缺乏韬略。

六月，北京卢沟桥边。燥热的夏风掀起滚滚的热浪，户部尚书夏原吉等人捧着先帝遗诏恭迎从南京赶来的皇太子。皇太子一行终于赶到，夏尚书如释重负。也正因如此，夏原吉成为他人的眼中钉。后来汉王朱高煦谋反，旗号是久违的“靖国难，清君侧”，夏原吉就是迷惑君主的奸臣之首。③

---

① 史载：“夏四月，以南京地屡震，命往居守。”（《明史》卷九《宣宗纪》，第115页。）

② 朱高煦在时为皇太子的明宣宗返京途中，准备了伏兵。史载：“高煦谋伏兵邀于路，仓卒未果。”（《明史》卷一百十八《诸王传三》，第3618页；《明史纪事本末》卷二十七，第402页。）

③ 《明史》卷一百四十九《夏原吉传》，第4153页。

七月，由于刺杀未遂，并不以文墨擅名的朱高煦罕见地给朝廷上了一封奏疏，提出利国安民的四件事情。新即位的宣宗皇帝认真读了一遍，下令一一实施。从感情上讲，朱高煦是他的亲叔叔，父皇在世时也对这位同胞手足爱护有加，所以宣宗亦不忍见到汉王谋反一事真的发生。

接下来的一年里，两京相安无事。在杨士奇等元老的辅佐下，新皇帝对管理国家的工作越来越驾轻就熟。昔日汲汲于谋反的汉王也陷入沉寂，这段时间里至少看起来诸事顺遂。直到两京一连串的地震再一次让人们的神经紧张起来。

七月上旬，京师发生地震，地震声从东南传向西北。[①]刚开始，人们并未留意。进入中下旬之后，南京接连发生三次地震，而且都是南京的西北方首先发声。[②]北京之南、南京之北，莫非有大事发生？去年春天，南京接连三个月的地震已经让人们惴惴不安，后来果然发生了不幸。此次震动将会有何种大事发生，惶惑的人们同样无从知晓。

八月，汉王朱高煦正式谋反。确认谋反是件棘手的事情，当时明宣宗接到各个方面的消息，都提醒自己提防皇叔。仅凭这些奏疏和零星的证据并不能确定汉王造反的事实。汉王朱高煦帮助宣宗解决了这道难题，而且是以一种极为笨拙的模仿方式。

罔顾实力悬殊的情况，汉王让一位名叫陈刚的百户公然上疏。

---

① 《明宣宗实录》卷十九，宣德元年七月癸巳，“中研院”历史语言研究所1962年校印本，第494页。

② 《明宣宗实录》卷十九，宣德元年七月癸卯，第502页；《明宣宗实录》卷十九，宣德元年七月乙巳，第505页；《明宣宗实录》卷十九，宣德元年七月丙午，第505页。

奏疏上，他以祖宗之名，抨击仁宗给文臣颁发诰敕，变乱祖制，又点名指斥夏原吉等人是奸臣，败坏朝政。[①]这种过时的伎俩彻底暴露了他的意图。除了在名分上滞后之外，朱高煦还派人策反朝廷最有威望的将领——英国公张辅。当夜，张辅就将前来策反的人抓起来送给朝廷，并主动请缨，进攻汉王。[②]宣宗对英国公的忠诚表示感激，谨慎起见，拒绝了他的出军请求。既不占天时，也不占地利、人和，尽管如此，朱高煦依然不依不饶地幻想侥幸成功的低概率事件。

汉王成功的前提取决于对手的失误。宣宗皇帝差点提供了这种失误。在平定叛乱的计划上，他原本倾向于派遣阳武侯薛禄。单就军事因素而言，这种安排并无不妥，薛将军足以胜任征讨叛军的重任。他以普通士兵的身份追随燕王起兵，而后南征北讨，战功显赫。永乐八年（1410）官至骠骑将军，进封右都督。永乐十八年（1420）封阳武侯，是永乐帝深深倚重的左膀右臂。[③]即便如此，这种安排并非万全之策。

入夜后，宣宗召来智囊团咨询。有一位重臣上前一步，明明是文臣，却散发出刚毅不容凌犯的气息。此人来历非凡，时任明王朝的太子少傅、谨身殿大学士兼工部尚书。当年，燕王攻入京师，正是此人一言点醒朱棣谒陵为重，成就燕王孝子之美名，而后参与军机。转眼间，国家又到了关键时刻，浑身谋略、眼光毒辣的杨荣献

---

① 《明史纪事本末》卷二十七，第403页。
② 《明史》卷一百五十四《张辅传》，第4223页。
③ 《明史》卷一百五十五《薛禄传》，第4248页。

出一道奇策，请求宣宗挂帅亲征，出其不意，直捣汉王府。[①]

与身经百战、凶悍异常的叔叔直接对垒？宣宗面露难色，对亲征这件事并没有十足的把握。此时，在一旁侍奉的户部尚书夏原吉的一番话促使他不得不亲征。

夏尚书提醒宣宗，前事不忘，后事之师，当年建文帝就是因为派遣李景隆才铸成大错。[②]昨天，臣特意观察了派遣将领的过程，听说要去攻打战功显赫的汉王，不少人灰头土脸。真要到了战场，前途未卜。兵贵神速，陛下如能亲征，卷甲趋之，先人有夺人之心，此役必胜，还请听从杨尚书的奇策！宣宗没有了退路，当即决定，以天子之名，集结六师，亲征汉王。[③]

宣宗的冒险获得了丰厚的回报，当浩浩荡荡的王师抵达乐安城下时，猝不及防的汉军几无招架之力，宣告投降。乐安州被改名武定州，朱高煦父子被俘，稍后被诛杀，[④]一同殉葬的还有天津、青州、沧州、山西等地的将士，数千颗人头落地，其他人也多半被发配边疆。[⑤]当时，朱高煦跪在宣宗面前，宣宗特地召来一位御史数落他的罪过。

---

① 《明史》卷一百四十八《杨荣传》，第 4140—4141 页。

② 当年燕王听到统帅朝廷五十万大军的将领是李景隆时，大喜过望，说道："李九江（李景隆小字），膏粱竖子耳。寡谋而骄矜，色厉而中馁，忮刻而自用。况未尝习兵见战阵，而辄以五十万众付之，是自坑之也，赵括复见于今矣。"（《皇明通纪》卷一，第 331 页。）

③ 《明史》卷一百四十九《夏原吉传》，第 4154 页。

④ 朱高煦之死极富戏剧性，令人对他的精神状况产生质疑。在被废为汉庶人关押在逍遥城后，他趁宣宗不注意，伸脚绊倒了掌握他生死大权的天子，引以为乐。盛怒之下，宣宗令人在其头上压上三百斤重的铜缸，汉庶人居然可以举起。之后，宣宗命人在铜缸上堆放燃烧的木炭。结果，汉王被活活烧死。（《明史纪事本末》卷二十七，第 408 页。）

⑤ 《明史》卷一百十八《诸王传三》，第 3620 页。

这位年轻的御史义正辞严，音吐鸿畅，责之以君臣名分，申之以国家大义。朱高煦伏地流汗，自称万死。此情此景，让一旁观骂的宣宗皇帝心情极度舒适。[1]在场的人们对这位御史的口才留下深刻印象，除此之外，并没有太高的期许。彼时，此人只不过是大明朝众多御史中的一员——于谦。

在接下来的岁月里，宣宗皇帝没有辜负祖宗的希望，在杨士奇、杨荣等贤良大臣的辅佐下，成为明朝历史上第一个太平天子。在位十年间，他延续乃父的惠政，打造出明朝第一个盛世“仁宣之治”。

君临天下的诱惑几乎无人能抵，一旦成为皇帝，便坐拥万里山河。回首当年发动靖难之役的军事冒险，朱棣偶然间留下了一条不光彩的明朝家法，那就是藩王造反。此后靖难遗产的继承者代不乏人，多次向独断的皇权发动挑战。后之视今，亦犹今之视昔。榜样的力量是无穷的，尤其是父亲的榜样。高举父辈的旗帜，朱高煦虽然功亏一篑，却并不能浇灭后来者觊觎皇位的蓬勃野心。

① 陈师：《禅寄笔谈》卷四，《四库全书存目丛书·子部》第103册，第628页；《明史》卷一百七十《于谦传》，第4543页。

第五章　两个皇帝

第一节　驯化小老虎

和以前的多数历史时期类似，公元15世纪的中国君主与其说是孔子式的君主，毋宁说是韩非式的君主。君主的权力依然过于强大，虽然未必如后来16世纪马基雅维里《君主论》中描述的那般邪恶，[①] 但是像17世纪霍布斯《利维坦》中引入公民自然权利的君主制远未到来。此时大行其道的理念是，德行即权力，权力即德行，

① 16世纪，马基雅维里对君主手段的运用描述得十分露骨，甚至会让公元前3世纪的韩非子自愧弗如。比如，他指出世界上的两种斗争方法："一种方法是运用法律，另一种方法是运用武力。第一种方法是属于人类特有的，而第二种方法则是属于禽兽的。因为前者常常有所不足，所以必须诉诸后者。因此，君主必须懂得怎样善于使用野兽和人类所特有的斗争方法。"（[意]尼科洛·马基雅维里：《君主论》，潘汉典译，北京：商务印书馆，1985年，第83页。）近来，也有学者诸如波科克、斯金纳、曼斯菲尔德等人重新发现了马基雅维里的价值。其中，曼斯菲尔德认为："马基雅维里主义的历史，首先是一个驯化的过程，马基雅维里的思想被自由主义宪政所利用和吸收，由此而变得有了规则和正当性。"（[美]哈维·C.曼斯菲尔德：《驯化君主》，冯克利译，南京：译林出版社，2017年，第10页。）

最高权力亦即最高德行，而臣民并无实际上的权利可言。[①]

即便如此，如果认为中国古代的君主权力完全不受约束，也并不符合事实。老虎作为百兽之王，是凶猛的食肉动物，时不时还会吃人。一旦恶化到吃人的地步，不是百姓冒死围捕老虎，就是老虎继续扑杀百姓。无论哪一方最终占了上风，付出的代价都十分惨重。那么，有没有一种方法消除老虎吃人的危机？答案是肯定的。那就是趁着老虎还是幼崽时进行驯化，即便不能驯化到对百姓唯命是从的地步，也至少让老虎勿以百姓为捕食对象。

老虎就是君主，而世子就是虎崽。儒家诸多典籍都对教化世子提出建议，著名的有《礼记·文王世子》《大戴礼记·保傅》等。在《保傅》中，儒者意识到，对世子的教化可以分为四个阶段：胎教期、师傅教期、属官教期、士民教期。

在胎教期中，王后应该注意自己的居处，只能听德音雅乐，食用中和滋味的食物。即便独处时，也不能傲慢；即便愤怒时，也不能骂人。所谓的师傅包括三公、三少，三公分别是太保、太傅、太师，三少分别是少保、少傅、少师。他们互相协助，共同保障世子的身心健康，教导世子做人做事的道理。只有天底下最德高望重的人才有资格充当世子师傅的职位，并发挥言教之外的身教功能。中国人至今依然相信，身教的效果总是大于言教。世子成人之后，离开了师傅的严厉教导，还会接受属官的教育。如果世子的德行出现了问

① 在列奥·施特劳斯看来，霍布斯的重要贡献之一即是从权利的角度出发，否定了德行的首要地位，从而开创了一个针对理想主义传统的不同立场。（［美］列奥·施特劳斯：《前言》，《霍布斯的政治哲学》，申彤译，南京：译林出版社，2012年，第2—3页。）

题，就连他的厨师也会故意减少饭菜，他的乐工也会演奏劝诫的乐曲。属官教期之后，就是士民教期。可惜，士作为最低级的贵族，和民众一样，几乎没有接触世子的机会，仅享有名义上的对世子进谏的权利。[①]

四个不同阶段的教化围绕着一个共同的核心，那就是“礼教”。[②]周代以来，儒者相信通过这一套驯化手段可以培养出具有圣贤气象的君主。他们忠孝仁义，博学多才，能够代表上天的意志，将福音播洒在万民头上。他们温文儒雅，举止端庄，一言一行都会成为全天下的楷模……果能如此，中国历史上也就不会出现那么多无赖、昏庸、荒淫、残暴的君主了。想要驯化虎崽，先要问老虎是否答应。

公元14世纪后期，南京宫殿群中，传来了老虎凌厉而又果决的咆哮，响彻云霄。朱元璋在开国伊始就确立了自家制度，拒绝给太子配备固定的师傅。当时，只有李善长、徐达等人兼任太师、太傅等职务。李善长和徐达作为天下文官和武将的首脑，都是日理万机的角色，一年之中和太子见上一面都很困难，这种兼职明显不能起到教导太子的作用。我们不禁疑惑：一个富裕的平民尚且延请全职的私塾先生，为什么朱元璋却给皇位继承人聘请兼职老师？

一千四百多年前，汉帝国的首都长安发生了一起动荡事件，史称“巫蛊之祸”。关于“巫蛊之祸”的起因，人们各执一词。在朱

① 孔广森：《大戴礼记补注》卷三，王丰先点校，北京：中华书局，2013年，第62—77页。

② 《礼记·文王世子》对礼乐教化的功能持有十分乐观的态度，比如，“凡三王教世子，必以礼乐。乐所以修内也，礼所以修外也。礼乐交错于中，发形于外，是故其成也怿，恭敬而温文”。

元璋看来，朝廷官署和东宫官署的斗争才是罪魁祸首。

作为汉武帝的新宠，相貌堂堂的赵国人江充作威作福。有一次，太子家的车马在皇帝御用的驰道上行走，被江充没收。太子刘据屈尊向他求情，不料吃了闭门羹。不仅如此，江充还派人到汉武帝那里打小报告。此举获得汉武帝的赞赏："人臣当如是矣。"[①] 自此以后，江充越发肆无忌惮，威震京师。此时，丞相公孙贺之子公孙敬声被人举报，与阳石公主通奸，并利用巫蛊的邪术诅咒年迈的皇帝。汉武帝震怒，下令江充彻查此案。丞相公孙贺父子以下，前后数万人被杀。事情至此，本应了结，但是数万条人命并不能打消江充心头的忧虑。汉武帝年事已高，大限将至，太子很快就要即位。鉴于之前的仇怨，一旦太子即位，自己必然死无葬身之地。商鞅的教训难道还不够惨痛吗？江充英俊的面庞浮起一丝阴冷的笑容，为什么不趁着巫蛊之祸的大好机会除掉太子呢？

趁着汉武帝巡幸在外，江充一行很快在东宫挖到了桐木人，得到了太子诅咒皇帝的"铁证"。情急之下，太子起兵抗拒。在战乱中，他捕获了江充，一番痛骂之后，砍下了他的项上人头。[②] 走投无路的太子随后也自经身亡，汉帝国的皇位继承人就此一命呜呼。

事后，汉武帝才察觉江充的阴谋，下令诛灭三族。在汉武帝的最后岁月里，他修建了一座思子宫，还在湖上构筑了一座高台，命名为归来望思台。[③] 每当暮色沉沉的时候，人们偶尔会发现一位老朽的帝王步履蹒跚地来到高台上，形单影只，送目天际，思念早已

① 《汉书》卷四十五《江充传》，第 2178 页。

② 《汉书》卷四十五《江充传》，第 2179 页。

③ 《汉书》卷六十三《戾太子传》，第 2747 页。

化作冤魂的至亲骨肉……

“巫蛊之祸”的前车之鉴给朱元璋留下了极为深刻的印象。为了避免历史悲剧的重演，他决定仅仅给东宫太子配以虚职的师傅。他执拗地以为，只有这样，才能君臣一心，父子一体，任何乱臣贼子都无法从中挑拨离间。[①] 朱元璋的担忧后来证明多此一举，因为他活得太久，太子反而走在了他的前头。即便没有发生巫蛊之祸，他也同样体味到汉武帝晚年丧子的痛苦。与此同时，他还为整个明朝埋下深深的隐患——太子竟然没有制度上的师傅教育。职此之故，鲁迅先生批评明朝皇帝多为“无赖儿郎”，[②] 自然不足为奇。家教和师教双重缺失之下，明代的虎崽们自由自在地成长，好不快活。他们日后成为国家的主人，不释放兽性才是咄咄怪事。

宣德十年（1435）正月初一，家家户户团聚在一起，享受新春佳节的欢愉。这一天，京官接到消息，免于上朝。奇怪的是，皇帝命他们到文华殿去谒见皇太子。在辞旧迎新的爆竹声中，敏锐的官员多少已经猜到了国家这艘巨轮正在驶入新的洋流。

---

① 《明通鉴》卷三，第 268 页。明太祖在东宫教育上的因噎废食也受到后来史学家的批评，夏燮认为：“今太祖不设三师，但设三少，而三少所兼，自丞相以下，则仍古三公之职，岂能专心于谕教，而反自旷其所司！又况武臣在外，不过被以虚名，何预于东宫之辅导乎！若虑太子监国，别设官僚，易生嫌隙，则是惩羹而吹齑，因噎而废食也。厥后虽设詹事院，不过坊局之司。及出阁讲读之任，既多兼领，亦无常员，而况秩尊望重，亦非师、保、傅之比。故陶凯请选人专任东宫官属，意盖在此。自太祖立法兼领，于是东宫师傅止为兼衔及加赠之具文。”（《明通鉴》卷三，第 269 页。）

② 鲁迅：《致曹聚仁》（1933 年 6 月 18 日），《鲁迅全集》（书信卷），徐文斗、徐苗青选注，济南：山东文艺出版社，1991 年，第 174 页。

正月初三，威震四方的明宣宗崩殂，年仅三十八岁。[①]在不少史学家的眼中，这位天不永年的宣宗皇帝口碑极佳。在位仅仅十年，他打造了明代少有的盛世“仁宣之治”。明朝开国七十年来，此时的人们比以往任何时候都更接近太平社会的理想。[②]

不过，我们也应看到，作为明朝开国以来也是整个明朝历史上最喜欢吟诗作赋的皇帝（即便写出的诗词往往乏善可陈），[③]充满理想主义的宣宗特别钟爱粉饰太平，让明朝的政局披上了一层不祥的外衣。比如，宣德八年（1433）的上元节，皇宫内苑张灯结彩，铺张繁盛，宛若仙境。此时，还有百姓处在水深火热之中，也有无辜的大臣被关押在牢房之内。皇室汲汲于歌颂太平，还让各国使臣一同观赏。就连臣民一向仰如泰山的内阁元老杨士奇都主动献上了《太平圣德诗》，庆幸自己生活在英明君主领导下的伟大时代，表

① 《明宣宗实录》卷一百十五，宣德十年正月乙亥，第2598页。

② 史称：“仁宗为太子，失爱于成祖。其危而复安，太孙盖有力焉。即位以后，吏称其职，政得其平，纲纪修明，仓庾充羡，闾阎乐业，岁不能灾。盖明兴至是历年六十，民气渐舒，蒸然有治平之象矣。若乃强藩猝起，旋即削平，扫荡边尘，狡寇震慑，帝之英姿睿略，庶几克绳祖武者欤。”（《明史》卷九《宣宗纪》，第125—126页。）

③ 仅以宣德七年（1432）为例，宣宗皇帝诗兴大发，留下了很多墨宝。举其荦荦大端，就有御制的《拟猗兰操》《四言招隐诗》《翰林院铭》《题豳风图》《织妇词》等。作为皇帝，宣宗也明白应该以军国大事为重，只是爱好翰墨的习惯经常让他无法自已。有时，他会主动为自己辩护：众位爱卿，朕并不是爱好吟诗作赋！你们知道，劝课农桑是基本国策，朕写这些诗词，也正是为了让天下人知道百姓的艰难啊！（《皇明通纪》卷十一，第582—584页。）无论宣宗如何辩解，饱读诗书的儒臣都很清楚一个基本的道理：皇帝如果把太多精力放在文学创作上面，对明廷来说，恐怕是一件凶险的事情。文学创作需要瑰奇的想象力，而治理朝政最忌讳的就是让感性取代理性。隋炀帝杨广、南唐后主李煜、北宋徽宗赵佶等人在诗词书画上都表现出或多或少的天赋，结果却都成了亡国之君。

现出股肱重臣不该有的阿谀奉承。史家陈建在《皇明通纪》中指责杨士奇献媚，并对此嗤之以鼻。[1]

宣宗崩殂后，明王朝的官员们惶恐不安，因为皇太子还是个年方九岁的孩童！常识告诉人们，这个小孩子不可能驾驭偌大的国家。如果按照伦序，一定坚持让这个小孩子即位的话，国运堪忧。可能会出现女主临朝，地方上的藩王可能蠢蠢欲动，边疆的将领可能怀有二心，周遭的邻国可能会轻蔑大明王朝，北方草原的游牧部落可能会趁机大举入侵，就连明王朝的臣民都可能降低对皇室的忠诚度。

有一个念头闪过大家的脑海——“国赖长君”。“国赖长君”是当年燕王朱棣面对方孝孺的质问作出的对答，从那以后就有了天经地义的合理性，至少能作为一种极具说服力的可选项。最早想出这种可选项的不知何人，但有一个极具影响力的人至少曾经考虑过这个可选项。她就是宣宗的生母张太后。

张太后出身显赫，洪武二十八年（1395）被册封为燕世子妃，永乐二年（1404）封皇太子妃，仁宗即位后被册封为皇后，宣宗即位后被尊奉为皇太后。[2]就履历和威望而言，宣宗驾崩后，大明朝无人能出张太后之上。

在确立皇位继承人的重要关头，京师风传，张太后想要下令召唤襄王。仁宗和张皇后一共生下三个儿子，分别是宣宗皇帝朱瞻基、越王朱瞻墉、襄王朱瞻墡。仁宗驾崩，太子朱瞻基在南京居守时，张皇后对襄王委以重任，令其参与监国，等待太子回京即位。宣宗

① 《皇明通纪》卷十一，第 585 页。

② 《明史》卷一百十三《后妃传一》，第 3511—3512 页。

皇帝后来亲征朱高煦时，也让襄王监国，对这位皇弟表现出高度信任。[①]对张太后而言，一边是年方九岁的孙子朱祁镇，一边是从政经验丰富年近三十岁的儿子襄王朱瞻墡。无论怎么选，都有可能。

崇尚理智的人们自然会偏向襄王朱瞻墡，只有此人最有可能让明王朝继续走向强大。恪守礼制的人们则倾向于皇太子朱祁镇，重点不在于他叫朱祁镇，也不在于他是否成年，而在于他是皇太子。两千五百年前，周人创立并延续了嫡长子继承制；两千五百年后，明人的思维依然深受嫡长子继承制的牢笼。

关于英宗小皇帝的登极，史书上至少提供了两种不同的说法。一种是张太后当机立断，在宣宗驾崩后，火速将文武大臣召集到乾清宫，一边哭诉自己如何不幸，先后送走了太祖高皇帝、太宗皇帝，又送走了挚爱的丈夫仁宗皇帝，如今还亲手送走了儿子宣宗皇帝，一边当众指着皇太子说："这就是新天子！"群臣见状，像波浪一样匍匐在地，山呼"万岁""万岁""万万岁"。[②]还有一种说法，国家元老杨士奇、杨荣和英国公张辅事先互通消息，在宣宗皇帝的灵柩边大哭之后，请见皇太子。等到这个小毛孩子刚刚出现，三名重臣立刻跪下叩头，大呼"吾皇万岁"，把小孩子吓得大哭。群臣见状，很快明白了形势，也跟着下跪叩头，山呼"万岁""万岁""万万岁"。[③]无论历史的真相是哪一种版本，至少有一点是肯定的：在确定皇位继承人的重大问题上，张太后一定和杨士奇、杨荣、张辅等人反复商讨，并且最终达成了一致。

---

① 《明史》卷一百十九《诸王传四》，第 3626 页。

② 《明史》卷一百十三《后妃传一》，第 3512—3513 页。

③ 《皇明通纪》卷十一，第 594 页。

正月初三，宣宗崩殂；正月初十，皇太子即位。短短七日内，整个世界都变了模样。同年二月，张太后获得了礼制内一个女人能得到的最高封号——太皇太后。[①] 次年正统元年（1436），一度是众望所归的襄王，他的封国从卑湿的长沙改封为襄阳，算是一种补偿。[②] 远离京师这块是非之地后，襄王在襄阳府中反倒怡然自乐。成化十四年（1478）薨逝，享年七十三岁。[③]

经过短暂的波动，皇位终于确定。问题在于，一个稚童天子如何管理朝政？根据《明实录》的统计，截至宣德九年（1434）十二月，明王朝的人口总数为50627456。[④] 考虑到各种隐匿的户口，真实数字可能要远高于此。根据西方学者的研究，15世纪明代中国的总人口大致相当于全欧洲人口。尤其到了明末，17世纪初，中国人口可能达到1.5亿，是欧洲总人口的两倍。[⑤] 总之，明英宗此时面对的不是一个几百户人家的小村庄，而是一个拥有几千万人口的庞大国家。鉴于女主不能干预朝政的祖训，太皇太后拒绝了廷臣要自己垂帘听政的建议。当然，军国要事还是要获得她的恩准才能施行。对于杨士奇、杨荣、杨溥而言，在太皇太后的鼓励下，他们似乎很有信心辅佐小皇帝管理好国家。

---

① 《明英宗实录》卷二，宣德十年二月戊申，第41页；《明史》卷十《英宗前纪》，第127页。

② 《明史》卷一百十九《诸王传四》，第3629页；《明史》卷四十四《地理志五》，第1083、1086页。

③ 郑晓：《吾学编》卷十六，《续修四库全书》第424册，第263页。

④ 《明宣宗实录》卷一百十五，宣德九年十二月，第2594页。

⑤ Mark Greengrass. *Christendom Destroyed: Europe 1517—1648*, Penguin Books, 2015, p.48; Timothy Brook. *The Troubled Empire: China in the Yuan and Ming Dynasties*, p.45.

正统二年（1437）正月，太皇太后在偏殿召见了三杨以及英国公张辅、礼部尚书胡濙。与以往不同，太皇太后的女官都换上了戎装，杂配刀剑，让人望而生畏。十一岁的小皇帝面西而立。五位大臣站成一排，面东而立，位置比小皇帝偏下一些。太后对五位重臣一一训话，表达了感激之情，并让一旁的小皇帝谨记在心：面前的五人都是先帝选拔出来的元老，以后军国大事必须征得这五人同意才可施行。小皇帝唯唯诺诺，心里想的却是玩伴王振怎么还不来。

过了一会儿，王振被宣召进殿，刚叩头问安，就被太后骂了一通：该死的奴才，成天带着小皇帝游玩，为非作歹，如今赐你死罪！此时，女官已经把刀架在了王振脖子上。小皇帝惊魂落魄，跪地求饶：以后儿臣再也不敢了！五位大臣也跟着下跪，为王振求情。[①]太后有杀王振的心思，却没有杀王振的坚定意志，毕竟此人深得皇帝宠爱，从小陪伴皇帝成长，没有功劳，也有苦劳。见到皇帝和五位大臣下跪求情，伴随着王振用脑袋频频撞击地板的流血惨状以及呼天抢地的求饶声，太后终于收回成命，免其一死。自此，终太后之世，从鬼门关逃出的王振出奇地安分守己。

太皇太后和三杨的政治意见不尽相同，有一点却高度一致。和古往今来的中国式父母一样，他们认为，新皇帝还小，应该好好读书，把学习放在第一位，将来才能成为对国家、对社会有用的人。[②]

① 《明通鉴》卷二十二，第921—922页。

② 有人请求太皇太后垂帘听政，太后说：“毋坏我祖宗法！”同时下令，废除一切不急之务，撤去宫中有可能让英宗小皇帝迷恋的玩物，时时劝小皇帝“向学而已”。（《明通鉴》卷二十一，第904页。）

对寻常儿童来说，有父母两位监护人就足以感到严峻的压力，何况可怖的太皇太后还叫上三杨等一群老先生充当监护人！少年朱祁镇的压抑程度可想而知。幸好，还有王振陪朕玩耍。

宣德十年（1435）五月，杨士奇他们刚忙完裁汰冗费、释放3800多名教坊司的官属乐工（宣宗皇帝的“雅好”）、考察天下地方官员等事务，就把教化小皇帝的事情提上日程。杨大学士煞费苦心地搜检出去年十月宣宗颁发的一条谕令：

明年春暖，东宫出学讲读，宜慎选贤良端谨之士以为辅导。[1]

宣宗在世时，不过说说而已，自己都未必记得此事，便中道崩殂。杨大学士认为，如今先皇帝即将安葬景陵，皇上年幼，应当把学习当成第一重事。请太皇太后恩准，下葬完先帝之后，开设经筵教育皇帝。太皇太后十分欢喜，爽快地应允下来，并拜请老先生日后多多费心。

六月，朝廷下令，神州大地上如果还有暴露在原野的尸骨，各地官府应当予以掩埋。稍后，宣宗安葬在景陵。小皇帝就要上学了。

孩子到了九岁，国家才想起来正式教育，虽然是亡羊补牢，如果能操作得当，也能达到一些效果。这一年仿佛过得非常漫长，秋天过去了，不用上学，冬天过去了，还不用上学。转眼间到了来年的春天，大明朝拥有了崭新的年号——正统，一个从《春秋》大义中引申出来的正义凛然的词汇，代表着宇宙最正确最合理的存在。

正统元年（1436）二月，杨士奇等人想要给小皇帝上课，结果却尴尬地发现，我大明朝开国七十年来，根本就没有建立起为皇帝

① 《明通鉴》卷二十一，第905页。

讲学的固定的礼仪制度！太祖太宗天资聪睿，需要大臣给自己上课吗？尽管如此，这也难不倒仕宦经验丰富的杨士奇，他随即召集人马为小皇帝量身定制了经筵制度。

他先是确定讲课的师资，名单如下：英国公张辅，大学士杨士奇、杨荣，学士杨溥，少詹王直、王英，侍读学士李时勉、钱习礼，侍讲学士陈循，侍读苗衷，侍讲高谷，修撰马愉、曹鼐，另有翰林院的一班儒臣待命。

名单上的人物都是一时之选，是从明王朝五千万人中遴选出来的精英。依照常理，名师出高徒，在他们的精心辅导下，小皇帝想不成材都是件困难的事情。

杨大学士还确定了小皇帝的学习地点和时间。小皇帝在文华殿学习听讲，每年分两个学期上课。第一学期从二月中旬开始，四月底结束，每月听讲三次，逢二上课，即初二、十二、二十二。第二学期从八月中旬开始，十月底结束，同样每月听讲三次。寒暑假正常休息。[①] 也就是说，让小皇帝并不乐意的学习安排的实际情况是，他一年加起来不过上十六天的课程而已。

看到小皇帝的上课安排（还经常缺勤），我们就不难理解，为什么驯化皇帝看似容易实则异常艰难。有人未免疑惑，每年十六天的课时量杯水车薪，杨士奇这些老先生为什么不考虑给小皇帝加课以增强驯化效果呢？要知道，大明朝既没有给东宫太子配备全职师资的祖制，又没有给皇帝上课的固定礼制，能让皇帝听讲就已经难能可贵。争取到两个学期的课时安排，杨士奇确实尽心了，即便这

① 《明通鉴》卷二十二，第910页。

种课时量让今日中国的小学生都万分羡慕，因为他们深知，幼儿园小班甚至小小班的课时量都远不止此。

这种月讲安排公布之后，大臣们争先恐后地恭维杨士奇，称颂他能够别开生面，创立新制，教化皇帝，革君心之非，一个太平盛世指日可待。明朝的森林中并非只有喜鹊、百灵鸟。有一位名叫李茂弘的考功郎中不胜愤懑，在他看来：

> 今之月讲，不过虚应故事，粉饰太平，而君臣之情不通，睽隔蒙蔽，此可忧也。①

月讲不过三天，简直是一班儒臣自欺欺人的把戏。绝顶聪明的人一月只听三天课，也不能保证日后能成大器，何况皇帝还是一个贪玩的小孩子！杨士奇这帮大臣不妨扪心自问，尔等加起来的影响力能否抵得上王振一个太监！何必自我沉浸在驯化君主的白日大梦之中呢？在恭维杨士奇如何英明的主流声音之中，李茂弘显然属于另类。既然如此，他索性提交辞职书，启程返回浙江黄岩老家。三十年从政生涯，就此谢幕。②

经筵制度终于运转起来，老先生们都在义正辞严地唱诵之乎者

① 《明通鉴》卷二十二，第 911 页。

② 考功郎中李茂弘离京时，阁老杨溥还专门赋诗相赠："皎皎冰霜操，棱棱松柏姿。宦游三十载，双鬓已成丝。明鉴不穷物，良器择所施。秋风吹征雁，油然起遐思。翘首望乡邑，白云渺天涯。琴书仅成束，孤舟潞水湄。为君调玉轸，载歌阳春辞。闻者三叹息，勿谓知音稀。"（杨溥：《杨文定公诗集》卷二，《续修四库全书》第 1326 册，第 473 页。）李茂弘也曾赋诗一首《游泉南清溪洞》，表达了对时局以及人生的无可奈何："仙人跨鹤去不返，古洞寥寥遗空山。瑶草丛丛晓烟淡，碧桃寂寂春风寒。徒闻金丹换毛骨，不见白日生羽翰。蓬莱三岛渺何许，令人矫首空长叹。"（陈田：《明诗纪事·乙签》卷十一，《续修四库全书》第 1710 册，第 563 页。）

也、子曰诗云，让小皇帝听得云山雾罩、昏昏欲睡。只有到了和王振他们玩耍的时候，小皇帝才活力四射，表现出一个少年应有的气息。先生们要么从心里埋怨学生不好好听课，要么反躬自省——这一切都是自己德薄才疏的缘故。学生则以为先生们都是老古董，根本不在乎自己心里想要的是什么。为什么听课不能像玩耍一样有趣呢？这个问题至今依然难解。

公元14世纪至15世纪，在缅甸中北部、中国云贵高原西南部存在一个傣族先民建立的麓川政权。明朝统一天下后，专门设置云南麓川宣慰司进行松散的管理。到了英宗正统二年（1437），宣慰司首领思任叛乱，四处兼并领土，并于次年自称为“法”（相当于王号，一作“发”），[①] 与明廷对抗，连表面上的臣服都不屑为之。在此后的几年中，黔国公沐晟、沐昂兄弟二人相继领兵讨伐，接连失利，沐晟还暴死军中。

正统六年（1441）正月，明廷任命定西伯蒋贵为平蛮将军，兵部尚书王骥总督军务，太监曹吉祥监督军务，领军十五万，正式拉开了麓川战役的序幕。[②] 兵者，国之大事，死生之地，不容轻举。当时，翰林侍读刘球进谏，明确反对朝廷用兵西南。他认为，北方草原上，瓦剌部族的脱欢、也先父子正在兼并蒙古各部，对我大明朝的威胁日甚一日，必将成为心腹大患。麓川首领思任法远在千万里之外，而且已经上表乞降，朝廷采取羁縻的政策即可。如今，北虏

---

① 《明史纪事本末》卷三十，第453页。

② 《明英宗实录》卷七十五，正统六年正月乙卯，第1463页；《明史》卷十《英宗前纪》，第132页。

之患迫在眉睫，为何非要把我军主力耗费在西南方呢？十五万军队的调遣规模，需要大半个国家参与运输。民生凋敝之后，国家哪还有力量防备草原上的威胁？[①] 刘球的担心后来不幸成为事实。从正统六年（1441）到正统十三年（1448）麓川战役前后发生三次，每次出征兵力都在十万之上。明军虽然远渡金沙江，在缅甸战场上取得不俗的战绩，但是，国力损耗，将虚弱的后方暴露给了杀气腾腾的草原军团。

史学家几乎众口一词，把三次麓川战役的发生归咎于太监王振的挑动，认为他擅权邀功，想要通过军事胜利巩固自己在朝中的地位。将脏水全部泼在一个臭名昭著的太监身上固然容易，事实却并没有那么简单。麓川反叛相当于直接挑衅明王朝的尊严。先帝北征可以取得胜利，我们这一代人照样可以。既然明王朝兵强马壮，为什么非要示弱？对王骥等武将而言，没有战争，何来军功可言？没有军功，如何光耀门楣、留名青史？王振之所以敢于挑动战役，也

① 《皇明通纪》卷十三，第631—632页。刘球，字廷振，安福（今江西安福）人，永乐十九年（1421）进士，授礼部主事。由于重臣胡濙的举荐，官至翰林侍讲。在谏止征讨麓川的奏疏中，他敏锐地指出："至卫拉特（瓦剌），终为边患。及其未即骚动，正宜以时防御。乃欲移甘肃守将以事南征，猝然有警，以何为御？臣窃以为宜慎防遏，如周、汉之于猃狁、匈奴也。"（刘球：《边方事宜疏》，清文渊阁《四库全书》影印本第445册，第40页；《明史》卷一百六十二《刘球传》，第4403页。）

是因为取得了这些将领的支持。[1] 此外，时局杌陧之际，三杨他们为什么没有作为，任由皇帝贸然出兵？

三杨等人不是没有阻止出兵，而是败给了无情的岁月。正统五年（1440），杨士奇已经七十五岁，老态龙钟。面对王振擅权，他无能为力。作为经筵的讲师，他几乎斯文扫地。有官员举报他的亲生儿子杨稷暴虐凶残，草菅人命。连自己的儿子都教化不好，他如何能教化皇帝呢？这一点，让王振和一天天成长的小皇帝都十分不屑。朝廷之所以不立即杀死杨稷，不过是为这位四朝元老（太宗、仁宗、宣宗、英宗）保留最基本的体面。[2] 正统九年（1444），在他死后，杨稷也被问斩。

正统五年（1440），杨溥年近七旬。三杨之中，杨溥的境遇最为坎坷。当年因为汉王朱高煦的挑拨，他和黄淮被打入监牢，长达

---

① 《明史·王骥传》载："中官王振方用事，喜功名，以骥可属，思大举。骥亦欲自效。"（《明史》卷一百七十一《王骥传》，第4556页。）王骥，字尚德，束鹿（今河北束鹿）人。永乐四年（1406）高中进士，授兵科给事中。宣德末年，官至兵部尚书。英宗即位以来，他依附宦官王振，发动三次麓川战役，并取得重大胜利。他多年征战，始终没有俘获或者杀死麓川首领思任法，便在金沙江上和思任法的儿子思陆订立协议，勒石为约，上书"石烂江枯，尔乃得渡"八个大字，相当于以金沙江为界，划定了势力范围。之后，班师回朝，为麓川战役画上了休止符。多年征战耗费了国家大量钱财，明军士兵大量伤亡，始终没有除掉首恶，这一切让王骥遭到弹劾。由于王振的包庇，王骥免于处罚。其后，湖广、贵州地区出现苗族叛乱，众至十万余人。王骥以平蛮将军的身份勠力平叛，所以在后来的"土木之变"中，王骥幸免于难。从军事角度分析，麓川战役之后，南部中国已经出现此起彼伏的叛乱，国家府库耗竭，明廷还坚持南北两线作战，触犯了兵家忌讳。景泰帝即位后，国家需要王骥继续在南部军中效力，他又免于处罚。英宗复辟时，王骥也参与其中，成为再造社稷的功臣。此后，他享受荣华富贵，终年八十三岁。

② 《明史》卷一百四十八《杨士奇传》，第4137页。

十年之久。仁宗即位后，才被释放。王振专权时，他也心有余而力不足。杨士奇死后两年，他也跟着谢世，享年七十五岁。[①]

三杨的府邸分别位于京师的东、西、南三个方向，杨士奇被称为西杨，杨溥被称为南杨，杨荣则被称为东杨。至于东杨，他死在正统五年（1440）的七月。三杨之中最具有军事谋略的杨荣过世后，明王朝的军事行动充满变数。三杨之外，还有太皇太后张氏，也进入人生暮年，她在正统七年（1442）入冬后薨逝。[②]

麓川战役的打响基本上宣告了“三杨时代”的终结，也宣告了驯化皇帝大梦的破产。三次麓川战役均以明军的胜利结束，这对明王朝来说却算不上一件幸事。北军南调，后方空虚；兵连祸结，府库耗竭。另外，大小叛乱此起彼伏，潮水般冲蚀明王朝的礁石。明军自身也损失惨重，当时就有人指出：“麓川连年用兵，死者十七八，军赀爵赏不可胜计。”[③]更为恶劣的后果是，王振的地位无可撼动，小皇帝对他言听计从，文武百官甚至不敢用“公公”的名号称呼他，而是尊称他为“翁父”，且不分官品高低，见到“翁父”一律下跪行礼。[④]

三杨已老太后死，人间无道乱世来。

正统十四年（1449）七月，秋天的草原上，人强马壮。受惊吓

---

① 《明史》卷一百四十八《杨溥传》，第4142—4144页。

② 《明英宗实录》卷九十七，正统七年十月乙巳，第1952页；《明史》卷一百十三《后妃传一》，第3513页。

③ 刘球：《敷陈十事疏》，《明臣奏议》卷二，清文渊阁《四库全书》影印本第445册，第42页；《明史》卷一百六十二《刘球传》，第4405页。

④ 《皇明通纪》卷十三，第641页。

的群鸟掠过天空，不远处传来地动山摇的声音，瓦剌首领也先正在率军大举入侵。也先作战经验极为丰富，此次入寇，兵锋凌厉，大同以外的塞外城堡迅速沦陷。这不是瓦剌人第一次入侵，明廷并非毫无防备。

经过教化多年的英宗皇帝已经二十三岁，虽然已经成年，但在很多人看来，还是小皇帝。在位十四年来，作为国家名义上的主人，他几乎没有任何贡献可言。如果皇帝也需要述职的话，他的述职情况应该非常糟糕。人们对这位小皇帝的印象是，他如同“翁父”手中的木偶，言听计从。面对也先的冲击，小皇帝还幻想着复制太祖、太宗、宣宗以来的煌煌武功，在历史上留下盛名。为此，他派出了一名统帅率领明军五十万精锐反击也先。这名统帅正是他本人。后来证明，如果明廷派出的是除他之外的任何一名统帅，都会取得更好的战争结果。[①]

同年八月，明英宗和他的五十万大军在土木堡（今河北怀来）被也先围困，全军覆没，史称“土木之变”。小皇帝为自己的愚蠢付出了代价，成为明朝历史上第一位也是唯一一位被敌方俘虏的皇帝。“土木之变”成为明王朝的梦魇，自此国力衰退，亚洲霸主的地位开始动摇。原来，衣冠上国的皇帝也可以被俘虏；原来，不可一世的大明竟然如此不堪一击。

驯化小皇帝的计划有如昙花一现，当年李茂弘、刘球等人的异

---

① 明朝开国以来很少一次性派出五十万规模的庞大军队。不幸的是，其中两次军事行动一败涂地。李景隆作为号称百万大军的统帅，至少单骑逃到德州。（《明史纪事本末》卷十六，第247—248页。）而朱祁镇连逃回的机会都没有，被俘之前，干脆下马，然后不失威仪的在地上盘腿，面南而坐。（《明史纪事本末》卷三十二，第474页。）

见不幸一语成谶。如果一套礼仪制度容不下异见，就等于开启了死亡之路。对小皇帝朱祁镇而言，真正的经筵教育开始的地方不是富丽堂皇的文华殿，而是也先大营的俘虏帐篷之下。太后也好，三杨也罢，最终都没有成为小皇帝的驯化师。如今，因缘际会，朱祁镇虎落平阳，陷入也先的牢笼，度过了他人生中最为温顺的一段时光。当年，杨士奇他们的经筵教育通过反复吟诵尧舜孔孟的经典，旨在培养一位理想中的帝王，而也先大营的战俘教育则教会朱祁镇如何认清惨淡的现实，如果这一切还不算太晚的话。

第二节　景泰帝的银豆

《春秋公羊传》提出一道礼制原则："为尊者讳，为亲者讳，为贤者讳。"[①] 在历史书写上，尊者、亲者、贤者似乎享有不容争议的特权。比起简单的历史真相，经学色彩浓厚的史学家更看重《春秋》大义。他们延续流传两千多年的避讳习惯，采用隐晦的手法表达史事，比如英宗在"土木之变"遭受被俘的屈辱，史家会以"北狩"[②] 一词替代——他不是被俘虏，而是到北方狩猎去了。另如深受中国文化影响的朝鲜史家，记录了在红巾军攻陷开京（1361）之前高丽国王的"南狩"——不是逃往南方，而是到南方狩猎去了。[③] 这都是为尊者讳的常见表现。

① 《春秋公羊注疏》卷九，《十三经注疏》第7册，台北：艺文印书馆，1989年，第114页。

② 《明史》卷十《英宗前纪》，第139页。

③ 郑麟趾等：《高丽史》卷三十九，第1234页。

为亲者讳的原则基本上和父母有关。在《红楼梦》中，贾雨村的女学生林黛玉因为母亲的缘故，读到“敏”字的时候改读“密”，写到“敏”字的时候会减少一笔。[①]时至今日，很多中国人依然讳言父母“死了”，而是用“老了”“不在了”“归天了”“离世了”等词汇替代。在父母生前，儿女也不会直呼父母的名字，因为这是极度失礼的体现，会被认为缺乏最基本的教养。

为贤者讳的原则影响也非常深远。德高望重的贤达即便犯下过错，史家也会大事化小、小事化了，讳莫如深，以示敬意。为贤者讳的初衷不是掩盖真相，而是侧重发挥榜样的力量，让后人牢记先贤的功绩，激励自己为国家和社会作出更大的贡献。不可否认，避讳原则和历史真相二者之间一直存在互相冲突的张力。以明代而言，英国公张辅即是突出的一例。

张辅（1375—1449），字文弼，父亲是靖难战役中的名将张玉。他本人也是永乐、洪熙、宣德、正统四朝最为知名的将领，奠定他人生事业巅峰的战役即是带领百万大军三征安南（今越南北部地区），令此国直接内属于中国。永乐五年（1407），得益于张辅的贡献，明廷在安南地区获得四十八个府州，一百八十个县，三百一十二万户人家，一千多万人口。张辅也因此功封英国公，岁禄三千石，这是异姓臣子生前能够获得的最高封号。史称，自唐朝灭亡以来，安南地区独立长达四百多年，如今复入中国版图，实为一大盛事。[②]宣德年间，安南地区持续叛乱，明廷的边疆政策转入内向，最终决

① 曹雪芹：《红楼梦》第二回《贾夫人仙逝扬州城　冷子兴演说荣国府》，北京：中华书局，2005年，第14页。

② 《明史》卷一百五十四《张辅传》，第4221页。

定放弃安南，听其独立，仅保持象征意义上的纳贡。关于放弃安南的利弊，时人和后世的史学家聚讼纷纷。对于英国公本人而言，三征安南的成果化作泡影还不是他人生中最大的噩梦。

在仁宗、宣宗时期，张辅与蹇义、夏原吉以及三杨等人同心辅政，对开创“仁宣之治”做出的贡献不容忽视。遗憾的是，和三杨一样，人到晚年，精力衰竭，却不得不占据核心的军政地位。由于缺乏有效的退休机制，老人年迈不能退位，他们举荐入阁的中年人软弱无力，[①] 而真正有能力的却无缘入阁，这就使国家命运和个人名节一同面临严峻的考验。在宦官王振擅权的正统时代，英国公张辅作为四朝元老，英气不再，无力阻止。《明史》如是记载一代名将张辅最后的人生：

> 也先入犯，（王）振导英宗亲征，（张）辅从行，不使预军政。辅老矣，默默不敢言。至土木，死于难，年七十五。追封定兴王，谥忠烈。[②]

依照正史的书写，定兴王张辅之死是被小人裹挟的结果。如果他当时能获得军事指挥权，英宗的亲征说不定会有不同的结局。总之，张辅是忠君报国的正面形象，而一切都是王振的罪孽。

然而，事实也可能是另外一番景象。

---

① 三杨垂暮之际，也在培植亲信的接班人进入内阁，比如曹鼐、陈循、高谷、马愉、苗衷等五人。然而，这五人在人品、能力以及对君主和政局的影响力等方面远远不能与三杨同日而语。（《皇明通纪》卷十三，第651页。）曹鼐唯唯诺诺，无力劝止英宗亲征，最后死于“土木之变”。（《明史》卷一百六十七《曹鼐传》，第4502页。）陈循和高谷作为阁臣竟然接受景泰皇帝的贿赂，默许皇帝另立太子。（《明史》卷一百六十八《陈循传》，第4514页。）

② 《明史》卷一百五十四《张辅传》，第4224页。

根据其他史籍的披露，“土木之变”后，英国公张辅并没有战死沙场。求生本能促使他临阵脱逃，一路逃到京师的英国公府。逃到家中的张辅恢复理智之后，才后悔莫及：我一个七十五岁的老翁怎么如此贪生怕死，把皇帝丢给了敌人？我可是威震中外的大明将领张辅！怎么做了逃兵？！与家人诀别之后，他来到先人墓地上清扫了墓地，摆上了祭品，然后义无反顾地自经身亡。①

一个“逃”字足以让张辅晚节不保！为了保住他的晚节，史家开启了特殊的书写模式。作为四朝元勋，英国公张辅德高望重，又是三征安南威震海外的宿将。即便逃回了家中，毕竟还是自杀殉国，故此，他做逃兵的这个细节自然可以忽略不计。我们应该责备的是，王振如何误国，阉党如何该诛；我们应该惋惜的是，当年朝廷为何不让张辅家族世世代代镇守安南，一如沐氏家族镇守云南，这样就可以保证中国对安南的长久统辖，而非一朝弃之。② 这便是古往今来不少史家赞同的法则。

礼制名分，逃无可逃。时移世易，在具体的人物和事件当中，究竟该如何按照礼制书写历史？应当如实记录历史，还是以“为贤

① 《廿二史札记校证》卷三十一，第724页。

② 《明史》称：“成祖因季犛篡立，兴师问罪以彰天讨，求陈氏后不得，从而郡县其地，得取乱侮亡之道矣。蛮疆险远，易动难驯，数年之间叛者数起，柳升以轻敌丧师，王通以畏怯弃地。虽黄福惠爱在交，叛人心折，而大势已去，再至无功。宣宗用老成谋国之言，廓然置之度外，良以其得不为益，失不为损，事势所不必争，非独惮于劳民而绌于筹饷也。尝考黄福与张辅书言：‘恶本未尽除，守兵不足用。驭之有道，可以渐安。守之无法，不免再变。’权交事之始终，盖惜张辅之不得为滇南之沐氏也。”（《明史》卷一百五十四《张辅传》，第4242—4243页。）如果朝廷能够听从张辅的建议，或者像沐氏家族镇守云南一样派张辅镇守安南，安南也许会成为中国牢不可破的郡县，省去后来无尽的纷扰。

者讳”的名义别有深意地选择迹似隐瞒、扭曲的《春秋》笔法？这道礼制问题非常棘手，不知道困扰了多少人。无论天平如何偏移，无论当事人生前身后，历史的审判即便迟到，也总不会缺席。

名分就像六月的天气，无论阴晴风雨，总是来得太突然。有的人费尽心机，不惜通过弑君弑父、兄弟相残的手段登上皇位，有的人本无觊觎之心，却被扶到了龙椅之上。

国不可以一日无君，民不可以一日无主。特别是在也先绑架英宗朱祁镇到处胁迫明军守将开城投降或者进献钱财的紧要关头，迅速确定君主作为礼之大节比平时来得更急迫一些。

如果我们认为，中国古代的礼制具有极其强大的稳定性，那么我们很可能对中国历史形成一定程度的误读。礼制表面来自先秦时期的礼经巨典，或者秦汉以来的礼制故事，抑或本朝的祖宗之法，实际上，礼制能否发生效力，更强大的影响因素是当下的形势。礼制影响时势，时势也影响礼制。

宣德皇帝驾崩后，在小皇帝朱祁镇与襄王朱瞻墡之间，明廷最终选择了幼冲的朱祁镇，原因是嫡长子继承制的伦序。当时，“国赖长君”的意见虽然有人提出，但是最终遭到否决。襄王朱瞻墡口碑再好，也只能是食禄的诸侯而已。一着不慎，满盘皆输。小皇帝长大后居然像玩儿童游戏一样，没有任何军事经验的他把五十万明军主力扔给了瓦剌军团，自己也成了也先的阶下囚。

如今，奉天殿中的龙椅空置多日。明廷又面临一道沉重的选择题：是选英宗的长子继承皇位，还是选择英宗的弟弟郕王朱祁钰？正统十四年（1449），皇太子才两岁，牙牙学语都很吃力，而负责监国的朱祁钰已经二十一岁，正是年富力强的时候。此时，还能否像英宗即位时那样，严格按照嫡长子继承的礼制，让两岁的朱见深即位？

礼制本身并不能作出抉择，能够作出抉择的是掌握权力的那些大鳄。此时，明王朝最有威望的是一个女人——孙太后。宣宗先后有两位皇后，一位是胡皇后，一位是孙皇后。胡皇后没有生下儿子，体弱多病，最终被废。孙皇后同样没有为宣宗生下儿子，但是她美丽非凡，颇有心机，秘密收养某位宫女的儿子，此人便是英宗。根据《明史》的记载，英宗的生母到底是谁，天下没人知道。① 在皇帝北狩的消息传来的第四日，孙太后表现出异乎寻常的冷静，命令太监金英传出谕旨，立朱见濬为皇太子，改名朱见深。② 在这个时候将两岁的朱见深立为太子，孙太后之心，路人皆知。

在三杨和王振先后秉政的时代，孙太后远没有能力发出自己的声音，何况本朝祖制，后宫不得干预朝政。她纵有野心，在国家存亡的关键时刻，也不得不前后思量。前几日，在午门议事，平时看起来弱不禁风的儒臣竟然群起把锦衣卫指挥使马顺活活打死，可见

① 《明史》卷一百十三《后妃传一》，第3514页。

② 《明英宗实录》卷一百八十一，正统十四年八月丁卯，第3512页。正统十四年（1449）八月甲子，土木堡大败、英宗被俘的消息传入京师；丁卯，孙太后就下旨，让朱见深做皇太子，令大臣准备册封礼仪；己巳，朱见深正式即位为皇太子，明廷颁布诏书："迩因虏寇犯边，毒害生灵，皇帝恐祸连宗社，不得已躬率六师，往正其罪，不意被留虏庭。尚念臣民不可无主，兹于皇庶子三人之中，选其贤而长者，曰见深，正位东宫。仍命郕王为辅，代总国政，抚安天下。呜呼！国必有君，而社稷为之安。君必有储，而臣民有所仰。布告天下，咸使闻知。"（《明英宗实录》卷一百八十一，正统十四年八月己巳，第3518页。）颇具反讽意味的是，孙太后所谓的"贤而长者"不过是两岁的孩童罢了。

情势有多么危急。比起权力的欲望，求生欲压倒一切。

八月底，就在皇位空虚、人情汹汹之际，文武百官组成规模庞大的队伍浩浩荡荡地来到皇太后的寝宫。他们个个大义凛然，人人神情肃穆，此行的目的是发出共同的心声：

> 圣驾北狩，皇太子幼冲。国势危殆，人心汹涌。古云："国有长君，社稷之福。"请定大计，以奠宗社。[①]

面对大臣的这种阵势，聪明的孙太后立刻明白他们的意图。事到如今，自己也只能顺水推舟，命郕王择日即皇帝位。带着皇太后的旨意，文武百官又浩浩荡荡地来到了郕王面前，跪请郕王即位。朱祁钰一脸愤怒地说："不是有皇太子吗？尔等何敢如此造次！"大臣们固执不已，声称这是皇太后的旨意，还请殿下不要推辞。此时，深孚众望的兵部尚书于谦也站出来说项——殿下要以江山社稷为重。

直到最后一刻，郕王才勉强答应下来，[②]并强调说："这皇帝不是本王要当的，是你们非要本王当的！"在此后八年的皇帝生涯中，每当受到了委屈，朱祁钰都会不厌其烦地对大臣重复这句话。

与张辅一样，景泰帝的形象也以正面为主。在也先围困京师之际，他即位为天子，带领军民奋起反击，有再造社稷之功，最终却

---

① 《明英宗实录》卷一百八十一，正统十四年八月丙子，第 3533—3534 页。

② 根据《明通鉴》的说法，在兵部尚书于谦劝说后，朱祁钰依然不愿意接受皇位这块烫手山芋。此时，刚好有一位名叫岳谦的都指挥刚出使瓦剌回来，说是英宗有旨，郕王年长贤达，正是继承皇位的最佳人选，应当继承大位，延续我朝宗社祭祀。之后，郕王才答应即位。（《明通鉴》卷二十四，第 1015 页。）

惨遭“夺门之变”，是令人惋惜的好皇帝。可惜，这只是真相这枚棱镜的一面罢了。

景泰元年（1450）的春节非比寻常，被遥尊为太上皇的英宗依然身陷敌营，而瓦剌的军队时不时袭扰北疆。本年有两个正月，更觉漫长。大同总兵官郭登先后两次击败瓦剌军队，被封为定襄伯，[①]成为京师军民苦闷生活中难得的一丝慰藉。

战场上的捷报固然可以鼓舞士气，但百姓总要吃饭，而这一时期的防御战争，粮食消耗巨大。内地百姓没有粮食，可能会造反；边疆士兵没有粮饷，可能会哗变。短时期内，国家实在筹措不了粮饷，便更新了输纳的方式。输纳几乎是卖官鬻爵的代名词，至迟在秦汉时期就已流行。在国家军事紧张时期，为了填补亏空，朝廷会让百姓捐献一定数额的粮食、马匹等急需物资，从而获得某个爵位。输纳人拿到的是一个虚名，却获得日后免予交税的特权，更直接的优待是朝廷赏赐的一套华丽的冠带。

景泰元年（1450）的输纳和往年的不同之处在于，只要各地学校的生员缴纳一定数量的粟米、马匹就可以保送到京师国子监入学，

① 《明史》卷十一《景帝纪》，第 143 页。

限额一千人。[①] 此举让国子监的学生感受到格外的侮辱——我们都是通过真才实学考进来的，凭什么让那些有钱人家的子弟，不分农、工、商贩，不分聪明、愚蠢，来到国子监和我们一同上课？[②] 监生们的抗议遭到廷臣的驳回：正是因为这些人有钱，而国家迫切需要钱！

一个国家的强盛和教育事业之间存在千丝万缕的关系。太学作为国家的最高学府，是明朝教育的根本之地，如今被注入了腐烂的血液。太学如此明目张胆地收取粮食、马匹，直接败坏了自己的名

① 《明通鉴》卷二十五，第 1027—1028 页；《皇明通纪》卷十五，第 693—694 页。纳粟入监之事受到明代史学家陈建的强烈抨击："我朝纳粟入监事例，滥觞于此。其源一开，末流不可复塞，后来遂援此例以赈饥，甚至援此以接济大工，无止息之期矣。我朝自正统以来，承平日久，天下之事无不入于玩愒废弛，不承权舆，而太学尤甚。祖宗朝最重太学，慎选贡徒，文行兼备者，积分自广业堂升至率性堂，即得铨选京职、方面，与进士等。故洪熙初，犹选监生吴信为给事中。自时厥后，其法浸废。迨至纳粟、上马例行，与举贡皆一例，挨次拨历听选，无复教养之实，彝伦堂遂为钱虏交易之地，大司成止为执簿拨历之官，博士、助教徒为冗员，无所事事，太学虚文，视天下郡县学校相去何能以寸！祖宗良法美意，其尚存而不至于澌尽者几何！阅历世变，何以胜慨！"（《皇明通纪》卷十五，第 693—694 页。）

② 以郭佑为代表的监生抗议如下："昨以国用耗乏，谋国大臣欲纾一时之急，令民纳粟者赐冠带。今军旅稍宁，而行之如故。夫名以表实，服以彰德，彼农、工、商贩之徒，不分贤愚，惟财是授，使之骄亲戚，夸乡里，而长其分外之心。又有赃污之吏罢退为民，欲掩乡闾之耻，纳粟纳草，尽冠带而归。何前日以财而去职，今日以财而得官，甚非朝廷重惜名爵之意也。况堂堂天下，藏富于民，未至于大不得已之时，而如此举措，是以空乏示敌而启其侵寇之心。愿裁自今止，以全国家之体。"（《明英宗实录》卷二百九，《废帝郕戾王附录》第二十七，景泰二年十月庚寅，第 4505 页；《明史》卷一百六十四《聊让传》，第 4448—4449 页。）郭佑上疏在景泰二年，而纳粟入监之事发生在景泰元年。《明通鉴》将郭佑奏疏放在景泰元年之后，遂有误导之嫌。（《明通鉴》卷二十五，第 1028 页。）

声，也让所有的监生丧失了基本的荣誉感。在对体制教育绝望之后，明代民间书院教育和私人讲学的兴起恐怕和此不无关系。

我们不禁会问，即位之后，景泰皇帝本人对待教育的态度如何？

景泰元年（1450）二月，和当年的英宗一样，朱祁钰要上学了——御经筵。为皇帝讲课的先生除了内阁元老高谷、陈循等人外，其余都是郕王府的旧人。先生们在讲台上将儒家典故以及时局安危娓娓道来，这让新登极的朱祁钰兴致盎然。为了表示自己的喜悦，他下令让身旁的太监拿来金钱，像天女散花一样，抛在了地上。这是赏赐给各位老先生的恩典。大明王朝的讲官蹲在地上，像狗一样，拾取皇帝的恩典。有的人年事已高，不方便弯腰，结果一无所得。年轻一点的讲师看到此情此景，未免发了恻隐之心，从自己抢到的金钱中分了一枚给他。①

先生们想要致君尧舜上，桀骜不驯的君主们却以卑贱的奴婢视之，这便是明王朝的天子对待授业老师的“礼遇”。

让先生们伏地捡钱还不足以囊括景泰皇帝的雅好。景泰二年（1451）的春天，翰林院编修杨守陈作了一首《银豆谣》。这首歌谣很快传得满城风雨。

尚方承诏出九重，冶银为豆驱良工。
颗颗匀圆夺天巧，朱函进入蓬莱宫。
御手亲将十余把，琅玕乱洒金阶下。
万颗珠玑走玉盘，一天雨雹敲鸳瓦。
中官跪拾多盈袖，金珰半堕罗裳绉。

---

① 《皇明通纪》卷十五，第690页。

赢得天颜一笑欢，拜赐归来坐清昼。
闻知昨日六宫中，翠娥红袖承春风。
黄金作豆竟拾得，羊车不至愁烟中。
别有银壶薄如叶，并刀剪碎盈丹匣。
也随金豆洒金阶，满地春风飞玉蝶。
君不见，民食木皮和草根，梦想豆食如八珍。
官仓有米无钱籴，操瓢尽作沟中尘。
明主由来爱一颦，安邦只在恤穷民。
愿将银豆三千斛，活取枯骸百万人。①

六百多年前，唐代大诗人白居易创作了蜚声寰宇的《长恨歌》，借用唐玄宗和杨贵妃的爱情故事把大唐的盛衰淋漓尽致地演绎出来，雅俗共赏，千古传唱。在国家由盛转衰的历史关头，明朝没有《长恨歌》，明朝有《银豆谣》。

无论是依照礼制，还是依照对政局的清醒认识，朱祁钰即位之后，没有理由不励精图治。这位年轻的皇帝即位才两年，就迷恋上各种“雅好”，其中一种就是从国库中取出银豆、金钱，然后站在台阶上抛洒，让宫女和太监哄抢。在杨守陈的笔下，每一颗银豆都是那么饱满均匀，巧夺天工！皇上爱上了撒钱，不仅是金钱、银豆，据说还把金豆、银叶撒给了妃子。金银随风飘洒的姿态那么优美，就像春风之中到处飞舞的蝴蝶。此时由于战乱频仍，国库空虚，饥民遍野，饿殍满渠。皇帝有这种到处撒钱的兴致，为何不用这些银

① 《皇明从信录》卷十九，陈建撰，沈国元订补，《续修四库全书》第355册，第322页。

豆救助上百万嗷嗷待哺的黎民百姓呢？

和很多表达反对意见的奏疏下场一样，这首《银豆谣》并没有让最该看到的人看到。在层层设定中，作为礼制链条的顶层，皇帝本人对饥饿、寒冷等缺乏切肤的体会。无论在儒家的经典书籍中，还是本朝太祖以来的三令五申里，杜绝奢侈、崇尚节俭的呼声此起彼伏。如果皇帝就是喜欢奢侈，就是喜欢抛洒银豆，有什么直接有效的反制举措吗？基本没有。这就是症结所在。

惩治贪污腐败的主旨出现在历朝历代的法律条文之中，一个官员如果行贿受贿，轻则被解职，重则被剥皮实草。我们却发现，这些法律条文之中，有一个明显的漏洞：如果皇帝本人行贿受贿，根本没有对应的惩处规定。

景泰三年（1452）四月，一位名叫黄玹的广西土官因为私人恩怨，闯入他的弟弟思明（今广西宁明）知府黄𤩽家，将其灭门。这场知府灭门案发生后，广西巡抚李棠将黄玹父子抓了起来，不日处决。出于求生欲，黄玹让心腹之人携带重金到京师走动，寻求活路。这件案子性质恶劣，铁案如山，想要翻案，除非出现奇迹。

距西南边陲万里之遥的皇宫中，景泰皇帝心中郁结，他早就想把英宗的太子废掉，换成自己的儿子做皇太子。为了达到目的，他甚至令太监到内阁大臣陈循等人家里行贿，每人黄金五十两，白银一百两，希望取得他们的支持。[①] 臣子们惶恐地被迫“受贿”，却迟迟无人上疏另立太子。就在此时，有人给黄玹支招，让他在牢狱

① 《皇明通纪》卷十六，第 723 页。

中上疏，建议易储。接到奏疏，景泰皇帝大喜过望："万里之外，乃有此忠臣。"[①] 奇迹发生了！天子发布特赦令，将黄竑无罪释放，同时让廷臣讨论废立太子的大事。一场灭门案的元凶摇身一变成了皇帝的忠臣，就这样逍遥法外。

明王朝的文武官员一共九十一人参与讨论，最终一致同意，废皇太子朱见深为沂王，改立景泰帝的儿子朱见济为皇太子。事成之后，景泰皇帝给大臣加官，任命王直、胡濙为太子太师，陈循、高谷、于谦为太子太傅，仪铭为兵部尚书，俞士悦、王翱、何文渊为太子太保，萧镃、王一宁为太子少师，商辂以兵部侍郎的身份兼任右春坊大学士，也给陈懋、石亨等人加官封赏。[②] 饱读诗书的臣子就这样被景泰皇帝收买，演绎了一场历史荒诞剧。

景泰帝采用不光彩的手段达成了废立太子的目的，释放了穷凶极恶的杀人犯，贿赂了国家股肱重臣，又滥封官位，以至于民间流传讽刺的歌谣：

满朝皆太保，一部两尚书。[③]

即便有于谦等正直之臣的辅佐，景泰政局尚且接连发生如此荒诞的事情。天子带头蔑视礼法，这个国家会好起来吗？

---

① 龙文彬：《明会要》卷三，《续修四库全书》第 793 册，第 31 页；《明通鉴》卷二十六，第 1064—1065 页。

② 《明通鉴》卷二十六，第 1065 页。

③ 黄瑜：《双槐岁钞》卷五，魏连科点校，北京：中华书局，1999 年，第 102 页；《皇明通纪》卷十六，第 723 页。

第三节　杀死于谦

如果一名将军带领五十人在前线作战，由于指挥失误，造成全军覆没，自己也被敌军俘虏，辱没了国家尊严，那么，即便被释放之后，他也难逃朝廷法律的制裁，全家人都可能遭殃。

如果一名皇帝带领五十万人在前线作战，由于指挥失误，造成全军覆没，自己也被敌军俘虏，还将整个国家推向灭亡的边缘，那么，被释放之后，他还有可能继续做国家的皇帝，成为天下的主宰。

这便是公元 15 世纪中叶明王朝发生的事件。

今天，我们如果去读《明史·外国传》中关于明英宗朱祁镇流落漠北的故事，时不时会被正统史家那些诡异的笔法“折服”。

根据《明史》的记载，也先第一次见到被俘的朱祁镇时，像明廷的臣子那样诚惶诚恐：

> 也先闻车驾至，错愕未之信，及见，致礼甚恭。[①]

在漠北大营，作为俘虏的朱祁镇拒绝了也先将妹妹许配给他的要求。也先不仅不恼怒，反而表现得像一位彬彬有礼的中原君子：

> 也先又欲以妹进上皇，上皇却之，益敬服，时时杀羊马置酒为寿，稽首行君臣礼。[②]

当朱祁镇离开时，也先带着弟弟伯颜帖木儿一路相送。诀别时

---

① 《明史》卷三百二十八《外国传九》，第 8500 页。

② 《明史》卷三百二十八《外国传九》，第 8501 页。

刻，他们兄弟两个依依不舍，甚至下马伏地恸哭，并说道：

皇帝行矣，何时复得相见！[①]

史家即便是秉持为尊者讳的礼制原则，意在尊崇朱祁镇，何至于把瓦剌首领刻画成一位严守礼制的中原君子？正史的这种写法就像今天一位技巧生疏的美工为别人修图，可惜美颜过度，修出的图片未免令人敬而远之。

真实的情况究竟如何呢？朱祁镇受到像《明史》记载中那种礼遇的可能性微乎其微。在天寒地冻的漠北，娇生惯养的朱祁镇经常晚上冻得无法安眠。这个时候，他的侍从袁彬便来“侍寝”。袁彬“侍寝”的方式与众不同，他和年轻的皇帝分头而睡，或南或北，或东或西。两人同在一床被子之下，如果皇帝还是瑟瑟发抖，袁彬便会把皇帝的双足拿过来紧紧地夹在自己的腋下。[②]遇到袁彬有事的时候，另外一位叫作哈铭的侍从就会代替袁彬“侍寝”。

袁彬，汉族，江西新昌（今江西宜丰）人，虽是武将，却也还算清秀。哈铭是明军中的蒙古人，虽然受训多年，却依然保持几分草原汉子的粗犷。有一天清晨，等到哈铭醒来，明英宗对哈铭说：“昨晚你把手压在我胸上，我始终没有动，怕吵醒了你。等你醒来，才把你的手从身上拿开。”[③]趁此机会，还跟哈铭讲述东汉时期严子陵也曾压在光武帝刘秀身上的故事，哈铭听到后赶快磕头认罪。也先不懂汉话，朱祁镇不懂蒙语，要不是哈铭，二人不便沟通。对

① 《明史》卷三百二十八《外国传九》，第 8502 页。

② 《皇明通纪》卷十四，第 685 页。

③ 《皇明通纪》卷十四，第 685—686 页。

哈铭的护驾功劳，朱祁镇心怀感激，并许诺，以后若能回朝，会让哈铭做都指挥使。

相较于哈铭而言，朱祁镇对袁彬的感情更为深厚。在也先大营中，无论是也先，还是他的部下，不少人都对朱祁镇等人怀有程度不一的恶意。袁彬屡屡出头保护朱祁镇，这让瓦剌人怒火中烧。他们把袁彬捆绑之后，打算肢解。幸亏朱祁镇及时赶到，苦苦哀求，这才救下袁彬的性命。袁彬毕竟不是金刚不坏之身，有一次患上重度风寒，浑身发抖。朱祁镇五内俱焚，不忍心看到这位和自己有温足之情的臣子、朋友、兄弟苦苦煎熬，于是乎，他将自己的身体压在袁彬的背上，通过这种亲密的拥抱姿势将身体的热量传导给袁彬。直到发汗之后，袁彬才恢复了意识。[①]

从正统十四年（1449）八月北狩，到景泰元年（1450）八月还京，朱祁镇等人在漠北整整羁留一年。在这一年中，他多了一个礼制上的虚名——太上皇，却收获了一份特殊的温足压背之情。袁彬和哈铭跟随英宗还朝后，尤其在英宗复辟之后，受到格外的礼遇，均以寿终。[②]

正统十四年（1449）的冬天格外漫长，被尊为太上皇的朱祁镇

---

① 《明史》卷一百六十七《袁彬传》，第4509页。

② 英宗回京后，景泰帝仅授予袁彬锦衣卫试百户的小官。英宗复辟后，袁彬官至都指挥佥事（正三品），成为天顺朝无与伦比的宠臣。成化年间，袁彬官至都督佥事（正二品），子孙后代世袭锦衣佥事（正四品）。袁彬作为锦衣卫的指挥长官，行事安静，有口皆碑。哈铭回京后，被英宗改赐姓名为杨铭，任锦衣指挥使（正三品）。（《明史》卷一百六十七《袁彬传》，第4510页；《明史》卷七十六《职官志五》，第1856、1860页。）

经历了有生之年最刻骨铭心的煎熬。到了景泰元年（1450）正月，太上皇的书信抵达京师，要求朝廷派大臣去迎驾。本着臣子的名分，群臣纷纷上表，应该派遣重臣出使瓦剌。景泰皇帝颇为不悦，发布了谕令，你们谁想要联络太上皇，出使北方就是个机会，赶快去吧！[①] 接到圣谕，大臣们怛然失色，揣摩出圣意后，一片静默。

漠北大营中，饥寒难耐的朱祁镇本指望上元节前返回京师，不料好不容易发出的书信竟然石沉大海，内心之彷徨与悲凉可想而知。属下们不想要老上司，弟弟也不想认哥哥。祸不单行，比起属下和弟弟，朱祁镇回京最直接的障碍是一个叫作喜宁的太监。像汉朝的太监中行悦一样，此人归降瓦剌后，不断挑拨明朝和瓦剌之间的关系，多次引诱也先入侵，也时常羞辱朱祁镇。于私而言，喜宁是设计差点杀死袁彬的首犯；于公而论，喜宁是也先的向导。此人不除，大明朝永无宁日。同年四月，朱祁镇和袁彬设下圈套，让喜宁到宣府传命，在城下将其俘虏，之后送到京师枭首示众。喜宁死后，瓦剌内部也泛起厌战的情绪，毕竟已经抢掠了很多金银，如果再抢下去，损兵折将，得不偿失。草原上的狼群该回穴了。

同年六月，也先主动派遣使者到京师议和。既然议和，双方都要拿出诚意。瓦剌应该释放太上皇，而明王朝至少应该派遣迎驾的使臣。面对大臣迎复的请求，景泰帝非常恼火："这皇帝不是本王要当的，是你们非要本王当的！"于谦提醒他说："大位已定，谁敢有意见？迎回太上皇是出于回应瓦剌使者的礼仪，同时能够减轻边疆的灾患。"几番周折，景泰帝才将一枚小小的都给事中（正七品）

① 《皇明通纪》卷十五，第 689 页。

李实临时擢升为礼部侍郎（正三品），充当使臣，随瓦剌使者北上。

获得破格提升的李实完全高兴不起来，而是惴惴不安。敕书上只提到两国互遣使臣，以礼相待，并未提到迎复。李实正要去内阁讨个主意，路上遇到了太监兴安。兴公公劈头盖脸将他骂了一通："你一个小小的都给事中哪儿来那么多事儿。陛下的敕书怎么说的，你照着做便是！"[①] 事已至此，李实只好硬着头皮向草原进发。

漠北大营中，瓦剌始终不肯放人。按照也先太师本人的说法：

> 大明皇帝敕书内只说讲和，不曾说接驾。大明皇帝留在这里又做不得我每的皇帝，是一个闲人，我还你每。千载之后，只图个好名儿。你每回去奏知，务要差太监及大臣来迎，我便差人送去。如今送去呵，轻易了。[②]

瓦剌人说话很直接，没有虚与委蛇的客套话。这次之所以不放人，是你每（们）连个像样的大臣都不肯派来，太不像话了。朱祁镇不过是"一个闲人"，我懒得留他在我每（们）这里。

就在事情陷入僵局之际，又迎来了转机。李实回京路上遇到了一位身份显赫的使臣——右都御史杨善。一个使臣没有回来，朝廷为什么还要派出另外一个使臣？

瓦剌本是蒙古的一个部落，势力强大之后，侵吞了鞑靼的领土，把元皇室的后嗣脱脱不花奉为君主，实权却在太师也先这里。正统四年（1439）以来，由于统属不同以及贪图明廷的赏赐，可汗脱脱不花和太师也先分别入贡，使团动至数千人。明廷也是分别赏赐，

① 《皇明通纪》卷十五，第 700 页。

② 《皇明通纪》卷十五，第 702 页。

并派遣不同的使者。[①] 当时，蒙古可汗脱脱不花派遣平章皮尔马黑麻来谈议和的大事，朝廷专门派出了时任右都御史（正二品）的重臣杨善。见到杨善之后，李实将瓦剌的意图和盘托出。一个七品的小官前脚刚走，一位二品的大员就来到了草原，这也让也先大喜过望，感到自己的意见受到了格外的重视。杨善凭着过人的计谋以及三寸不烂之舌，[②] 竟然在没有圣旨的情况下，把太上皇成功迎回京师！

景泰元年（1450）八月，太上皇入居南宫。他的一切礼仪都是明王朝最高级别，然而不再掌握任何权力。不知不觉间，七个春秋过去了。和历史上唐高祖、唐玄宗等太上皇一样，他要做的就是提前安享晚年，然后悄悄地退出历史舞台。清秋霜夜苦，南宫岁月长。明英宗吟风弄月，颐养天年，却又情不自禁回想起在漠北度过的时光，一次次从梦中醒来。

他未必及时得到的消息是，在他离开漠北没多久，蒙古高原上就发生巨变。瓦剌和鞑靼之间互相猜忌，也先集结军队击溃脱脱不花，将其残杀。草原上自有一番生存法则，没几个人会在乎“弑君”的恶名，只有兵强马壮才是颠扑不破的硬道理。吞并了鞑靼之后，景泰四年（1453），也先成为蒙古高原的主宰，自立为可汗，建元添

① 《明史》卷三百二十八《外国传九》，第 8499 页。

② 《皇明通纪》卷十五，第 703 页；《明史》卷一百七十一《杨善传》，第 4565—4567 页。杨善此人素无学术，只是善于辩才且富有心机。他不惜违抗圣意迎回太上皇，并非出于公道人心，而是政治投机。他曾经和章朴一同坐牢，出狱后也保持密切的“友谊”。章朴以知己相待，悄悄告诉杨善自己家还藏有方孝孺的文集。杨善千方百计把此书借来，随后密奏朝廷。结果，章朴被问斩。靠着卖友的功劳，杨善官复原职。另外，于谦被杀，杨善也“功不可没”。

元。在发往明廷的国书中，他自称为“大元田盛大可汗”。“田盛”即“天圣”的谐音。明廷在国书中则尊称他为“瓦剌可汗”。东到建州，西抵哈密，横南贯北，也先的势力达到巅峰。[①]

当时，也先可汗陶醉于自己的丰功伟绩，料想当年的成吉思汗也不过如此。在武功上，他吞并了鞑靼的势力，在“土木堡战役”中击溃了明军五十万主力。仅此两点，他足以傲视天下。当年，宋徽宗、宋钦宗被俘之后，客死他乡。如今，也先自认为德行不亚于中原人崇拜的偶像尧舜。他曾对来使的李实说：

> 大明皇帝是我仇人，自领马军与我厮杀。天的气候，落在我的手里。众人教我害他，我再三不肯。他是一朝人主，我特着知院伯颜帖木儿早晚恭敬，不曾怠慢。你每捉住我，留到今日么？[②]

在释放明英宗这一点上，他的宽宏大量也足以让他名垂青史。可惜，在自立可汗之后，他被胜利的果实冲昏了头脑，沉迷于声色犬马。景泰六年（1455），他遭到知院阿剌的攻击，兵败被杀。也先死后，瓦剌四分五裂，被鞑靼、哈密、吐鲁番等部落先后围剿。嘉靖九年（1530）之后，他们自相残杀。之后，不可一世的瓦剌人不知所终，退出了历史的舞台。

老朋友也先的称汗与去世未免让朱祁镇唏嘘不已，人生恍若一场幻光，你永远不知道接下来会发生什么。作为太上皇，他的权限仅仅在南宫而已。每次景泰皇帝带着文武百官来朝谒的时候，他都

---

① 《明史》卷三百二十八《外国传九》，第 8502 页。

② 《皇明通纪》卷十五，第 701 页。

如坐针毡。他清楚，兵败被俘之后，他给大明朝丢脸了，愧对列祖列宗。文武百官也都清楚，这是一位过气的皇帝，更要命的是，今上很不喜欢这位过气的皇帝。

景泰三年（1452）七月，太上皇一时兴起，将镀金绣袋和镀金小刀赏赐给服侍自己的御用少监阮浪，阮浪又转赠给太监王瑶。这本是一件小事，却被锦衣卫指挥卢忠告发，说二人接到太上皇密旨，图谋复位，刀袋就是信物！景泰帝得知后，龙颜大怒，后果可想而知：王瑶、阮浪人头落地。[①] 刀袋案爆发后，文武百官、太监、宫女噤若寒蝉，任何与太上皇亲近的行为等同谋逆。

公元15世纪50年代，皇宫直庐（大臣值夜班的地方），有一位官员夜以继日地工作，他要对整个明王朝的军事行动负责。在京师保卫战中，他临危受命，抵御也先大军，一战成名。由于消化不良，他素来病痰，且时有血丝。每次工作到半夜，值夜班的人不时会听到他那熟悉的咳嗽声。他是国家的柱石，军民的依靠。景泰皇帝也时常派遣太监探视，提醒他要爱惜身体，为国自珍，不要太拼命了。听说他饱受多痰之苦，景泰皇帝还亲自到万寿山上砍下青竹，然后一根根烧烤，取出汁液（竹沥），派人送给他。[②] 根据中医上的理论，竹沥对祛痰有奇效。

他的妻子和儿女有很长一段时间没见他回家，都快忘了他长什么模样。他是儒家塑造的理想人物，得君行道，忧国忧民。和很多优秀的人一样，在披肝沥胆为国分忧的同时，他发现不是所有人都

① 《明通鉴》卷二十六，第1069页。

② 《明通鉴》卷二十六，第1077页。

像他想的那样，更不是所有人都像他一样拼命。和他共事的官员都清楚这位上司的脾气，每次他们没有办好差，或者兵部的建议受到了阻挠，这位领导都会拍着胸脯慨叹道：

> 此一腔热血，竟洒何地！[①]

只要于国于民有益，哪怕抛头颅、洒热血，于尚书都不会皱一下眉头。问题在于，不是所有人都像他想的那样……

镇朔大将军武清伯石亨同样觉得自己有经天纬地之才，岂能屈居于兵部那位“南蛮子”之下（石亨，陕西渭南人；于谦，浙江钱塘人）！无奈今上倚重于尚书，凡事都听他一个人的。于是乎，石亨也像文官一样，多次用辞职的方式要挟朝廷。于谦也请求朝廷解除自己总督军务的职位，让石亨来做。于石不和让景泰帝非常头痛，国家用人之际，他只能劝了东边劝西边，只可惜廉颇与蔺相如的故事今日不复重现。在废立皇太子的问题上，秉性刚直的于谦触犯忌讳，他始终没有附和群臣的意见。景泰帝很伤心，这是他第一次觉得于尚书十分可恶。

今天，后知后觉的我们很容易为于谦鸣不平。从这些争执来看，于尚书并没有丝毫错谬。朝廷之所以会逐渐疏远于谦，都是朱祁钰、石亨等人心胸狭隘的缘故。实际上，好恶乃人之常情，纵是清正的于尚书也不能免俗。

景泰初年，朝臣私下里议论纷纷，不时传来揶揄的笑声。传闻说，于尚书多了一位小妾！这位小妾不是他人，正是于谦的助手兵部右侍郎项文曜。每次于尚书提出意见，项侍郎都会拍手称赞——

① 《明史》卷一百七十《于谦传》，第4549页。

尚书大人所言极是！每次于尚书上朝，项侍郎都像跟屁虫一样从早跟到晚。于尚书走，他也跟着走；于尚书坐下来，他就站在一旁服侍。有时候，他还会凑到于尚书耳边说些悄悄话，引来于尚书的莞尔一笑。对于项文曜的崇拜，正义凛然的于尚书似乎很受用。朝臣们对这对暧昧的“夫妻”实在看不下去，大家一致同意，以杜绝结党的名义上奏皇帝，将于谦的小妾从兵部调到了吏部。这个时候，于尚书一口老痰上来，懊恼不已，重复他的名言：“此一腔热血，竟洒何地！”如果因为项文曜的仰慕，于尚书便信之任之，那么因为于谦的异见，朱祁钰便疏之远之，又何错之有呢？

一方面，于谦将能洒的热血都倾注到为国家服务的事业当中，成为百姓交口称赞的好官；另一方面，非常不幸的是，由于嫉恶如仇，他也把能得罪的勋臣、文官、武将都得罪干净。木秀于林，风必摧之。

师出无名，乃兵家大忌。真正能将声动海内外的于尚书置于死地的因素，除了合适的时机之外，还有另外一个人的东山再起。

在明朝历史上，每到一个关节点，似乎总有苏州人的影子。姚广孝的出现掀翻了建文帝的旧世界，打造了朱棣的新世界。继姚广孝之后，苏州又出现了一位奇人。

徐有贞本名徐珵，宣德八年（1433）进士，他聪明狡黠，在天文、地理、兵法、阴阳、水利等方面几乎无所不通。[①] 正统十四年（1449），也先兵临京师之际，时任翰林编修的徐珵力主迁都南京。依照礼制，徐珵当然拥有最基本的建议权。可惜，国家危亡之际，

---

① 《明史》卷一百七十一《徐有贞传》，第 4561 页。

这种南迁的意见提前中断了他的晋升道路。作为主战派的代表，听到徐珵的建议后，时任兵部侍郎的于谦厉声说道：

> 言南迁者，可斩也。[1]

在这场政治博弈中，主战派占了上风。于侍郎此言并非真要斩杀徐珵，而是坚定朝廷守卫京师的信念。此后，徐珵还请于谦的门人向于谦求情，看能否让自己做国子祭酒。胸怀坦荡的于谦不计前嫌，很快向景泰帝建议任用此人。景泰帝突然想起来此人曾经力主南迁，肯定是奸佞小人，予以拒绝。徐珵恼羞成怒，反而认定是于谦从中作梗。作为一介大臣，他竟然上了皇帝的黑名单，事情的严重性不言而喻。没想到堂堂的于谦竟然是这种卑鄙小人。自此，于徐不两立，有你无我！

于谦的强项在于军事，当抵御瓦剌、建立团营等任务完成之后，他的光环正在褪去。与此同时，从天子到百官，大家对他的怨言也甚嚣尘上。于谦纵使是正人君子，也没有三头六臂，兵部之外的事情，他鞭长莫及。

黄河每次决口都会给沿岸百姓带来巨大灾难，稍有不慎，便会恶化成明王朝的心腹大患。黄河决口也会引发连锁反应：粮食减产，流民遍野，瘟疫肆虐，北虏入侵……一系列的问题接踵而至。谁人不知，元朝的灭亡就和黄河有关！正统十三年（1448），黄河的沙湾段（今属山东阳谷）决口，导致南北漕运堵塞，运输大动脉被切断。为此，明廷多次派遣官员，调用民夫，耗资巨大，始终不见成效。沙湾成了明王朝的创痛，五千万人口之中，难道就没有一个治理河

① 《明史》卷一百七十一《徐有贞传》，第 4561 页。

道的可用之才？

景泰四年（1453），有人举荐徐有贞，他就是当年的徐珵。景泰帝对此人能否成功非常怀疑，为此派宦官到他家里询问，计从何出。徐有贞拿出两个茶壶，在其中一个茶壶上凿了五个孔，然后让公公分别向两个壶中注水。公公狐疑地注水之后，发现那个五孔的茶壶很快就流干了。徐有贞说，公公可以回去复命了。

同年十月，朝廷正式任命徐有贞为佥都御史，全权负责治理沙湾。[①]

徐有贞的才思远比那个五孔茶壶要缜密复杂，他通过建水门、开支河、浚运河等方式，大获成功。沙湾决口多年，众人束手无策。景泰六年（1455）七月，上任不到两年，徐有贞完成了沙湾决口治理的特大工程。[②]真金不怕火炼，景泰七年（1456）秋季，山东地区遭遇罕见洪水，多处河堤决口，唯独徐有贞修筑的堤坝稳如泰山。朝廷随即任命徐有贞赶赴山东治水，水患悉平。景泰帝龙颜大悦，亲自召见，特别拔擢他为左副都御史，[③]委以重任。

如今，我们很容易将后来发生的“夺门之变”定性为充满阴谋色彩的宫廷政变。其实，忽略了“夺门之变”的一个元凶——嫡长子继承制。成也礼制，败也礼制。嫡长子继承制看似稳定，实则经常成为祸乱产生的根源。因为这种制度存在太多不确定性，如果嫡长子不在了，是否一定要嫡长孙继承？设若皇帝一个儿子都没有，

① 《明通鉴》卷二十六，第1086页。
② 《明通鉴》卷二十七，第1102页。
③ 《明史》卷一百七十一《徐有贞传》，第4562页。

又该怎么办呢？

景泰帝只有一个儿子朱见济。景泰三年（1452），朱祁钰不惜采用贿赂手段把自己的儿子扶为皇太子。可偏偏在景泰四年（1453），朱见济病逝。[1]这个天大的意外埋下了皇位继承的危机——景泰帝死后怎样？

景泰八年（1457）春天，按照大明礼制，朝廷要举行年度性的合祀天地大典。景泰帝病入膏肓，请来他最信任的将领石亨代祭。在斋宫的龙榻旁边，石亨确信景泰帝即将驾崩。他一边痛哭流涕，祈愿圣体早日康复，一边产生一个念头：如果此时帮助太上皇复位，我石家岂不是能永保荣华富贵？[2]当务之急，他需要一位超级军师。主掌大明礼典的太常卿许彬推荐了徐有贞。兴奋异常的徐有贞发挥了关键作用，制定了周密的作战计划。

第一步，让太监曹吉祥确认得到两个人的支持——太上皇本人以及太后。

第二步，趁着边疆军报的机会，勒兵进入大内。

第三步，拥太上皇到奉天殿即位。

第四步，诛杀于谦等异见者。

黑云压城，兵贵神速。在有关将领的密切配合下，石亨、徐有贞的计划顺利实施。当奄奄一息的景泰帝听到皇宫的钟声后，询问左右发生了什么事。身边人含着泪告诉他说，太上皇已经复位了！

① 《明英宗实录》卷二百三十五，《废帝郕戾王附录》第五十三，景泰四年十一月辛未，第5131页；《明史》卷一百十九《诸王传四》，第3640页。

② 《明史》卷一百七十三《石亨传》，第4615页。

听罢，景泰帝说了两个字。[①]之后又过了难熬的一个月，他才离开人世，年仅三十岁。

树倒猢狲散，墙倒众人推。朱祁钰在位时，曾经将李贤从一个五品的文选郎中破格提拔为正三品的户部右侍郎。英宗复辟后，李贤入阁，成为天顺时期的贤良首辅。根据他的回忆，对他有知遇之恩的景泰帝其实不过是个荒淫之君。[②]

回过来，我们不禁会问：为什么非杀于谦不可？

对于英宗来说，他侥幸复位，已经是赢家。而且景泰帝尚在，于谦又是举世闻名的忠臣、功臣，英宗没有诛杀于谦的必要。对于石亨而言，即便仇恨于谦，作为并肩作战过的同袍，也没有非杀于谦的必要。关键就在于徐不两立的徐有贞身上，他分别给石亨、朱祁镇非杀于谦不可的理由。

他多次激怒石亨，诈称于谦、王文已经派人去迎接襄王朱瞻墡

---

① 史称："方上皇复辟，帝方病卧，闻钟声，问左右为谁。既知为上皇，连声曰：'好，好！'逾月，癸丑，帝崩于西宫。"（《明通鉴》卷二十七，第1115页。）

② 《明史》卷一百七十六《李贤传》，第4673—4677页。另据清人谷应泰的看法，景泰皇帝能够于危难之中捍卫社稷，不失为一位英主，只是"恋恋神器，则又未闻乎大道者也"。（《明史纪事本末》卷三十三，第499页。）在没有子嗣的情况下，景泰帝若能复立英宗之子为皇太子，也许会是另外一种局面。至于李贤在景泰皇帝死后，给予"荒淫"的评价，多少有些忘恩负义。不过，景泰皇帝年仅三十岁就驾崩，和纵欲过度也有关系。故此，李贤的批评恐怕并非空穴来风。

即位，[①] 又称景泰皇帝已经知道计谋，身体正在康复，马上就要上朝诛杀石亨。[②] 对于石亨而言，这招十分灵验。在满门抄斩的威胁下，于谦之前压制他的那些记忆铺天盖地地涌上心头，他决意和徐有贞一起先发制人。

徐有贞料到了明英宗的犹豫不决，伙同石亨对明英宗说了一句十分值得玩味的话：

> 不杀于谦，此举为无名。[③]

礼制最重名分，徐有贞的“名”到底是什么名，以至于明英宗听到此言后，在复辟的第二天就发布了诛杀令？

我们认为，徐有贞的“名”与其说是君臣名分，即对于谦而言，他不会同时效忠两个君主，毋宁说是“实”——徐有贞、石亨在善意地提醒复辟成功的明英宗，他暂时并没有掌握实权。如果手握重兵的石亨、徐有贞决意杀死于谦，那么，明英宗在这个原则问题上没有否决的权力。如果他拒绝发布杀死于谦的诏令，没人知道徐有贞、石亨这些冷血的冒险家接下来会做出什么事情。

在探讨明清社会时，人们有时会陷入“君主专制”的先入理念框架中，从而造成误解。我们不得不提醒读者，明代君主的实际权

① 依照大明礼制，如果朝廷宣召藩王入继大统，必须使用金符。实际上，金符仍然安放在太后处。太后本人同意了英宗复辟的计划，并没有下令使用金符召襄王入京。至于襄王本人，在英宗北狩时，他上疏请求立英宗之子为皇长子；在英宗南归后，他又上疏请求景泰帝应当常到太上皇处请安。（《明史》卷一百十九《诸王传四》，第3629页。）多重证据表明，于谦并没有犯下迎立外藩的谋反大罪，这一切不过是徐有贞的欲加之罪而已。

② 《明通鉴》卷二十七，第1116页。

③ 《明史》卷一百七十《徐有贞传》，第4550页。

力不应当被高估。举例而言，宣德七年（1432）二月，宣宗在文华殿召见杨士奇，惊讶地发现，他在宣德五年（1430）二月就下达的减免田租的事情，始终被户部格而不行。杨士奇解释说，这是永乐末年以来的流弊。言外之意，减租虽然是皇上的美意，但是皇命有时脱离实际，户部真要奉旨执行，势必酿成大乱。[①] 承平时期，统御力较强的宣宗尚且遭遇户部的闭门羹，对于刚刚复辟的明英宗来说，他哪儿来的信心与实力违拗徐有贞他们的意志呢？

对于于谦之死，上至太后、明英宗，中至百官，下至贩夫走卒，所有人都知道他是冤屈的。悲哀的是，刚完成复辟的君主权力有限，无力违拗权臣的意志。

石亨和太监曹吉祥后来因为谋反被杀，可谓咎由自取。[②] 聪明一世的徐有贞反而被石亨诬陷，发配到国家边疆。石亨死后，他得以返乡。晚年的徐有贞特别喜欢手执一根铁鞭，时常情不自禁地挥舞几下，并跳起舞来。[③] 权力熏心的他还幻想着有朝一日回京效力。在希望破灭后，才决意放浪于山水之间。

成化二年（1466）八月，朝廷为于谦平反。[④] 诰文一出，四海传诵：

> 当国家之多难，保社稷以无虞。惟公道之独持，为权奸所并嫉。在先帝已知其枉，而朕心实怜其忠。[⑤]

---

① 《皇明通纪》卷十一，第 580 页。

② 《明史》卷一百七十三《石亨传》，第 4616 页；《明史》卷三百四《宦官传一》，第 7775 页。

③ 《明史》卷一百七十一《徐有贞传》，第 4564 页。

④ 《明史》卷十三《宪宗纪一》，第 163 页。

⑤ 《明史》卷一百七十《于谦传》，第 4551 页。

在于谦留下惠政的地方，如河南、山西等地，当地百姓自发祭祀，如丧考妣。在他的家乡杭州，美丽的西湖之畔，至今还矗立着一座于谦墓，供当地的居民和往来的游客吊念。他生前创作过一首《石灰吟》，至今妇孺皆知。诗中如是写道：

> 千锤万凿出深山，烈火焚烧若等闲。
> 粉骨碎身浑不怕，要留清白在人间。

真正的礼制自有穿透时光的力量，正如公道自在人心。时至今日，很多人未必记得五百年前那两个皇帝以及瓦剌可汗的名字，但是于谦和他的清白却永驻人间。

第六章　朱厚照的猪

第一节　“辅他做个好人”

朱祁镇作为明朝历史上最为特殊的皇帝之一，先后两次即位。正统时期，他贵为天子，却像孩童一样，为王振等人玩弄，乘舆播迁，贻羞外邦。景泰末年，因缘际会，他再一次成为明王朝的主人。不仅在明朝，在整个中国历史上，这种例子都极为罕见。同一个皇帝，人们却赫然发现，朱祁镇在正统、天顺前后两个时期的作为大相径庭。经历大起大落，备尝人间冷暖，朱祁镇的后期统治更加理性、务实。除此之外，还多了一份礼制上的温情。

人殉制度是上古葬礼的野蛮习俗。在今天河南安阳的王陵遗址中，人们依然能看到殷商时期残留的成百上千具殉葬尸骨，让人不寒而栗。春秋时期，孔夫子就怒斥殉葬的行为：“始作俑者，其无后乎！”（《孟子·梁惠王上》）用人形的土偶殉葬尚且不可，遑论生人！在汉武帝独尊儒术之后，孔子的呼声被奉为金科玉律，汉、晋、唐、宋以来，人殉制度走向式微。辽、金之后，受胡风影响，人殉制度死灰复燃。明朝肇兴，名义上恢复古制，实际上却启用殉葬制度。

朱元璋驾崩后，不少嫔妃、宫女殉葬。这些殉葬的人家会获得世袭锦衣卫千户、百户的优待，人称“太祖朝天女户”。此后，沿袭罔替。即便英睿的君主宣宗驾崩，一时妃嫔殉葬者甚众，比如何氏、赵氏、吴氏、焦氏、曹氏、徐氏、袁氏、诸氏、李氏等。[①]这些无名女子生前未必享受恩泽，却在如花似玉的年纪以身殉葬，彰显出国葬的畸形。当一种习俗上升为礼仪制度，即便再畸形，当事者也无能为力。先皇为大，谁会怜惜这些女子的香消玉殒呢？

天顺八年（1464）正月，朱祁镇在驾崩前，特地召来皇太子，宣布了一道遗命：

> 用人殉葬，吾不忍也。此事宜自我止，后世勿复为。[②]

明朝开国百年来的人殉陋俗，至此戛然而止。一道遗命不知拯救了多少条鲜活的生命！英宗遗命也昭示出一道讯息——礼制的生命在于更动，顺着时代的脉搏和人性的温情更动。同年二月，明廷将朱祁镇安葬在裕陵，并奉上庙号——英宗。[③]从某些方面讲，这一庙号并非溢美之词。

英宗皇帝的人生经验与教训并不总为后世借鉴，比如经筵教育。自己偏信王振，操弄兵权，兵败被俘。之所以产生这种悲剧，早年教育制度的疏失应当负有很大责任。

好皇帝不是偶然产生的，而是通过教育培养出来的。朱祁镇的孙子孝宗朱佑樘在弘治元年（1488）就坚持执行经筵制度，在文华殿、乾清宫等处接受儒臣教育。他还任命谢迁等人为讲官，每天为自己讲课，从圣贤经传中汲取治国经验。[④]在同年七月的文华殿日

---

① 《廿二史札记校证》卷三十二，第 753 页。

② 《廿二史札记校证》卷三十二，第 753 页。

③ 《明史》卷十二《英宗后纪》，第 160 页。

④ 《明通鉴》卷三十六，第 1409—1410 页。

讲之后，他特地赏赐程敏政等讲官织金绯衣、金带等，并以“先生”尊称，[①] 表现出帝王对讲师应有的尊重。

一旦皇帝受到小人蛊惑，学士徐溥等人便上疏提醒经筵、日讲的重要性：

> 至于经筵日讲，所以明义理是非之端，陈古今治乱之迹。成就君德，裨益治道，惟在于此。今每岁进讲，不过数日。去年春夏日讲止得三次，秋冬经筵止得一次……人君之心，必有所系。不系于此，必系于彼。正士既疏，则邪说得以乘间而入。[②]

接到奏疏，孝宗皇帝从谏如流。下一次经筵后，他将徐溥、刘健、李东阳、谢迁等贤臣召到文华殿，与他们一道批阅文书。君臣无间，从容理政，呈现出儒臣梦寐以求的吁咈气象。[③] 孝宗皇帝成为明朝历史上口碑极佳的皇帝，甚至有史家称赞他在位十八年的统治为“弘治中兴”。有明一朝，皇帝十六，太祖、太宗而外，值得史学家称道的皇帝只有三个，那就是开创“仁宣之治”的仁宗、宣宗以及实现“弘治中兴”的孝宗。[④]

虎父本应无犬子，孝宗皇帝深知教育的重要性，在皇太子（也是唯一的儿子）[⑤] 的教育问题上未尝怠慢。孝宗弘治五年（1492），

---

① 《明通鉴》卷三十六，第 1415 页。

② 《明孝宗实录》卷一百二十二，弘治十年二月甲戌，第 2179 页。

③ 《皇明通纪》卷二十七，第 995 页。“吁咈”一词出自《尚书·尧典》，本来是唐尧与大臣的对话，后来代指君臣融洽的风气。

④ 《明史》卷十五《孝宗纪》，第 196 页。

⑤ 明孝宗生有二子，均为张皇后所生，长子武宗朱厚照，次子蔚王朱厚炜。蔚王朱厚炜在三岁时夭折，故此，朱厚照成为孝宗唯一的子嗣，也是毋庸置疑的储君。（参《明史》卷一百十九《诸王传四》，第 3643 页。）

朱厚照被立为皇太子，年仅两岁。在他四岁时，就有热心的大臣兵部尚书马文升等人建议启动皇太子入学计划。

根据风闻，马尚书了解到，东宫被册封为皇太子后，在太监的陪同下流连于耳目之好。三四岁就开始参与内廷曲宴，对击打钟鼓表现出别样的兴趣。元宵灯会的时候，他还吵着要到午门前观看一年一度的鳌山大会。在各式灯笼搭建的巨鳌灯山前，小太子兴奋异常。端午节的时候，皇太子又在太监的撺掇下去看龙舟以及各式把戏。

赏曲宴、观鳌山本来无可厚非，但是因为皇太子的特殊身份，背后却交织着两种力量的博弈。对宦官来说，趁着皇太子幼小，如能引导他恣意玩耍，日后登极，便会对他们言听计从。对儒臣而言，正因为皇太子幼小，更要提早进行教化，将来才能成为黎民苍生仰慕的圣君贤主。自从朱厚照四岁以来，孝宗皇帝的耳边不时听到两种声音的冲撞：现在入学，还是以后再说？弘治十一年（1498），皇太子朱厚照已经八岁。根据礼书的记载，幼儿至迟六岁就要开始教导，十岁就要出就外傅，住宿在外，专心聆听师傅的教诲。（《礼记·内则》）作为折中，孝宗皇帝最终同意八岁的朱厚照出阁就学。[1]

表面上看，皇太子出阁是儒臣对宦官的胜利，事实情况要复杂得多。从制度上讲，刘健、谢迁等人都是国家重臣，而非太子的全职老师。另外，人情好逸而恶劳，对于小孩子而言，比起枯燥的经史典故，还是声色犬马的吸引力更胜一筹。故此，东宫教育往往流于形式。

弘治十八年（1505），孝宗皇帝崩殂。驾崩前，他在乾清宫召

① 《明通鉴》卷三十八，第1497—1498页。

来刘健等老臣。回首一生，他朝乾夕惕，恭俭庄敬，恪守祖业，勤政爱民，可惜天不永年，三十六岁就病入膏肓，沉疴不起。对于接班人，孝宗皇帝有两种愁思：一是皇太子年过十五岁，应当尽速选婚，不要因为朕的丧事耽搁；二是皇太子的教育问题，委实令人担忧，所以拜托老先生们：

> 东宫聪明，但年幼，好逸乐。先生每勤请他出来读些书，辅他做个好人。[①]

知子莫若父，孝宗弥留之际的忧虑确有先见之明。十五岁的朱厚照即位之后，次年改元正德，一个宇宙间最具美德的词汇。就像当年的“正统”年号一样，“正德”这个词汇后来被证明属于滥用，并且几乎沦为污名。

朱厚照五月即位，到了六月，京师罕见地降下了大雨，淫雨霏霏，一直连绵到八月。两个多月不见阳光，既让今年秋收希望渺茫，也让顾命大臣忧虑重重。新皇帝即位以来，不但没有按照惯例裁汰冗员、节省开支、颁布新令，反而成天在一群宦官的簇拥下四处游猎。有一名宦官作祟已经堪忧，如今却有“八虎”：刘瑾、马永成、谷大用、魏彬、张永、丘聚、高凤、罗祥。[②]持续七年的东宫教育归于失败，新即位的武宗皇帝不像是学成卒业、报效国家的人才，

① 《皇明通纪》卷二十九，第1055—1056页。

② 在刘瑾等人擅权时，久负盛名的士林领袖李东阳执掌内阁，却面谀刘瑾：“尔刚明正直，为国除弊。”（《明史纪事本末》卷四十三，第635页。）与李东阳迥然不同，武宗即位后，儒者章懋引疾辞官，家居二十余年，终老林泉之下。章懋锐意读书进学，所食无非脱粟菜羹而已，表现出儒者高尚的节操。从游弟子甚众，四方学者尊称为“枫山先生”。（《明史》卷一百七十九《章懋传》，第4752页。）

更像是从某个笼子中突然释放的猛兽。泰陵之土未干，朱厚照便开始放飞自我，更改先帝之旧。

经筵日讲俱消散，八虎从龙风雨来。

正德五年（1510）八月，依据《大明律》，有一位罪犯以谋反的特大罪名，被公开处以凌迟的极刑。趁着赤裸的犯人还有气息，刽子手用熟练的手法一刀一刀地割去他的皮肉。每割下一块，丢下行刑台，围观的百姓就争先恐后地抢过生肉咀嚼起来……从前积压的怨恨，如今都要通过这种极端方式发泄出来。

被凌迟的罪犯正是号称“八虎之首”的太监刘瑾。刘瑾只是有明一朝玩弄政权的太监之一，前有英宗时期的王振、宪宗时期的汪直，后有熹宗时期的魏忠贤，均不得善终。君主专制下，君臣之间互相猜忌，势必造成作为家奴的太监弄权，而太监弄权又如刀口舔蜜，蜜汁和血汁的双重刺激最终会击毙任何凶猛的野兽。

无论是太监，还是廷臣，只要有人操弄朝纲，即使没有外患，也必有内忧。王振的擅权直接成为“土木之变”的导火索，而刘瑾在五年时间里就将朝廷扰攘到鸡犬不宁的地步。

中央朝廷的腐烂气息勾起了地方诸侯的捕食欲望。郡王之中，甘肃庆阳的安化王朱寘𫓹状貌魁梧，看相的江湖术士说他日后贵不可言。又有巫师托言鹦鹉，神谕一如术士所言。朱寘𫓹大喜过望，遂于正德五年（1510）四月，以诛杀刘瑾的名义，伙同宁夏守军发动叛乱。[①] 西北危急，关中大震！

① 《明武宗实录》卷六十二，正德五年四月庚寅，“中研院”历史语言研究所1962年校印本，第1352页。

自燕王朱棣、汉王朱高煦以来，明朝便有藩王造反的传统。无奈朱寘鐇志大才疏，起事仅仅十九天就被宁夏游击将军仇钺扑灭，兵败被俘。当时，朝廷任命杨一清为提督，太监张永总督军务，泾阳伯神英为总兵官。主力部队尚未抵达，安化王之叛就已敉平。五月，朝廷召回总兵官神英，命张永、杨一清前往宁夏安抚。

诸侯反叛有赖地方将领妥善应对，方才化险为夷。可是，武宗皇帝并不这么认为——逆贼朱寘鐇之所以能在短时间内授首，全是佛祖的庇佑。当年，刘健、马文升等儒臣费尽心机想要东宫太子尽早上学，接受儒家经典的熏陶，在尧、舜、孔、孟等圣贤的光芒下成长。朱厚照却发现自己的兴趣特长偏偏在佛学上面。正如乃父孝宗皇帝多次提到的那样，朱厚照确实聪颖过人，对于号称艰涩难懂的梵语佛经，他几乎“无不通晓”，表现出让西域高僧都叹服的天赋。神来的天赋加上番僧的吹捧，朱厚照认定自己见性成佛，自称“大庆法王西天觉道圆明自在大定慧佛”，并且煞有介事地铸造金印，颁发诰命，还将这方金印定为天字一号。[1]在法力无边的大庆法王面前，朱寘鐇之流又何足为虑呢？

番僧乞求百顷良田作为法王的下院，并获得武宗的首肯。当拿着法旨的番僧向礼部要田时，礼部尚书傅珪假装不知道大庆法王的存在，而是按照《大明律》以及礼部掌故，上奏武宗：“孰为大庆法王，何敢与至尊并书，大不敬。”[2]要求依法惩处这个胆大妄为的法王。打开傅尚书的奏疏，武宗哑然失笑，拿出朱笔在上面批了两个

① 《明武宗实录》卷六十四，正德五年六月庚子，第1407页。

② 《明史》卷一百八十四《傅珪传》，第4885页。

字："勿问。"[1]大庆法王没有得到惩处，而番僧乞请的百顷良田就此化作梦幻泡影。

无论何朝礼制，都容不得一个"反"字。问题在于，谁是反贼，如何擒拿反贼。如果剿贼不力，身家性命堪忧，谁能保证唐代"甘露之变"的故事不会重演呢？对付弄权的太监刘瑾以及他苦心编织的势力网络，一着不慎，定会满盘皆输。多年以来，尽管人人切齿，却因为皇帝的宠信，大家对刘公公无如之何。

宇宙万物相生相克，正所谓"一物降一物"。在宁夏镇边的岁月中，与刘瑾不和的杨一清很快与太监张永结成心腹。八虎之中，刘瑾一虎独大，其他七虎早就怀恨在心。如今，平定兴化王的叛乱成为千载难逢的良机……

一番筹划之后，同年八月，张永从宁夏启程，前往京师进献包括兴化王亲属在内的数百名俘虏。兴致勃勃的武宗皇帝亲自在东安门参加献俘礼，龙颜大悦。根据时人的回忆，金鼓之声响彻大内，恍若盛世来临。当夜，张永等太监使出浑身解数，将正在兴头上的皇帝灌醉，顺便从袖中掏出精心准备的奏疏，状告刘瑾十七宗大罪。醉醺醺的武宗怒气冲天，骂了一声："老奴负我！"然后，令人捉拿刘瑾。

令人意外的是，这对主奴之间的羁绊比常人料想得还要亲密。武宗皇帝清醒之后，对刘瑾旧情难舍，下令将他发往凤阳守陵。揣摩到皇帝的心思，张永等人寒毛卓竖：刘瑾不死，吾属无噍类矣！就在查抄出的反贼刘瑾家产当中，除了数百万两金银之外，有一件

---

① 《明通鉴》卷四十三，第1659页。

物品的出现让武宗皇帝下了处死刘瑾的决心，[①] 这才有了前文凌迟刘瑾以及众人争啖生肉的一幕。更为残忍的是，根据《明实录》的记载，这场凌迟整整持续了三天，吃不到刘瑾肉的人还特意花钱从他人手中转购，价格为一钱一口。朝廷还特意命人将处决的情况绘成图状，颁示天下。[②]

刘瑾伏诛后，许多人获得平反，得到朝廷的起用，比如王守仁等。对明廷而言，局面并未好转。除掉了一虎，还有张永等七虎弄权，太监们以天子的名义将军政大权牢牢把控在自己手中。此时的明王朝内忧外患，风雨飘摇。北方草原上，鞑靼首领小王子时不时领军南侵，让明朝守军疲于应对。在明廷内部，叛乱此起彼伏，并无稍歇。

河北霸州地区兴起的流贼刘六、刘七等人多次进逼京师，威胁国家安全。这股流贼由河北而山东，由山东而湖广，其中骚扰山东尤甚。正德七年（1512）闰五月，他们由湖广地区沿长江南下，直逼南京。抵达镇江后，才遇到官军抵抗，并将官军击退。刘六等人想要由扬州北上回到山东，因为当地守军的阻截，便于六月沿江西上，

---

① 刘瑾被抄家时，一说，藏有黄金一千二百零五万七千八百两，白银二万五千九百五十八万三千六百两。此说未必完全可信，但刘瑾赃物金银在数百万两以上应当贴近事实。另外，还有不计其数的珠玉宝玩以及衮衣、玉带、甲杖等违禁物。最让武宗无法接受的是，在刘瑾随身携带的扇子中，发现两枚锋利的匕首，昔年荆轲之事，宛在目前。（《明通鉴》卷四十三，第 1663 页。）这两枚匕首究竟是刘瑾本人安置，还是张永等人栽赃，已经无从查证。总之，这面藏匕扇的发现成为武宗皇帝下定杀心的催化剂。

② 《明武宗实录》卷六十六，正德五年八月戊申，第 1460 页。

进至九江。七月，又下南京。叛军三往三来，如入无人之境。[①]

四方动荡，京师部队不堪任用，朝廷便调遣戍边军团。边军内调的利弊一目了然，虽然可解京师的燃眉之急，却让国家北疆的局面岌岌可危。尽管以李东阳为首的内阁提出抗议，不拟票旨，然而执拗的武宗皇帝亲临乾清宫门，当天晚上用内旨的方式强行调军。大同游击将军江彬等人趁机而入，成为武宗皇帝的新宠。有例不循，明朝的典章制度形同虚设。边军内调让血气方刚的朱厚照比以往任何时候都更加热衷于军事，这也是他死后庙号为“武宗”的主要因素。

刘六、刘七的叛乱为正德朝廷敲响了警钟，而皇帝尚武无助于国家军力的提升。根据史家记载，正德年间，叛乱频仍，“平中原盗用边兵，平蜀盗用苗兵，平江西盗用狼兵，而两京十三省之兵举无一可恃”。[②]弘治中兴积攒下来的国力到了正德皇帝手中，很快被耗蚀殆尽。此时此刻的正德皇帝以豹房为家，专事淫乐。由于不满皇帝、天子的尊号，在中国礼制史上，朱厚照破天荒地为自己加封了众多骇人听闻的封号。

正德十二年（1517）九月，巡视北疆的朱厚照驻跸和阳，将驻跸的地方称为“军门”，同时自称“总督军务威武大将军总兵官”。他用“威武大将军”的钧帖代替圣旨，让将帅遵行。[③]次年正月，当北巡的朱厚照回京时，迎驾的文武百官也一律用“威武大将军”

① 《皇明通纪》卷三十一，第 1115 页。

② 《皇明通纪》卷三十二，第 1122 页；《明通鉴》卷四十五，第 1729—1730 页。

③ 《明武宗实录》卷一百五十三，正德十二年九月癸巳，第 2959 页。

的名号上表。内阁重臣杨廷和捧着酒壶，梁储给皇帝斟酒，蒋冕进献果盘，毛纪手持金花，像奴婢一样环伺在终于回京的皇帝身边。朱厚照不无得意地对这些老臣说："朕在榆河亲手杀敌一名，你们都听说了吧？"杨廷和等人诚惶诚恐地跪在地上："大将军圣武！"仿佛皇帝斩杀的不是一名敌人，而是歼灭了十万大军。酒足饭饱后，这位杀敌一名的威武大将军骑上骏马，驰入东华门，像利箭一样直奔塞满美人的豹房。[①] 这位皇帝未必知道，也未必在乎的是：那一天是正月初六，天降大雪，在德胜门外的迎驾让官员们刻骨铭心。因为从上午等到下午，继而到了深夜，圣驾才姗姗来迟。道路泥泞，饥寒交迫，有些年迈和体弱的官员差点死在了新年。[②]

正德十三年（1518）九月，来到大同的朱厚照已经不满足"威武大将军"的称号，特别下了一道敕命，加封自己为镇国公，俸禄为五千石大米，让吏部如敕奉行。[③] 这封前所未有的敕令让吏部官员左右为难。阁老杨廷和等人像往常一样进谏，请皇帝收回成命，而朱厚照也像往常一样不予理睬。

正德十四年（1519）二月，刚举行完合祀天地的大典不久，朱厚照就传令礼部，要给镇国公朱寿加封太师，还告诉礼部官员，威武大将军太师镇国公朱寿要在两京、山东等地祭神，为民祈福，又通知工部官员，尔等速速准备黄马、快船听候差遣。阁老杨廷和等人又像往常一样进谏，请皇帝收回成命，而朱厚照也像往常一样不予理睬。

① 《明通鉴》卷四十七，第 1804 页。
② 《明通鉴》卷四十七，第 1804 页。
③ 《明武宗实录》卷一百六十六，正德十三年九月癸丑，第 3215 页。

此外，杨廷和还特别提醒，马上到了重开经筵的三月。按照朝廷礼制，皇帝应当上课听讲。和嚣张跋扈的学生一样，朱厚照充耳不闻，坚持无限期旷课。[①]

通过增设一系列封号，朱厚照在放纵的道路上渐行渐远。正德十四年（1519）的春天，他突发奇想：既然北边已经巡幸多年，何不到南方走走？听到皇帝要南巡的消息，群臣们感到了末日的气息。根据对皇帝德行的分析，廷臣有充足的理由相信，如果皇帝南巡成行，南部中国最富庶的地区将会面临灭顶之灾。假如苏州、杭州这些富庶的东南城市遭到冲击，明廷相当于自断经济命脉。

面对这位失德的正德皇帝，大臣们终于忍无可忍。同年三月，两京六科给事中与十三道御史联名进谏。随后，兵部郎中黄巩[②]以及翰林修撰舒芬[③]等一百多名京官集体上疏，抗议武宗南巡。其中，黄巩在奏疏中特别提到，亘古以来，国家名号之紊乱从未像今天一样严重：

孔子有曰："名不正则言不顺，言不顺则事不成，礼乐不兴，

① 《明通鉴》卷四十八，第1830页。

② 黄巩，字仲固，莆田（今福建莆田）人，弘治十八年（1505）进士。正德年间，官至兵部郎中。因为进谏，被武宗关入诏狱，又让其到午门罚跪。事后，被廷杖五十，贬斥为民。晚年居家著述，成为士人楷模。生平倡言："人生至公卿富贵矣，然不过三四十年。惟立身行道，千载不朽。"（《明史》卷一百八十九《黄巩传》，第5016—5018页。）

③ 舒芬，字国裳，进贤（今江西进贤）人，正德十二年（1517）状元，任翰林修撰。此人领衔谏止武宗南巡并非偶然。史载，他丰神玉立，负气峻厉，白日端居不知疲倦，夜晚无事则三省吾身。熟悉天文，知晓律历，深邃经学，尤精《周礼》。世宗皇帝即位后，他官复原职，又因进谏朱厚熜追尊本生父母等原因得罪朝廷。他一生清修峻节，正气凛然，学者尊称为"梓溪先生"。（《明史》卷一百七十九《舒芬传》，第4759—4762页。）

> 刑罚不中，民无所措手足。”凡以名不正之故也。陛下近日以来，无故自称为威武大将军、太师、镇国公，远近传闻，莫不惊疑。以陛下聪明智勇，上嘉唐、虞，下乐商、周，何所不至，顾乃自轻如此，奈宗庙社稷何！夫陛下自称为公，谁则为陛下者？天下不以陛下事陛下，而以公事陛下。天下皆公之臣，而非陛下之臣也。[①]

接到奏疏后，朱厚照下令将黄巩等 6 人打入诏狱，同时让舒芬等 107 人到午门罚跪，这一跪便长达五日。从翰林儒臣到御用医士，这一百多位官员成为明廷正义的化身。此外，不断有人被关进牢房。未曾上疏的官员遭到沿街士民的辱骂以及砖瓦的招待：国家养士多年，此时不进言，更待何时？

当时，天昏地暗，禁苑南海子无故涌水四尺多高。看到这种异象，金吾卫指挥佥事张英相信，这正是杀身成仁的时候。在春寒三月，他赤裸上身，背着刀戟，捧着奏疏，在御道上跪谏。读完奏疏之后，他用冰冷的刀刃刺进了胸膛，企图唤醒执迷不悟的皇帝。所幸卫兵救援及时，夺下了他手中的刀，才免于一死。接到张英死谏的奏报，朱厚照下令，将其打入诏狱，杖责八十。在一阵又一阵凌厉的杖刑声中，本已重伤的张英血流成河，就此殒命。

张英不是唯一死于杖刑的人。朱厚照下令，将跪在午门外的 107 人每人廷杖三十。由于罚跪多日，饥寒交迫，不少人根本经不住这三十杖。大臣们一个个倒了下去，11 人死亡，重伤者不计其数。闻讯后，京师的士民无不垂泣……此情此景让朱厚照颇为震动，没

① 黄光升：《昭代典则》卷二十五，《续修四库全书》第 351 册，第 723 页。

想到这些平日弱不禁风的臣子原来还有铁骨铮铮的一面。最后，他只好下令取消南巡。[1]

午门事件是明朝士大夫精神的集中爆发，生动地诠释了君主荒淫而国家却能继续维持的原因。依照千百年来的礼制，君主必须像个君主，应该坚守自己的名分，比如爱民如子、礼遇臣下，臣民也会效忠、拥戴。当君权坐大，拒绝履行自己的义务，而是单方面主张自己的权利、满足自己的欲望，便会给恪守礼制的大臣制造一场考验。在君主失德的前提下，是隐忍，是逃避，还是冒死进谏？

对黄巩、舒芬、张英他们而言，能否取得进谏的胜利并非他们所能预料，他们能做的就是恪尽臣子的本分。两京言官率先进谏，之后京官群起上疏，然后出现死谏。当事件逐步升级之后，威武大将军、镇国公、太师终于意识到问题的严重性。即便是天子，他一个人也无法与整个文官集团抗衡。

如果我们就此认为午门事件是公义对私欲、臣权对君权的胜利，那么未免过于乐观。南巡的炽热欲望一旦升起，执拗的朱厚照便不曾放下。在气势汹汹的文官集团面前，他只是一时选择了妥协。聪明狡黠的他并不在乎这些属下的生命，而是满心期待下一个南巡的时机。

第二节　禁猪令

根据有关学者对河南贾湖等遗址的考古研究，中国最早的家猪

① 《明通鉴》卷四十八，第1834—1837页。

驯养可能发生在约 8500 年之前。[①] 家猪用途十分广泛，除了食用之外，早在商周时期（可能更早）就被用于祭祀。直到今天，在遍布中国大江南北的诸多祭祀仪式上，很多地方依然沿用奉献猪头的礼俗。自古及今，猪和人们的生产生活关系密切，人们无法想象离开猪的生活。在明朝正德年间，却发生了猪禁一事：如果百姓胆敢养猪、食用猪肉，便会面临发配边疆充军的重责。

在明朝二百七十余年的历史上，正德猪禁只是一桩小事。因此，学界对明代的猪禁或者罕见关涉，[②] 或者寥寥数语带过，直接归因为犯忌国姓。[③] 一石虽小，波浪无限。正是从这桩小事中冒出一个让人饶有兴致的问题：假如一个国家的最高领导人突然发布了内容荒诞却又制裁严厉的诏令，那么会造成何种影响？这个国家的阁臣、礼官以及民众又当如何应对？

明前期没有禁止养猪的政令。除了国家祭祀沿用太牢牛、羊、豕之外，养猪、用猪之事在在皆有。洪武十六年（1383）二月，明廷颁布针对学官的敕令，其中，掌馔一职专掌师生饮食，负责养猪、养牛、磨面、做醋、磨豆腐、晒酱、洒扫学舍、洁净东厕等杂活。宣德年间，官民畜猪的情况也屡见不鲜。御史程富巡视广东，“院

---

① 罗运兵、张居中：《河南舞阳县贾湖遗址出土猪骨的再研究》，《考古》2008 年第 1 期。

② 郭孔秀：《中国古代猪文化试探》，《农业考古》2000 年第 3 期；王俊：《中国古代养殖》，北京：中国商业出版社，2015 年，第 64—67 页等。

③ 许肇鼎：《我国历史上养猪情况简介》，《四川大学学报》1978 年第 2 期；张仲葛·《我国养猪业的发展与科学技术的成就》，参朱先煌主编：《中国畜牧史料集》，北京：科学出版社，1986 年，第 238 页；张仲葛：《中国养猪史初探》，《农业考古》1993 年第 1 期；徐旺生：《中国养猪史》，北京：中国农业出版社，2009 年，第 113 页等。

内旧有荔枝百树，门夫养猪、鸡、鹅以备使需”。[1] 官府尚且养猪，民间更无论矣。

明廷大小官员上任时均用猪祭祀，已为常例。[2] 宪宗成化年间，生猪贸易兴盛，也为地方经济做出了贡献，“浙江、江西、湖广、福建、应天、庐、凤等府州，俱解折色定与价例，每猪一口，银一两七钱”。[3] 如果是祭祀用猪，每口折征价银五两。[4]

在明人看来，猪肉可以食用，但少食为妙。因为吃得太多，可能会受虚风影响，令人暴肥。明人在养猪、治疗猪病等方面具有较为成熟的经验，既有一般性的经验书籍，如《便民图纂》，也有介绍养猪的书可供参考，如《卜式养猪羊法》，还有介绍养猪致富的书籍，如《致富奇书》等。孝宗弘治末年，王守仁在做刑部主事期间，还曾杀猪款待狱卒。[5] 即便在正德前夕，养猪、杀猪依然没有成为禁忌。

正德之后，明人对养猪也没有忌讳。明代文献如《图书编》《农政全书》等都记载了三国时期京兆太守颜裴教导民众畜猪买牛、使民丰足的故事。百姓如果养不起牛，可以预先养猪，等到猪价上涨时再卖出。循环往复，用不了几年，就可以攒钱买牛，过上丰足的

---

① 苏景元：《通议大夫都察院右副都御史程公富行状》，参焦竑：《国朝献征录》卷五十五，《续修四库全书》第 528 册，第 70 页。

② 《明会典》载：“宣德十年，奏准各布政司、按察司、府州县新官到任，于本处城隍庙，会请应祀诸神，用猪、羊二牲总祀。”（《明会典》卷五十九，第 364 页。）

③ 《明会典》卷一百十六，第 607 页。

④ 《明会典》卷一百十六，第 607 页。

⑤ 王世贞：《弇州续稿》卷八十六，清文渊阁《四库全书》影印本第 1283 册，第 253 页。

生活。[1]由此可知，正德年间的猪禁不过是浮光掠影，此后也未起波澜。

明朝前期以及后期，国家的祭祀、经济以及官民生活等均离不开养猪、用猪。在明武宗正德十四年（1519）十二月却发生猪禁事件，一时轰动朝野，引发民间大规模恐慌。

正德十四年（1519）六月，盘踞在江西南昌的宁王朱宸濠领兵十万，举旗谋反。八月，武宗皇帝以威武大将军的身份御驾亲征，封江彬为威武副将军，实则借南征之机行南巡之实。同年九月，声势浩大的宁王叛乱被料敌如神的王守仁迅速平定。接到叛乱已平的消息后，已经在路上的武宗隐而不发，车驾一路向南。十二月，武宗抵达扬州府仪真县，突然发布禁猪令，“时上巡幸所至，禁民间畜猪，远近屠杀殆尽。田家有产者，悉投诸水。是岁，仪真丁祀，有司以羊代之”。[2]

关于猪禁的原因，《皇明大政纪》《续文献通考》《名山藏》等皆云：“以猪音同国姓，故禁之。”[3]《万历野获编》则提供了更加丰富的阐释，根据威武大将军总兵官后军都督府太师镇国公的钧帖，除了音同国姓外，还因为明武宗属猪（1491年，辛亥），以

① 章潢：《图书编》卷二十三，清文渊阁《四库全书》影印本第969册，第392—393页；《农政全书校注》卷一，徐光启撰，石声汉校注，台北：明文书局，1981年，第21页。

② 《明武宗实录》卷一百八十一，正德十四年十二月乙卯，第3515页。按，“乙卯”当为“己卯”之讹。

③ 王圻：《续文献通考》卷一百二十三，北京：现代出版社，1986年，第1883页；何乔远：《名山藏》卷二十一，北京：北京大学出版社，1993年，第1242页等。

及食用猪肉易患疮疾。故此，不准喂养、买卖、宰杀，“如若故违，本犯并当房家小发极边永远充军”。[1]

至于众说之中何以音同国姓说流传最广，不难理解。其一，食用猪肉易患病疮说失之不经，毕竟猪肉自古以来食用至今，如果当真易患病疮，何必等到本朝才加以禁止？其二，犯忌武宗属相说也属离奇，照此逻辑，倘若皇帝属相为马、羊、鸡、狗，岂不是也要发布马禁、羊禁、鸡禁、狗禁？讹言之所以能散布开来，必定有自身的合理性。退而求其次，音同国姓说虽然同样荒诞，但在众说之中最不离谱，故而讹言以此居多。

具体原因不能谳定，将猪禁视为明武宗游乐偶发之举，恐无异议。南巡途中，扬州府作为繁华胜地，显然不容错过。明武宗在扬州府驻跸近一月，相关行程安排如下：

十一月二十九，抵达扬州府宝应县，在范光湖上打鱼。[2]

腊月初一，抵达扬州府。太监吴经搜罗处女、寡妇、妓女，以至于扬州府一夜之间，女子出嫁殆尽，剩下的则奔逃出城。被抓的女子分送到尼姑庵寄住，其中两人绝食而死。[3]

腊月初二，到扬州城西郊打猎，并派人到扬州府辖泰州搜取鹰犬。泰州城发生骚动，一百余人被抓来充当猎手。[4]

腊月十九，在扬州查阅妓女。[5]

---

① 沈德符：《万历野获编》卷一，第1930页。

② 《明武宗实录》卷一百八十，正德十四年十一月己未，第3504页。

③ 《明武宗实录》卷一百八十一，正德十四年十二月辛酉，第3505页。

④ 《明武宗实录》卷一百八十一，正德十四年十二月壬戌，第3505—3506页。

⑤ 《明武宗实录》卷一百八十一，正德十四年十二月戊寅，第3513页。

腊月二十，抵达扬州府辖仪真县，下令巡幸所至民间禁止养猪，违令者发配边疆充军。一时间，远近居民杀猪殆尽。仪真县的祭孔不能用猪，只好用羊代替。[①]

腊月二十四，在仪真县的新闸打鱼。查阅太监张雄等人搜选来的妓女，并将半数纳入御船。[②]

腊月二十六，渡江。[③]

腊月二十七，抵达南京。[④]

在扬州驻跸一月，明武宗纵情于渔猎声色，给当地百姓带来极大骚扰。以天子之尊尚能频频公然阅妓、狎妓，突然发布猪禁的命令自然不足为奇。在扬州府仪真县颁布的禁令，规定皇帝巡幸所至之处严禁养猪，大有颁行天下的态势。

一般而言，民间养猪或是用来粪田[⑤]、出售，或是出于自家食用、款待宾客等目的。《警世通言》载："老妾以桑麻为业，蚕未成眠，便预借丝钱用了；麻未上机，又借布钱用了。桑麻失利，只得畜猪养鸡，等候吏胥里保来征役钱：或准与他，或烹来款待他，自家不曾尝一块肉。"[⑥]听闻官方的禁猪令之后，百姓难免人心惶惶。

据时人孙继芳的回忆，"正德庚辰，武庙南巡。京师及四方忽

① 《明武宗实录》卷一百八十一，正德十四年十二月己卯，第3515页；《名山藏》卷二十一，第1242页。

② 《明武宗实录》卷一百八十一，正德十四年十二月癸未，第3516页。

③ 《明武宗实录》卷一百八十一，正德十四年十二月乙酉，第3517页。

④ 《明武宗实录》卷一百八十一，正德十四年十二月丙戌，第3517页。

⑤ 《嘉善县志》载："猪：田家多畜之，以其粪沃田。"（江峰青等：《嘉善县志》卷十二，台北：成文出版社有限公司，1970年，第249页。）

⑥ 冯梦龙：《警世通言》卷四，北京：华夏出版社，2013年，第35页。

讹言禁畜猪，如出一口。虽达者信之，竟莫知踪迹所起。湖南民间皆绝圈，屠食之不尽，则瘗之。小不可食者，投诸水”。[1]猪禁的恐慌已经蔓延到内地，多数百姓往往不敢冒着被发边充军的风险继续养猪，仓促之下，只能跟风屠猪、埋猪，或者投到水中。

孙继芳在湖南家中也养了一头猪，并告知妻子不必宰杀。因为他得到消息，京师尚且允许买卖猪肉。所以，猪禁恐怕属于谣传，不必理会。可是，在当地集市上，孙氏看到所有的猪肉都不再供应。等他出差一段时间回到家后，发现三天前，那头猪已经被家人偷偷宰杀掉了。人心惶惶之下，又出现了一些怪诞现象。孙氏还听到一则京师怪闻，有一种怪物不知道什么样子，甚至也不知道什么颜色。它有时候出现在几榻上，有时候攀爬在屋檐下或是楹柱上，不时伸出利爪伤人。有人曾经看到怪物，说是青黑色。为了赶走这头青黑怪，京师百姓家家户户都准备了铜器、铁器，互相约定，只要遇到青黑怪，大家一同敲打。

等到风波过去之后，人们的神经不再紧张。正德以降，明人对此事的记载，如雷礼《皇明大政纪》、王圻《续文献通考》等均出现失真，将禁猪令的发出时间和地点由“十二月、仪真”误记为“十月、南京”。[2]对于猪禁的原因，他们也都简单地认为是音同国姓。[3]

此后，嘉靖时人田艺蘅在《留青日札》中追述正德猪禁时，将其与唐朝的禁鲤令相提并论：鲤音同国姓，故此，唐朝一度禁止捕

① 孙继芳：《矶园稗史》卷二，《中国野史集成》第37册，成都：巴蜀书社，2000年，第380—381页。

② 王圻：《续文献通考》卷一百二十三，第1883页。

③ 王圻：《续文献通考》卷一百二十三，第1883页。

捞鲤鱼，如果买卖，依律杖责六十。我朝正德时期，吴越地区讹言，小民不许畜猪，也因为与国姓同音。很多百姓信以为真，猪无大小，屠宰一空，以至于猪肉卖不出去。[①]另外，元朝末年也曾禁止百姓养猪。元顺帝做了一个噩梦，惊醒之后告诉别人，他梦到一头猪拱翻了大都城。为此，他还一度禁止军民养猪。[②]猪、朱音同，在元廷即将覆灭而朱元璋正在崛起的关头，猪拱翻元大都的政治寓意一目了然。

嘉靖去正德未远，在嘉靖时人看来，正德时期的猪禁已经成了讹言。田氏对猪禁的评价为："愚民无知，真可笑也。"[③]正德猪禁确曾发生，碍于政令本身有失荒诞，加上绝大多数地方州县并未接到明确的公文，也无怪乎后人以谣传视之。史籍出现失真的记载也愈加证明此事出于传闻，故而时间、地点才容易出现差谬。

如前所述，正德皇帝纵情渔猎声色之间。南巡所至，百姓骚动。在当时，禁猪令的波及范围远远超出了巡幸所至之处。禁令出台，摇荡南国，一路北进，耗蠹生民。君主失德之下，该如何应对这种正在蔓延的国家突发事件成为摆在内阁面前的一道难题。

首辅杨廷和得知此事后，迅速做出反应。当时，江浙、河南、山东、河北等处均已张榜公示，严禁养猪，"违者发极边卫分，永远充军"。[④]当命令由南向北传到京师之后，遭到以杨廷和为首的文官集团集体抵制。

---

① 田艺蘅：《留青日札》卷三十，上海：上海古籍出版社，1985年，第967页。

② 郎瑛：《七修类稿》卷八，《续修四库全书》第1123册，第65页。

③ 田艺蘅：《留青日札》卷三十，第967页。

④ 杨廷和：《杨文忠三录》卷三，清文渊阁《四库全书》影印本第428册，第817页。

正德十五年（1520）二月，杨廷和连同负责居守京师的大学士毛纪一道上疏。官民养猪由来已久，上至国家祭天祭祖、朝廷宴会，下至黎民百姓饮食日用，都离不开猪。孟夫子还说，鸡豚狗彘之畜无失其时，就是王政的体现。年过七十的老人和生病的人体质虚弱，也需要食用猪肉，怎么能一概禁止呢？如果因为“猪”的发音和国姓“朱”相同，就禁止养猪，实在于理不合。古往今来，也从未有过这种先例。皇帝如果姓李，就不准百姓吃李子、吃鲤鱼吗？皇帝如果姓杨，就不准百姓砍杨树、吃羊肉吗？还请陛下三思后行，收回成命，以安人心。①

上疏之后，杨廷和没有等武宗回复就采取行动。当然，沉湎于南巡之乐的武威大将军镇国公朱寿对这种奏疏向来置之不理。杨氏先是告诉司礼监、东厂及都察院等部门，京城不必禁止养猪，更不用张榜。市民可以正常到肉肆购买猪肉，市场上的生猪交易正常进行，不要过问。② 当年，太庙要举行时享礼，太常寺请示内阁是否以羊代猪。杨廷和明确答复：“宗庙牲品都是太祖亲自裁定的，载在《诸司职掌》。祖宗成法，谁敢变乱？必不得已，用小猪也行。”③ 经过一系列的举措，京城的慌乱局面得以好转。这也是孙继芳等外省人看到或听到京师依然允许买卖猪肉的原因。京师安定之后，河

① 杨廷和：《杨文忠三录》卷三，清文渊阁《四库全书》影印本第 428 册，第 817 页。奏疏全文可参《明武宗实录》卷一百八十三，正德十五年二月戊辰，第 3535—3536 页。

② 杨廷和：《杨文忠三录》卷三，清文渊阁《四库全书》影印本第 428 册，第 817 页。

③ 杨廷和：《杨文忠三录》卷三，清文渊阁《四库全书》影印本第 428 册，第 817 页。

北、山东、河南、江浙等地的屠猪风潮才慢慢平息下来。

猪禁的荒诞政令发布之后，有赖于杨廷和、毛纪等人妥善处置，事态才得到缓解。在天子失德的背景下，内阁在处置猪禁的突发事件中发挥出关键作用。由于京师带头做出抵制圣旨的表率，四方民众也获得了勇气，逐渐停止了屠猪的行为。

有勇气抵制圣旨的不仅仅是内阁重臣。正德十五年（1520）三月，也就是禁猪令颁布三个月后，“太常寺以方禁猪，请所以供牺牲。上曰：‘陵寝祭祀所从来也，仍用猪。’”。[①]太常寺和礼部官员因此赢得了弛禁的机会。他们上奏，猪是祭祀必用之物，现在民间都没人养猪，无从购买。因此，不得已请陛下恩准，让我们四处求购生猪，大小均可。只是陛下所过之处，百姓要稍加回避，不得从事猪肉买卖。[②]纵乐成性的明武宗本人在猪禁一事的态度上并不坚决，南京祭祀牺牲仍然用猪即可窥见一斑。礼官的请求得到许可，无疑让禁猪令大打折扣，相当于间接鼓励了民间可以继续养猪。

继京师出现青黑怪之后，南京也出现了猪头怪事件。根据《明武宗实录》的记载，就在七月中元节来临之际，有猪头一样的绿色不明物坠落在武宗面前，而武宗拘留妇女房间的墙壁上也都挂满了人头一样的不明物。[③]

武宗南巡的过程也是明廷大小官员不断劝谏天子回銮的过程，尤其在谋反的宁王朱宸濠被王守仁擒获之后，南巡几乎在一开始就失去了本来的意义。明武宗之志本在借此机会巡游天下，故而迟迟

---

① 何乔远：《名山藏》卷二十一，第1243页。

② 《明武宗实录》卷一百八十四，正德十五年三月甲午，第3541页。

③ 《明武宗实录》卷一百八十八，正德十五年七月辛丑，第3579页。

不肯北归。猪头怪事件发生后，大学士梁储、蒋冕等人借机上奏："皇上驻跸南都，欲乘秋后献囚振旅。而近来数目，远近惶惶，或至夜间尔我相传，以为耳目有所闻见，互相惊恐，常不自安。及行质问，则又彼此推托，莫知所自。"[①]由于猪禁，两京之间滋生出诸多灵异事件，即便是"耳目有所闻见"的委婉措辞，也让人细思极恐。猪禁非但不得人心，于鬼神也不安稳。否则，何以两京之间前后都出现怪异事件呢？鬼神之有无原不可知，民心之惶惑却有目共睹。经过阶段性的恐慌，在京师及时作出表率之后，猪禁事件迎来了解禁的转机。

据《明书》记载："（正德十五年，1520）三月，上在南京。夏四月，弛猪禁，赈淮、扬饥。"[②]《明书》"弛猪禁"的记载不见于《明武宗实录》等典籍，未可等同明武宗直接下达了停止猪禁的诏令。由于祭祀仍需用猪，故有此弛禁之说。除此之外，我们并未看到明确的解禁记载，只能大致推测：猪禁在正德十五年（1520）以后逐渐丧失效力。

总之，猪禁令颁布数月左右，确实对部分地区造成巨大冲击。鉴于明武宗当时驻跸南京，而猪禁传到京师遭到抵制，故此，禁猪令对南部地区的影响明显大于北方。

面对突如其来的猪禁，民间百姓除了受到惊吓被迫屠猪、埋猪之外，也有一部分人采取了较为机智的对策。在禁猪令颁布之后，不乏百姓通过将猪藏于地下偷偷喂养等方式保存猪种。《（万历）

① 《明武宗实录》卷一百八十八，正德十五年七月辛丑，第3578页。

② 傅维鳞：《明书》卷十二，《四库全书存目丛书·史部》第38册，第126页。

嘉善县志》即载："正德中，禁天下养猪，一时埋弃俱尽。本邑下保民陈氏穴地养之，遂传其种。"[①]另据《徐霞客游记》"僧就峡壁间畜猪聚秽"[②]的提示，我们不难推知：禁猪令颁布之后，也当有不少百姓藏猪于山林之间。

一旦禁止养猪，大明朝的礼典便无从举行。更为严重的是，放任这种荒诞政令的流行会极大损伤国家的尊严。正德猪禁一事虽小，其中折射出的政治权力的运作与制约以及民生关怀等问题却值得重视。即便在君主专制的政治架构下，最高层下达的荒诞政令也存在被抵制、被瓦解的可能性。

猪禁本为明武宗南巡途中的偶发之举，虽然荒诞不经，但是确实对江浙、两湖、河南、山东等地造成冲击，扰乱了百姓的生活。在此突发事件中，内阁中枢敢于、善于抵抗圣旨，妥善应对，在遏制事态的扩大化和恶化中起到了中流砥柱的作用。京师的人心得到稳定，他省受此影响也逐渐平息了屠猪、埋猪的风潮。借助祭祀的契机，南京礼官巧妙地推动了猪禁的弛禁。在禁令之下，民间百姓冒着巨大的风险，通过藏猪等方式抵制政令，保存了猪种。风靡数月，抢攘南北，正德猪禁由微而大，由大而微，终至于澌灭。明人对于此事的回忆集中体现为讹传和笑谈，在某种程度上也可以看作对正德一朝混乱政局的嘲讽。

在讨论明代猪禁的问题上，尚有一点很容易为史家忽略。对于

① 参嵇曾筠：《（雍正）浙江通志》卷一百二，清文渊阁《四库全书》影印本第 521 册，第 593 页。

② 徐弘祖：《徐霞客游记》卷四上，褚绍唐、吴应寿整理，上海：上海古籍出版社，2010 年，第 202 页。

禁猪令颁布的所在地扬州府而言，猪禁之扰尚在其次，因为当地百姓遇到了一件大事。历史上素以繁华著称的扬州城吸引天子驻跸达一月之久，可就在明武宗南巡当年，淮安府、扬州府等地自入冬以来就发生大饥荒。一方面，天子在打鱼、打猎、阅妓等消遣上乐此不疲；另一方面，由于饥寒交迫，淮、扬两府已经出现了人吃人的惨况。[①]一直迁延到次年四月的夏天，天子才恩准，分别从附近的苏州府、松江府、凤阳府等地抽调粮食、拨发银两，[②]“振淮、扬诸府饥”。[③]

普普通通的一头猪，在孟子看来，如果“鸡豚狗彘之畜，无失其时，七十者可以食肉”（《孟子·梁惠王上》），便是王道实现的理想境界。一旦被用作供奉祖宗的牺牲，就会被专门饲养，从而具有某种神圣性。相反，逃避驯化、野蛮生长，则会带来难以估量的危害。

“礼乐征伐自天子出”本来是以礼治国的题中之义，明朝中叶武宗皇帝的征伐却让百姓避之犹恐不及。纵观朱厚照的作为，大体不出孟子“率兽食人”的论断。更加可怖的是，明朝乃至中国历史上何止一个朱厚照！当礼制社会崩塌后，君主与民众之间徒留作为表象的关心和忠诚，其代价则是国家的根基日渐松动。武宗皇帝任性胡为的一生将四分五裂的局面甩给后继者，让这个存世一百五十余年的庞大国家前途黯淡。对于明廷而言，真正让人担心的反倒不是荒诞的禁猪令，而是有朝一日午门外空空荡荡，再无一人跪谏，因为没人觉得还有必要提出反对意见。

① 《明史》卷十六《武宗纪》，第211页。

② 《明武宗实录》卷一百八十五，正德十五年四月己未，第3547页。

③ 《明史》卷十六《武宗纪》，第212页。

第七章　父母的名号

第一节　不得自由的天子

一千四百多年前，隋帝国的皇宫出现骚乱。原来皇帝一怒之下单骑从御苑出奔，下落不明。丈夫的离家出走让独孤皇后闻讯后大惊失色，她紧急召来重臣高颎、杨素等人商议。了解情况之后，高、杨等人带领禁军火速出宫，寻找隋文帝。

在皇城外的山谷间，人们终于找到了这位皇帝。他黯然伤神，全然消泯了帝王威严。高、杨等人下马，苦苦哀求陛下回宫。隋文帝万念俱灰，不愿意回到那个令他伤心欲绝的地方。

之前，他在仁寿宫邂逅一位美人，很快陷入爱河。当接到美人怀孕的消息后，杨坚欢喜无似。帝王的幸福日子总是稍纵即逝，不久就传来美人死去的噩耗。在御苑散心时，他得到可靠情报，正是皇后派人将这位美人刺杀。更致命的是，这绝非皇后第一次杀死孕妇。作为国家的主人，他连自己的女人和孩子都保护不了，还有何颜面君临天下？

独孤皇后的妒名独步天下，在她手下丧命的美人难以计数。同时，她也有自己的苦衷。十四岁刚嫁给杨坚的时候，正是这位尚未做皇帝的夫君亲口答应自己，此生此世绝对不会有其他女人，更不会有其他女人为自己生下子嗣。等到杨坚建立隋朝，翻身成了皇帝，便背弃昔日的山盟海誓。我独孤皇后何罪之有？妒火中烧的她沉溺于死死把牢丈夫的斗争中，却忽略了一个问题：那些被她杀害的女性又何罪之有？①

事到如今，高颎等人只好苦心劝慰隋文帝，皇后毕竟是一个妇人，陛下怎么能因为一个妇人就把天下丢了呢？其奈宗庙、社稷何？杨坚陷入沉思，还是不愿回宫。

君臣一行羁留在阴冷的山谷间陷入沉思和回忆，直到夜深人静时，他们才默默回到宫里。事情虽然平息，高颎、杨素等人却始终忘不了皇帝在山谷之间发出的叹息：

> 吾贵为天子，而不得自由！②

在没有自由的苦恼上，隋文帝并不孤独。

隋亡唐兴，中国社会很快进入了“贞观之治”的盛世。可是，唐太宗李世民本人并不快乐。一次退朝后，他愤愤不平地说道：“朕一定要杀了那个田舍汉！”在一旁伺候的文德皇后听罢，问这个田舍汉是谁，竟然让陛下如此大动肝火。太宗皇帝回答说：

---

① 独孤皇后的嫉妒逐渐演化成一种病态，除了时时提防被皇帝临幸的宫中女子外，但凡王子和大臣有妾怀孕，她都要千方百计地诱导皇帝废黜此人。妾室育有子嗣就是对嫡妻地位的最大威胁，因此，独孤皇后为了帮助杨坚恪守当年的誓言（重点还是维护自己的地位），意图创造一个让小妾绝育的社会。只是技术不够先进，如今可以采用避孕技术轻易解决的事情，一千四百年前的独孤皇后却选择草菅人命。

② 魏徵等：《隋书》卷三十六《后妃传》，北京：中华书局，1973年，第1109页。

魏徵每庭（廷）辱我，使我常不得自由。[①]

皇后回避了片刻，之后穿着庄严的朝服面见，恭贺他“主圣臣忠”，是位圣明的皇帝。李世民这才平复了心情，看来田舍汉杀不得。

杨坚、李世民的故事非常反讽，国家的最高统治者、专制政权的领袖居然因为自己没有自由而苦恼，甚至上演了离家出走的闹剧。实则，任何人只要跻身于国家的统治阶层，就等同放弃了自由，想要完全按照自己的心意做事，遵从内心的需求，这在当时的环境中有如天方夜谭。

公元16世纪20年代到60年代是嘉靖皇帝的时代。他在位45年，任期之长超过了本朝太祖、太宗以来的任何一位皇帝。比起隋文帝、唐太宗，嘉靖皇帝同样不得自由，或许更为无力。因为，他连自己的亲生父母都不能承认。杨坚难以违拗独孤皇后的意志，成为中国历史上著名的惧内型帝王，而唐太宗却幸运地与魏徵和睦相处，成为君臣协作的典范。对于朱厚熜而言，他显然没有唐太宗那么幸运。16世纪上半叶，整个明王朝都在见证这位皇帝和礼制传统、朝廷大臣之间的对抗。

无论如何，在公元1521年春天将尽的时候，明武宗朱厚照驾崩了。

那年正月，武宗皇帝刚刚南巡回京，尚且沉浸在游玩的各种声色记忆之中。到了二月，不知道因为纵欲的缘故，还是家族短命的

① 刘肃：《大唐新语》卷一，许德楠、李鼎霞点校，北京：中华书局，1984年，第13页。

基因影响，年仅三十一岁的他一病不起。经过一个多月的病痛折磨，农历三月十四日，这位威武大将军镇国公一命呜呼，死亡地点并非皇宫，而是臭名昭著的豹房——他纵乐半生的欢喜地。[①]

后世的史家对这位皇帝的评价各有毁誉。一者，他“自署官号，冠履之分荡然”。[②]二者，他荒淫无道，朝纲大乱，明朝却没有亡在他手上，也算是中人之主。

明武宗驾崩了，大明王朝的统治还要继续进行下去。他一生猎色无数，却始终没有生育儿子。不仅没有儿子，据《明史·公主传》的记载，明武宗连一个女儿也没有。[③]人们有充足的理由怀疑这位皇帝患有不孕不育症，加上长期纵欲过度，精神也受到严重影响，不然也不至于颁布禁止养猪、吃猪肉之类的荒唐命令。

往者不可谏，来者犹可追。正德皇帝驾崩后，文武百官将目光投到了一位元老的身上。在新皇帝履职前，出现了整整三十七天的权力真空期。在此期间，根据儒家“君薨，百官总己以听于冢宰”（《论语·宪问篇》）的教训，整个大明朝都将唯此冢宰马首是瞻。

杨廷和十九岁就中了进士，五十多岁荣升内阁首辅。正德皇帝桀骜不驯，任性胡为。在长达十年的首辅生涯中，杨阁老一直郁郁不得志。尸位素餐，杨廷和也深以为耻。心境凄凉之下，他坚持回家为父亲守丧三年，并多次拒绝起复，成为大明朝第一个为父母

---

① 《明武宗实录》卷一百九十七，正德十六年三月丙寅，第3680页。根据有关学者的考证，明武宗的豹房远离紫禁城，在今天北海公园外的西北方，东西宽二百米，南北长二百到二百五十米。（盖杰民：《明武宗与豹房》，《故宫博物院院刊》1988年第3期。）

② 《明史》卷十六《武宗纪》，第213页。

③ 《明史》卷一百二十一《公主传》，第3661页。

终丧的阁臣。[1]服丧期满后，他回到朝廷，依旧无力阻止稗政流播。皇帝的义子钱宁、江彬等人专权乱政，朱厚照对此听之任之。江西的宁王朱宸濠公然谋反，声势浩大。叛乱虽然被王守仁扑灭，但是并不能让天子收敛自己的荒诞举止。弘治中兴的福利早就被消蚀殆尽，大明朝处在风雨飘摇之中。

从另一方面讲，也正是因为朱厚照的去世，命运才给这位意兴阑珊的内阁首辅一次极佳的施展抱负的机会。正德十六年（1521），杨廷和年过六旬，凭借四十多年的从政经验，终于可以放开手脚大干一场。在古代中国，几乎所有深受儒家文明熏陶的辅臣都有一定程度的周公情结。辅佐年幼的君主安定天下，扬名后世，为万民爱戴，便是这些辅臣奋斗一生的最大动力。

此时此刻，杨廷和当仁不让地成为天下最有威望的人。由于朱厚照没有子嗣，如何选择继承人成为第一棘手的问题。杨廷和抬出太祖高皇帝御制的《皇明祖训》，认为按照“兄终弟及”的次序，应该由兴献王的长子朱厚熜继承皇位，[2]并获得重臣们的附议。此时的朱厚熜不过才十五岁，在他从湖北的王邸抵达京师前，这个国家还必须照常运行。事实上，这短暂的间隔期步步惊心。比起对驾崩天子表面上的悲痛，春夏之交的北京城弥漫着空前的紧张与焦虑。

新旧君主交替之际，朝廷内外极易发生各种变故，以至于影响国家未来数十年的走向。以本朝而论，杨廷和很清楚：建文帝即位不久，就发生了靖难之变；宣宗即位不久，汉王朱高煦就蓄谋反叛；

---

① 《明史》卷一百九十《杨廷和传》，第 5032 页。

② 《明史》卷一百九十《杨廷和传》，第 5034 页。

武宗即位不久，就受到太监刘瑾等小人的蛊惑，正德朝从一开始就陷入混乱。可以说，等待杨廷和的既是一次施展才能的良机，也是一场危机四伏的博弈。不管结果如何，明朝都迎来了三十七日的“杨廷和时刻”。

杨廷和为人一向以沉着稳重著称，下笔行文也自有章法。[①] 在接下来的三十多天里，谋求北京城的绝对稳定成为他最为关切的问题。他加强了皇宫和京城的护卫，通过重金赏赐的方式让拱卫北京的戍边部队归镇，同时让各国贡使还国，并罢遣豹房僧人以及女乐、船马，释放囚犯，停止在建的工程。

更为重要的是，他和阁臣蒋冕、毛纪以及司礼太监温祥等人密谋，一举粉碎了手握重兵的江彬集团。以区区文臣，妥善措置，并彻底消灭江彬等武将，杨阁老的智勇可窥一斑。[②] 这一系列举动张弛有度，有条不紊，让天下百姓看到了朝廷焕发活力的希望。对杨廷和而言，一切条件都变得有利起来，不仅可以再造一个“弘治中兴”，甚至可以实现与“仁宣之治”相媲美的盛世。

公元1521年的春天，湖北安陆（今湖北钟祥）兴王府一切如故。兴王朱祐杬前两年刚薨逝，获得朝廷谥号“献”，[③] 故称兴献王，由世子朱厚熜代理国事。十五岁的朱厚熜这一年刚袭封兴王，尚在三年之丧的忧伤之中，对即将发生的命运转折浑然不觉。

根据后人的回忆，老王爷在世时有口皆碑。作为藩王，他没有

① 《明史》卷一百九十《杨廷和传》，第5031页。
② 《明史》卷一百九十《杨廷和传》，第5034—5035页。
③ 《明史》卷一百十五《睿宗兴献皇帝传》，第3551页。

沾染不良嗜好，对声色犬马了无兴致，反而酷爱诗书，成为诸侯王中的一道清流。当年从京师赶往封国之际，船队刚离开龙江港，就有数万只慈乌在上方盘桓。有人认为这便是祥瑞，兴王府日后必有大吉之事。[①]朱厚熜诞生时，王宫内外，红光烛天，黄河澄清，庆云呈现。不管这种祥瑞是否存在，人们都在传颂世子从小便天资过人。在老王爷的亲自教授下，世子五岁就能熟诵《诗经》。之后，对《孝经》等经典文献也了然于胸。他年纪虽小，却举止有度。少年老成，人们莫测其胸。在父王薨逝的这三年中，世子打理王府井井有条，王府内外纲纪肃然。

同年三月，当太监谷大用、内阁大学士梁储、定国公徐光祚、驸马都尉崔元、礼部尚书毛澄等人拿着特制金符出现在兴王府时，举世皆惊。明朝开国已有一百五十年，这还是中央朝廷第一次遣人到藩王府迎接藩王即位。明王朝的臣民对抢着做皇帝的事例多少都清楚一些，可是像这次京师派人到地方上请人去做皇帝，却还是头一次。

面对梁大学士领衔的这支超高规格的使臣队伍，朱厚熜根本没有提出异议的余地。离开安陆前，他特地到父王的墓地上致祭。在松林山的墓地上，这个十五岁的孩子伏地恸哭，感动了在场的文武侍从。[②]次日，他拜别亲生母亲，随后踏上未知的旅程。

从安陆到京师，山一程，水一程。朱厚熜下令，车驾经过的地方，一切食宿招待从简，谢绝地方官府的任何进献。相较于杨阁老在京师的诸般霹雳手段，朱厚熜一行显得风平浪静。君臣二人，一

① 《明史》卷一百十五《睿宗兴献皇帝传》，第3551页。

② 《明世宗实录》卷一，正德十六年四月壬午，第3页。

静一动，一阴一阳，用各自的方式书写明王朝的历史。直到相会后，彼此才发现，对方并非易与之辈。

除了他们二人之外，文武官员也满腹狐疑，这位偶然即位的皇帝是不是太年轻了？我朝自祖宗以来，但凡少年天子即位往往都不会有好下场，比如九岁即位的英宗带来了“土木之变”，而十五岁即位的武宗对朝纲的破坏，人们印象尤为深刻。如今，新天子也是十五岁，会对国家造成何种影响？乐观的大臣甚至都准备好了奏疏，企图诱导新天子按照自己的主张革新政治；悲观的大臣则保留意见，暗中观察——但愿如传言中所说的那样，这不是一位纨绔天子。

初夏四月，春草散发出生机盎然的绿意，京城内外却依然是一片冷若冰霜的氛围。在杨阁老等人的措置下，朝廷刻意营造出一副外松内紧的景象，可是满城官民都为先皇帝披麻戴孝的情形让任何在此刻来京的人都感到前所未有的压抑。依照遗诏，官民服丧以日易月，用二十七天的短丧来代替三年的长丧。此时此刻，已经过了服丧期多日。考虑到新天子迟迟未到京师，所以内阁下令，官民暂缓除服。官民都在翘首以盼，渴望新天子早点即位，哪怕仅仅是为了早日脱下丧服，恢复正常的生活乐趣。

车驾到了京师的良乡，继而抵达城外，沿途官民伏地叩首。几个大胆的百姓偷偷地抬起头，试图一睹新天子的风采，却见皇舆被布幔遮蔽，什么都看不清楚。车驾在郊外的行殿驻跸，等候迎接。

礼部官员认为，应当按照皇太子即位礼，恭迎朱厚熜即位。这让朱厚熜闷闷不乐，遗诏上让我继承皇位，说的是兄终弟及，并没有说以皇子的身份。愠气在胸，他拒绝入城。

礼部尚书毛澄等人紧张起来，依照礼制，宗庙有父子昭穆，大统有父子继承，天子即位也应当父子相承，这样才能保证皇室族谱的稳定性与持续性。朱厚熜才十五岁，如今竟然毫不留情地将礼部的意见打回，相当于否定礼部这一个多月来为接驾付出的所有努力。踟蹰之余，礼部将此事上报给首辅杨廷和。

杨阁老仕宦经验丰富，看出了事态的关键：一者，要给予新天子充分的尊重，哪怕他还是个孩子；二者，要照顾礼部的情面，不要挫伤礼部官员的工作积极性。因此，他上疏新天子，请按照礼部准备的礼仪，陛下从东安门入宫，暂居文华殿，择日登极。

出乎意料的是，杨阁老的面子也被朱厚熜直接驳回。不知是朱厚熜本人的勇气，抑或是藩邸旧臣的撺掇，朱厚熜还没进城，就接连给礼部、内阁两个下马威。

杨阁老、毛尚书等人随后来到慈寿皇太后处诉苦，请示皇太后的处理意见。面对内阁、礼部的乞请，太后发出懿旨：国不可一日无君，如今皇位都空置了三十多日，还请众爱卿以国事为重，在行殿上笺，请兴王尽速即位。

出于礼制表演的需要，朱厚熜在行殿三次谦让后，终于接受了群臣的忠爱之意，同意登极。四月二十二日，没有按照内阁、礼部拟定的路线，朱厚熜直接从大明门入宫，派遣官员分别祭祀宗庙、社稷，亲自朝见了皇太后，之后登上奉天殿，即皇帝位。他随后发布大赦令，释放诸多因言得罪的官员，将明年定为嘉靖元年。天下田租减半，正德十五年（1520）之前各级地方政府欠下的赋税也一律免除。四方臣庶，咸使闻知。[①]

---

① 《明通鉴》卷四十九，第 1877—1878 页。

嘉靖皇帝即位之初，按照惯例颁发了诸多福利，这让京师内外的百姓都在称颂天子圣明。与此同时，百姓也没有忘记称颂杨阁老三十七天内做出的贡献，确有再造社稷之功。革新政局从来都是险象环生，杨阁老的举动触怒了不少利益既得者，让他们恨之入骨。在上朝的路上，他发现有可疑人员图谋行刺，白刃露出，情势危急……

七百多年前，唐帝国的宰相武元衡在上朝途中被刺客谋杀，震惊天下。如今，杨阁老会不会成为明朝的武元衡？为了避免历史悲剧的重演，新天子颁布诏令，特别调拨一百名精锐士兵贴身保护杨阁老的人身安全。[1]

新天子即位后，让杨阁老差可慰藉的是，他爽快地同意参加经筵，接受廷臣讲课，而内阁首辅杨廷和就是首任讲官。在经筵上，杨阁老发现，新天子虽然年轻，但天资确实过人。只要大臣们同心辅政，在新天子的圣明领导下，实现太平也非难事。凭借履历和才能，杨廷和有充足的信心，乃至可以像周公一样辅佐年幼的“成王”。

来自新都（今四川新都）的他带有几分地道的倔强脾气，而在湖北成长起来的朱厚熜在倔强和执拗上丝毫不逊于这位四川籍的阁老。随着时光的推移，接下来发生的事情逐渐超出双方的预料之外。

对于新天子来说，天子不是独尊的吗？正德皇帝的一生就生动显示了皇帝在很大程度上可以按照自由意志我行我素。对于杨阁老而言，天子不是应当和士大夫共治天下的吗？恪守祖宗之法，尊重礼制传统，亲近贤良，从谏如流，如此才能获得圣君的荣耀，为时

① 《明史》卷一百九十《杨廷和传》，第 5035 页。

人拥戴，为后人景仰。双方各执一词，争议的焦点很快集中到看似无关紧要的礼仪上面。

几乎所有政治事件都是多方妥协的结果，郊外的那场礼仪博弈仅仅是一个开端。对刚刚相遇的嘉靖君臣来说，如何妥善应对成为一场充满未知的挑战。

辛辛苦苦从湖北赶到京师的朱厚熜感到了侮辱，分明说好的兄终弟及，现在礼臣们竟然安排我以孝宗皇子的身份即位，果然狡诈阴险。我可以认武宗为兄长，但为什么要认孝宗为父亲呢？群臣欺我年幼，是可忍孰不可忍。我要保持警惕，日后断不可听他们操弄。

礼部尚书毛澄等人感到万分委屈。自从武宗皇帝驾崩以来，国丧操办已经让礼部上下昼夜难眠。如今为了准备新天子登极礼仪，礼部同僚更是焚膏继晷，全力以赴。即便没有功劳，总该有苦劳。如今，费尽心思将这位世子从湖北迎接到京师，他早不提出反对意见，如今事到紧急关头，突然否定礼部的提议，让人情何以堪？

杨阁老试图从中弥合，照顾新天子和礼部双方的情面。可当奏疏递到新天子那里，竟然被果断拒绝。十五岁的新天子还没有正式即位，居然连阁老的意见都不尊重，等同于在向整个文官集团发起挑战。

大明礼制，后宫不得干预朝政。张太后是孝宗之妻，在武宗时就被尊为皇太后。她一向深居简出，从孝宗即位后三十多年来，我们极少看到有关她的记载。她有两个弟弟张鹤龄、张延龄，相继被破格封为寿宁侯、建昌伯。张氏兄弟依仗张太后的权势作威作福，每当到了言官大力弹劾的时候，他们便如候鸟一般规律性地飞到后宫求情。除此之外，张太后罕有烦心之事。在“百行孝为先”的传统面前，无论是正德皇帝即位，还是嘉靖皇帝即位，她都稳坐后宫，享受各种礼节性的朝拜。

当杨廷和、毛澄来到后宫请求太后指示新天子即位礼仪的时候，她不置可否。皇子的身份也好，皇弟的身份也罢，走偏门东安门也好，走正门大明门也罢，尔等只要让新天子早点即位便是。在她看来，这些儒臣总是执迷于琐碎的细节，总不能放着龙椅没人坐吧？这帮老臣何必和一个孩子过不去。

在张太后的默许下，朱厚熜拒绝以太子的身份由东安门入宫，而是直接从大明门进入，由南向北，继而承天门、端门、午门、奉天门，等到了奉天殿，他就正式成为国家的主人。嘉靖皇帝即位后，将张太后尊称为圣母，加上昭圣慈寿的尊号。[1]

与这位太后见面让朱厚熜并不舒服，他更思念自己的亲生母亲。即位才三日，他便下令将远在安陆的生母蒋氏接到京师。[2]儿子贵有天下后接来母亲也是人之常情，然而在礼制传统的强大威力面前，蒋氏的到来却给朝廷造成始料未及的动荡。

即位礼即便产生一些不愉快，最终还是如期举行，可以告一段落。如今，如何尊称新天子的先父和生母成为国家大事，即便这件所谓的大事和千千万万的百姓并没有丝毫关系。

一方面，迎接兴献王妃的队伍已经在赶往湖北的路上；另一方面，新天子颁布诏书要大臣议论尊号。讨论尊称本应是礼部的职责，兹事体大，礼部尚书毛澄不敢自专，专门去了内阁找大学士杨廷和

---

① 《明史》卷一百十四《后妃传二》，第3528页。

② 《明史》卷一百十五《兴献皇后传》，第3553页。

商议。

一向精明能干的杨廷和早就有了主张，和毛澄这些儒家信徒一样，他更尊重礼制传统。所以，当毛尚书出现在内阁后，杨阁老将早就准备好的汉代定陶王、宋朝濮王的故事搬了出来。

中国古人的行事思维既不是最高效率地解决事端的实用主义，更不是如何让各方利益最大化的共赢思想，而是倾向于从几百年前乃至几千年前的故事中寻找依据。这在我们今天看来未免匪夷所思，但至少在公元 16 世纪，杨廷和这些明王朝的统治精英们正是严格遵守这种历史思维行事的。

绥和二年（前 7 年），汉成帝驾崩。由于他没有子嗣，便由定陶王刘康的儿子刘欣即位为天子，是为汉哀帝。同时，为了延续定陶王刘康的祭祀，朝廷下令册封楚孝王的孙子刘景为定陶王。① 刘欣即位后，继承的是汉王室的大统，以天下为家，便不能昵于私亲，最多追尊生父为恭皇，而非恭皇帝。② 公义为大，私情为轻。刘欣即位之初，即便是生母丁姬和祖母傅昭仪，只能每十天去一次未央宫，看望十八岁的哀帝。其后，汉廷才陆续尊奉他的祖母、生母为恭皇太后、恭皇后，继而改为帝太太后、帝太后，最终定为皇太太后、帝太后。③ 成帝自身的母亲和妻子仍然健在，也一并尊奉为太皇太后、皇太后，所以汉帝国同时拥有四位太后！

作为人子，汉哀帝尽最大努力提高亲生父母的地位。即位后，

---

① 《汉书》卷十一《哀帝纪》，第 334 页。

② 《汉书》卷十一《哀帝纪》，第 335 页；《汉书》卷八十《宣元六王传》，第 3327 页。

③ 《汉书》卷九十七下《外戚传》，第 4001 页。

他专门为死去的父王在京师建立寝庙，礼仪制度一如汉元帝。另外，他还特意将过继的定陶王刘景改封信都王，暗示自己才是父亲定陶王这一血统的继承者。[1]私情羁绊日甚一日，汉哀帝的做法在当时遭到了以师丹为首的儒臣的抗议。

加封傅昭仪、丁姬为帝太太后、帝太后时，师丹便援引古代礼制予以驳斥。我朝之前加封恭皇太后、恭皇后正是考虑到定陶恭王的身份，符合母从子、妻从夫的规矩。如今加封为帝太太后、帝太后隳坏基本的尊卑秩序，断不可行。陛下还为恭皇立庙，也于礼不合。孰不知陛下即位之后，就是继体先帝，持重大宗。如果主干紊乱，为私亲立庙京师，也非尊厚恭皇之意。[2]师丹公然忤逆太后、哀帝等人之意，为此付出了惨重代价。其后，他被罢免乡里，多年不见任用。

平帝即位后，汉廷对傅太后、丁太后进行清算，指责她们悖逆义理，僭越尊号。朝廷甚至派人发掘了这两位妇人的坟墓，追夺玉玺、印绶，用民间葬礼改葬，还声势浩大地捣毁了非礼而建的恭皇庙。同时，起用师丹，认为他坚守尊卑之制，是“临大节而不可夺”的社稷之臣，封为义阳侯。当年鼓吹加封太后的高昌侯董宏等人被废为庶人，成为礼制斗争的牺牲品。[3]礼经为大，不容撼动。即便是本朝先帝的祖母和父母，朝廷也会发动清算。掘墓毁庙成为震动天下的大事件，警告世人不遵守礼制者必须付出惨重的代价。

如果说西汉定陶王的故事有些悬远，那么宋代的濮议无疑近了

---

① 《汉书》卷八十《定陶王传》，第 3327 页。

② 《汉书》卷八十六《师丹传》，第 3505—3506 页。

③ 《汉书》卷八十六《师丹传》，第 3510 页。

很多。北宋嘉祐七年（1062）八月，由于累年无子，五十多岁的仁宗皇帝赵祯正式下诏，将皇兄濮安懿王赵允让的儿子赵宗实立为皇子，更名为赵曙。更名的时候，仁宗皇帝接到官员呈上来的十个带“日”字旁的吉祥名字，[①]选定最后一个“曙”字，似乎希冀在接班人的手中，国家日后会迎来更加值得期待的曙光。选定继承人之后，次年三月，仁宗皇帝便撒手尘寰。四月，三十二岁的赵曙正式登极，是为宋英宗。

治平二年（1065），三年丧期已满，如何尊奉英宗皇帝的生父濮安懿王赵允让成为朝臣争论的焦点。翰林学士王珪等人面面相觑，始终不敢下笔。他们左右为难：如果为濮安懿王定的规格过高，则会违背儒家的礼制传统，受到儒林的攻讦；如果定的规格太低，便可能触怒英宗皇帝，自己的前途堪忧。就在众人互相“谦让”的时候，司马光站了出来，奋笔疾书，草拟一份奏议。既然有了这份奏议，王珪便以此为蓝本，准备交差。

中书省官员拿到翰林院的奏议后，先是一头雾水，继而面露愠色。奏议上只是说，应当予以“高官大国，极其尊荣”，[②]但究竟给予何种名分，却只字未提。好一群滑头的书生！面对中书省的盘诘，王珪等人自忖不能再含混下去，便提出尊称濮王为皇伯。兹事体大，中书省最后进言，请皇帝颁布诏令，集合三省、御史台的有关官员集体讨论。

① 李焘：《续资治通鉴长编》卷一百九十七，嘉祐七年八月己卯，上海师范大学古籍整理研究所、华东师范大学古籍整理研究所点校，北京：中华书局，2004年，第4773—4774页。

② 《续资治通鉴长编》卷二百五，治平二年六月甲寅，第4972页。

诏令颁布后，一石激起千层浪，儒臣们各自依托经典、故事纷纷进言。为此，英宗皇帝还特别降下诏书：如果百官议论不出结果，不妨搁置，以后再说。大臣们各陈己见，络绎不绝的奏疏让英宗皇帝看得有些疲惫。大致翻阅之后，英宗知晓，大臣们的主流意见还是附和王珪，坚决让我把亲生父亲认作伯父。他胸中块垒无以消解，郁结成灾，却又无人可以告陈。

就在搁置奏疏的空当，夏季的京师突发大水，道路受阻，人马俱困。本来是一场天灾，可儒臣们却认为正是议礼不决造成的结果。到了秋季，秋高肃霜，司马光、吕诲等儒臣又发动新一轮上表运动。英宗皇帝依旧搁置。时光匆匆就到了冬天，无论群臣如何上疏，濮王议礼一事只是搁置。英宗陷入与群臣之间的拉锯战当中，看谁更有耐力坚持到最后。

治平三年（1066）正月，经过半年多的拉锯，濮议一事迎来尾声。皇太后传出手书，尊奉濮安懿王为濮安懿皇，另外将英宗皇帝的生母仙游县君任氏以及濮安懿王另外两位夫人韩氏、王氏等并尊为后。此举遭到司马光等人的严重抗议：

> 陛下既为仁宗后，于礼不得复顾私亲……今陛下既得天下，乃加尊号于濮王，海内闻之，孰不解体，又安足以为利乎？①

司马光的意见石沉大海，了无音讯。在朝廷下令停止濮议后，吕诲、范纯仁、吕大防等御史依然不依不饶，接连上疏，这让执掌中书省的欧阳修愤愤不平。在他看来，将濮王改称皇伯，历考前世，并无典据。如今，朝廷已有定论，御史还敢如此造次。于是，欧阳

① 《续资治通鉴长编》卷二百七，治平三年正月丁丑，第5030—5031页。

修等执政官员摆出一副与御史不两立的态度，有你无我。英宗皇帝下令将吕诲等人贬到地方任职，此事告一段落。[①]

礼经本身并不能说话，这就需要议礼者进行合理的阐释，并拿出一套可以运用于当下的方案。汉代定陶王、宋朝濮议之事之所以旷日持久，还一度倾动政局，在杨阁老看来，就是当断不断惹的祸。我明既不是刘汉，也不是赵宋，不应当重蹈覆辙。为此，当谨小慎微的毛尚书露面时，杨廷和代表内阁给出果决的答复：

> 宜尊孝宗曰皇考，称献王为皇叔考兴国大王，母妃为皇叔母兴国太妃，自称侄皇帝名，别立益王次子崇仁王为兴王，奉献王祀。有异议者即奸邪，当斩。[②]

内阁如此明示，至于接下来该如何操作，毛尚书洞若观火。只是礼部内部也不乏异议者，比如本部侍郎王瓒就对内阁的意见颇有微词。在杨阁老眼中，此时任何挑战内阁权威的事情都难以容忍，无异于以奸邪之臂欲挡忠贞之车。随后，他找了一个借口，将王侍郎打发到南京任职。

在一个提出异议就被拟定为“奸邪”的时代，内阁的专横毫无悬念地左右了接下来的礼仪大讨论。因此，群臣讨论在一开始就被削弱了公信力。

---

① 在濮议中，司马光屡次上疏，未见听从，心中郁结。失之东隅，收之桑榆。次年（治平三年，1066），英宗皇帝令他编纂历代君臣事迹。（《续资治通鉴长编》卷二百八，治平三年四月辛丑，第 5050 页。）和当时的军国大事相比，编写书籍一事似乎无足轻重。可是经过十九年的努力，司马光最终编成不朽的史学经典——《资治通鉴》。

② 《明史》卷一百九十《杨廷和传》，第 5036—5037 页。

五月七日，在礼书尚书毛澄的主持下，饱读诗书的群臣展开了关于兴献王尊称的大讨论。会议上，大家要知无不言，言无不尽。实则，与会人员都清楚，自己发表的意见只能有一个导向，那就是证明内阁的意见如何正确。除了抬出师丹、司马光等正人君子的说辞外，他们还特别祭出程朱理学的核心人物程颐的说法：

> 为人后者，谓所后为父母，而谓所生为伯、叔父母，此生人之大伦也。然所生之义，至尊至大，宜别立殊称。曰皇伯、叔父某国大王，则正统既明，而所生亦尊崇极矣。[①]

依据圣贤经传，五月的这次尊称大讨论很快有了结果：请陛下将孝宗皇帝称为皇考，改称生父兴献王为皇叔父兴献大王，生母为皇叔母兴献王妃。但凡祭祀生父或者给生母上表笺的时候，应当自称侄皇帝。如此一来，正统私亲，恩礼兼尽，可以作为万世之法。

面对千百年来的圣贤教训以及满朝文武的慷慨陈词，任何人都会觉得催逼的气息扑面而来，难以呼吸。如果敢有微词，那此人便是名教罪人，也会与满朝文武为敌。讨论结果一目了然，可是十五岁的新天子会接受吗？

朱厚熜哭了，涕泗不止，非常伤心。

四月，新天子下诏派人到安陆迎接生母蒋氏。一直到九月，蒋

① 《明史》卷一百九十一《毛澄传》，第 5055 页。

氏一行才姗姗来迟。[①] 车驾到了通州，蒋氏大怒，不愿入京。原因倒不是沿途各地的官员怠慢，而是礼部送来的接驾礼仪完全不把她放在眼里。

鉴于蒋氏目前还没有得到尊称，礼部拟定的礼仪本来是从崇文门入东安门，仪同王妃，遭到了朱厚熜的反对。礼部随之妥协，改拟蒋氏一行从正阳左门进入大明东门，继而承天门、端门，然后从王门入宫。依据大明礼制，王门是诸侯王才能出入的大门，礼降天子一等。蒋氏作为藩王之妃，由此门入宫，算是破格礼遇。朱厚熜依旧不允：朕即位时走的是中门，难道朕的母亲就走不得？[②]

在通州等候的同时，蒋氏耳闻了朝中的议礼事件，一听到要朱厚熜认孝宗为父，改认自己为叔母时，未免火冒三丈：我含辛茹苦亲手带大的儿子岂可成为他人之子？[③] 这群老臣到底安的什么心？拆散母子，天理难容。于是，她传令下去，车队停止行进，通过这种方式向朝臣示威。

朱厚熜几乎绝望了。朕贵为天子，不得自由。因为加封父母尊号的事，杨廷和、毛澄他们咄咄逼人，以各种说辞、各种手段拒绝朕给父母加封兴献皇帝、兴献皇后尊号的孝举。因为此事，整个国家政局陷入震荡之中，而群臣几乎都站在杨廷和他们那一边。朕势

① 当朝廷因为新皇帝即位的礼仪之争焦头烂额时，从湖北到北京沿途的百姓正惶惶不可终日。到湖北安陆迎接皇帝母亲的使臣也没有料到，返程队伍会如此庞大。根据史籍披露，按照朱厚熜母亲蒋氏的需求，征用船舶约 4000 艘，役使民夫多达 40 万人。（参朱国祯：《涌幢小品》卷五，上海：上海古籍出版社，2005 年，第 3221 页。）如此浩大的奉迎阵容在整个明朝历史上都极为罕见，而繁重的徭役和巨额的费用让沿途无数军民苦不堪言。

② 《明史》卷一百十五《兴献皇后传》，第 3553 页。

③ 《明通鉴》卷四十九，第 1890 页。

单力薄，却无可奈何。特别是杨廷和仗着自己阁老的身份，前后给朕上了近三十封奏疏，完全把朕当小孩子一样欺负。朕四次发出御批，均被内阁封还。[1] 朕真的很无助！如今，亲生母亲到了通州，因为这些儒臣的阻挠，母亲大人大发雷霆，不愿入宫。朕真是不肖之子！

恸哭之余，朱厚熜上奏张太后：这个皇帝，我也不做了，我要陪同母亲回到安陆继续做我的藩王。[2]

皇帝主动提出辞职，这种事情亘古罕见。杨廷和、毛澄等人见事已至此，仍然坚持自己原来的主张，断然不许加封兴献王以及王妃皇帝、皇后的名号。

进退维谷之际，朱厚熜只好奋力拼搏，亲自定议，生母蒋氏可以从中门入宫。如是这般，怒不可遏的蒋氏才稍稍平复了心情，踏入了皇宫。生母刚进宫，朱厚熜就想给她的尊号上加一个“皇”字。

礼部尚书毛澄看到了危急的情势，与内阁商议，搬请皇太后出面，发布懿旨，赶快终止新天子的“胡作非为”。十月，太后懿旨，追尊兴献王为兴献帝，尊奉蒋氏为兴献后，中间偏偏少了一个“皇”字。既然太后已经降下懿旨，朱厚熜即便闷闷不乐，也只能暂时隐忍。更让朱厚熜母子二人怒火中烧的是，兴献后想要拜谒安放皇室祖宗灵位的奉先殿、奉慈殿时，被廷臣阻止。[3] 按照大明礼制，尔非皇后或者皇太后，进不得这两座圣殿。

---

① 史载：“当是时，廷和先后封还御批者四，执奏几三十疏，帝常忽忽有所恨。”（《明史》卷一百九十《杨廷和传》，第 5038 页。）

② 史载：“（圣母）因留通州不入。帝闻之，涕泗不止，启慈寿皇太后，愿避位奉母归，群臣惶惧。”（《明史纪事本末》卷五十，第 737 页。）

③ 《明通鉴》卷四十九，第 1890 页。

朱厚熜母子对廷臣们的偏执越来越感到不可理喻：这群大臣放着那么多军国大事不去操心，怎么偏偏抓住礼仪不放，非要和我们母子作对？到了十二月，尽管大臣们议论纷纷，维护杨阁老他们迂腐的说辞，但朱厚熜在母亲的强烈支持下，还是发布谕令，要把“皇”字补上。

接到皇帝的手敕，杨阁老毫不留情地直接封还，拒绝发布。接下来，礼部尚书毛澄又组织公卿大夫发起进谏。朱厚熜似乎快要习惯杨阁老的封还了：尔内阁可以驳回朕的命令，朕也可以选择拒绝封还。朕决意尊奉生母为兴献皇后，必须把这个“皇”字争回来！

明朝开国一百五十年来，京城官民很少像现在这样热衷于讨论皇帝的家事。皇帝本来具有至高无上的权力，即便是普通的谕令，也不便朝令夕改。正德十六年（1521）这一年，他们却看到朝廷诏令像走马灯一样转换不停。

对寻常百姓而言，杨阁老这些人真的挺有意思。小皇帝不过是给母亲加个“皇”字的称号，何必屡屡为难于他？可怜天下父母心，兴献王妃千辛万苦养成了天子，怎么反倒要小皇帝把她认作叔母，岂不是笑话？总之，公卿大夫这些人太不近人情了。

对士大夫而言，新天子这人真的挺有意思。他难道没有读过《春秋》《仪礼》这些经书吗？既然即位为天子，就要按照天子的规矩来。公私分明，尊卑有序。如今，他当了天子，竟然还要顾着私情，把生父、生母尊为皇帝、皇后。这种非礼之事要是传了出去，岂不让外邦笑话我天朝礼崩乐坏？[①]

官民的意见难以统一，却阻挡不了时光的飞逝。转眼之间，就到了嘉靖元年（1522），朱厚熜母子看到尊号一事即将被坐实，难得心情舒畅。正月，嘉靖皇帝在文武百官的陪同下，参加了一年一度最隆重的祭礼——合祀天地。正是在合祀天地这一天，朱厚熜母子的梦想像泡影一样瞬间破灭。

原来在南郊大祀殿合祀天地当日，皇宫传来噩耗，清宁宫后殿失火，滚滚浓烟让远处的百姓都看得清清楚楚。即便是平常的灾害也会让人浮想联翩，何况清宁宫的这场大火恰好发生在合祀天地当日、加封生母尊号之后！

这场大火也让进宫不久的蒋氏坐立难安，心中泛起恐惧的涟漪。廷臣更是抓住时机，大做文章。

内阁首辅杨廷和进言，陛下之前不顾文武百官的进谏，一意孤行，加封尊号。我大明朝列祖列宗在上，通过大火示警，还请陛下好好反省。

礼部尚书毛澄指出，陛下刚举行完郊祀，祈祷上帝、地祇的护佑，马上就发生火灾。看来变不虚生，希望陛下效法成汤、周宣王的故事，反思自己在礼乐教化上的不当之处。如此思过改过，才能平息上天的愤怒，获得神灵的祝福。

兵科给事中邓继曾甚至将这场大火上升到哲学的高度，用阴阳

① 也不乏士大夫站在嘉靖皇帝的一边，比如，有人认为："近世士大夫习见于汉、宋诸君立后之事，胶蔽于为人后者为之子之说，而不知我朝自有制度。我皇祖之训，主于父没子继，兄终弟及，与汉、宋诸君立侄故事大不相侔也。"（《皇明通纪》卷三十四，第1180页。）

五行来劝谏皇帝：

> 天有五行，火实主礼；人有五事，火实主言。名不正则言不顺，言不顺则礼不兴。今之火灾，废礼失言之所致也。①

朱厚熜找到母后商量，无论大臣们所言是真是假，天降大火，肯定事出有因。既然大家说得那么骇人，我们母子姑且退后一步。于是乎，嘉靖皇帝改弦易辙，尊称孝宗皇帝为“皇考”，慈寿皇太后为“圣母”，兴献帝、兴献后为“本生父母”，不再加入“皇”字。

京城的茶坊酒肆比往常任何时候都要热闹。几千年来，并不是所有百姓都能生活在天子如此热衷于为父母改名换号的时代。毋庸置疑，这是一位不甘寂寞的皇帝。有人在为嘉靖皇帝的让步愤愤不平，杨阁老他们实在欺人太甚；有人则认为礼制重光，实乃我大明朝之幸事。众人纷纷扰扰，吃过了茶，喝过了酒，各忙各事去也。他们完全意料不到的是，此后朝堂上的礼仪论争远比他们想象得更加热闹，也更加血腥。

第二节　以礼发家的老秀才

正德十三年（1518），京城二月，本是春寒料峭的时节，当下的氛围却分外火热，因为三年一次的会试结果即将公布。本月初九、十二、十五三场考试下来，来自国家各地的优异学子身心俱疲。有的考生把《五经大全》《四书大全》《性理大全》等教科书背得滴

---

① 《明通鉴》卷五十，第 1896 页；《明史》卷二百七《邓继曾传》，第 5462 页。

水不漏，甚为得意；有的在诏诰方面的作答不尽人意，之前的复习还是存在盲区；还有的在经史时务策上的作答没能发挥出正常水平，从早到晚，当快用完第三根蜡烛时，才呈交考卷，离开号房。

紧张与疲惫的不仅是这些考生，在御史的严密监察下，负责考试的礼部陷入空前的忙碌。依照惯例，三月初一，天子就要在奉天殿举行殿试，因此二月下旬必须公布名单。①

为了杜绝徇私舞弊，礼部组织大量人手快速将封印考生三代姓名与籍贯的墨卷誊抄为朱卷，然后集结读卷官阅卷。殿试只定名次，不再黜落考生。一甲（状元、榜眼、探花）会被授予翰林修撰、编修之类的美官，名闻天下。二甲、三甲会到翰林院等部门供职，前途璀璨。除了在京师各部院做官外，他们也可能被委派到地方做各府推官、知州、知县等。因此，对于读卷官来说，确定殿试人选必须瞻前顾后，勖毖有加。

发榜当天，人声鼎沸，一位来自浙江永嘉的老儒挤在人群中观看，努力搜寻自己的名字。左看右看，不出意外，他落榜了。这已经是他人生中第七次落榜，而他本人早就过了不惑之年。从永嘉到京城，山水迢迢，这位老儒又一向清贫，囊中羞涩。落第后，他准备接受命运的安排，不再为难家里，也不再为难他自己。自此归去，做个闲人，对一垄地，一溪云。

就在此时，一位叫作萧鸣凤的监察御史偶遇这位落魄书生。比起监察百官的本分工作，萧御史更擅长的业余爱好却是占卜看相。闲谈中，他知道此人姓张名璁，字秉用。七试七败，张璁怀疑自己

① 《明史》卷七十《选举志二》，第1693—1694页。

命该如此。萧御史随口问了他的生辰八字，屈指一算，自己也受到了惊吓。他向满脸疑惑的张璁吐露了结果：

> 从此而三载当成进士，成进士即与人主若一身，倾动海内，于世无比！①

听完萧御史的话，张璁哈哈大笑：萧御史竟然如此打趣，什么三载进士，还倾动海内。萧御史安慰他说，秉用兄都考了七次了，何妨再坚持三载呢！张璁感叹道，也罢也罢，不差这三年，三年以后，愚弟如再落第，便不再抱入仕之念。拜别了萧御史，退掉了客房，他一路向南，回家复读去了。

正德十六年（1521）七月，即位不久的朱厚熜打开一份奏疏。他本以为这不过是千篇一律的说辞，附和杨阁老他们的陈词滥调。刚读了开头，他便被奏疏上的言论深深吸引。反复看了多遍后，他兴奋不已，仰起头来，长舒了一口气：

> 此论一出，吾父子必终可完也！②

他赶忙下令，将这份奏疏发到礼部，让礼部官员认真讨论，并尽快呈报结果。

---

① 王世贞：《嘉靖以来首辅传》卷二，清文渊阁《四库全书》影印本第452册，第437页。此后，萧鸣凤却官运多舛，因为擅自鞭笞某位知府，被朝廷问罪，落职回到浙江余姚老家。张璁贵极人臣后，念及旧恩，起用萧鸣凤，一路提拔，直至让他做了从二品的布政使。（参沈德符：《万历野获编》卷七，上海：上海古籍出版社，2005年，第2105页。）

② 《明世宗实录》卷四，正德十六年七月壬子，第165页。

在礼部的牵头下，儒臣云集。有资格议礼者皆是饱学之士，是从层层科举考试中脱颖而出的佼佼者，博学多闻，才华横溢。当大家拿到这份抄发的奏疏后，未免骂声不绝——颠倒伦常，妄立异说……杨阁老姗姗来迟，迅速读了一遍奏疏，问落款人张璁是什么来历。有人提醒他说，张璁是今年刚及第的进士，时年四十七岁，这还是他考了第八次的结果。话音刚落，堂上的儒臣们笑得前仰后合，甚至眼泪都流了出来。这位乡村老儒不知天高地厚，鸡鸣犬吠，何足怪哉！

杨阁老反应最为激烈，他本人十九岁就中了进士，而且还在父亲前面。当年名满天下的情景，在座的不少大臣依然历历在目，并由衷折服。如今，一个七试不第的差等生竟然不知羞耻，忤逆众议，成何体统！杨阁老轻蔑地说道："秀才安知国家事体？"[①] 令人草拟议论结果，维护原来的主张，向天子回复。

我们不禁疑惑，张璁在奏疏上究竟说了什么，让天子如此激动，让儒臣如此讥讽？

关于尊奉朱厚熜亲生父母一事，内阁已经给出定议，天子当认孝宗为父，认生父、生母为叔父、叔母。对此，张璁却不以为然。

汉哀帝和宋英宗虽然是定陶王、濮王的儿子，但是早被汉成帝、宋仁宗召到宫中，养为己子。我朝天子不曾被预养宫中，怎么能拿定陶王、濮王的故事作为凭据？另外，武宗在遗诏中只说按照"兄终弟及"的祖训，传位于陛下，没有说陛下就是孝宗皇帝之子，为什么非要尊奉孝宗为皇考、改尊生父为皇叔考呢？

① 《明史》卷一百九十《杨廷和传》，第 5037 页。

如果按照内阁的说法，非要尊奉陛下的生母为皇叔母，那么每次会面，她都要用君臣之礼向皇帝跪拜。试问，天底下哪有母亲给儿子跪拜的道理？这不是逼着新天子把亲生母亲当臣妾一样对待吗？兴献王夫妇二人有且仅有陛下这么一个儿子，如果改称他们二位为叔父、叔母，不等于让他们绝后了吗？

陛下继承的是我朝太祖、太宗以来的天下，继承的是这个大统，而不是孝宗、武宗父子二人的大嗣。大统和大嗣迥然不同，大统可以兄终弟及，也可以是叔侄相继，大嗣则要父子相继。只要大统不乱，不必严格遵守大嗣。

因此，臣张璁认为，陛下大可不必尊奉孝宗为皇考，而应秉持“尊亲之孝”“母以子贵”的原则，在京师为兴献王立庙，并为生母加上尊号，使“圣考不失其为父，圣母不失其为母”。[①] 如此一来，既能契合我大明皇室的大统，又能成全圣明天子的拳拳孝心……

快到了知天命的年纪，张璁一个小小的进士不会不清楚与内阁作对的下场。不知道是出于书生意气的天真无邪，还是刻意为之的孤注一掷，他这一次确实“倾动海内”——内阁、礼部、翰林院乃至天下读书人都对他嗤之以鼻。可在天子看来，当全世界都在对抗朕时，只有张璁一个人站出来替朕说话，[②] 朱厚熜感动得都要哭了。这位老秀才开始获得朱厚熜的倚重，人生即将发生转折。

不过，在正德十六年（1521）这一年，对整个朝局而言，他的

① 《明世宗实录》卷四，正德十六年七月壬子，第 165 页。

② 按照张璁自己后来的说法：“臣与举朝抗四五年，举朝攻臣至百十疏。”（《明史》卷一百九十六《张璁传》，第 5176 页。）在议礼的关键时刻，张璁及时出现成为嘉靖皇帝的盾牌，将群臣的矛头引向自己。因此，在群臣之中，朱厚熜对此人尤为眷顾，终生不渝。

奏疏不过是一个微不足道的插曲。只要杨廷和等人还在掌权，还在发挥对文官集团无与伦比的影响力，朱厚熜想要尊奉生父为皇考，绝无可能，哪怕他是天子。

同年十二月，作为对这位老秀才的警告，杨阁老授意吏部，把张璁调到南京做刑部主事。[1] 给了一记大棒之后，杨阁老还通过寄语的方式派了一根胡萝卜：以你的才能将来定有一番作为，绝对不会在南京久居。你在南京静养，只要不在礼仪上为难我就好了。接到杨阁老的传话，张璁哭笑不得，快快地离开了京师这个权力中心。

君子之争，却也不失几分和气。杨廷和作为内阁首辅，还能对挑战自己的小小进士如此客气，实属难得。若是前朝刘瑾等人秉政时，张璁胆敢如此“放肆”，恐怕会有完全不同的人生结局。

从嘉靖元年（1522）到三年（1524），朝廷陷入罕见的平静期，议礼事件仿佛成了历史遗迹。年过六旬的杨阁老也不再挂怀此事，真正让他愤愤不平的是，新皇帝本人对他的治国意见充耳不闻。他越想致君尧舜上，嘉靖皇帝越是不予配合。对于没有治国经验的朱厚熜来说，比起治理朝政，他最不可能释怀的还是即位之初与这位阁老之间发生的种种不愉快。

这三年中，出于赌气、威胁以及身体健康等各种因素，杨廷和屡屡上疏告老还乡，也被皇帝屡屡挽留。直到嘉靖三年（1524）正月，成年后的朱厚熜不愿意继续忍受下去，恩准了他的请求，并埋怨他没有大臣的样子。即便请求挽留杨廷和的奏疏接踵而至，朱厚

① 《明史纪事本末》卷五十，第739页。

熜这边，我自岿然不动。按照惯例，嘉靖皇帝颁授了阁臣致仕的所有待遇。二月，杨阁老离开了京城，车队西南行，目的地为四川老家。[①]就在他出走的当月，孝陵所在地南京夜间发生不同寻常的地震。[②]首辅的意外退休和南京的地震巨响让不少人心中惄焉如捣，隐约嗅到了不祥的气息。

同样的议礼事件，有人则从中看到了千载难逢的晋升机会。正德十六年（1521），一位正在巡抚湖广的右副都御史揣摩到新皇帝可能会听从张璁的意见后，也准备了一封奏疏，持议相同。正当他准备上疏时，看到朝臣一致斥责张璁为邪说，皇帝也开始妥协。秉着“识时务者为俊杰”的人生法则，他立刻撤回了原计划，如此才保住了仕途荣华。嘉靖元年（1522），席书平稳升任南京兵部右侍郎，[③]就此蛰伏。

杨阁老离京后，席书就迫不及待地伙同南京刑部主事桂萼向嘉靖皇帝上疏，请求朝廷速发明诏，改称孝宗皇帝为皇伯考，兴献帝为皇考，兴献后为圣母，如此才上合天地之道，下应万民之心。拿到这封奏疏，即位已三年的朱厚熜大喜过望，压抑多年的欲望终于迎来喷薄的良机。他郑重下令朝臣，重新议礼。

内阁当中，梁储老迈，自朱厚熜即位后，基本不问政事，本人

① 《明史》卷十七《世宗纪一》，第 218 页；《明史》卷一百九十《杨廷和传》，第 5039 页。

② 《明世宗实录》卷三十六，嘉靖三年二月庚戌，第 903 页。

③ 《明史》卷一百九十七《席书传》，第 5202 页。

一度被弹劾"结纳权奸，持禄固宠"。[1]蒋冕在杨廷和离职后继任内阁首辅，固守前说，以至于君臣否隔。天下有道则见，无道则隐。两个月后，蒋阁老就告老还乡。继任首辅的是毛纪，他依然秉持亢直的大臣风范，明确反对嘉靖皇帝改弦更张。和蒋阁老一样，日益孤立的他履职仅三个月，就还归故里。

此时，尚能对嘉靖皇帝施加压力的还有张太后。作为一国之母，礼制上名位最高的妇人，她的处境比那几位阁老还要凄凉。自从嘉靖帝的生母蒋氏被接到后宫以来，皇帝对张太后的冷落就日甚一日。嘉靖三年（1524），就在三位阁老相继离职之际，张太后度过了她人生中最后一次热闹的生日。满朝命妇都来庆贺，宴乐歌舞倍于平常。朱厚熜继而下令，从今以后，张太后的诞辰免去命妇庆贺。天子的这种不孝行为遭到官员的激烈抗议，翰林修撰舒芬与御史朱淛、马明衡、陈逅、季本以及员外郎林惟聪等人因此遭到了夺俸等责罚。[2]

阁老纷纷离去，太后也被架空，朝臣们感受到空气中弥漫的危机。当年那位执意南巡任性胡为的武宗皇帝似乎复活了，君主与文

---

① 《明史》卷一百九十《梁储传》，第5042—5043页。作为国家重臣，梁储最为世人诟病不是他尸位素餐，而是家风极其堕落。他的儿子梁次摅身为锦衣卫百户，与富人杨端抢夺民田。在杨端杀死田主后，梁次摅带领锦衣卫灭了杨端一家二百余口，视法律如无物。碍于梁储的情面，武宗皇帝仅仅把梁次摅发配边疆。后来，因为梁阁老的操作，梁次摅不仅官复原职，还不断冒功，官至广东都指挥佥事（梁氏父子为广东顺德人）。身为内阁首辅，梁储的包庇行为令人发指。在他死后，吏部侍郎桂萼驳斥梁家给梁储赠谥的请求，并上表弹劾。嘉靖皇帝念及为先朝旧臣，最终赠予"文康"的谥号。后来的史家在评价梁储时避重就轻，说他"虽蒙物议，而大节无玷"（《明史》卷一百九十《梁储传》，第5051），仿佛包庇儿子杀死二百余人无伤大雅。

② 《明史》卷一百十四《后妃传二》，第3528页。

官集团的新一轮对抗越发不可避免。

己卯年（正德十四年，1519）的午门事件让大臣们记忆犹新。只因为担心武宗皇帝南巡会将自身以及国家置于险境，107名官员在午门外和平跪谏，却遭到暴力镇压，其中11人被拷掠至死。天真的大臣们仿佛认为，那年的午门事件只是一个特例，从此消失在明朝历史的进程之中。始料未及的是，到了乙酉年（嘉靖三年，1525），仅仅时隔六年，历史悲剧再一次上演。

事情的起源还在于朱厚熜即位以来痼疾一般的诉求：尊奉生父生母为皇考、圣母，而非认孝宗皇帝为皇考。当年，由于杨廷和等人率领文官集团集体压制，新即位的天子权且将事件搁置。如今，刚毅沉着的杨阁老提前退休，直接造成文官集团群龙无首，很难与地位稳固的皇帝形成抗衡。

嘉靖三年（1525），京城二月，阴霾沉沉，身为四朝元老，年近七旬的杨廷和坐着轩车离开了他服务四十多年的朝廷。朝廷特旨，退休后，赏赐他每月禄米六石，拨发八名奴仆以供使唤，还准许荫子一人做锦衣卫指挥使，世袭罔替。在呈报嘉靖皇帝的谢表中，他谦卑地表示，自己为政数十年肯定得罪了不少人，对朝廷此刻的优待永生不忘，并祝愿皇帝万寿无疆。①

三月初一，杨廷和离京没多远，在投机者的鼓动下，朱厚熜就给礼部发了一道敕谕，要加称兴献帝为“本生皇考恭穆献皇帝”，

① 杨廷和：《杨文忠三录》卷八，清文渊阁《四库全书》影印本第428册，第495页。

兴献后为“本生母章圣皇太后”，[1]还要礼部拟定具体礼仪。因为皇帝要择日祭告郊庙，颁诏天下，并在奉先殿旁边专门建庙祭祀恭献皇帝。

原礼部尚书毛澄已于去年二月因病退休，此时接管礼部的是汪俊。和毛尚书一样，根据多年的礼学修养，汪尚书看到朱厚熜的这份敕谕后，难以苟同，随即上疏指出其中的不妥：

> 陛下入奉大宗，不得祭小宗，亦犹小宗不得祭大宗也。[2]

就像公私不容紊乱一样，大宗、小宗也不能颠倒。如今朱厚熜想要大小通吃，这分明是挑衅礼制。作为礼部尚书，视清誉如生命的汪俊断不能从。

接到奏疏，朱厚熜也言之凿凿：朕不过是要表达对先父的追慕之情，有何不妥？礼部应立刻奉敕遵行。

汪尚书也不甘示弱：“立庙大内，有干正统。臣实愚昧，不敢奉诏。”[3]

为了取信公众，朱厚熜随即下令汪尚书召集儒臣讨论。在汪俊的主持下，大臣们认为，可以在湖北安陆为兴献帝建庙，这样既足以表达皇帝的孝心，也不违背礼制传统。朱厚熜对礼臣们的这套折中方案并不满意。群臣的妥协遭到了皇帝的嘲讽，事情就此陷入僵局。

君臣之间你来我往，各执一词，互不相让。痛心于君主自乱朝

---

① 《明世宗实录》卷三十七，嘉靖三年三月丙寅，第 917 页。

② 《国榷》卷五十三，第 3297 页。

③ 《明史》卷一百九十一《汪俊传》，第 5060 页。

纲，而自己又不能力挽狂澜，光明端介的汪尚书便提出辞职。获允后，他回到弋阳（今江西弋阳）养老去了。

杀鸡尚且可以儆猴，何况继杨阁老之后，明王朝的一位礼部尚书离职。汪尚书去职后，代替杨廷和执掌内阁的蒋冕愈发感到无助。他也封还皇帝的敕谕，收效甚微。在汪尚书辞职两个月后，他也上表请辞，回到家乡全州（今广西全州），[1] 含饴弄孙，绝口不谈政事。武宗皇帝在位时荒淫无道，明朝却不至于灭亡。史官认为，这正是由于有杨廷和、蒋冕这些重臣的存在。他们持正不挠，匡弼社稷，磊磊有古大臣的遗风。

朱厚熜也清楚不可能以一己之力治理天下。在清理杨廷和这些人的同时，他已经属意心腹重臣的候选人，那就是之前奋勇上疏为自己辩护的席书、张璁、桂萼等人。顺我者即是忠臣，逆我者非奸即恶。

依照大明礼制，国家任用六部尚书这种高级官员必须经过廷推，在君主和股肱重臣的意见达成一致后，才能确定人选。此外，依照惯例，礼部尚书讲究出身，一般都由在翰林院供职过的官员继任。席书时任南京兵部右侍郎，在汪俊辞职后，朱厚熜却一纸调令让席书进京，执掌礼部。尽管大臣们纷纷上疏进谏，并揭发席书在赈灾时从中谋取私利等罪状，朱厚熜还是坚持让席书入朝。靠着揣摩圣意，他于八月抵京，上任礼部。[2] 席书的谄媚以及朱厚熜的纵容给心怀叵测的政治投机者开辟了晋升的绿色通道，从此朝纲更加纷扰。

① 《明史》卷一百九十《蒋冕传》，第 5045 页。

② 《明史》卷一百九十七《席书传》，第 5203 页。

在席书赴京上任前，这一年五月，张璁和桂萼已经先行入京。[1]张、桂二人同时担任南京刑部主事，小小官员如果依照常理晋升，今生今世恐怕无望成为公卿。因为迎合有功，朱厚熜特地将二人从南京召来。在二人走马京师之前，群臣约定，务要扑杀此二贼。因此，刚入京的时候，即便有护卫的保护，他们二人躲在屋里，迟迟不敢出头露面。[2]

同年六月，他们果然不负所望，继续上疏，力挺嘉靖皇帝尊奉生父生母。作为奖赏，嘉靖皇帝让二人正式履职，一同拜为翰林学士。[3]从小小的南京刑部主事，摇身一变成为翰林学士。翰林学士品秩上仅有五品，职责却是备天子顾问，在参加众多礼仪活动时，位列四品官员之上。[4]在学林眼中，翰林院作为圣地，清望素著，能够入院者都是一时之选。如今，张璁、桂萼两个小人提倡邪说，误导天子，实在罪无可逭。特别是张璁，一个考了八次才考上进士的五十老叟有何颜面执掌我翰林院呢?

四年来，因为区区一个尊号的问题，大明朝朝野上下被搅得鸡犬不宁。对于朝臣而言，杨廷和、汪俊、蒋冕等正人君子纷纷离职，而张璁、桂萼这般跳梁小丑却成了翰林院的主宰。久食俸禄的儒臣如果此时不群起反抗，更待何时?即便冒着生命的危险，也不能让

---

① 至于张璁、桂萼二人抵达京师的时间，《明通鉴》载为六月（《明通鉴》卷五十一，第1952页）。根据《明世宗实录》《明史》等史籍，二人抵京时间应当为五月。（《明世宗实录》卷三十九，嘉靖三年五月戊子，第999页；《明史》卷一百九十六《张璁传》，第5175页。）

② 《明史》卷一百九十六《张璁传》，第5175页。

③ 《明世宗实录》卷四十，嘉靖三年六月丙午，第1012页。

④ 《明史》卷七十三《职官志二》，第1786页。

维系我大明朝的礼制伦常陷入万劫不复之地。

对于朱厚熜而言，不就是一个尊号的问题嘛，为什么杨廷和、汪俊、蒋冕这些老臣如此冥顽不灵，简直迂腐透顶。我大明朝六千万百姓，不缺的就是体谅朕躬的官员。想要辞职，都随你们去吧。离职之前，他都不忘重复：记住，是你们多次提出的辞职，不是朕赶你们走。是你们负朕，不是朕负你们！在尔等的煽动下，卖直邀名的大小官员都来上疏，指责朕的不是。你们这群人别无所长，就知道破坏朕的威望：

败父子之伦，伤君臣之义。欺朕冲年，眇忽纲常。[①]

你们口口声声说聿遵礼制，作为人子，朕尊奉亲生父母，何过之有？你们自以为清高正直，作为臣子，你们何时把朕放在眼里？从即位到现在，一个个不都是欺负朕年幼吗！朕作为国家的天子，天下的主人，可朕的命令，你们几时听过？

君臣双方互相指责，温和的讨论以及奏疏的往返逐渐偏离了理性诉求的正轨。特别是在杨廷和等人相继离京、张璁等人相继入京的强烈对比下，各种谩骂、攻讦以及生命威胁等暴力倾向逐步升级。被封为翰林学士之后，张、桂二人有了嘉靖皇帝的支持，更加有恃无恐，不断上疏，迎合上意，一步步突破儒臣的忍耐底线。[②]

七月，根据翰林学士张璁的建议，朱厚熜下令，去掉生母蒋氏“本生母章圣皇太后”中的“本生”二字，改为“圣母章圣皇太

① 《明史纪事本末》卷五十，第 747 页。

② 和张璁、桂萼一道因为议礼骤贵的还有方献夫等人。作为王守仁的弟子，方献夫持论平恕，保护善类，因此，上论犹能容之。（《明史》卷一百九十六《方献夫传》，第 5185—5191 页。）

后”，[1]而将原来的圣母张太后改称伯母。这道诏令颁发后，举国震惊。因为，在嘉靖皇帝即位的时候明诏天下，分别将孝宗皇帝、昭圣张太后尊为皇考、圣母。如今，张太后依然健在，陛下就把生母蒋氏改称为圣母皇太后。这不等于告诉世人，我大明朝的圣旨可以不算数，我大明朝的天子可以翻脸不认自己的父母吗？

虎父无犬子。杨慎作为杨廷和之子，二十四岁就中了状元，官任翰林修撰，成为四川人的骄傲，也成为天下读书人的楷模。世宗皇帝即位的时候，他和父亲一道充任讲官，向新天子讲述尧舜的故事，企图格君心之非，养国家正气。问题在于，鉴于学生的特殊身份，杨氏父子这些讲官并没有惩戒的权力。学生可以理直气壮地反驳乃至诛杀老师，而老师即便有怨言，也只能借助呼喊尧、舜、禹、汤以及我朝太祖、太宗的名号发出微弱而无力的抗议。

作为天子的新宠，张璁、桂萼被破格提拔为翰林学士，却以干犯众怒为代价。他们进来，别人就躲了出去。他们问话，别人则置若罔闻。在别人眼中，翰林学士的华美官服并不能遮掩他们二人身上散发出的阿谀奉承的浊臭气味。翰林院是我朝士大夫的圣地，在其中供职的官员多为天下人的典范。比如丁丑科（正德十二年，1517）的状元舒芬，因为跪谏武宗皇帝命悬一线获得无数人的敬慕。

嘉靖三年（1524）以来，舒芬并没有袖手旁观。本年春天，因为皇帝下令终止命妇朝贺张太后，他抗章进谏，结果被夺俸三月。到了七月，面黄肌瘦、营养不良的舒芬看到皇帝变本加厉，强行尊

① 《明史》卷一百五十五《兴献皇后传》，第3553页。

奉本生父母，还把不学无术的张璁调到翰林院做学士，[1]他怒发冲冠，奋勇上疏。和杨慎一道，翰林院等部门的三十六人一道进谏：道不同，不相为谋。臣等尊奉的是程朱之学，张璁、桂萼等人尊奉的是异端邪说，其势不能两立。为今之计，臣等只能辞职。

面对翰林院领头的集体辞职，朱厚熜龙颜大怒，不仅拒绝批准，反而下令，一律停俸，不再发放一粒禄米。

愤怒的不仅是翰林院，整个明朝的官员都在进言，请皇帝收回成命，莫改圣旨，莫去"本生"：

> 宗庙之礼至重且大，"本生"二字尤为紧要，不宜轻有更易。愚诚虽切，未蒙俞允。兹者吏部尚书及翰林、科、道诸臣皆执论，以为非礼，此见人心之公，不可泯灭，非独臣等及诸臣之心为然，推之天下之心，亦有莫不然者。陛下奉承天命，以临九有，所恃者，人心耳。若不揆之于理，舍己从人，亦将何以为治？[2]

让皇帝舍己从人，谈何容易？对群臣的进言，朱厚熜不为所动。

七月十五，中元节，传说这一天鬼门关大开，阴间的鬼魂都会跑到人间。因此，家家户户都忙忙碌碌，准备举行各种仪式祭祖尽孝，安抚鬼魂。可是，朝臣们丝毫没有过节的意思。

与现代社会的本质区别在于，古代中国的君主享有犯罪的豁免权。能够对君权起到制衡作用的与其说是虚幻的文官集团的概念，毋宁说是一两个强有力的重臣。由于明朝没有丞相，内阁首辅即是对抗君主的核心力量。一旦这道防线被突破，那么皇帝便可以无所

① 《明史》卷一百七十九《舒芬传》，第4761页。
② 《明世宗实录》卷四十一，嘉靖三年七月丁丑，第1048—1049页。

顾忌地展开暴政。至于皇帝没有立刻施暴的原因，则与他本人的成长经历、教育背景以及人生目标等因素有关。一般而言，大臣有劝谏皇帝的权力，却没有弹劾皇帝的机制；大臣犯错可废可杀，天子犯错不可废不可杀，甚至不可说——这就是朝纲混乱的一大根源。

执拗的年轻皇帝一意孤行，正直的股肱重臣在劝谏无效之后纷纷离去。如此一来，只能把国家的秩序推向粉身碎骨的深渊。当奏疏不被理睬后，翰林院修撰杨慎站了出来，鼓足余勇，慷慨陈言：

> 国家养士百五十年，杖节死义，正在今日！①

听到这位前任阁老公子的倡议，群臣立刻表示附议。两百多名官员组成的示威队伍浩浩荡荡地来到左顺门外，跪地大哭。有的呼喊“孝宗皇帝啊，快显灵吧，陛下的江山如今国将不国了”，有的呼喊“太祖高皇帝啊，快上来看看吧，我大明朝的宗庙典礼马上要毁于一旦”……平日里文质彬彬的儒臣如今被迫成为呼天抢地的怨妇，一片哀嚎声中，祈求唤醒皇帝的良知，让他回头是岸，维护我大明朝最基本的尊严。

在如此特殊的节日里，两百多名官员哭声震天，仿佛皇帝驾崩了一样。如果杨阁老在，朱厚熜也许还有所忌惮；如果张太后地位尚且稳固，朱厚熜也许会再次妥协。不幸的是，这两种阻力都不复存在。

比起对群臣的同情以及自身的反省，嘉靖皇帝在愤怒之余，想起了本朝太祖、太宗驾驭群臣的凌厉手段。只是即位才三年，他总不能大开杀戒。朝廷的事还离不开这些官员的打理，同时也要大臣

① 《明史纪事本末》卷五十，第750页。

们知道什么是敬畏。

因此，左顺门事件爆发后，朱厚熜在张璁等人的建议下，使出了阴骛的招数。他下令，把134名五品以下官员统统打入诏狱，严刑拷打，90多名四品以上官员则姑令待罪。这种分而治之的策略瓦解了示威者，发挥了效果。此后，除了个别人被重惩之外，四品以上高官获得了停俸的一般责罚，规矩了起来。134名五品以下的官员在诏狱中疾痛惨怛，其中16人被折磨致死。[①]

在今天看来，左顺门事件未免让人不可思议。皇帝改称父母的名号而已，既不会影响官员的仕途，又不会干扰百姓的生活，为什么这批官员还要前赴后继地冒着生命危险劝谏呢？难道真如俚语所说“吃饱了撑的没事做”？朝廷最常见的处罚之一就是罚俸，让尔等全家老小饿着肚子，看尔等日后还敢不敢闹事。

其实，饱读儒家经典的儒臣们身上浸润着一种准宗教精神，为了维护贯通古今的大道，产生一股强劲的殉道倾向。他们不是为了一己私利而死，也不是像朱厚熜他们刻意贬低的那样“卖直邀名”，而是自然而然地以身殉道。在大是大非面前，他们不会退缩，视死如归。其身虽死，其名不灭。然而，这种殉道精神经不起反复打压。议礼前后，众多大臣的离职以及那些拒不入仕的事例无异于释放出一道讯息：如今的政权慢慢地不再值得我们舍命追随。

当朱厚熜杖责群臣的时候，他很清楚结果，一定会有人就此殒命。事实上，必须有人流血，才能让廷臣们记住教训。当十几名官员暴毙之后，其他人也气若游丝。有大臣建议，赦免罪臣方能润泽

① 《明世宗实录》卷四十一，嘉靖三年七月癸未，第1080页。

万民，以张大孝于天下，获得嘉靖皇帝的默许。[1]

就当朝廷准备息事宁人的时候，突然有人告密：之所以会发生左顺门事件，就是杨慎他们几个人带头挑事。杨阁老在位时，雷厉风行，惩奸除恶，在造福百姓的时候，也不可避免地得罪了一些权贵。如今，杨阁老已经告老还乡，这些人意犹未尽，便将之前积压的怨恨报复在乃子杨慎身上。

接到告密的信息，朱厚熜且怒且喜——终于找到了左顺门事件的罪魁祸首，这一切全部都是杨慎他们几个奸佞小人的阴谋。鉴于已经弄出了16条人命，威吓群臣的目的业已达到，朱厚熜网开一面，将杨慎等人发配边疆充军，永不叙用，相当于判了无期徒刑。

在赶赴边疆的漫漫长路上，仇家不依不饶，一路尾随，欲置杨慎于死地。因为友人多方照顾，杨慎本人也时刻提防，才躲过了一劫又一劫。在此后的岁月里，因为议礼对杨氏父子怀恨在心的朱厚熜还时不时提及此人。仁厚聪慧的阁臣总是把杨慎的状况描述得楚楚可怜，说他无日不在悔过，这才熄灭了朱厚熜的杀心。就这样，才高八斗的杨慎在离京万里之遥的云南永昌卫所一待便是三十多年。[2]

嘉靖三年（1524）九月，志得意满的朱厚熜夙愿以偿，下令将孝宗皇帝改称为皇伯考，昭圣张太后为皇伯母，而将生父改称为皇考，生母改称为圣母。张璁、桂萼等人将最新的议礼结果呈报给嘉靖皇帝。看到这份奏疏，朱厚熜喜不自胜，这是他即位以来难得开心的一天。张璁他们在奏疏上如是评价嘉靖皇帝尊奉生父、生母的

① 《明世宗实录》卷四十一，嘉靖三年七月辛卯，第1084页。

② 《明史》卷一百九十二《杨慎传》，第5082—5083页。

行为：

> 一遵祖训，允合圣经，追复三代数千年来未明之典礼，尽洗汉宋悖经违礼之陋习，非圣人其孰能之！[1]

如果说礼教吃人的话，那么人也可以吃礼教。不出意外，张璁这位以礼发家的老秀才此后官运亨通，一直做到了内阁首辅。天道昭昭，报应不爽。当年，萧御史只告诉他贵极人臣的结果，却忘了告诉他富贵的代价：张阁老一生有四个儿子，除了次子逊业外，其余三子（逊志、逊臣、逊肤）均告夭折。在张阁老生前，缙绅士子咬牙切齿，恨不能让他偿命。在张阁老死后，他也受到了乡里的唾弃。乃子张逊业恩荫得官，官至太仆寺丞，后来遭遇劲敌——严嵩、严世藩父子，在斗争中"暴疾"身亡。[2]

人生若浮，天道宁论。相较于张氏父子而言，杨阁老一家同样命运多舛。嘉靖七年（1528），在《明伦大典》编成后，明廷对议礼群臣发动清算，将年过七旬的杨廷和钦定为罪臣之首。朱厚熜即位以来对杨廷和的种种积怨到了爆发的关口，开始在诏书中罗织这位阁老的种种罪行。杨廷和以定策国老自居，还把朕视为自己的门生，罪无可赦，理应处死。如今，朕秉持上天好生之仁，将杨廷和削职为民……在将异见者污名化之后，朝廷又在他们将死已死的身躯上踏上了一脚。

---

① 《明世宗实录》卷四十三，嘉靖三年九月丙寅，第1113—1114页。

② 王世贞：《嘉靖以来首辅传》卷二，清文渊阁《四库全书》影印本第452册，第446页；汤日昭等：《（万历）温州府志》卷十一，《四库全书存目丛书·史部》第210册，第42页；徐象梅：《两浙名贤录》卷三十八，《四库全书存目丛书·史部》第114册，第237页。

次年六月，罪民杨廷和死去，享年七十一岁。[1]不过，从另一方面来说，比起朱元璋、朱棣动辄族诛大臣，屠戮成千上万，朱厚熜对杨廷和等人的惩罚倒显得相对克制。毕竟在明朝开国以来一百五十多年的历史上，事后问罪、满门抄斩乃至开棺戮尸的事例并不鲜见。要之，继处理左顺门事件以来，我们看到，虽然即位才数年，一位威权在握、善于拿捏尺寸的君主正在成长起来。

接到父亲去世的噩耗后，杨慎获准到四川新都老家奔丧。此后，他以罪犯的身份往来奔波于西南边陲。七十岁那年，他本想叶落归根，魂归故里。朝廷坚决不允，将其逮回至永昌卫所。两年后，他最终没能免于木梗之患，成为客死他乡的一缕孤魂。

有明一朝，著作宏富者首推杨慎。他生前著述一百多种，尤以诗词闻名。若干年后，朱厚熜、张璁等人极力尊奉的名号都像微末的尘埃一样，被扫入历史的灰烬之中，而郁郁不得志的杨慎却以一首小词留名青史：

滚滚长江东逝水，浪花淘尽英雄。是非成败转头空。青山依旧在，几度夕阳红。

白发渔樵江渚上，惯看秋月春风。一壶浊酒喜相逢。古今多少事，都付笑谈中。

第三节　显陵不吉

公元1538年（嘉靖十七年）十二月底，一位锦衣卫指挥正带

①　《明史》卷一百九十《杨廷和传》，第5039页。

着若干随从疾驰在从京师到湖北安陆（今湖北钟祥）的道路上。安陆乃嘉靖皇帝龙飞之地，乃父兴献皇帝被安葬于松林山陵，该处在嘉靖三年（1524）被改称为显陵，[①] 声名显赫，以示尊崇。沿途驿站看到朝廷特使的旗帜后，立刻以最快的速度准备好上等马匹，以便换乘。转眼之间就到了河北境内，特使一行略事休息，时间尚有余裕，倒不必急于奔命。

行至内丘（今河北内丘）时，锦衣卫指挥赵俊一行发现后面突然追来了一大队人马，让赵俊接旨！赵俊等人惊魂未定，速速下马，诚惶诚恐地跪听圣旨。世宗皇帝严令赵俊于明年正月十三日，会同太监何富、奉祀官蒋华、都御史顾璘等人加速赶往安陆显陵，开启兴献皇帝的玄宫，详细观察梓宫是否异常，据实详报。观察之后，即行掩埋，并于正月二十六日前返回京师，当面回复。星夜疾驰，不得有误！[②]

比起往来飞驰的疲惫，更让人担忧的是，开启玄宫并非易事。皇帝的命令又如此急迫，故而这份差事压力极大。凑齐钦点的人马后，大家打开玄宫，一步步接近已经埋葬二十年的兴献皇帝，所有人都不由得凝神屏息。

阴森幽暗的玄宫里，当锦衣卫赵俊和太监何富等人看到暴露出的棺椁时，未免大吃一惊。在何公公的示意下，赵俊对身后的锦衣卫丢了一个眼神，工匠们的人头簌簌落地。锦衣卫刚将溅满鲜血的绣春刀收鞘不久，赵俊等人经过简短的商议后，决定先期派人回京禀告。

---

① 《明世宗实录》卷三十七，嘉靖三年三月丁丑，第 924 页。

② 《明世宗实录》卷二百十九，嘉靖十七年十二月丁卯，第 4530 页。

正月下旬，京师皇宫，嘉靖皇帝拆开从湖北发来的急报，核心内容只有四字：

显陵不吉。[1]

在古代中国，名号不仅伴随着一个人的出生、成年、婚姻、死亡以及事业上的各种职位、头衔等，还关乎死后的各种褒贬。兴献王之子朱厚熜即位后，为了完成个人的孝举，极力抬高父母的名号。在母亲生前，朱厚熜为了帮她争得"圣母""皇后""皇太后"等尊号，不惜撕裂朝廷，掀起旷古未有的礼仪之争。父亲虽然亡故多年，生前不过是一位藩王，死后却成为兴献帝、兴献皇帝。嘉靖十七年（1538）九月，为了将生父放到太庙祭祀，朱厚熜将延续一百多年的文皇帝庙号明太宗改成明成祖[2]，继而把生父加上睿宗的庙号，

① 傅恒：《通鉴辑览》卷一百九，清文渊阁《四库全书》影印本第339册，第479页。

② 明太宗文皇帝朱棣的庙号被改为明成祖，表面原因是"文皇帝与高帝同创大业，宜同称祖号"，实则是朱厚熜为了抬升父亲尊号向大臣妥协的结果。明王朝最重要的祭礼是郊祀，嗣君用太祖配享上帝。嘉靖时期，朝廷节外生枝，要举行仅次于郊祀的明堂大享礼，涉及用哪位帝王配祀的问题。有人建议用太宗，有人则建议用嘉靖帝的生父献皇帝。最后的结果则是，朱厚熜将生父尊为睿宗，放入太庙祭祀，还让他成为明堂大享礼配祀上帝的君主。如此一来，太宗朱棣就失去配祀上帝的资格。所以，为了堵住大臣的悠悠众口，朱厚熜将太宗的庙号破格升为成祖，明尊暗贬，还是昵于对生父的私情。（参《明通鉴》卷五十七，第2197—2201页。）

而且神位排在武宗之上。[1]这种堂而皇之的做法，即便于礼不合，却无人能够撼动。不宁唯是，世宗皇帝在“孝顺”上的执著不仅体现在母后生前，也贯穿于死后。从某种程度上讲，他以一种极端的方式践行了圣贤的教诲，“事死者，如事生”。

同年（1538）十二月，皇太后蒋氏崩殂，作为人子的朱厚熜又在葬母问题上大费周章。本朝山陵制度创自太祖高皇帝，孝陵即在南都。太宗文皇帝朱棣迁都之后，在京城之北的天寿山另立陵墓，号称长陵。此后，仁宗、宣宗、英宗、宪宗、孝宗、武宗等皇帝驾崩后，均埋葬在天寿山，以长陵为核心，分别为献陵、景陵、裕陵、泰陵、茂陵、康陵等。如今，圣母崩殂，究竟该葬于何处？

三年前（嘉靖十五年，1536），朱厚熜陪着母后专程到京城昌平的天寿山谒陵。此行的目的表面上是祭拜列祖列宗，实际目的无非有二：一是为朱厚熜自己寻找合适的陵墓，二是为日薄西山的母后确定葬处。拜谒完天寿山上的七陵之后，朱厚熜下令，免去昌平今年三分之二的税粮，并给沿途的耆老发放粟米、布帛。

七陵的拜谒牵动了蒋氏、朱厚熜母子二人对死亡的不少话题，人固有一死，死后依然享受尊荣才是值得关切的事情。颇为蹊跷的是，离开天寿山的皇陵后，他们母子还专门拜谒了远处的景皇帝陵。景泰帝当年也是意外地以藩王的身份入继大统，在也先进犯京师时立有功劳。英宗皇帝复辟之后，景泰帝被废，死后也不再以天子礼

① 《明通鉴》卷五十七，第2200页。当世宗皇帝准备举行明堂大享礼时，来自江西分宜的严嵩时任礼部尚书，本来与群臣一道谏言，不愧于他早年在钤山闭关读书十年的儒生操守。正因如此，他得罪了皇帝。惶恐之余，他深刻自我批评，尽改前说，从此走向谄媚君主的不归路。（参《明史》卷三百八《奸臣传》，第7914—7915页。）

下葬。同样是藩王即位，朱厚熜对景泰皇帝未免惺惺相惜。今非昔比，朱厚熜尚不存在被复辟夺权的危机。

作为天寿山考察的结果，朱厚熜对内阁首辅李时发布谕令，从今年开始，在长陵东南侧的十八道岭修建山陵，作为朕的吉壤。[①] 接到命令后，确定动工吉日为四月二十二，[②] 负责营建山陵工程的工部不敢怠慢，多方筹措，乃至挪用银两，多地调拨石料、木材，并征用工匠、民夫，声势浩大地准备施工。九月，朱厚熜又一次饶有兴致地来到天寿山亲自拜祭七陵，顺便考察了自己的陵墓建设情况。

十二月，朱厚熜还特别给生母加上徽号——圣母章圣慈仁康静贞寿皇太后。和所有的孝子慈孙一样，世宗皇帝恨不得把人间所有最美好的字眼安放到母亲头上，尽管能够完全记住这种冗长徽号的人寥寥无几，甚至包括他本人。

嘉靖十六年（1537），清明时节雨纷纷。朱厚熜陪着圣母章圣慈仁康静贞寿皇太后再一次到天寿山谒陵，商讨母后万年以后的葬地。按照此时的打算，长陵西南处的大峪山是最佳之地，可以作为寿陵。皇帝多次谒陵给百里之内的百姓造成负担，此外，山陵之地便于隐藏，也给护卫工作带来严峻挑战。故此，礼科都给事中李充浊等人奏言，陛下派遣官员拜谒即可，结果遭到世宗皇帝反驳，指责李充浊根本不知人情为何物。[③]

---

① 《明通鉴》卷五十六，第2176页。
② 《明世宗实录》卷一百八十六，嘉靖十五年四月乙巳，第3943页。
③ 《明世宗实录》卷一百九十七，嘉靖十六年二月己巳，第4159—4160页。

拜谒山陵之际，宫中传来喜报，陛下第四子出生。[①]朱厚熜御制《嘉喜歌》，颁示扈从大臣，下令他们和诗。三月初一，一位上任不久的礼部尚书发来奏疏，称赞皇帝陪着圣母敦修陵祀，真是圣人之大孝也！如今，皇子出生，臣等更是欢欣踊跃，情不自已。因此，臣等迫切请求向圣母贺喜，并行五拜三叩头之礼。不出意料，这位尚书的上疏得到了恩准。[②]继张璁之后，看来这位爱卿最能体贴朕意。次年，因为圣母身体不适，陵气寒冷，故此朱厚熜独自到天寿山祭陵。这一次，陪祭官员中多了那位礼部尚书——严嵩。[③]

张璁、严嵩等人在议礼上的发迹也让不少官民跃跃欲试，幻想侥幸实现人生的华丽转身。嘉靖十七年（1538）六月，一位来自扬州的退休官员丰坊上奏朝廷，我朝应当建立明堂大享之礼，将兴献皇帝尊称为宗，配祀上帝。[④]丰坊的建议遭到户部侍郎唐胄等人的抗议，如果要配天的话，至少应当由我朝太宗皇帝配享，兴献皇帝由专门的宗庙祭祀足矣。礼部尚书严嵩则在奏疏中表示，以陛下之皇考配天，允合周道。

这出戏剧性的礼仪纷争也产生了戏剧性的结果：进言的唐胄被

---

① 朱厚熜一生有八个儿子，除了三子朱载垕（后来即位为穆宗）、四子朱载圳之外，其余六子都夭折。鉴于这种被诅咒般的惨况，世宗偏信方士之说，避免召见王子，故此父子之间感情极为淡薄。朱载圳后来封为景王，死时年仅二十八岁。在他死后，朱厚熜对大学士徐阶冷酷地说："此子素谋夺嫡，今死矣。"（《明史》卷一百二十《诸王传五》，第3647页。）嫌恶之情溢于言表，仿佛自己的亲生儿子死有余辜。

② 《明世宗实录》卷一百九十八，嘉靖十六年三月庚辰，第4165页。

③ 《明世宗实录》卷二百九，嘉靖十七年二月辛未，第4333页。

④ 根据史料记载，丰坊此人素无德行，狂傲放纵，不为时人所齿。（参查应光：《靳史》卷三十，《四库禁毁书丛刊·史部》第29册，第562页。）

锦衣卫抓到诏狱中拷打，之后黜落为民；迎合上意的退休官员丰坊被严嵩压制，不赏不罚，辱没了乃父丰熙的清誉，他本人也成为儒林的笑柄；严嵩则借此机会摸到了皇帝的脉搏，成为天子越来越离不开的忠臣。同年九月，尘埃落定，太宗文皇帝被改称成祖，兴献帝被尊为睿宗，神主祔入太庙，位在武宗之上。[①]

是年十二月，皇太后蒋氏病逝。在遗诏中，她告诉世人，我在藩邸服侍睿宗皇帝二十九年，后来托皇帝的福，又做了十七年的皇太后。我死后，陛下要节哀自珍，团结天下诸王，和天下群臣一道共致太平。丧满二十七日，君臣都要除去丧服，至于民间嫁娶、娱乐之类不必禁止。[②]蒋氏努力想营造出一种丧礼从简的氛围，事实上根本不可能如此。

父亲死后，朱厚熜和母亲相依为命二十年，感情之笃厚迥非常人所能理解。特别是经过漫长而血腥的大礼仪之争，母子之间的感情更是到了难以名状的紧密地步。在圣母驾崩之后，朱厚熜悲痛之余，开始思忖如何安葬的问题。安葬父母并非难事，可在中国古代历史上，极少有皇帝如朱厚熜一般执迷于更换父母的名号，并屡次变迁下葬的方案。

母后崩殂之初，朱厚熜下令安葬于之前多次探视的大峪山。大峪山就在长陵西南，风水绝佳。与此同时，他还打算按照古代的合葬制度，将埋葬在安陆显陵的父亲迁到京城，在大峪山重建显陵，

---

① 《明通鉴》卷五十七，第2200—2201页。《明史》对嘉靖皇帝的评价较为持中，所谓“中材之主”，但是对嘉靖皇帝执意将从未做过帝王的生父升祔太庙并跻于武宗皇帝之上的做法也不吝批评，所谓“不已过乎”。（《明史》卷十八《世宗纪二》，第250页。）

② 《明世宗实录》卷二百十九，嘉靖十七年十二月癸卯，第4495—4496页。

让父亲与母亲朝夕相伴。朱厚熜的意见获得了公卿大夫的附和。于是朝廷一边颁令建造显陵，一边让驸马都尉京山侯崔元为奉迎行礼使，带上兵部尚书张瓒、太监鲍忠、锦衣卫指挥赵俊等人到湖北安陆奉迎献皇帝梓宫。[1]既然廷议已决，本该贯彻执行，却不曾料到，此后迁葬一事一波三折。

当朱厚熜准备到大峪山观察山陵的时候，有御史上言，合葬不合古制。此人进言不久，旋即遭到罢官的处罚。当朱厚熜从大峪山回京的时候，他本人却对大臣说，迁陵一事，朕反复思考，彻夜难眠。皇考已经下葬快二十春秋，朕再将其一路风尘迁到天寿山，恐怕母后在天之灵也不安稳，不如将母后梓宫南迁到安陆显陵与皇考合葬一处更为妥当。听到皇帝一百八十度的大转变后，当初极力赞成恭迎献皇帝梓宫来京的礼部尚书严嵩立刻表态，灵驾北来，慈宫南去，本来就是一回事情，陛下圣明。[2]

世宗皇帝听到严尚书的恭维，感到格外高兴，却依然犹豫不决。随即下令崔元等人暂勿南行，改派锦衣卫指挥赵俊到显陵观察，这才发生了本节开头的一幕。

嘉靖十八年（1539）春天，皇城内外传来石破天惊的消息，天子要南巡了！明王朝的官员对天子南巡一事始终心存芥蒂，武宗皇帝当年执意南行，上百名大臣劝谏不听，在午门事件中杖杀了十几名官员后，才偃旗息鼓。值得惊异的是，即便经历了午门事件、左顺门事件等因言杀人的事例，此时明朝的士大夫依然斗志昂扬，似

① 《明世宗实录》卷二百十九，嘉靖十七年十二月丁未，第4509页。
② 何乔远：《名山藏》卷三十四，《续修四库全书》第426册，第226页。

乎流血殒命无足轻重。

如今，历史的悲剧又要上演，大臣们忍受不住良知的折磨，纷纷冒险进谏。据实而言，天子南巡与否与官员干系极小，为何他们前赴后继置生死于不顾？大臣们极力劝阻天子南行的原因林林总总，大致不出以下几种。

有的官员说，河北、河南等地灾荒严重，都出现了人吃人的惨状，而且盗匪横行，如果天子南巡遇到危险，该怎么办呢？

有人认为，北边的蒙古部落十分猖獗，不时侵扰我北部边疆，有一次兵锋波及昌平，导致京师戒严。如果在天子南巡期间，敌人大举进攻，那么京师危矣，我大明危矣！

还有人说，陛下南巡，扈从人员不下数万，粮草车马如何供应？如今，地方郡县告急，仓库空虚，不少百姓流离失所，像鸟兽一样流窜于山谷之间觅食。此时此刻，陛下还坚持南巡，不等于把百姓往火坑里推吗？

有人则温和地劝谏天子，从京师到安陆，长路漫漫，风尘滚滚，如果圣体违和，圣心不畅，谁担当得起呢？贵为天子，与其触冒风尘，不如静志逸神，享受逍遥的乐趣，还请陛下以静制动，调摄圣心。至于合葬之事，陛下居中统筹，只需两个月的时间即可料理完毕。[①]

朱厚熜作为一个现实主义者，很难理解儒臣们对抽象礼制观念的信仰以及迂腐的各种谏言。如此执著地把个人的意志凌驾于传统经典与廷臣意见之上，他可谓独步古今。在他看来，这些大臣要么危言耸听，要么卖直沽名。在对廷臣的辩驳中，朱厚熜也颇为委屈

① 《明世宗实录》卷二百二十一，嘉靖十八年二月丁未，第4580—4582页。

地说：

> 朕岂空行哉！为吾母耳。[①]

言外之意，只有朕才是孝子。于是，他将进言的大臣，轻则罚俸两月，重则革职为民，永不叙用。在惩戒了迂阔的大臣之后，朱厚熜最担心的是，根据赵俊的禀报，显陵已经出现不吉祥的东西。至于赵俊他们究竟看到了什么，事出隐秘，史书并未作出明确记载。看来风水发生变化，对生父尸骨不利。如果对生父尸骨不利，那如何安葬母后？所以无论如何，朕都必须亲自走一趟。

车驾到了河南卫辉，果然出现意外。行宫突发大火，仓促之间，侍从官都找不到皇帝的下落。有赖锦衣卫指挥陆炳及时出手，舍命相救，将朱厚熜从大火中背了出来。[②]此次意外发生后，沿途官府开始到处抓捕潜在的危险分子，一时间人人自危。南巡造成了空前的压力，不少百姓或者疲于交税，或者被捕入狱，其中不乏枉死者。

三月，车驾终于抵达显陵。天子探视乃父之后，久违地洒下一些泪水，嗫嚅着自己如何不肖，之后重修梓宫，借以弥补内心的愧意。稍后，在安陆，朱厚熜举行大享礼，用功德无量的生父的神位配祀上帝，祈祷国泰民安，并颁诏天下。为了表达诚意，他特别下令安陆一地免去三年赋税，湖广免去明年田赋的五分之二，而京畿、

① 何乔远：《名山藏》卷三十四，《续修四库全书》第426册，第226页。

② 因为救驾有功，世宗皇帝对陆炳无比宠信，除了让他执掌锦衣卫之外，之后还加封太保兼少傅。三公兼任三孤，在明朝极为罕见。此后，陆炳与严嵩相互勾结，助纣为虐。史载："炳任豪恶吏为爪牙，悉知民间铢两奸。富人有小过辄收捕，没其家。积赀数百万，营别宅十余所，庄园遍四方，势倾天下。"（《明史》卷三百七《佞幸传》，第7894页。）

河南等地免去三分之一。[1] 这种区别对待聚拢了小部分地区的民心，却让大部分地区的百姓敢怒而不敢言。

就在返程途中，朱厚熜突然改变主意。他考虑的不是改善民生，而是因为途经尧母墓，蓦然意识到，像大尧这样的圣君都把父母分葬，我还坚持合葬恐怕不合古制。从此，朝廷决定，不再迁陵，圣母蒋氏继续葬在大峪山的寿陵，而睿宗皇帝继续在安陆的显陵安眠。然而，朱厚熜果真言而有信的话，明廷的政局也就不会如此波诡云谲。

嘉靖十七年（1538），隆冬腊月，接到要在天寿山营建显陵的消息，工部尚书蒋瑶忧心忡忡。执掌工部八年来，[2] 他对国家的各项大型工程建设了如指掌。今上富于春秋，喜欢大兴土木，每年耗费国帑数百万银两。为了填补亏空，朝廷已经多次下令在各地开采银矿，依然捉襟见肘，入不敷出。

今年皇太后的去世，最悲伤的既不是朱厚熜本人，也不是严嵩等“忠臣”，而是各地的草民。民穷则弱，弱则易欺，国家赋税的很大一部分却还要从他们身上抽取。国丧在即，一时间难以筹措银两。工部建议，请朝廷重开输纳之例，只要民间的富农、富商缴纳足额的银两，就准许他们为官，并把子弟保送到国子监读书。世宗皇帝爽快地同意工部的请求。

然而，富农、富商的钱财不还是从百姓头上搜刮而来的吗？为了尽可能避免榨取民众、额外征税，宅心仁厚的蒋尚书请求，挪用

① 《明通鉴》卷五十七，第 2207—2208 页。

② 《明世宗实录》卷一百二十，嘉靖九年十二月己未，第 2857 页。

柴薪银三十万两，再从户部借用通惠河脚银三十万两，还请求把各省的开纳事例银两统一调拨工部。世宗皇帝一一应允。[1] 圣母驾崩，丧葬置办耗银不下百万两，而朱厚熜对此类开销向来慷慨大方。

次年春天，蒋尚书扈从天子南巡。当他接到继续在大峪山建陵的诏书后，也是一头雾水。当工部官员提议遵行诏命即刻恢复建设时，蒋尚书审慎地做出指示：不妨先缓一缓，说不定皇帝还有新的旨意。因为在南巡前，他清楚地记得皇帝曾经信誓旦旦地说过：

> 优柔不断，乃妇人事！朕意决矣，即择日命官恭奉梓宫南祔显陵合葬。[2]

可是，南巡回来路过尧母墓后，世宗皇帝又觉得还是父母分葬更合古制，并停止迁陵合葬的讨论。真要如此，工部不还得在大峪山继续建陵吗？最开始说要合葬，灵驾北来，到大峪山显陵合葬，所以工部马不停蹄地建造显陵；后来又说合葬，但是慈宫南下，所以大峪山停建显陵；之后，又说分葬……所以，皇帝究竟想怎样？

四月，刚回到京师不久，内心极为纠结的世宗皇帝又来到了大峪山。一头扎进山林的朱厚熜在山里不停打转，反复思量，表现出罕有的孝子耐心。最后，他来到皇陵的行宫消停下来，并召来最为信任的大臣——礼部尚书严嵩，说了一句：

> 大峪不如纯德。[3]

---

① 《明世宗实录》卷二百十九，嘉靖十七年十二月己酉，第4509—4510页。

② 《明世宗实录》卷二百二十，嘉靖十八年正月辛未，第4534页。

③ 《明史》卷一百五十五《兴献皇后传》，第3554页。

大峪山的寿陵本为朱厚熜的母亲准备，后来新修显陵正是为了接来父亲与母亲合葬。纯德山原名松林山，是湖北安陆埋葬朱厚熜生父的山名。此言一出，严尚书心领神会。

传旨之后，驸马都尉、锦衣卫指挥、户部、工部等大小官员都在追问：严大人，圣意这回真的不变了吗？皇太后可都驾崩快五个月了，再变可就不好办了。严嵩苦笑了一声，和善地一一回复道："大峪不如纯德。"

听到确凿的消息后，京师大峪山显陵工地上一片沸腾。工匠、民夫们相拥而泣：我们终于可以回家了！

第八章　寻常人家

第一节　成人的困惑

即便寻常百姓的总人口占据明王朝的绝大多数，留存下来的相关史料却少之又少。虽然发掘了一些墓地，但是和王侯将相的陵墓相比，这些身份卑微的寻常百姓的随葬品远不足以触动考古学家兴奋的神经。因此，礼制传统究竟对这些寻常百姓产生何种影响，或者说他们在多大程度上可以摆脱礼制的约束，诸如此类的问题探讨起来并不容易。

对寻常人家来说，最具影响的礼制莫过于冠、婚、丧、祭四礼。以冠礼而言，早在洪武元年（1368）十一月，朱元璋就命儒臣根据《仪礼》《朱子家礼》等礼书的记载对庶民冠礼作出统一规定。男子冠礼在十五岁到二十岁之间。行礼时，先在祠堂卜筮，然后到正堂在宾客的配合下，先后戴上三种不同的帽子（巾、帽、幞头），穿上相应的服装（深衣大带、襕衫腰带、公服），这就是“三加”仪节。成人礼后，当事人还要和父老相见，接受庆贺，父老也要进行答拜，表示尊重。之后，主事家里摆设宴席，礼送宾客。[①]

---

① 《明太祖实录》卷三十六下，洪武元年十一月丙寅，第703—705页。

依照传统礼制，“礼不下庶人，刑不上大夫”。朱元璋锐意进取，在庶人冠礼上的种种规定，体现了对平民百姓的关怀与尊重，同时也不可避免地充满了浪漫主义的色彩。对绝大部分百姓而言，民生艰苦，知识水平有限，并不具备举行冠礼的物质基础与文化自觉。

根据多种地方志的披露，洪武冠礼后来基本上废而不行。《（嘉靖）广平府志》上说：“冠礼久缺不行。”①《（嘉靖）河间府志》上载：“冠礼，士夫子弟及诸生有行之者，今多废焉。”②《（万历）绍兴府志》直言：“冠礼不行久矣。”③士大夫尚且难以备礼，遑论平民百姓。

公元15世纪初，中原地区，一群十几岁的少年正在埋头苦读。他们力图将《论语》《孟子》《诗经》之类的儒家典籍背得滚瓜烂熟，并仔细琢磨朱熹的注解，借以形成对经书基本的认知。他们努力读书的原因并不全是为了考取功名，也是为目下更为迫切的成人礼做准备。想要顺利成人，他们比常人要付出更多。

作为明朝初年最为知名的理学家，来自河南渑池的曹端对家族子弟的冠礼有着十分严苛的要求。在他看来，晚辈的成人礼绝非一套简单的礼仪，还应制定明确的标准。比如，子弟年满十六岁以上，要熟诵四书，并且通晓五经中的一部，能讲说大义，如此才可以举行冠礼。如若不然，他的冠礼要接连推迟到二十一岁之后。在此期

① 陈棐：《（嘉靖）广平府志》卷十六，《天一阁藏明代方志选刊》第5册。

② 樊深：《（嘉靖）河间府志》卷九，《天一阁藏明代方志选刊》第1册。

③ 萧良干、张元忭等：《（万历）绍兴府志》卷十二，《四库全书存目丛书·史部》第200册，济南：齐鲁书社，1996年，第559页。

间，如果他的弟弟能够率先背诵四书以及五经中的一部，可以先行冠礼，增加兄长的羞愧之心。

学业小成作为举行冠礼的先决条件，强迫儒林子弟必须刻苦学习。那么，推迟举行冠礼究竟意味着什么呢？按照曹端的规矩，只要未行冠礼，就不准出入中门。更为严厉的是，由于没有举行冠礼，他们还不准食肉。[①] 在曹端看来，不准未成年人食肉的规矩古已有之。如此一来，正可以激发子弟发奋读书的精神。

即便二十岁左右成人，获得出入中门、食肉等资格，他还须面临诸多教诫。比如，曹夫子认为，“子孙年未三十者，酒不许入唇”。[②] 除非特殊情况，方可少量饮酒，否则违背尊长的教训，就会受到棍棒伺候。

曹端是儒林楷模，他在冠礼上的这些规矩究竟拥有多少信徒，我们却不得而知。在今天的中国，很多学校都明令禁止未成年人抽烟喝酒，然而在卫生间或者操场的某处角落，时不时也会发现烟蒂，一些 KTV 包房中也不乏他们觥筹交错的身影。相形而言，曹夫子的这些规矩恐怕也很难完全贯彻。

想要重振儒家冠礼的远不止中原儒者曹端。嘉靖时期，岭南大儒黄佐专门制作了《泰泉乡礼》，意图重建古朴的礼仪秩序。在冠礼上面，他谆谆告诫，士大夫之家要以身作则，延请德高望重的人作为冠礼的宾客到家中襄助冠礼，地方百姓则统一到学校中为孩童加冠。上户、中户、下户要量力而行，不可逾越中道。后进子弟只有举行冠礼，才能取字，获得成人社会的认可。加冠的人并非参加

① 曹端:《曹端集》卷五，王秉伦点校，北京：中华书局，2003 年，第 202 页。
② 《曹端集》卷五，第 188 页。

完一次冠礼就万事大吉——在每月初一的时候，各乡要将新加冠的人统统召集起来，教导他们成人之道，不可辜负地方有司、长老的期许。至于冠礼上酬谢宾客的礼物，不必拘泥古礼。上户百姓，提供一匹绢；中户，一匹布；下户，一方帕即可。[①]

大江南北，民风各异，接受礼制的程度不尽相同。按明朝初年的礼制，“民间冠、昏（婚）、丧、祭，一依《朱子家礼》”。[②]确实，在一些地区，诸如江苏常熟、江西南安等，尤其是士大夫之家，一度存在为子孙举行冠礼的情况。这些冠礼的举行与其说是对朝廷礼制的遵守，毋宁说是士大夫复古情怀的熏染。[③]在举行冠礼的过程中，地方上也不可避免地发生简化。以江西南安府崇义县为例，当地的冠礼早就省去设位、戒宾、择赞等仪节，甚至都不准备冠服。行礼当天，父兄给当事者带上小帽，然后亲友准备贺礼即可。富裕

① 黄佐：《泰泉乡礼》卷一，清文渊阁《四库全书》影印本第142册，第598页。

② 黄润玉：《（成化）宁波府简要志》卷五，《四库全书存目丛书·史部》第174册，第776页。关于明代礼学对《家礼》的接受与诠释研究可参吴丽娱主编：《礼与中国古代社会（明清卷）》，北京：中国社会科学出版社，2016年，第81—164页。

③ 《（弘治）常熟县志》载：“今邑之士夫爱其子者，多举行冠礼，力不能行者，亦不敢苟，此见礼之感人心而人心犹古也。”〔杨子器、桑瑜：《（弘治）常熟县志》卷三，《四库全书存目丛书·史部》第185册，第150页。〕《（嘉靖）南安府志》载：“凡冠，具古《仪礼》、朱文公《家礼》、丘文庄公《家礼仪节》甚备，南康士庶、大庾大夫士家多习而行，南康行之尤习。上犹近日尚礼，士庶家亦间行之。”〔刘节：《（嘉靖）南安府志》卷十，《天一阁藏明代方志选刊续编》第50册。〕

的家庭则会准备鼓乐，还会摆设宴席。[①]

在冠礼普遍缺略的大背景下，少数地区的士大夫受到复古情怀的驱动能够行礼。在其他地区，即便偶一行之，也疲软无力。因为在士庶看来，比起婚丧二礼，冠礼举行与否无足轻重。以北直隶广平府为例，嘉靖五年（1526）、六年（1527），知府蒋彬刊印《家礼四要》，鼓励人们恢复冠礼。一时间，不少士大夫闻风而动。嘉靖十三年（1534），曲周县训导吴凤仪在县学教导十几名未成年人学习冠礼。这种冠礼参考学宫明伦堂的三加之仪，初加帽子，再加古巾，三加儒巾。只是这些运动式、偶发式的冠礼无法持久，一如史籍所揭，“倡而不和，莫或继之也”。[②]

即便间有举行冠礼的情况，也严重简化。根据《（万历）绍兴府志》的记载，当地男子到了十六岁以上，便会去除垂发总角，在冬至或者正旦的时节，将网巾裹在头上，在跪拜天地、祖宗、尊长之后，便告礼成。[③]礼制让位于风俗，在此处得到了生动的体现。

太祖高皇帝定下的礼制过于理想，曹端等耆儒制作的规矩过于严苛。除却出入中门、取字、饮酒、食肉等诱惑，成人也是成婚的先决条件。未成年人渴求尽快成人，除去幼稚的发饰与服装，获得社会对自己身份的认可。万历时期，作为天下之中的京师顺天府，当地百姓开始将冠礼、婚礼合二为一。嫁娶时，“男家为新妇上髻，

① 刘节：《（嘉靖）南安府志》卷十，《天一阁藏明代方志选刊续编》第50册。

② 陈棐：《（嘉靖）广平府志》卷十六，《天一阁藏明代方志选刊》第5册。

③ 萧良干、张元忭等：《（万历）绍兴府志》卷十二，《四库全书存目丛书·史部》第200册，第559页。

女家为新婿冠巾”，[1]继而举行婚礼。冠礼、婚礼两不耽误，这种变通在很大程度上顺应了适婚男女的渴求。

建国之初，朱元璋雄心勃勃地重制礼乐。在元朝统治下，收继婚比较盛行，兄收弟妻、子纳父妾等乱伦行为从此遭到涤除。为了重建婚礼，朱元璋下令儒臣从《仪礼》《朱子家礼》中寻求依据，企图建立明王朝与前元迥异的婚礼系统。不难看出，这种努力的背后也彰显出明廷建立本朝官民文化认同的志趣。

洪武元年（1368）十二月，也就是朝廷厘定庶民冠礼的次月，朱元璋就民间百姓该如何举行婚礼发出指导意见：民间男子十六岁、女子十四岁即可嫁娶。考虑到虚岁的流行，男女的真实婚龄可能不到十五岁、十三岁，大致相当于今日中国初中生的年纪。结婚当天，朝廷特别开恩，允许新郎穿九品官服。根据洪武末年文武官员的公服定制，九品官服为绿色的袍子、黑色的幞头、乌角的腰带以及平日里庶民禁穿的靴子。[2]新娘一般头戴花钗，身穿大袖。[3]红花还需绿叶衬，男绿女红的衣着搭配相得益彰，这也成为明代婚礼的一大特色。

洪武初年为庶人定制的婚礼较为复杂，包括通媒、纳采、纳成

① 沈应文、张元芳：《（万历）顺天府志》卷一，《四库全书存目丛书·史部》第208册，第22页。

② 《明史》卷六十七《舆服志三》，第1636页。史载：“（洪武）二十五年，以民间违禁，靴巧裁花样，嵌以金线蓝条，诏礼部严禁庶人不许穿靴，止许穿皮札𩊶，惟北方苦寒，许用牛皮直缝靴。”（《明史》卷六十七《舆服志三》，第1650页。）

③ 《明史》卷五十五《礼志九》，第1403页。

（征）、请期、亲迎、见祖祢、见舅姑、婿往见妇之父母等等。这套礼仪几乎是一千八百多年前《仪礼·士昏礼》的翻版。比如在纳采的时候，媒人还要说："吾子有惠，贶室于某。某亲某有先人之礼，使某请纳采。"[①] 此类文绉绉的措辞虽然合乎古礼，但是违拗百姓的日常语言习惯，方枘圆凿，很难飞入寻常百姓家。

明廷规定了男女的适婚年纪，对结婚时间付之阙如。根据地方志的材料，诸如《（嘉靖）曲沃县志》[②]、《（嘉靖）河间府志》[③] 等，民间嫁娶最重除夕。到了年终，一切农务告一段落，百姓难得安闲。在冬至到来的时候，各家各户祭祀祖先。腊月初八，百姓喝腊八粥，制作腊酒，酿造腊醋。腊月二十四，将家里家外打扫干净，祭祀灶神。除夕那一天终于到来，家家户户贴上门神，挂上桃符，这也是民间嫁娶最吉祥的日子。

另据《明会典》的记载，在校生员遇到结婚、丁忧之类的大事，一定要严格履行请假手续，"许于本监告知，具呈礼部"。[④] 如果存在假托诈冒的行为，就会遭受严惩。关于婚假的天数，《明会典》并未出具。根据明人的文集，生员年近二十岁才可举行冠礼，举行

① 郭正域：《皇明典礼志》卷九，《续修四库全书》第 824 册，第 92 页。

② 《（嘉靖）曲沃县志》载："冬至，祀先，士夫行交贺礼。十二月八日，食腊粥，作腊酒，作腊醋。二十四日暮，以饧饼祀灶神。除夕，换门神桃符，修岁事，陈祭仪，嫁娶。"〔刘鲁生：《（嘉靖）曲沃县志》卷一，《天一阁藏明代方志选刊续编》第 4 册。〕

③ 《（嘉靖）河间府志》载："冬至，隆师逆女，暖炉出猎。十二月八日，食腊粥，作腊酒。二十四日，扫舍祀灶。除夕，易门神桃符，修岁事，陈祀仪，守岁，多嫁娶。"〔樊深：《（嘉靖）河间府志》卷七，《天一阁藏明代方志选刊》第 1 册。〕

④ 《明会典》卷二百二十，第 1093 页。

冠礼之后，才获得成婚的资格，且婚假长达一个月之久。[①]

此外，并不是所有人都可以自由婚配。新皇帝即位时颁行天下的诏书规定："各处军民有为追陪孳畜税粮等项，被官司逼迫，不得已将男女妻妾典卖与人者，诏书至日，官司即与赎还。如男女已成婚配者，不在此例。"[②] 换言之，这种诏令告诉我们，当时由于税务、债务等原因，不乏百姓将家人典卖为奴。新皇帝登极后，为了笼络人心，将这些自卖奴赎回，恢复其自由民的身份。诏书又特别指出，如果男女被卖出后，已经被安排婚姻，便要继续保持奴婢的身份。

为了不得罪地方富豪，新皇帝在登极诏中加以妥协。如果地方势力在嫁娶上存在过当之处，天子本人有时候也会亲自干预。宣德六年（1431）十一月，行在刑部的一份奏疏放到了宣宗皇帝面前。奏疏上提到，南直隶仪真卫千户杨贵强娶所部寡妇为妾，理应治罪，还请陛下裁夺。宣宗皇帝颇为震怒，于理而言，地方官员应该是民之表率，怎么能强迫妇女作为自己的妾室呢？于是，他亲自下令，依律严惩这位军官。[③]

正统五年（1440）正月，工部侍郎郑辰奉命巡抚云南。他发现当地布政使周璟作为封疆大吏，竟然在为妻子服丧期间续弦。朝廷接到奏报后，保留了周璟的冠带，剥夺实权，以儆效尤。不料，心

① 张邦奇提到："生员先前给假，游学远方，送亲之任者，俱限五个月以里。复学过期者，申报查处。年近二十方许冠，未冠不许成婚。遇冠婚时，本生准假一个月。丁忧服阕。"（张邦奇：《环碧堂集》卷十八，《续修四库全书》第1337册，第274页。）

② 《明英宗实录》卷一，宣德十年正月壬午，第17页。

③ 《明宣宗实录》卷八十四，宣德六年十一月乙丑，第1946页。

有不甘的周璟上疏辩解，声称按照我大明律法，“凡居父母及夫丧而身自嫁娶者，杖一百；居祖父母、伯叔父母、姑兄姊丧而嫁娶者，杖八十。无居妻丧嫁娶应罪之条”，[1]请求儒臣集议。接到这封奏疏，英宗皇帝龙颜大怒，一个堂堂的地方布政使公然钻法律空子，要起无赖，如此“干求无耻”，[2]实在罪不可恕。他当即下令巡按御史将其全家老小打回原籍，老实生活，如若再犯，决不轻饶。

杨贵、周璟这类中高级军政长官在嫁娶上因为违背律法、礼制遭到天子严惩，也为民间依礼嫁娶提供了有益的经验教训。彼等僭越干犯，尚且被皇帝问罪，何况我等小民呢?

逮于明中叶，面对民间婚礼凌乱的状况，不乏儒者重拾开国之初太祖高皇帝的抱负，意图重整民风。嘉靖年间，岭南大儒黄佐在撰成的《泰泉乡礼》中就提出诸多规制。他承认时移世易，如今不可能全然恢复六礼的仪节，但行纳采、纳征、请期、亲迎四礼即可。在他看来，民间百姓如果男女在十六岁、十四岁之前提前结婚的是“先时”，二十五岁、二十岁以上还未结婚的则是“过时”。“先时”和“过时”都不符合阴阳交合以保合太和的规律。[3]故此，各地学校的教官一定要及时通告，提请民众不要早婚、晚婚。

在纳采方面，他提倡按照地方习俗，随用酒牲、果品，还可以用当地百姓酷爱食用的槟榔。他还留意到近来纳采、纳征不用银两，改送细茶一盒，茶盒中放置钗物，尤为简便，可以通行。针对岭南

① 《明英宗实录》卷六十三，正统五年正月戊辰，第1213页。
② 《明英宗实录》卷六十三，正统五年正月戊辰，第1213页。
③ 黄佐：《泰泉乡礼》卷一，清文渊阁《四库全书》影印本第142册，第598页。

地区水陆兼通的特点，他倡议，陆上迎亲不许用鼓吹杂剧，也不可用蒲灯、花筒、爆仗等物品，水路迎亲如果用装彩大船、铜鼓仪仗等物，一律严惩不贷。

新兴的风俗有的简便易行，可以通用；有的违背礼制，应予涤除。比如，黄佐就注意到，根据本地习俗，迎亲之前，男方家会让新郎坐在尊席，接受父老的庆贺，名为“渐老宴”。女方家也会摆设宴席，请来亲戚朋友一起欢唱乡间民谣，名为“歌堂”。在黄佐看来，这些风俗于礼不合，需要革除。

不少百姓会在女儿出嫁当天，盛大其事。黄佐指出，女方家所用嫁妆“上户通计所费银不过三十两，资装器物之费半之；中户所费不过二十两，资装器物之费半之；下户所费不过十两，资装器物之费半之”。[①] 置办嫁妆要量力而行，绝对不可僭用珠冠、命服以及金银器皿，否则予以法律制裁。成婚之后，男女双方都要谢媒，打发媒人的礼金，上户、中户、下户分别为一两、五钱、一钱，不必铺张。

明廷制定了庶人婚礼的规则，在实际效果上却大打折扣。部分地区的儒者（如曹端、黄佐等）发动若干振兴古礼的运动，影响力却很难波及其他地区。根据现存的地方志材料，我们对明代中国北部、东南部、南部地区的婚礼、婚俗可以管窥一二。即便这些记载相当有限，也可以帮助我们对寻常百姓的婚礼形成一定程度的认知。

---

① 黄佐：《泰泉乡礼》卷一，清文渊阁《四库全书》影印本第142册，第599页。

在北部中国，以京师顺天府为例，如前文所揭，对不少百姓而言，冠婚二礼已经合二为一。很多人家都是在结婚前，男方派人为新妇上髻，女方派人为新郎冠巾。合婚时，除了留下礼物之外，还要奉茶，行小茶礼、大茶礼。婚前一日，新郎要到新娘家去，这一次不是迎亲，而是提醒新娘家做好各方面的准备，称为“催妆”。等到新娘跨入新郎家的大门时，新郎要把马鞍放在地上，新娘大步跨过去，称为“平安”。等到新娘进入新房，司仪的阴阳家们开始歌唱催妆诗，[①] 并抛洒干果，加以祝福，称为“撒帐”。女方家还会送来饮食供馈，名目繁杂，比如“做三朝”“做单九”“做双九”等。[②]

北直隶地区的广平府（今河北永年）也有自己的婚俗。男方请媒人说媒，首先要许亲，其次行定礼，然后下财筵会。婚前，女方家要把嫁妆送过去，叫作“铺房”。新郎迎亲前，男方也要派人抬着礼物到女方家宣告迎亲日期，称为“通报”。亲迎的当天，新郎要带着同宗的妇女充当“娶女客”。这些“娶女客”的任务就是到新娘家为新娘举行成人礼，换上成人的服饰。迎亲时，新郎穿着官服骑马在前，新娘乘坐轿子紧随在后。成亲后的第三天，新娘要祭拜神主，然后拜见公公婆婆。稍后，新郎还要陪着新娘回门，去看

① 催妆诗都是在洞房花烛夜由众人吟唱。范允临就为内弟赋了一首催妆诗，让我们有机会领略当时的欢快情形：“上苑名花本一枝，分栽芳草谢家池。春来燕子衔泥去，并垒雕梁语似篪。”（范允临：《输寥馆集》卷一，《四库禁毁书丛刊·集部》第101册，第228页。）

② 沈应文、张元芳：《（万历）顺天府志》卷一，《四库全书存目丛书·史部》第208册，第22页。

望女方父母。[1]

亲迎是六礼或者四礼中必不可少的一道仪节，在部分地区，这道仪节却已被省略。比如在河南许州，当地百姓嫁娶时，问名之后，商定结婚日期，和其他许多地区一样，除夕是最为吉利的日子。在婚礼期间，也存在互相算计彩礼、嫁妆的情况。这些人被称为"鄙细之徒"，却也屡禁不止。当地结婚，新郎不用亲迎新娘，"然亲迎之礼，近一二士夫行之，乡人亦颇效焉"。[2]经过少数士大夫的提倡，也有民间百姓跟风。至于多少人坚持亲迎，我们不得而知。

东南地区，以浙江绍兴为例，当地婚礼习俗自成一统。民间嫁娶非常看重门第，聘请的媒人也尽可能是地方名流。媒人接到男方的请求，一路逶迤，到女方家提亲。如果女方综合考量男方的人品、职业、学识和家庭背景等因素之后表示满意，就会留下媒人饮酒，称为"许亲酒"。如果不同意，媒人就不会得到款待，宣告提亲失败。有的女方家庭表示同意，却不便摆酒招待媒人，还有一种低调的表达方式，那就是拿出一块银牌，上面有预先写好的"允许"二字，交给媒人带回。媒人领到牌子后心领神会，兴高采烈地赶回男方家中报喜。过了几天，女方家会派人到男方家赠送礼物，包括猪肉、鹅肉、茶叶、点心之类。收到女方家的礼物后，男方家如释重负，然后赶忙准备礼物，挑选吉日到女方家行纳币之礼。迎亲时，男方家会准备乐队，浩浩荡荡地迎娶新娘。在此过程中，也有踏藁、牵红等仪节，表达对婚姻的祝福。与北方地区成婚三日后才拜见公婆

① 陈棐：《（嘉靖）广平府志》卷十六，《天一阁藏明代方志选刊》第 5 册。
② 张良知：《（嘉靖）许州志》卷七，《天一阁藏明代方志选刊》第 47 册。

不同，绍兴当地的婚礼，新娘当天就要拜见公婆，并一一参见家众。[①]

南部地区，像江西、福建等地的婚礼、婚俗也各不相同。江西地区以南安府为例，当地百姓在子女还是幼童的时候，家长就定下了婚约。男女双方互送庚帖，还用金钏、银钏、果饼和鼓乐，尽管金银器是朝廷明令禁止庶民使用的。孩子长大后，男方家要用金银首饰、罗缎衣服、猪羊、果饼、牲酒等下聘礼，在鼓乐的伴随下，抵达女方家中。女方家接到聘礼后，也要准备金银器、果饼等作为答礼。婚礼当天，一大清早，女方家就要派人，在鼓乐的配合下，把正式的嫁妆送到男方家中。当天傍晚，新郎在行过奠雁礼之后，正式迎亲。按照当地礼俗，酒食宴会自然不可避免，只是各家根据贫富不同，丰俭各异。[②]

福建号称“八闽大地”，此地婚俗与他地最为明显的区别之一即是把当地特产槟榔带入婚礼之中。以泉州府为例，史称“里闾朋友吉凶庆吊，皆以槟榔为礼”，又称“今宾客相见，必设此为重。俗之婚聘，亦借此以贽焉”。至于当地百姓迷恋槟榔的原因，一种解释即是“槟榔消瘴”，出于促进健康的考虑。[③]

上述地区婚礼婚俗各异，大体均以四礼为蓝本，体现了儒家传统的鲜明特征。有些偏远地区依然保留了上古“蛮俗”的遗痕。比如湖南西北部的慈利县，当地百姓嫁娶根本不在乎资财，婚礼也均

---

① 萧良干、张元忭等：《（万历）绍兴府志》卷十二，《四库全书存目丛书·史部》第 200 册，第 559 页。

② 刘节：《（嘉靖）南安府志》卷十，《天一阁藏明代方志选刊续编》第 50 册。

③ 陈道、黄仲昭：《（弘治）八闽通志》卷三，《四库全书存目丛书·史部》第 177 册，第 409 页。

不亲迎。由于婚礼过于朴素，加上举办丧礼的时候会用歌鼓，被认为蛮风犹存。[①] 再如云贵两省交界的普安州，当地百姓延续传统，累世为婚，保持婚礼上的封闭性。结婚当天，新娘见到公婆也不会跪拜，而是用木器端着盥洗的水站在一旁侍候。公婆给新媳妇进酒，新媳妇会直接站着喝掉。到了嘉靖时期，当地人沾染华夏礼俗，才出现改变，所谓“稍变其陋而近于礼”。[②]

考虑到地方志的编纂者多半是儒家信徒，故而难免以“儒家中心主义”来看待边陲的习俗。实则，正是这些所谓的“蛮风”“蛮俗”彰显出儒家礼仪最原始的淳朴。后世的儒者，因为礼仪的不断丰富与变迁，反而把简单化、淳朴化的表现形式当成异类。

明后期的著名诗人刘荣嗣作过一组题为《新婚别》的诗，其中一首道出了婚里婚外的愁怨：

> 红鸾偏值闷因缘，妆罢凄然减翠钿。
> 近日新生千种恨，当时不省十分怜。[③]

婚姻乃儿女终身大事，人不能免。对明代百姓来说，出于各种原因，几家欢喜几家愁，很多人连婚后“新生千种恨”的机会都没有。无论国家力量是强是弱，民间总是不乏穷困百姓。很多少男少女到了适婚年龄，尽管心中怀揣各种美好，却根本无力完婚。他们的困惑很容易被各种军国大事的光芒遮蔽，却又是真实不虚的存在。

---

① 陈光前：《（万历）慈利县志》卷六，《天一阁藏明代方志选刊》第59册。

② 高廷愉：《（嘉靖）普安州志》卷一，《天一阁藏明代方志选刊》第67册。

③ 刘荣嗣：《新婚别（其五）》，《简斋先生集诗选》卷十，《四库禁毁书丛刊·集部》第46册，第619页。

嘉靖时期，刘鲁生在编纂《曲沃县志》的时候，就对山西一地的风俗进行总结。当地风俗有三利三弊，三利即为克勤克俭、朴实向善以及男子重积蓄、女子能纺织，三弊则为婚姻论财、健讼信巫以及嫁女追陪过侈。三弊当中，两种都和婚姻有关。[①]女方家嫁女儿很看重男方家的彩礼够不够丰厚，在嫁妆上也争相攀比。如此一来，难免造成旷夫怨女的数量居高不下。

像上文提到的江西南安府，其下辖的四县（大庾、南康、上犹、崇义）[②]当中，大庾县重阀阅，讲究门当户对，至于家庭贫富、彩礼多少、嫁妆厚薄等，并不在意。其他三个县，对这些条件则“屑屑相较”。上犹县尤为恶劣，在婚礼上，如果财产问题没有商议妥当，哪怕临近婚期，也会“忿争悔退”。[③]儿女的婚姻大事在斤斤计较的父母长辈那里成了发财的机会，婚姻本身还没正式开始就成为一场闹剧。

值得注意的是，因为彩礼问题导致儿女退婚悲剧的绝非江西一地。汪天锡是浙江杭州府仁和县的教谕，他奉命撰写《官箴集要》一书，供浙江地区的官僚学习为官之道。在此书中，他一针见血地指出：

> 男女定婚，多因男家贫乏、礼物不足，经年不得完聚，致女子失行而有退婚之耻。[④]

① 刘鲁生：《（嘉靖）曲沃县志》卷一，《天一阁藏明代方志选刊续编》第 4 册。

② 据《明史》卷四十三《地理志四》，第 1066—1067 页。

③ 刘节：《（嘉靖）南安府志》卷十，《天一阁藏明代方志选刊续编》第 50 册。

④ 汪天锡：《官箴集要》卷上，《官箴书集成》第 1 册，合肥：黄山书社，1997 年，第 270 页。

理想与现实之间的距离似近实远，男子愿娶、女子愿嫁并不足以成就一桩美满的姻缘。为了迎娶新娘，男方家还必须攒够彩礼的费用。否则，女子要么改嫁，要么无限期拖延下去。

无论大江南北，财产匮乏频频成为时人不能完婚的拦路虎。我们不禁要问，对明代百姓而言，结婚到底要花费多少？

万历时期，吕坤先后官任山东参政、山西按察使、陕西右布政使，对地方民政事务极为熟稔。根据他的说法，十两银子足够寻常人家婚礼之用。对于特别贫困的百姓，如果有人能捐献出二三两白银帮助完婚，是可以记录为“大善”的美德，一两则为中善，五钱以下为小善。[①]另据黄佐的记载，岭南地区的婚礼花费比北方地区稍高一些，男方家纳征“上户通计所费银不过十五两，中户所费不过十两，下户所费不过五两”。[②]

一方面，男方家因为准备不了高价彩礼酿成无法完婚的悲剧；另一方面，女方家因为准备不了丰厚的嫁妆，也为婚礼蒙上一层厚重的阴霾。针对普遍流行的争财风气，特别是新娘在过门后因为嫁妆不厚惨遭欺凌的恶俗，吕坤在《实政录》一书中不无愤怒地写道：

> 男婚女嫁，本为长子生孙，岂以贪财求富？女子出门，须要费用，女家争财，虽非礼义，然《大明会典》尚有“多不过十两”之说。索求赔送，何处明文？近日恶婆贪婿，行礼下财，一切

① 《实政录》载：“救人贫苦，助人婚丧，可值银二三两，为大善。一两以上为中善。五钱以下为小善。”（吕坤：《实政录》卷五，《吕坤全集》中册，第1079页。）

② 黄佐：《泰泉乡礼》卷一，清文渊阁《四库全书》影印本第142册，第598页。

> 都从鄙吝。过门之后，从来定礼、节礼、衣物，既向新妇找寻，嫁妆不厚不多，又将新妇作践。女一过门，岁月追节，日时供馈，稍不遂意，或不许往来，或时常打骂，有致令病死者，有致令自尽者。不思人家养女一场，千辛万苦，替我家生子做活，又着人家赔钱受气，此是良心灭绝之人、廉耻尽丧之物。所以江南溺女，只缘此事伤心。以后女家赔送供给，厚薄有无，各从所便。但有因勒财物致伤人命者，公婆枷拶，遍乡村城市游迎，本夫尽法重究。仍将女家原赔送衣妆首饰，节年供给诸物，尽数还主，虽变卖家产，亦不准饶。[①]

有些男方家“良心灭绝”“廉耻尽丧”，贪婪地索要女方嫁妆。[②]稍不如意，就会虐待新娘，以至于出现新娘嫁过去不久病死、自尽的情况。吕坤还指出，这种恶风恶俗也出现在江南地区。江南地区之所以出现溺杀女婴的悲剧，与他们准备不了日后的嫁妆不无关联。

质言之，缺乏金钱成了平民百姓无法完婚以及诸多悲剧的一大根源。那么，我们不禁好奇，如果对平民百姓来说，凑齐十两白银都异常艰难，那么当时富庶的皇室在婚礼上又花费多少呢？根据《明实录》，弘治年间，孝宗皇帝为皇弟们的大婚准备了价值不菲的礼金，而且成为惯例。

---

① 吕坤：《实政录》卷三，《吕坤全集》中册，第1006—1007页。

② 薄情寡义的夫君形象在明代诗词中并不少见，其中，刘荣嗣的一首《怨词》就把闺怨描述得淋漓尽致：“吐心在君掌，有何不可见。妾持此一心，久已荷君盼。君心不向妾，掌自背君面。在君反掌间，在妾千古怨。”（刘荣嗣：《简斋先生集诗选》卷一，《四库禁毁书丛刊·集部》第46册，第508页。）

弘治四年（1491）三月，赐兴王淮安、仪真盐一万引，以助婚礼之用。①

弘治五年（1492）十月，命以两淮余盐一万引，助岐王婚礼之用。②

弘治六年（1493）八月，赐益王两淮余盐一万引，以助婚礼之费。③

弘治十年（1497）十二月，先是，寿王将婚，命以两淮盐一万引，助婚礼费。至是，婚期已近，而盐价未至，乃命借支太仓银万二千两充之。④

弘治十二年（1499）九月，命鬻两淮余盐一万引，以其价助泾王婚礼之用。⑤

弘治十三年（1500）十月，给两淮余盐一万引，助荣王婚礼之用，从王请也。⑥

弘治十四年（1501）正月，命户部以折粮银一万二千两，助荣王婚礼，准原赐盐引之数。⑦

弘治十四年（1501）八月，命鬻两淮盐一万引，助申王婚礼之费。⑧

① 《明孝宗实录》卷四十九，弘治四年三月壬寅，第997页。
② 《明孝宗实录》卷六十八，弘治五年十月庚戌，第1293页。
③ 《明孝宗实录》卷七十九，弘治六年八月癸亥，第1511页。
④ 《明孝宗实录》卷一百三十二，弘治十年十二月癸酉，第2329页。
⑤ 《明孝宗实录》卷一百五十四，弘治十二年九月癸酉，第2743页。
⑥ 《明孝宗实录》卷一百六十七，弘治十三年十月庚寅，第3031页。
⑦ 《明孝宗实录》卷一百七十，弘治十四年正月戊午，第3081页。
⑧ 《明孝宗实录》卷一百七十八，弘治十四年八月丁未，第3268页。

慷慨大方的弘治皇帝给皇弟们结婚时的礼金照例一万盐引，折合白银一万二千两，相当于寻常人家的1200倍。这仅仅是皇帝本人的贺礼，还不包括诸侯王婚礼本身的花费。

皇室在婚礼上的豪奢逐渐到了令人瞠目结舌的地步。正德元年（1506）八月，即位不久的武宗皇帝大婚，向户部索要白银四十万两，[①]相当于中人之家婚礼经费的4万倍！这笔数额也让当时的官员错愕不已，寻常百姓更加无从知晓。

当武宗的圣旨发布后，兵科给事中王翊表示抗议。他认为，皇帝结婚，凡服饰、器用、宴飨、赏赉等项目加起来数万两白银足够使用，何必四十万哉？

户部也指出，目前我们的太仓银仅有四十三万两，本部现存的不过八万多两。如今，就是把这八万多两全部上缴，也远不够四十万两的额度。星变可畏，民穷可悯，北虏寇边……哪一项都要调拨白银，如果突发急用，而我户部无银可支，后果不堪设想。还请陛下三思缓行，等到后续银两进库，我们户部再把可以征集的二十万两太仓银悉数转入内库。

与此同时，给事中杨一瑛、监察御史赵佑等人也纷纷进谏。杨一瑛以为，祖宗时，太仓银常有数百万之众，而今国家各项支出浩大，边储空虚，无力填补，还请陛下少加裁节，社稷幸甚。赵佑直言，陛下大婚，索要四十万两，以肆无厌之求。如果激起民变，赶上外敌入侵、饥馑相仍，势必耗损国脉，后患无穷。还请陛下收回成命！

尽管反对的意见此起彼伏，武宗皇帝却不为所动。他的执拗也

① 《明武宗实录》卷十六，正德元年八月庚戌，第482页。

为后面的皇室树立了糟糕的榜样。神宗皇帝大婚即便从简，也耗费十多万两白银，而皇太子的婚礼花费二十多万两，福王大婚又耗费三十万两。皇室在婚礼上的铺张浪费也引发士人的不满：

> 夫民之穷日甚一日，而用之费亦日甚一日，公私安得不困乎？①

从穷苦百姓的五钱、一两，到中民的十两，继而富民的数十百两，继而勋贵的成千上万两，最后是皇室的十万两、四十万两，②婚礼费用的悬殊暴露了明代社会阶层的森严壁垒，不同的人们生活在完全不同的世界之中。明朝的国家和社会看上去从不缺乏歌舞升平的景象，繁华的背后却也伴随着穷困小民在成人以后望婚兴叹的呻吟。

除了贫困之外，困扰民众正常嫁娶的还有各种不良风气。永乐年间，黄宗载官至湖广按察佥事。到武陵考察工作时，他发现一个

---

① 谢肇淛：《五杂组》卷十五，傅成校点，《明代笔记小说大观》第2册，上海：上海古籍出版社，2005年，第1817页。

② 皇室耗费巨大又远非婚礼一项。根据沈德符的回忆，万历年间，京师正阳门箭楼遭到大火焚毁，需要重修。太监会同工部官员对此做出财政预算，开口便是十三万两白银。时任营缮司郎中的张嘉言反驳道："此楼在民间当费三千金，今天家举事，不可同众，宜加倍为六千。"不过耗费三千两的工程，在太监看来，却是中饱私囊的机会，故而漫天要价，翻了四十多倍。张嘉言因言得罪，次年被罢官。等到箭楼竣工，工部实际花费白银约三万两，虽然所费不赀，但是托了张嘉言直言的福分，较十三万两已经节省大半。（参沈德符：《万历野获编》卷五，上海：上海古籍出版社，2005年，第2059—2060页。）反观皇室婚礼，数万两白银足够使用，一旦经由太监和不良官吏之手，预算便翻了十几倍。正阳门箭楼的修复与此如出一辙。

非常奇怪的现象：按照我大明礼制，男子十五岁、女子十三岁就应婚配，二十岁以上已经算晚婚；可是，武陵男女很多人到了三十岁甚至四十岁都不结婚。

问询长老之后，黄宗载才明白事情的缘由。原来，武陵地区很多百姓并非朝廷编订的民户，而是戎籍。这些军户世代相承为军队效力，轻则徭役繁重，重则殒命疆场。因此，对民户来说，保险起见，最好不要与军户通婚。问题在于，当地民户有限，于是便造成大龄单身青年激增的社会问题。了解到情况后，黄宗载“谕之以理，一时成婚者三百余家，旁县闻风而成者不可枚举”。[①] 对黄宗载劝说的具体内容我们不得而知，他的思想工作显然发挥了作用，扭转了当地的风气，使武陵以及附近地区的大龄男女终于迈入渴慕已久的洞房。

在古代中国，百行孝为先，因此最让人无法容忍的就是发生在服丧期间的婚配行为。宋安是北直隶大名府内黄县的一名小官，在一次上疏中道出民风的恶化：“今各处愚民，有遭父母兄长之丧，殓葬之期，宰牲延款，吊祭姻朋，甚至歌唱以恣欢、乘丧以嫁娶者。伤风败俗，莫此之甚。”[②] 对于宋安提到的民间“乘丧嫁娶”现象，我们推测，除了当事人道德败坏之外，还可能另有原因，比如民生艰苦，百姓获得嫁娶的机会并不容易。如果一定要服满三年丧期，夜长梦多，则存在嫁娶变卦的风险。

“乘丧嫁娶”的行为应该限于局部，并非全国性的问题。全国性的问题除了民众婚礼乏资外，还有一部分富裕起来的民众开始逾

① 《明英宗实录》卷一百十八，正统九年七月丁丑，第 2393 页。
② 《明英宗实录》卷九十六，正统七年九月乙亥，第 1931 页。

越礼制，在婚礼上大操大办。嘉靖十八年（1539），与王阳明齐名的著名儒者湛若水时任南京兵部尚书。针对近来南部中国的风气，他上疏指出要申明礼制以驯民俗：

> 我朝品官、士民自有礼仪定式，而冠、婚、丧、祭悉从《文公家礼》。今习俗相踵，奢僭逾分，宜申明遵守，必烦简得宜，士民两便。①

无论朝廷在婚礼上颁布如何整齐划一的指导意见，下贯到民间，随着时间的推移，总会存在各式各样的风俗样貌。湛若水等人的奏疏虽然申明问题所在，但是效果拘囿于一时一地，难以推广开来。

对多数民众而言，婚礼本来是皆大欢喜的事情；对有些民众而言，婚礼却将他们卷入诉讼的旋涡之中。在明代中国，江西人好打官司的名声远播在外，地方志上也说当地百姓“健讼”。其中，九江府的德安县、瑞昌县、湖口县等，因为彩礼、嫁妆的事情陷入诉讼的百姓不在少数。有的百姓为了逃避给女儿准备嫁妆的高额费用，干脆不生女儿，比如彭泽县“婚姻论财，多不育女”。② 这种陋俗可能助长了溺杀女婴情况的发生。

客观而言，因为婚礼导致诉讼的事情并非江西独有，在山东、山西、陕西等北部地区也并不少见。仕宦经验丰富的吕坤熟知民间婚礼利弊。他多次强调，民间婚礼，除富贵人家外，“多不过十两，少不过三两”。③ 一旦遇到婚姻官司，基本上都和财产有关。这时，

① 《明世宗实录》卷二百三十一，嘉靖十八年十一月己亥，第 4755 页。

② 冯曾、李汛：《（嘉靖）九江府志》卷二，《天一阁藏明代方志选刊》第 36 册。

③ 吕坤：《实政录》卷五，《吕坤全集》中册，第 1077 页。

当地官员应当审问媒人，弄清男女双方当时商定的彩礼、嫁妆等到底有多少。如果有人嫌贫爱富，临婚前因为男方无法凑够彩礼便将女儿别嫁，一定要严加审明。为此，他还制定了《告婚姻状式》，供各府、州、县官员参考：

> 某府某县人为婚姻事，某年月日，同媒某人，将第几男某人，用财礼或聘礼若干，定某人第几女小名为妻，一向未曾行礼/行礼几次，某月日不行知会，用某人、某人为媒，改定与某人为妻，未曾/已经成婚，上告。①

告状成立的条件是明媒正娶，如果是指腹为婚、割襟换帽以及收继婚等，不予受理。吕坤发现，尽管建国以来，朝廷三令五申，可是民众无知，屡屡干犯。百姓还把兄长收继弟妻、弟弟收继兄嫂的举动美其名曰“就和”，父母双亲亲自主婚，亲戚邻里也纷纷过来道喜。实则，按照大明律法，收继婚者最高可以判处死刑。因此，作为地方首长，他告诫各府、州、县官员，民众可以愚昧无知，官员必须尽到时常提醒的义务，不要忘记自身普法的职责。如果发现辖区内存在收继婚的情况，愚民愚妇自行离异，就免于追究。此时，千万不要听信小人谗言，兴起大狱，搞得百姓家破人亡。②吕坤的谆谆告诫既凸显出他宅心仁厚的从政品格，也折射出中央法律在地方的实际执行过程中存在巨大的弹性空间。

万历后期，陕西巡抚佘自强对吕坤的建议深表赞同。他在《治谱》一书中，就婚礼方面的诉讼提出了若干处理意见。假如发生吕坤提

① 吕坤：《实政录》卷六，《吕坤全集》中册，第1109页。

② 吕坤：《实政录》卷六，《吕坤全集》中册，第1099页。

到的将女儿别嫁的案例，如果还未过门，证据确凿，就应该判给前夫。如果这个女子已经过门给他人，所谓“落花覆水，自是弃物”，让女方家长加倍偿还前夫家的彩礼便是。如果出现恶性犯罪行为，比如他人将此女先奸后娶，或者本来有妻子却购买他人之妻为妾（一如《红楼梦》中恶霸薛蟠购买冯渊之妻香菱为婢，后来纳为小妾，还纵使家奴打死冯渊），另作刑事重案处理。[①] 佘自强提到的另作处理，是否也是葫芦僧式的判案，未见下文。

因为害怕承担高额嫁妆而溺死女婴的行为，也并非个例。除了吕坤提到的北方地区、江南之地，岭南地区也不能例外。岭南大儒黄佐在编订《泰泉乡礼》时就提到：

> 凡生女多惧贫难嫁，自行淹溺。访出，将父母送官，惩治如律。近闻有等村民自杀其女，以免费奁饰。此风渐不可长，教读及约正、约副宜早谕之。[②]

受此影响，我们不难推知，明代中国的男女比例必然存在失衡。可惜，史籍有限，我们看不到相关数据。考虑到王公贵族、地方豪强可以妻妾成群，又不乏贫苦人家将女儿典卖为奴以及各地公开流行的娼妓行业，种种因素导致寻常人家的适婚男子在娶妻的道路上愈发艰难。

总之，成人以后，民间穷苦百姓的最大忧虑即是没钱操办婚礼。对男方而言，准备不了一定数额的彩礼则无法迎娶新娘；对女方而

① 佘自强：《治谱》卷四，《官箴书集成》第 2 册，合肥：黄山书社，1997 年，第 123 页。

② 黄佐：《泰泉乡礼》卷一，清文渊阁《四库全书》影印本第 142 册，第 600 页。

言，如果嫁妆不厚，即便嫁过去，也可能面临夫家的虐待。如果运气好的话，遇到乐善好施的缙绅先生以及清正廉明的地方官员，他们的婚姻也许会迎来浪漫美好的曙光。如果运气不好的话，有的男丁茕茕孑立，孤苦到老；有的女婴活不到睁眼看世界，便成为水下的孤魂野鬼。至于声称对民间疾苦负责的朝廷，天子王侯自身的婚礼庆典都掏空了国库，哪还有心思顾及千千万万的单身小民呢？

第二节　身后事

人固有一死，死亡究竟意味着什么？

对明王朝而言，皇帝即位不久，就派人营建千秋万岁之后的陵墓，劳民伤财，难以劝止。在不少士大夫眼中，死亡的忧愁不可中绝。[①] 其中也不乏铮铮铁骨，把死亡看作重振朝纲的手段，一种并世无双的荣誉。万历五年（1577）十月二十日，刑部员外郎艾穆联合刑部主事沈思孝，在一封奏疏中向神宗皇帝慷慨激昂地表示：

> 臣非不知陛下雷霆之威不可测也，顾思平生所学何事，而又爱君忧国，天植其性。与其徒泣无益，不若昧死进言。即进言以死，而万古之纲常或赖以明，则臣虽死犹生也。于是，二臣不敢爱其死，洒血为陛下言之。[②]

① 嘉靖时期，著名诗人、时任工部尚书的刘麟在一首诗中写道："死去真无事，生来又苦忙。短发淹湖郡，伤心问溧阳。萍水梦初觉，匏瓜意不忘。社空梁月在，愁思满沧浪。"（刘麟：《清惠集》卷一，清文渊阁《四库全书》影印本第1264册，第327页。）

② 艾穆、沈思孝：《俯容辅臣奔丧守制以植万古纲常疏》，参吴亮：《万历疏钞》卷五，《续修四库全书》第468册，第295页。

我们不知道接到满篇“死”字奏疏的神宗皇帝作何感想，至少艾穆等人在上疏之前已经鼓足了向死而生的勇气。

对寻常百姓而言，死亡没有那么多豪奢与激昂。根据冯梦龙的小说，普通百姓普遍相信，死后还存在另一个世界。这个世界和人间大同小异，人间由皇帝主管，而阴间则由阎王主管。所以，《警世通言》中会有“死去到阎王面前高声叫屈”[①]“死去阴司告状理会”[②]“善去阴司，好归地府”[③]诸如此类的描述。人们不甘寂寞，渴望沟通，所以在亲人死后，活着的人想方设法通过丧礼、祭礼等手段架起一座桥梁，试图为两岸的人打通交流的渠道。纷纷扰扰之间，也由此牵出各种是非曲直。

建国之初，朱元璋登上南京城楼，送目远眺，面对刚打下的江山踌躇满志。城里城外南来北往的商旅百姓络绎不绝，昭示出南京城逐渐从战乱之中恢复生机的气象。

就在这时，一股浊臭飘来，引发朱元璋一行的嫌恶。原来，城中有人遇到丧事，按照以往的习俗，正在搭建好的木柴堆上焚烧尸体。看到朱元璋脸色突变，周围的文臣武将都紧张起来。随侍的学士陶安进言，准备打破这种尴尬的局面：

> 古有掩骼埋胔之令，推恩及于枯骨。近世狃于胡俗，或焚

① 冯梦龙：《警世通言》卷十八《老门生三世报恩》，北京：人民文学出版社，1990年，第258页。

② 冯梦龙：《警世通言》卷三十六《皂角林大王假形》，第575页。

③ 冯梦龙：《警世通言》卷三十六《皂角林大王假形》，第575页。

之而投骨于水，孝子慈孙，于心何忍？伤恩败俗，莫此为甚！[①]

听到陶学士的解释，朱元璋紧皱的眉头才有所宽舒。起兵以来，尸骸遍野。他虽然嫌恶焚烧尸体的恶臭，却也明白黎民百姓不得已而为之的苦衷。他随即下令，四处征伐的军队凡是遇到田野中暴露的尸骨，务必及时掩埋。洪武三年（1370），他还特别下令，让浙江等地停止水葬、火葬。如果百姓无力安葬，则由当地官府营造义冢，统一掩埋。百姓如果继续火化尸体，将坐以重罪。[②]

朱元璋说到做到。在此后修订颁行的《大明律》中，条文明确规定：

（1）凡有丧之家，必须依礼安葬。若惑于风水及托故停柩在家经年暴露不葬者，杖八十。

（2）其从尊长遗言，将尸烧化及弃置水中者，杖一百；卑幼并减二等。若亡殁远方，子孙不能归葬而烧化者，听从其便。

（3）其居丧之家，修斋设醮，若男女溷杂饮酒食肉者，家长杖八十。僧道同罪，还俗。[③]

不出意外，朱元璋的这套变革获得了人们的拥戴，也赢得后人的赞誉："我圣祖可谓体天地之仁矣。"[④]后人的吹嘘并不能遮掩

① 黄瑜：《双槐岁钞》卷一，第14页。关于明初对丧葬礼俗的重新规范可参张佳：《新天下之化：明初礼俗改革研究》，上海：复旦大学出版社，2014年，第148—162页。

② 黄瑜：《双槐岁钞》卷一，第14页。

③ 《大明律·礼律》"丧葬"条，《皇明制书》，第929页。

④ 黄瑜：《双槐岁钞》卷一，第14页。

当时的实情。洪武十八年（1385）三月，礼部主事陈章应提到了民间在冠、婚、丧、祭上的种种失礼行为。他指出洪武初年的丧礼定制乃至法律条文并没有引起人们的足够重视，以至于百姓听从浮屠、风水之家的劝说，而非热心准备衣衾、棺椁等器物。至于儒式祭礼，按照陈章应的说法，“虽衣冠士族，亦莫之行”。[①] 士大夫尚且不能带头执行祭礼，更难以指望寻常人家遵行。看来太祖高皇帝的“天地之仁”并没有泽被人间。

永乐元年（1403），为了笼络人心，朝廷发布一份长长的免税清单，其中包括婚丧时节亲友赠送的礼物。[②] 由此反推，开国以来，明廷似乎从未放松对婚丧礼物的课税。为了彰显遵守太祖遗制，也为了推行教化，永乐皇帝还一度下令，让地方官员会同提学宪臣监督、巡视各地对《朱子家礼》的遵行情况。如果有人违制，严惩不贷。

礼制难，难于上青天。随着时光的奔逝，太祖、太宗的禁令驯至后世更难发挥约束力。弘治十四年（1501），礼科给事中倪议提到，民众在婚丧上存在奢侈、僭越两大问题，甚至庶民的礼仪拟同王公，倡优的庆典赛过勋戚。[③] 出于维护法律尊严以及警戒百姓的目的，朝廷同意倪议的主张，让在京在外官员，把官民在丧葬等问题上奢侈、僭越的器物一律没收，并对当事人治以重罪。丧礼奢僭

---

① 《明太祖实录》卷一百七十二，洪武十八年三月壬戌，第 2624 页。

② 史载：“永乐元年，令凡军民之家嫁娶丧祭时节追送礼物，染练自织布帛及买已税之物，或船只车辆运自己货物，并农用之器，各处小民挑担菜蔬，各处溪河小民货卖杂鱼，民间家园池塘采用杂果非兴贩者，及民间常用竹木、蒲草器物，并常用杂物、铜锡器物，日用食物，俱免税。”（张学颜：《万历会计录》卷四十三，《续修四库全书》第 833 册，第 172 页。）

③ 《明孝宗实录》卷一百七十七，弘治十四年闰七月庚寅，第 3251 页。

的问题在嘉靖十八年（1539）[①]、嘉靖二十四年（1545）[②]、万历四年（1576）[③]等时刻又被官员陆续提出，请求朝廷重申禁令，严行申饬，不许靡僭。朝廷希望通过礼制的提倡和禁令的发布，引导富人以礼自持而非僭越，贫民也能遵礼安分而非荒废。

即便改良风俗的纯正动机跃然纸上，但并非每一次朝臣的奏议都会获得明廷的允许。嘉靖九年（1530）七月，针对近来皇帝迷恋斋醮等非礼行为，兵部主事赵时春上疏提出抗议，其中一条即为："正治教。请复古冠、婚、丧、祭之礼，绝醮祭祷祀之术。凡佛老之徒，敢有假称符录（箓）、依托经忏、幻化黄白、飞升遐景以干冒宠禄者，即赐谴斥。"[④]为此，他遭到世宗皇帝的怒斥，说他沽名钓誉，以卖忠直。最后，被谴斥的不是帮助皇帝斋醮的佛老之徒，而是赵时春本人——他被锦衣卫抓捕，严刑拷讯。[⑤]

一般而言，朝廷尊奉的丧祭制度应当是祖宗以来积极提倡的《仪礼》《朱子家礼》等儒式礼制。可是，当皇帝本人崇信佛道时，

---

① 《明会典》载："嘉靖十八年，题准士庶丧礼，各称家之有无以为厚薄，时忌、致祭亦随所有，以伸追慕，不以富侈，不以贫废。巨家大族能遵礼以为细民之倡者，有司量加劝励。"（《明会典》卷一百，第558页。）

② 嘉靖二十四年（1545）闰正月，诏中外严禁奢靡。先是，礼科给事中查秉彝上言："顷岁以来，风俗浸侈，都城为极。职官则舆马无制，贵戚则第宅服用无章，士庶则冠、婚、丧、祭、宴会之礼逾式，家蓄技巧之工，市列慢藏之贿，转相慕效，渐以成俗……"礼部覆如议。上是其言，命中外严为之禁。（参《明世宗实录》卷二百九十五，嘉靖二十四年闰正月己丑，第5643—5644页。）

③ 万历四年（1576）六月，吏科右给事中李盛春条议五事："近来婚丧宴饮，服舍器用，僭拟达礼，法制罔遵，上下无辨，必严行申饬，不许仍前靡僭。"（参《明神宗实录》卷五十一，万历四年六月辛卯，第1196页。）

④ 《明世宗实录》卷一百十五，嘉靖九年七月戊子，第2721—2722页。

⑤ 《明世宗实录》卷一百十五，嘉靖九年七月戊子，第2722页。

朝廷在重振民间丧礼制度以及执行《大明律》中的丧葬条例等问题上就严重缺乏动力。

失之东隅，收之桑榆。中央朝廷在申禁丧礼问题上疲软之后，地方政府反而获得了更大的自由空间。对儒家官僚吕坤而言，面对民间在丧礼、祭礼上甚嚣尘上的种种陋习，他不会坐视不管。

针对目前的风俗，他指出问题集中在两点：其一为厚葬，其二为作乐。以棺材为例，且不论棺材本身的价格，仅仅是棺材的外罩就花费白银数两。另外，还有各种各样的纸扎塑像，动辄摆满大街小巷，与其说是为死者送殡，毋宁说是生人在炫耀家财。办丧礼的时候，百姓还搭台唱戏，搭棚宴客。出殡的时候，各种绫帛梭帕的装饰随风飘扬，光彩夺目。家中父母去世本是孝子人生中极其哀恸的时刻，当下的习俗却强迫孝子跟随大家一同饮酒作乐。为此，他义愤填膺地指出：

> 其葬日吃酒，葬地为欢，此与夷狄何异？①

他决定，从今以后，所辖地区的百姓举办丧礼时，只能用纸作棺罩，严禁摆酒唱戏。否则，就将当事人逮捕，并且按照《大明律》中的“不孝罪”重责。

至于埋葬之后的祭礼，随用祭品按照大祭、中祭、小祭，杂用猪羊、果盘、稻米、酒等，不得僭越。丧葬随礼也应量力而行，多不过五钱银子，其次三钱、二钱，再次一钱，乃至五分、三分均可。对于那些让人眼花缭乱的盘花果罩、飞走像生、绫罗幡盖、金缎铭

① 吕坤：《实政录》卷三，《吕坤全集》中册，第1003页。

旌、扎塑人物、妆演队戏等一律禁止。如有违犯，罚谷五十石输边。[1]

无论是中央朝廷自太祖、成祖、孝宗以来接连不绝的禁令，还是吕坤等地方官员颁布的新规，平民百姓在丧葬上的奢侈、僭越等行为总是如秋风落叶，随扫随落。此中因素千头万绪，既有孝悌传统的负面作用，过度强调“百行孝为先”势必引发厚葬的不良风气，[2]也有爱慕虚荣的人性作怪，富民愿意拿出钱财大办丧礼彰显自己的孝顺与气派，贫民哪怕借贷也要为父母风光大葬，换取邻人的尊重以及内心的安稳，还有崇信佛老的皇帝以及士大夫的影响——皇帝本人和王公贵族都没有严格遵奉儒礼，为何还强迫我们小民践行呢？

明政府在对待恢复儒式丧礼的问题上很难保持一贯的热情，朝廷的关注热点不断被其他军政要事牵动。因此，让普通民众严格按照朝廷礼制举行丧葬愈发困难。和太祖高皇帝一样颁布新的指导诏令固然容易——比如弘治十七年（1504），孝宗皇帝令各府、州、县建立社学，十五岁以下的民间幼童要送去读书，讲习冠、婚、丧、祭之礼[3]——只是这种诏令在多大程度上得到遵循，前景不容乐观。

对开国皇帝朱元璋而言，儒式丧礼对证明新政权的合礼性与合法性大有裨益。改天换地之际，元代的胡风胡俗必须被革除。为了表明拥护新政权的立场，不少地方的官民也会趁着刚建国的热情积

① 吕坤：《实政录》卷三，《吕坤全集》中册，第1003页。

② 明末，左懋第指出厚葬的一则理念：“君子不俭其亲，古人言之矣。”（左懋第：《左忠贞公剩稿》卷二，《四库未收书辑刊》第6辑第26册，第680页。）

③ 王圻：《续文献通考》卷六十，北京：现代出版社，1986年，第909页。

极落实朝廷颁发的诏令。到了明中叶，政权的合礼性与合法性问题早就获得解决。禁令松动之后，继续遵行儒家丧礼的百姓数量也会随之减少。

至于丧礼的两大问题——奢僭与作乐，其中奢僭问题并非明朝独有，作乐问题也非一朝一夕形成。儒家丧礼、祭礼充满繁文缛节，禁止人们聚众宴饮、听戏作乐，早就遭到挑战。依据常识判断，普通民众可能偏爱聚众作乐的礼仪，还是肃若冰霜的礼仪呢?

儒家礼仪虽然注意到与时俱进的重要性，“礼，时为大”，可惜这种措辞并没有为儒者充分重视。《朱子家礼》的出台看上去为士庶提供了行礼的新范本，可是在佛道势力畅行的时代背景下对儒家“一边倒”的态度很难为多数民众所认可。不然，何至于民间丧礼做佛事的情况层出不穷?不可否认，儒家的礼仪制度在中国历史的长河中存在很多演变，这些演变程度却不足以使儒家真正“兼收并蓄”。比起宽容和兼收，儒家礼制不时散发出顽固的保守气息以及本能一般的复古倾向，且在历朝历代不乏温和或者激进的信徒。

从操作层面上讲，某一地区的百姓是否按照礼制规定小殓、大殓、出殡，是否延请僧人做佛事或者邀请亲友前来赴宴看戏，不足以惊动中央政府。与国家的边防、税收、官员任用以及各地旱涝灾害等问题相比，民间丧礼问题渺不足道。取得朝廷关注的可能性微乎其微之后，地方上的官员、士绅等群体便发挥出举足轻重的力量。

嘉靖时期，樊深为北直隶河间府撰写地方志时指出：

> 夫细民不能为礼，而亦不能有害于礼。害礼者，士人也。

古人有言曰："民俗观士风。"其亦有见耶！[①]

如其所言，地方上的士人才是为礼、害礼的主体。民间丧礼儒化也好，佛化也好，多元化也好，离不开士人的带动。要求平民百姓按照《仪礼》《朱子家礼》之类的文献举办丧礼，无疑过于苛求。于是乎，转变民风的重任责无旁贷地落在士人肩上。

大体言之，京畿、中原地区的风俗相对合乎礼制，而边陲地区的丧祭风俗享受更多的自由，也呈现出不同的丧祭景象。

北部中国，以北直隶广平府为例，在祭礼方面，当地百姓已经约定俗成。父母死后，在寒食节那天，百姓要到墓地上添加新土，挂上楮钱。七月十五中元节，民众会奉上麻谷之类的祭品。十月初一，要送寒衣，家众到墓地祭祀。遇到亲人的生辰、忌日，家人也会去扫墓。士大夫之家还在坚守礼仪，一般在祠堂祭祀。如果没有祠堂，就会在正寝摆放用木椟装起来的神主，按照亲疏远近交错陈列。[②]北直隶河间府的士大夫在丧礼上也有仿照《朱子家礼》的情况，普通民众比起礼制，更关心的事情是请阴阳家看风水，尽快找到一处下葬宝地。同时，他们照例还会延请僧人做佛事。祭礼方面，有条件的士大夫都在家庙行礼。[③]庶民则自由散漫，以墓祭为主。

南直隶地区，富于儒学修养的士人对地方风俗的影响力非同凡响。比如王阳明的弟子黄绍文在安徽广德州仕宦，感叹于"人性之

① 樊深：《（嘉靖）河间府志》卷十，《天一阁藏明代方志选刊》第1册。
② 陈棐：《（嘉靖）广平府志》卷十六，《天一阁藏明代方志选刊》第5册。
③ 樊深：《（嘉靖）河间府志》卷九，《天一阁藏明代方志选刊》第1册。

善无不可教，患上之未有以倡之耳”，[①] 着重推行对民众的礼仪教化。广东左布政使陈选在提学南京时，痛感士风浮华，要求在校生员从小学习冠、婚、丧、祭之礼，然后讲论切磋，最终改变了当地风气。[②]

中原地区，明初理学名家曹端在《家规辑略》中强调子孙后代应当严守礼制。比如，到祠堂祭祖的时候，必须正衣冠，列祖列宗宛在眼前。祭祀过程中，不得对话，不得快走，更不准嬉笑。[③] 在这种严苛的儒家礼制教训下，佛教、道教以及市侩的风气几乎没有渗入的可能。

飘风不终朝，骤雨不终日。到了万历时期，中原地区的丧礼早已面目全非。在一些儒者的教化下，又逐渐刮起了复礼之风。比如河南中部开封府鄢陵县，有一位名叫夏瑭的儒者。他从小就有志于圣贤之学，立身高卓，非义不取，在当地有强大的感召力。居丧时，他弃绝民间流行的佛事，一遵古制，丧礼操办让士人和百姓都充满了敬意。由于他的身体力行和弟子的尊奉，当地民众受其影响，开始复行儒式丧礼。[④]

与夏瑭的事例相仿，万历时期，湖广按察司佥事陈吾德立身谨严。他对族人和当地百姓屡施恩惠，威望素孚。根据他的提倡，冠、婚、丧、祭都循古礼，婚礼不用鼓乐，丧礼也不用酒肉，祭祀的时

---

① 黄绍文对冠、婚、丧、祭有充分的认识：“冠笄之礼所以重男女之始也，婚娶之礼所以谨夫妇之交也，丧祭之礼所以爱亲敬长也，雅仪所以正家也，乡约所以睦乡也，皆仁之推也。”〔参黄绍文：《（嘉靖）广德州志》卷十。〕

② 《明武宗实录》卷一百三十七，正德十一年五月庚子，第2708—2709页。

③ 《曹端集》卷五，第182页。

④ 曹金：《（万历）开封府志》卷十八，《四库全书存目丛书补编》第76册，第709页。

候都在家庙，[1]成为践行儒家礼仪的典范。这些士大夫之家经过儒家经典的教诲，也会把推广礼仪教化当成自己的责任。早在嘉靖时期，陈洪谟编纂《常德府志》的时候，就高兴地提到，近来士大夫之家举行丧祭的时候往往依照《朱子家礼》，而非杂用佛老。以陈洪谟本人为例，他们家族就在祠堂祭祀，引起当地士人的跟风。在楚人“信鬼好巫”的大背景下，还能恢复儒礼，这正是“正风俗”的良效。[2]

岭南地区，从大儒黄佐《泰泉乡礼》一书中，我们也能看到当地丧葬的礼俗。根据黄氏的建议，士大夫之家要以身作则。居丧要以哀戚为主，严禁匿丧成婚。对于远道而来的吊丧宾客，素食招待即可，禁用酒肉。民间百姓如果大摆宴席，深为害义，应当逮捕问罪。丧礼不得用乐，送殡时鼓吹、杂剧、纸幡、纸鬼等物一律禁止。居丧期间，能够洁身自好，严格遵守儒礼规则，比如坚持素食，直到禫祭除丧之后才吃干肉、喝醴酒，这种人应予旌奖。对于停柩逾年不葬以及盲目听从风水师的建议乱葬的，严加戒谕，违者罪之。

致奠的花费要量力而行，“上户用猪羊各一，所费银不过三两。中户用猪一，所费银不过二两。下户用五牲[3]，所费不过一两”。[4]如果有百姓僭用牛、马祭祀，严惩不贷。下葬时，要用薄棺。对于

---

① 叶春及：《湖广按察司佥事陈公吾德行状》，参焦竑：《国朝献征录》卷八十八，《续修四库全书》第530册，第63页。

② 陈洪谟：《（嘉靖）常德府志》卷一，《天一阁藏明代方志选刊》第56册。

③ 五牲指祭祀用的牛、羊、猪、犬、鸡五种动物。下户百姓条件有限，丧祭时只能用鸡犬之类。

④ 黄佐：《泰泉乡礼》卷一，清文渊阁《四库全书》影印本第142册，第600页。

无力操办葬礼的，当地约正、约副会同乡老出钱埋葬，不得暴露尸骨。黄佐还特别提到，禁止火化：

> 凡火化者，忍心害理，宜送官严惩，子孙依律死罪，工人各行重治。[①]

黄氏制定的规矩明显超出朝廷的礼法一等，在丧葬上的种种戒律折射出恢复古礼的壮志雄心。实则，依照《大明律》，“其从尊长遗言，将尸烧化及弃置水中者，杖一百”，而非直接判处死刑。

一百杖刑也好，死罪也好，我们不禁疑惑，既然有这种严苛的规定，为什么民间还在前赴后继地焚烧尸体？其中缘由，黄佐等人并未予以解读。我们推断，除了佛教的影响以及各地的风俗因素之外，比起准备棺椁等丧葬物品，火化是处理尸体最简单易行的方法。这种客观上的简便迎合了众多贫苦百姓的诉求，火化虽然不合儒礼，但是此举使他们不至于因为置办丧葬贫上加贫。

至于祭祀，按照黄佐的设想，士大夫和上户要遵照《朱子家礼》在祠堂祭祀，中户、下户百姓在正寝设立神主祭祀即可。但凡祖先忌日，子孙也要致祭。祭祀父母、祖父母时，人们要穿上素服，不得饮酒食肉，还要专门住到斋所，严禁夫妇同房。祭祀曾祖父母等关系较为疏远的亲属时，不必穿上纯白色的孝服，颜色浅淡的衣服即可。[②]他还鼓励有条件的家庭在祭祀完毕之后，把胙肉分发给乡老。

---

① 黄佐：《泰泉乡礼》卷一，清文渊阁《四库全书》影印本第142册，第601页。

② 黄佐：《泰泉乡礼》卷一，清文渊阁《四库全书》影印本第142册，第601页。

岭南地区僻处一隅，但是自宋元以来，在礼制建设上灿然可观，有些地区甚至不逊于京师、中原。比如广东潮州府，自明朝建立起来，文运弘开，士民深受理学思想的浸染，风俗丕变。在冠、婚、丧、祭方面多用《朱子家礼》，赢得了“海滨邹鲁”的美誉。[①]

哪怕在云南边陲，由于地方官员的提倡，当地风俗也受到儒礼的洗涤。来自浙江钱塘的陈善在云南做布政使的时候留心文教，他一言一行均以礼法自居，冠、婚、丧、祭不同流俗，父母忌日则缟衣疏食。他治家有方，器具朴陋，不爱华饰。每天清早，他都会整饬冠服端坐庭中，让儿子、儿媳等家众一一行礼。[②]

地方上士大夫的作为旨在重振儒礼的尊严，消除流行的丧礼乱象。在著名学者丘濬眼中，如今丧葬的问题集中于“礼—分—财”三者之间的关系上：

> 臣按，丧葬之具固有礼，亦有分。分虽得为而礼不可为，固不可为。礼虽可为而分不得为，亦不可为。反而求之吾家，礼可以为而分又得为，而吾财力足以称之而不为，是俭其亲也。礼可以为，而分亦得为，而吾之财力不足以为之，而必假借于人，勉强以徇俗好，甚至有所待而久不举，以暴露其亲，则是徇外以忘亲也，亦岂得为孝哉？[③]

丧葬的内在问题在礼与分，外在问题在个人财力。礼与分是当

---

① 郭春震：《（嘉靖）潮州府志》卷八。

② 许孚远：《云南布政使陈公善神道碑》，参焦竑：《国朝献征录》卷一百二，《续修四库全书》第531册，第10页。

③ 丘濬：《大学衍义补》卷五十一，清文渊阁《四库全书》影印本第712册，第610页。

事人以合适的身份表达对亡者敬意的基础，而财力直接决定了丧葬的外在表现形式。只要能守住礼与分，百姓根据个人贫富量力而行即可。如果富人在丧礼上不招摇、不炫耀，穷人在丧礼上不借贷、不攀比，丧葬的问题无疑会大大减少。

朝廷的礼制禁令叠床架屋，无助于从根本上改变民间丧葬的乱象。那么，在丘濬看来，理想的丧葬应该是怎样的呢？作为一种可能的解决途径，他寄希望于民间的缙绅先生发挥守望相助的优良传统，多行善事，通过实际行动而非说教改良风气。丘濬提到一位学拙先生，此人名叫萧旺。萧旺小的时候跟从一位乡儒——黄东野读书。后来黄东野进入暮年，贫病交加，也没有子嗣。萧旺便主动承担赡养责任，供给黄东野日常饮食。在黄氏过世后，一应敛袭殡葬之具，他都依礼准备。不仅如此，作为昔日的弟子，他还为黄东野尽了最后的礼仪——服心丧三年。[①]

国家的力量看似强大，其实又十分有限，即便有惠民利民的光芒，也很难照射到两京十三省难以计数的角落，这就需要地方社会力量的介入。像萧旺这种善人，遇到邻居徐家遭到瘟疫，死亡十几口。有一位祖母幸存下来，四处寻找亲戚乞求收留。这些亲人害怕被传染，置之不理。萧旺抽出时间，早晚都去看望徐家老婆婆，并提供饮食。在她死后，萧旺又当仁不让地操办丧事。[②]

对明朝百姓而言，他们从不缺乏来自士大夫阶层对自己丧葬悖

① 丘濬：《学拙先生传》，《重编琼台稿》卷二十，清文渊阁《四库全书》影印本第 1248 册，第 410 页。

② 丘濬：《学拙先生传》，《重编琼台稿》卷二十，清文渊阁《四库全书》影印本第 1248 册，第 410 页。

礼的批评。事实上，不少士人对庶民的轻视乃至鄙夷也从未中绝。可是，百姓们真正需要的是符合自身真实情况的礼仪，而非恪守几百年前宋朝某位大儒定下的规矩。纸上的规矩哪怕无比正确，风气的迁移却从未稍息。寻常人家对《朱子家礼》究竟了解多少，我们无从得知。遇到丧事时，之前在乡里的观礼经验以及亲族的建议才是主宰丧礼形式的决定因素。有鉴于此，各地区之间的丧礼差异自然无足深怪，也无足为奇。

公元16世纪后期，世宗、神宗皇帝的怠政和稗政日甚一日。面临日益加重的赋税以及旱涝不绝的天气，寻常百姓的生活更加艰难。一位来自浙江诸暨的官员骆问礼，先后在南京、湖广等地为官。和此时明王朝的多数正直官员一样，他仕途不顺。[①] 根据他的观察，这一时期的民间丧礼乱象丛生，终成无可奈何之事。

士大夫逐渐丧失了曹端、黄佐等人恢弘儒家礼制的锐气，而且自顾不暇。在南部中国，不乏百姓迷信黑白无常这种阴曹使者。亲人死后，无常会到人间接引亡魂。为此，百姓要准备酒食、焚烧纸钱礼送他们，名曰“烧无常纸”。举办丧事的时候，僧人要叩钟击磬，术士要书写符咒。更有甚者，在父母将要离世时，有的百姓不是预备后事，而是赶快为儿女定下亲事，名曰“借亲”。骆问礼认为这是一种不孝的行为，“置括发之戚而修结发之好，此夷狄禽兽所不忍为而世俗乐为之。虽诗礼之家亦相率而行，恬然不为怪”。[②] 至于百姓“借亲”的缘由，骆问礼沉浸于批评，却未深究。百姓想

① 《明史》卷二百十五《骆问礼传》，第5680—5682页。

② 骆问礼：《续羊枣集·附下》，《续修四库全书》第1127册，第384页。

要借结亲的喜气冲散亲人离世的哀愁抑或冲掉秽气使亲人身体好转，还是纯粹担忧三年之丧将会推延儿女的婚姻大事，确切原因，我们无法得知。在骆问礼看来，百姓也许有不得已的苦衷，可是对真正的孝子而言，服丧三年应如白驹过隙一般短暂，为什么不能依礼遵行，反而汲汲于谈婚论嫁？

骆问礼还发现一件非常可笑的事情，那就是流行的买水浴尸的习俗。父母死后，儿女要尽快浴尸，浴尸之水到井边汲取。阴阳两隔，此时的井水非比寻常。因此，孝子汲水之后要留下纸钱，算作买水的费用。

对江南地区尤其是浙江的百姓而言，棺木以川木（即香柏木，一种名贵木材，产于西南四川、云南等地，故名“川木”）为上。因此，但凡中人之家，都要千方百计购买从四川等地采运的木料。骆问礼认为，按照古训，“居山不以鱼鳖为礼，居川不以鹿豕为礼”，为什么浙江人就不能用浙江本地的木料呢？这应当是奸商刁民煽动的结果，真正睿智的人应该不会拘泥于购买川木。

和其他地区一样，浙江一带的百姓同样流行在丧礼上举办宴席，用酒食款待吊丧的宾客。为了准备酒食，贫困人家甚至不惜借贷。本应是悲哀沉重的丧礼，结果却处处洋溢着喧闹乃至喜庆的氛围。为什么就不能用素食代替呢？更让人啼笑皆非的是，丧礼用酒肉宴宾，在棺材中又放置了桃枝、糯米、蒸粽等物品，实在是不经之甚。

不知是从何时开始流行的规矩，父母去世后，家众要等到第四天才能穿上丧服。如此一来，前三天宾客吊唁时，主事人家都像囚徒一样，蓬头垢面地接待，既不尊重宾客，也是不孝之举。民众无知，还出现争抢孝帛的行为。孝帛本来用于制作丧服，供亲属穿戴。

远近亲属根据身份不同本可以自制，结果都推给了主事人家。迫于流俗，主事人家要为前来吊唁的宾客分发孝帛。由于分发的孝帛长短不一，故而滋生了民众之间的争闹。①

按照儒家礼制，丧礼的神主均用木主。如今，浙江地区却流行在灵柩前悬挂真容画像。男女大妨，素为古今所重。如果是母亲死去，却请来画师仔细观察遗体创作画像，尤为不雅。画像创作后，要悬挂在正堂，凝视前来吊唁的宾客，让人毛骨悚然，手足无措。这种习俗为什么不予以革除呢？

先儒早就指出，丧礼不能做佛事，做佛事无益于死者。然而，平民百姓却并没有悬崖勒马。在他们看来，延请僧人做佛事是必不可少的环节。如若不然，父母的亡魂就会永远羁留在地狱，受尽劫难。如果父母亡魂不安，也会骚扰到生人，让人苦不堪言。

对于民众用鼓乐办丧礼的弊病，先儒早有批评。除此之外，下葬时，浙江民众还制作开路大神和蓬头仙童，以及众多男女纸塑，甚至还堆出金山、银山之类的形状，违背儒家礼制。② 下葬后的第三日，浙江百姓还要到墓地上祭拜，名为“覆山”。这一点，不仅

---

① 骆问礼：《续羊枣集·附下》，《续修四库全书》第1127册，第385页。争抢孝帛的事情不独发生在浙江等东南地区。根据明朝末年左懋第的记载，山东等北部中国地区也出现类似的恶劣行径。主事人家为吊丧者准备的丧布叫作破孝布，一般有四五尺。百姓贪图小利，因为分破孝布迭起争执。比如，有的人应领四尺，却领了三尺半，便大喊不公，有的人则冒领孝布，甚至重复领取。故此，左懋第建议，从今以后，富裕人家才需为应服丧服之人准备孝帽孝布，其余吊唁来宾不应当穿丧服的一概不予。贫困人家不用准备破孝布，吊唁宾客必须自备。如果过于贫困，无法准备孝布，当地士人应当发挥“凡民有丧，匍匐救之”的优良传统，互相帮助。（参左懋第：《左忠贞公剩稿》卷二，《四库未收书辑刊》第6辑第26册，第681页。）

② 骆问礼：《续羊枣集·附下》，《续修四库全书》第1127册，第387页。

流行于浙江等东南地区，就连京师也同样如此，京师民众不过变换名称，不叫“覆山”，而叫“暖墓”。[1]

有的民众顺利下葬，有的民众则坚持久殡。之所以长时间不安葬父母，按照百姓的说辞，是没有寻觅到风水宝地。于是，一日找不到风水宝地，父母的尸骨就一日不能入土为安。有人甚至等到自己都死了，父母的棺材还放在家中。对于这种执拗的行为，骆问礼也疑惑不解：如果父母魂魄有灵，知道自己在漫长的岁月中都不得安葬，难道不会怨恨吗？难道不会变成厉鬼惩罚子孙吗？

依照儒礼，服丧期内，子孙不得参加娱乐活动。但根据骆问礼的观察，民众换下丧服去赴宴的行为屡见不鲜。宴席上，这些人把酒临风，好不快活，完全忘记自己服丧者的身份。这真的让人十分汗颜！除了易服赴宴，有的百姓不满三年丧期，就急着脱下丧服，穿上彩衣，饮酒作乐。靡不有初，鲜克有终！有些人在为妻子服丧时，甚至前妻还没下葬，后妻就已进门。[2]难道这些人就如此控制不住自己的情欲冲动，将礼法都抛诸脑后了吗？

有明一代，丧礼、祭礼经历了激烈的变革，从中央朝廷到地方士绅都宣称要扭转胡风胡俗，恢复儒家的丧礼文化，为此不惜通过重典的方式规定下来。有的士大夫在此基础上更上层楼，制定严厉的乡约、家规固守儒家的礼制。然而，民间的丧礼习俗并未因此得

① 《（万历）顺天府志》载：“殡三日，具祭墓所，曰暖墓。”〔沈应文、张元芳：《（万历）顺天府志》卷一，《四库全书存目丛书·史部》第208册，第22页。〕

② 骆问礼：《续羊枣集·附下》，《续修四库全书》第1127册，第389页。

到扭转，比如丧礼用乐的行为遍布天下。山东地区风俗朴鲁，却依然“丧礼靡侈，用音乐”[①]。广东地区自隋唐以来就渐染华风，到了明代更是名人辈出，彬彬有礼，埒于中土，依旧无改于“丧礼辄用鼓吹”[②]的事实。

在很多地方志中，编纂者渴望用“一如古礼”或者“一仍《朱子家礼》”之类的表达。可惜事与愿违，果能如此者寥若晨星。即便在若干士大夫的带动下，地方风俗偏向儒家礼制，却很难赓续。在有些人看来，士大夫之家都遵用《朱子家礼》，做佛事的都是无知小民而已。[③]

丘濬在《大学衍义补》一书中试图将丧礼隳坏等问题的原因推诿到佛道二教身上，所谓：

> 盖民之所以贫窘而流于邪淫，其原皆出于婚嫁丧祭之无其制……佛道二教大为斯民之蠹惑，非明古礼以正人心、息邪说，则民财愈匮而民性愈荡矣。[④]

鉴于丘濬作为一代儒宗在明朝的强大号召力，他的说辞影响甚广。这种诿过他人的做法彰显了正统儒者排斥佛道的立场，却在多

① 杜思修、冯惟讷：《（嘉靖）青州府志》卷六，《天一阁藏明代方志选刊》第 41 册。

② 曹志遇：《（万历）高州府志》卷七，《日本藏中国罕见地方志丛刊》，北京：书目文献出版社，1990 年，第 106 页。

③ 《（嘉靖）邓州志》载：“丧礼，士夫家多遵朱文公仪节。用佛事者，编氓而已。”〔潘庭楠：《（嘉靖）邓州志》卷八，《天一阁藏明代方志选刊》第 48 册。〕

④ 丘濬：《大学衍义补》卷八十二，清文渊阁《四库全书》影印本第 712 册，第 929 页。

大程度上能够反映实情？丘濬的说辞逻辑似是而非，民间贫困、风俗败坏源于婚丧失礼，婚丧失礼源于佛道二教害民。我们不禁疑惑，佛道二教果真有导致“民财愈匮而民性愈荡”的魔力吗？实际上，丧礼做佛事的也不乏士大夫之家。

当丧礼饮酒食肉的风气在大江南北大行其道时，士大夫也往往随波逐流。此时，有的僧人反而遵从内心的信仰，严守戒律。比如憨山大师在为云栖大师的圆寂塔撰写的铭文中就提到，云栖大师当年一心向佛，“家戒杀生，祭必素居”。[①] 为丛驱雀，为渊驱鱼，缙绅先生的堕落无疑会将民众推向佛道的影响圈之中。此外，明代百姓穷困的缘由众多：赋税、苛政、天灾、人祸……丘濬他们排斥佛老由其儒家卫道士的立场决定。他们应当比任何人都清楚，即便清除了佛道二教，也远不足以让明代百姓富强起来。何况对佛道抱有好感的，不仅是民众，还有皇帝本人。

对明代的士大夫而言，民间丧礼的奢僭、作乐以及做佛事等都是礼崩乐坏的行为，必须予以革除。然而，与其思考有明一代丧礼乱象无法革除的原因，不如思考——这些丧礼乱象果真如此不堪入目吗？对今天的我们而言，丧礼多元化反倒体现了民众在礼制选择上的自由权利，在某种程度上来说也是进步的体现。为什么达官显贵可以在丧礼上大操大办，民众就必须严守古制？请亲友协助举行丧礼，备酒招待，或者设宴款待前来吊丧的宾客，不也是人之常情吗？

一千多年来，儒家丧礼既不宴饮，也不举乐，本身就阴气沉沉。

---

① 释德清：《云栖莲池宏大师塔铭》，《憨山老人梦游集》卷十四，《续修四库全书》第1377册，第594页。

和尚、道士们在做法事上轻车熟路，为什么不请他们来增加仪式感呢？在鬼神崇拜观念盛行的民间，亡魂总要有人超度，这种需求显然是传统的儒家丧礼无法满足或者不屑满足的。既然儒家自身并没有像宣称的那般与时俱进，又何必咄咄逼人地排斥异己呢？耕地有时尽，人口无情增。火化也许并不像明代统治者和地方士绅眼中的那般十恶不赦，至少可以在人口不断膨胀的大背景下，腾出空地，为人均耕地面积不断缩减的平民百姓提供更多温饱的可能。

第三节　女子的贞节

公元 14 世纪 50 年代，吴国公朱元璋为了扩大地盘，派遣兵马四处征讨。继镇江防御战胜利之后，他命令徐达领兵三万进攻张士诚盘踞的重镇——常州。常州城易守难攻，三万兵马很快耗尽。朱元璋随后增兵三万，命令务必攻克此城。最后，他不得不亲自出马，带着常遇春等将领，会兵十万，对常州发动总攻，最终夺得胜利。[①]

在常州战役中，一位叫作陈存信的丹阳翼千户战死。对见惯了死亡的人们来说，这并不是一件什么了不起的事情。陈存信不过是成百上千名将领中的一员，相比于王师的重大胜利以及徐达、常遇春这些叱咤风云的名将而言，无论在时人还是后人的记忆中，他给人的印象始终是淡薄的。然而，有一个人例外。

作为军人的妻子，程氏清楚自己守寡的可能性远轶常人，只是未曾料到丈夫的死亡来得如此突然。常州战役后，年仅二十七岁的

① 佚名：《秘阁元龟政要》卷一，《四库全书存目丛书·史部》第 13 册，第 223 页。

她孤身一人到战场上四处打听丈夫的尸体。对于一个妇人来说，她一生都无法忘记眼前看到的一切：伏尸遍野，哀嚎漫天，残缺的尸体横七竖八，远方树丛的狼狗三五成群，一片狼藉，人间惨境……多日后，总算从死人堆中找到丈夫的尸体，她压抑已久的情感喷发出来，撕心裂肺的叫声回荡在常州城外的上空。

将尸体运回丹阳之后，程氏依照当地礼俗安葬了丈夫。在此后的岁月里，尽管悲痛欲绝，她却不能沉沦，因为儿子陈寿尚且年幼。对她而言，将丈夫唯一的骨血拉扯成人才是人生中唯一重要的事情。没过多久，官府派人送来朝廷的抚恤金，还有一份委任状。丹阳翼千户陈存信之子陈寿袭封父职，获得江阴卫百户的军衔。接到委任状，年幼的陈寿喜不自胜，跃跃欲试，渴望随时出征，建立自己的军功。亲眼见过战场模样的母亲程氏却根本高兴不起来。

时光飞逝，多年之后，舟山的兰秀山中，一支军队正在有条不紊地通行。在正式接触敌军前，他们遭到山贼的突袭。这支军队很快溃散，指挥官江阴卫百户陈寿当场阵亡。消息抵达丹阳后，程氏浑身无力，瘫倒在地，她觉得自己愧对九泉之下的丈夫，仿佛杀害儿子的不是山贼，而是她本人。东南沿南地区陆续平定，明王朝的统一大业势不可挡，可是陈家就此绝后。①

程氏只是大明王朝统一战争中千千万万军户家庭中的一个写照，和她境遇类似的女性难以计数。在丈夫、儿子相继阵亡之后，她守节不渝。洪武八年（1375），程氏的事迹上达天听，朱元璋颇为震动，特别下令旌表其门，题上“贞节”二字。被旌表的那一年，程

① 《明太祖实录》卷九十九，洪武八年四月乙巳，第1682—1683页。

氏四十六岁。这个年纪在明王朝被旌表的女性群体中，已经非常年轻。

无独有偶，洪武初年也出现了一位文臣家的节妇。鲍尚褧久负盛名，文采斐然，被地方官员举荐到翰林院供职，官运亨通，做到翰林修撰。此后，他被任命为耀州同知，到地方上施展拳脚。履职不到三年，飞来横祸，因为某件事的株连，鲍同知被逮至京，随后身首异处。鲍尚褧的妻子宋礼玉地望安徽歙县。宋家和鲍家都是地方上的名族。丈夫的噩耗传来之后，宋礼玉不顾家人劝阻，带上幼子鲍长安策马直奔京师。经过一番周折，她讨要到丈夫的尸体。

在从南京返回歙县的道路上，一位二十多岁的芳龄女子背着幼儿，牵着马匹，载着丈夫的尸体，一路嚎啕哀泣。沿途的商旅百姓了解到事情的来龙去脉后，莫不哀之。回到家中，她为丈夫举行葬礼，并且服丧三年。刚为丈夫服丧完毕，祸不单行，她的公公婆婆也先后去世。她继续穿上丧服，一边昼夜纺织，一边还要照顾自己的儿子鲍长安和继子鲍相——鲍尚褧和前妻的儿子。

接连几年，宋礼玉经历三次丧亲之痛，命运并没有因此垂怜她。五年后，她的亲生儿子鲍长安也不幸夭折！一次又一次沉痛的打击几乎让宋礼玉陷入彻头彻尾的绝望，宋礼玉却在绝望之山中开凿出一方希望之石。她痛定思痛，把所有的精力都倾注在鲍相的身上，供他吃穿用度，教他为人之道，为他娶妻成家，直到抱上孙子……

在鲍长安夭折后，宋礼玉的父亲曾经前来探视，有意夺志。她清楚父亲的良苦用心，并没有立刻回绝，而是讲了一桩往事。有一天晚上，丈夫鲍尚褧在耀州官府陪自己一同赏月。那一年月亮正圆，丈夫似乎预感到即将发生的不幸。他向自己的妻子半开玩笑地说道：

"如果哪一天我死了，你会改嫁吗？"宋礼玉眼泪扑簌，表明了自己的心志。丈夫将其搂入怀中："此生有你，便无憾了。"[①]听完这个故事，宋礼玉的父亲唏嘘不已，一句话也没有多说，就此返程。

鲍相出人头地后，为了报答恩重如山的继母，专门请来父亲生前的好友唐文凤，为母亲作传。唐文凤义不容辞，并罕见地记录下宋氏的全名——宋礼玉，这也让我们能够了解到六百多年前发生的事情原委。

无论是文臣鲍尚褧，还是武将陈存信，他们本人的声名反倒因为妻子而彰显。宋礼玉和程氏多少也是幸运的，在生前获得"贞节"的殊荣，在死后也为历史铭记。后来的女性承受的苦难并不亚于她们，想要获得"贞节"的旌表却更加困难。

想要获得节妇的旌表需要遵守特定的程序。一般而言，该女子需要在丈夫死后，守节二十年以上且年过五十岁才有资格。五十岁之后，如果该女子口碑尚佳，当地官员向礼部提出申请，礼部接到奏报后，会根据情况派遣御史到当地核查，核查无误后，礼部覆奏天子，获得朝廷正式认可。然后，朝廷会拨款为该女子建立贞节牌坊，并有绢、布、米、肉等赏赐。根据这套程序，在人口众多的明王朝中，符合条件的女性不在少数，最终获得旌表的女子却并不多见。

一位女子即便在丈夫死后含辛茹苦地养育子女成人，并为公公婆婆养老送终，离旌表为节妇的目标依然遥远。还需她的儿子发

① 唐文凤：《鲍节妇传》，参程敏政：《新安文献志》卷九十九，清文渊阁《四库全书》影印本第1376册，第680页。

愤图强，通过科举考试等手段，一举扬名，借此机会实现旌表母亲的目的。比如，万历四十七年（1619），进士施邦耀、阎顾行等人就请求朝廷旌表母亲吴氏、王氏贞节。[①]此外，一些官员根据情况，衡量自己的影响力之后，觉得有希望达到旌表的目的，也会提出申请，比如天启年间，翰林院编修吴孔嘉就为高祖母程氏申请旌表贞节。[②]与官民相比，如果是宗室家庭，女性得到旌表的成功几率则大大提升。万历年间，巡按御史陈王廷就奏请为淮王府永丰王辅国将军翊铉的女儿朱隆姬旌表贞节。[③]

对于失去丈夫的女性而言，她们本身并没有强烈的获得旌表的冲动。而且，她们即使想要按照自己的意志安安静静地守寡，也面临诸多挑战。嘉靖时期，从《明实录》中，我们就频频看到寡妇被欺凌的案例。嘉靖三年（1524），四川都指挥佥事潘武强迫一位寡妇跟从自己，遇到寡妇反抗，便将其打成残废。事发后，朝廷把他革职为民。[④]

嘉靖五年（1526），江西安福县民颜简的妻子伍氏在丈夫死后，誓不再嫁。一位名叫李敦的军人带领同党暴力胁迫，导致伍氏自缢而亡。事发后，李敦被处以死刑。[⑤]根据江西地方官员的说法，李敦等士兵明知违背法律还要强娶伍氏和江西当地的习俗也不无关联。

---

① 《明神宗实录》卷五百八十三，万历四十七年六月庚午，第11102页；《明神宗实录》卷五百八十四，万历四十七年七月乙酉，第11135页。

② 《明熹宗实录》卷六十一，天启五年七月庚午，第2888页。

③ 《明神宗实录》卷五百六十七，万历四十六年三月戊子，第10677—10678页。

④ 《明世宗实录》卷三十九，嘉靖三年五月戊寅，第995页。

⑤ 《明世宗实录》卷六十三，嘉靖五年四月壬戌，第1459—1460页。

江西重男轻女的现象较为严重，男多女少，还存在百姓溺杀女婴的现象。因此，趁着李敦的案件，当地官员请求朝廷严肃纲纪，重惩杀死女婴的民众，改良社会风气。[①]

嘉靖二十九年（1550），长沙卫军刘槐锝的女儿在自杀后被朝廷旌表为“贞烈”。当初，刘氏已经许配给同里人徐良政为妻。可是，益阳富豪蔡崇楷设计将刘氏夺为己有。刘氏不从，选择自尽。事发后，朝廷将蔡崇楷发配戍边。[②]

在明代社会中，女性从小就被灌输顺从的美德。即便在贵族家庭，不少人依然认为，教育女子是一种浪费。不到十四五岁，女子的婚姻便被指定。在夫家，除了伺候丈夫，新媳妇必须对公婆表示十二万分的敬意，这才是她能否取得婚姻幸福的一大关键因素。妻子的地位很难有大的改观，直到她为家庭生育男孩——这是礼制社会赋予一个女子最大的使命。更大的改观在于她本人成了婆婆，“媳妇熬成婆”，实现身份的转换。成为婆婆之后，她会获得儿子、儿媳以及族里后辈的格外尊重，享有更多的自由。实现这些地位的改观同样依赖于丈夫本人的健康状况，如果丈夫英年早逝，家中的平衡就会被完全打破，寡妇就会陷入守节与改嫁的选择困境。刚丧夫时守节的妇女不在少数，但中途改嫁的人也比比皆是。

守节的难度也在挑战一个年轻女子的忍耐度，年复一年，日复一日。俗语云：“寡妇门前是非多。”即便她本人忠贞不渝，社会上那些无赖少年与单身已久的男子总是对丧偶不久的某家娘子垂涎三尺。节妇被侵犯，凶手应当受到惩罚。同理，如果女子有不检点

① 《明世宗实录》卷六十三，嘉靖五年四月壬戌，第1460页。

② 《明世宗实录》卷三百六十，嘉靖二十九年五月丙子，第6436页。

的行为也会受到严惩。根据理学家曹端的建议，如果女子犯了淫狎之罪，应当把她直接关进牛棚、驴房中，享受畜生的待遇，还应给她送去刀子和绳子，让她自己选择死亡的方式。如果得罪了公婆，应该被放绝。当事人需要告祭祠堂，并削去这位女子之名，不许踏入祠堂半步。[①]在某些地方社会，宗族私刑显而易见地凌驾在国家法律之上。

对节妇的旌表一方面改善了她们的生活，对改良社会风气起到了示范效应，另一方面也暴露出中央朝廷和地方政府在社会保障方面的失职。很多妇人坚持守寡的一个理由即是担心公婆无人赡养，说明当地政府在赡养孤寡老人方面并未尽职。

旌表妇女的事情每每花落名族之家，对小民而言，希望渺茫。洪武年间，安徽休宁的地方官员周德成写了一封奏疏，为当地名族八十四岁的吴氏申请旌表。上司何敏中派人核实，继而奏报朝廷。接到奏报后，礼部又请监察御史许公珪下到地方核实，最终在当地树起一座贞节牌坊。[②]扬州府宝应县也有一位被旌表的妇人郑氏，她的祖父是州府同知，伯父做到了南京户部郎中，嫁入的夫家仲氏也是当地名门。[③]

如果是普通百姓，没有显赫的背景和雄厚的财力，获得旌表的并不多见。据《（成化）中都志》，凤阳府临淮县百姓詹奎的妻子

① 《曹端集》卷五，第193—194页。

② 汪睿：《黄仲瑾妻吴氏贞节传》，参程敏政：《新安文献志》卷九十九，清文渊阁《四库全书》影印本第1376册，第679页。

③ 李东阳：《仲节妇传》，《怀麓堂集》卷三十六，清文渊阁《四库全书》影印本第1250册，第388页。

周氏十七岁出嫁，后来守寡。史籍一方面说她“家贫，田地荒芜”，另一方面又说她“抚绥僮仆”。在永乐四年（1406），也就是周氏六十三岁时，被当地知县刘慎上奏旌表。[①] 既然拥有使唤的僮仆，可见詹、周两家并不如官员宣称的那么贫窭。与那些八九十岁才被旌表的节妇相比，六十三岁的周氏无疑年轻许多，她能让地方知县主动上奏旌表，这一点恐怕也并非普通人家力所能及。

很多节妇都是丈夫死后，投入到纺织的小手工业中，借以自存。除了织布之外，有的节妇通过卖药图存。胡士凤是江苏昆山人，世代行医，育有一女。二十一岁的时候，胡氏女嫁给同乡的沈瑞。第二年，就为沈家生了一个女儿。次年，沈瑞突染恶疾，一病不起。夫家本来就很贫困，如今丈夫去世，母女生计更加艰难。人们普遍相信，沈家娘子改嫁是迟早的事情，也劝她赶快自谋生路。虽然生活艰辛，胡氏还是誓不改嫁。她的父亲教会她制作小曲丸等药品，令她卖药为生。女儿刚牙牙学语不久，她就挑选了一位赘婿，这名男孩就是同乡的王珀，此时的王珀才四岁而已。

后来，王珀因为兄长的牵连被逮入京，关押了五年。人们认为，本来就是赘婿，又身陷囹圄，理当改婚。此时，也不乏富家遣人说媒，胡氏不为所动。她又重操旧业，开始卖药。积累了两年，才攒够赎人的费用。王珀出狱后，胡氏又为他延请老师，让他用功读书。王珀长大后当了乡塾教师，和胡氏的女儿生了儿子沈炼选。沈炼选在读书上表现了过人的天赋，最终跻身士流。年过七十，胡氏依然任劳任怨，操持家里家外，成为当地妇女的楷模。

---

① 柳瑛：《（成化）中都志》卷五，《四库全书存目丛书·史部》第176册，第269页。

胡节妇作为底层民众的代表，她的人生故事让顾梦圭等士人心生敬意。因为按照当时的情况：

> 今制，女妇年少守节，至五十以上，诏旌其门闾。然以文檄展转稽核，非其子孙贵盛或饶于赀，鲜能达诸有司，以闻于朝。其终身抱冰蘖之志，而以寒窭见抑，泯灭无闻者多矣。[①]

穷其一生，历经苦难，胡氏都充当着女儿与女婿的守护者，未有丝毫动摇。她没有显赫的子孙为自己申请旌表，也没有充裕的家财打理，更没有与官府的交情，通达朝廷。她一生孤苦，事迹感人，所以民间早就把她视作没有牌坊的节妇。正是出于激励士风、改良民风的考虑，顾梦圭之类的儒者才坚持为她作传，不让她沦为千千万万“泯灭无闻者”的一员。

有明一代，女子的贞节未必一律通过一座高大的牌坊彰显出来。简洁的表达方式即是在该女子家门上题字，隆重的则是立祠。

宪宗成化年间，广东雷州府海康县荇洲里的百姓吴金童和他的妻子庄氏过着柴米油盐的小康生活。好景不长，当地发生猺乱，四处攻掠县城，民众不堪荼毒。炎夏六月，金家人都在为如何避难的事情一筹莫展。此时，新会县的刘铭、梁狗刚好坐船到海康贩卖粮食。吴金童的兄长吴祁看到了机会，便带着弟弟全家坐船随刘铭到新会避难。到了刘铭家中，吴家人感恩戴德，过上了短暂的寄宿生活。

① 顾梦圭：《沈节妇传》，《疣赘续录》卷上，《四库全书存目丛书·集部》第83册，第162页。

在与吴家人打交道的过程中，刘铭注意到吴家娘子庄氏美艳动人，便多次借机挑逗，图谋不轨。庄氏且羞且惧，坚决不从。刘铭便与梁狗商量，如何才能将庄氏占为己有。在他们看来，女人都是水性杨花，之所以不从，还不是害怕丈夫。只要让她丈夫消失，一切也就水到渠成。言罢，便开始密谋策划，不时发出仿佛大功早已告成的狞笑。

转眼就到了九月，海康县的猺乱不见好转。吴祁因为要雇佣工人，远行在外。九月初八，时机到来。刘铭和梁狗以出海捕鱼为名，邀吴金童同行。到了二更天的时候，趁着吴金童还在熟睡，二人持刀乱砍，并将其投尸江中。在行凶过程中，有一位名叫关道安的目击者想要施救，却无力回天。

回到家中，刘铭谎称渔船遇到了罕见的风浪，吴金童坠水溺亡。庄氏自然难以置信，却又无如之何。此时，色心大起的刘铭意图强暴，遭到庄氏的拼死抵抗。十五天过去了，因缘际会，庄氏竟然在刘铭家门口的江边发现了从远方飘来的一具尸体。此人不是别人，正是自己的丈夫吴金童！看到了丈夫的尸体上都是被乱刀砍杀的痕迹，身体还被藤条缠缚，庄氏瞬间明白了一切。作为妇人，兄长吴祁归期杳不可知，无人替自己做主，而近在咫尺的杀人凶手刘铭虎视眈眈，随时可能将自己奸污，孱弱的庄氏陷入了绝望。她回到房中，仔仔细细地梳妆打扮，穿上了鲜艳的红色衣服，抱着三岁的女儿，来到江边。她先把女儿投入江中，然后自己抱着丈夫的尸体，一同沉入江中。

奇异的是，这三具尸体既没有飘向远方，也没有分散开来，反而绕着刘铭江边的房子打转。即便浑身是胆，眼前发生的一切还是让刘铭毛骨悚然。他的邻居李逢春出于好心，买了棺材把吴金童一家三口收敛，准备安葬。刘铭做贼心虚，觉得留下尸体迟早是个祸害。于是乎，在一个月黑风高的夜晚，他带人把三具尸体偷了出来，然后装上船，到大海深处抛尸。

故事本来到此可以结束，毁尸灭迹之后，刘铭等人可以逍遥法外。可是，灵异的事情再度发生。外出的吴祁返回后，在海滨一隅遇到一具男尸，正是自己的弟弟吴金童！一场震动明王朝的官司就此拉开了大幕。

经过一番调查，知情人李启、李蕃及关道安等将事情原委和盘托出，尤其强调了庄氏誓死不从，表现了罕见的贞烈。还有人特地为美丽与贞节并存的庄氏题写了诗词，这些诗词也作为证据被提交到了公堂之上。兹事体大，此案被呈报朝廷，仰听皇帝圣裁。宪宗皇帝发布圣旨，将刘铭、梁狗二人枭首示众，并旌表庄氏。刑部尚书陆瑜认为，义民李逢春收敛三具尸体，应予表彰，还可以在收敛处立石，大书吴金童夫妻姓名，以志永久。这一提议获得了朝廷的许可。

此案影响极大，在旌表贞节、立石纪念的同时，新会官员还在新会城的南门专门为庄氏建了一座贞烈祠，前来进献挽诗的士大夫络绎不绝，看热闹的民众更是将祠堂内外围得水泄不通。甚至到了嘉靖年间，还有地方官员杨表在阜民桥的南边建了一座纪念亭，专门立碑讴歌庄氏的贞烈事迹。①

庄氏的故事本身就如同一出大戏，经过天子的诏令、朝廷的旌

① 欧阳保：《（万历）雷州府志》卷十九，《日本藏中国罕见地方志丛刊》，第424—425页。

表、士大夫的挽诗以及乡民之间的传唱，风云一时。朱国祯在《涌幢小品》中直接将此事命名为“三尸绕门”，[①] 类似的标题放大了灵异色彩，也让更多的民众相信天道好还以及祸福相报的道理，并学习弘扬庄氏的光辉事迹。

有明一朝，庄氏死后的待遇极为罕见。对于受到旌表的一般节妇而言，朝廷未必都能拨出建造贞节牌坊的经费，此时作为折中，便会鼓励民众自行筹款建坊。比如天启年间，御史徐扬先请求旌表母亲杨氏，愿意自费建坊，获得朝廷认可。[②] 万历年间，有人提议，可以提高获得旌表的节妇的待遇，比如每月发放月粮。此举动机可嘉，却遭到大臣反对。福建官员熊尚文认为，我朝对于旌表节妇都是官给银两建造牌坊，每年还会发放粟米、布帛等津贴。如今再发放月粮，试问从何处支用？有的地方挪用将士的月米，难道不担心会扰乱军务吗？还请朝廷以大局为重，从长计议。[③] 从长计议的结果便是不了了之。

明后期，遑论提高节妇待遇，就连保持旌表的常态都成为问题。天启五年（1625），由于皇子出生，熹宗皇帝龙颜大悦，颁布诏书，大赦天下。与以往的诏书略有不同，明廷特别指出：

> 有司若坊价难措，遂使幽芳不扬。今诏书到日，有司务要仰体朝廷德意，遍加咨访。如果事实，即申呈巡按御史勘结奏

① 朱国祯：《涌幢小品》卷二十“三尸绕门”条，上海：上海古籍出版社，2005 年，第 3597 页。

② 《明熹宗实录》卷六十五，天启五年十一月甲戌，第 3093 页。

③ 《明神宗实录》卷四百五十九，万历三十七年六月癸丑，第 8655—8656 页。

> 闻，以凭旌表，敢有稽迟者罪之。其子孙愿捐资立坊，有司给与扁额，听其自便，不许编派扰民。[1]

朝廷已经没有建造牌坊的费用，倒是可以提供一块题有“贞节”字样的牌匾。地方官员发现贞节牌坊的建造经费很难筹措，也存在敷衍了事的情形。更有无良官员假借为节妇建造牌坊的名义，编派扰民。

旌表节妇俨然成为地方官员征税的新名目，而且呈现尾大不掉之势。根据户科给事中薛国观的观察，地方官府大肆征收火耗银，每百两多收二两到五两不等，遇到各种关节，都要用银子打点。就连负责教学的官员也迷心阿堵，中饱私囊，在推举乡贤、节妇、孝子等方面，都做成骗局，以至于斯文扫地。[2]

纵观有明一朝，几乎每个贞节女子的背后都有一段或者接连几段悲情往事。在这些悲情往事中，既有妻子对丈夫的忠贞，也有母亲对儿女的慈爱和儿媳对公婆的孝顺，更重要的是，还挺立起女性自身的尊严。她们意识到，在一个男尊女卑观念主导的社会中，想要获得全社会尤其是士大夫的尊重，她们必须付出艰苦卓绝的努力。到了被旌表的那一天，她不再作为一个人或者一位女性活着，而是像古往今来的“忠臣”一样，化身为一种名为“节妇”的文化符号。漫漫人生路，其中艰辛，如人饮水，冷暖自知。一如某位儒者在讴歌节妇的一首诗中描述的那样：

> 结发事君子，中路逢巇危。夫亡有老母，更遗两月儿。

---

① 《明熹宗实录》卷六十四，天启五年十月庚子，第3034页。

② 《明熹宗实录》卷五十八，天启五年四月壬辰，第2692—2693页。

一死谅非难，二者将待谁。堂中极甘旨，恂独忘其悲。
膝下抚长成，读书游泮池。君看坡上草，秋来被霜欺。
不见松柏树，自耐狂风吹。忠臣与节妇，千古芳名垂。[1]

节妇旌表并非产生于明朝，而是从秦汉以来就形成的国家制度。这种制度是朝廷对守寡女性受苦受难的事后表彰，旨在改良社会风气。然而，除了事后表彰之外，有无更加积极的救助孤寡的举措？改良社会风气就一定要以千千万万的节妇受苦一生为代价吗？当个体的鲜活生命被抽象的文化符号所遮蔽时，当事人饱受贫困折磨与恶霸欺凌的现状，就很难获得解决的先机。面对贫困、无助，人们不仅不会予以同情，还会举出某节妇的光辉事迹反戈一击：某节妇忍得，你就忍不得？长此以往，弱势女性更难发出自己的声音，正如无人关注的野草，一年三百六十日，受尽风刀霜剑的逼迫，默默等待干枯到死的命运。

① 杨廉：《徐节妇诗》，《杨文恪公文集》卷一，《续修四库全书》第1332册，第388页。

第九章　封贡

第一节　到草原封王

> 俺答大喜，屏人语曰："我不为乱，乱由全（指叛逃鞑靼的白莲教头目赵全）等。吾孙降汉，此天遣合华夷之好也。若天子幸封我为王，借威灵长北方诸酋，谁敢不听？誓永守北边，毋敢为患。即不幸死，吾孙当袭封。彼衣食中国，其忍背德乎？"
>
> ——《明穆宗实录》卷五十一

农耕文明与草原文明之间的冲突与和解是中国古代社会进展的一条重要线索。公元14世纪中后期，统一的元帝国土崩瓦解，一个以汉人为主体的明王朝屹立在欧亚大陆的东方。在彼特拉克、薄伽丘等人为西方世界带来文艺复兴曙光的时候，明代中国发动了重制礼乐的国家工程。文明的复兴与礼制的建设离不开相对稳固的国际环境，或者通过征战，或者通过和解。为了牢牢掌握主动权，洪武、永乐以来，明廷通过派遣将领乃至皇帝亲征等手段，不断冲击前元旧部，试图摧毁残元势力。在明王朝的持续打击之下，蒙古各部遭到重创。除了来自南部的冲击外，蒙古内部也四分五裂。各路酋长拥兵自重，成为草原上林立的雄主。

由于北方草原、荒漠等地形的客观限制，明廷意识到，不可能将蒙古各部彻底消灭。于是，对蒙古各部分而治之便成为惯用的手段。退一步而言，只要让蒙古各部不相统属，互相争斗，明廷的北疆压力自然纾解。蒙古各部对明朝的战略意图了然于胸，也在竭力避免内耗，不断积蓄力量，渴望恢复元帝国昔日的荣光。明蒙双方的力量就这样此消彼长，贯穿于公元14世纪到17世纪近三百年的历程当中，对整个东亚地区都造成不容忽视的影响。

蒙古各部确实陷入分裂之中，举其大者便有鞑靼、瓦剌二部，尤以西部的瓦剌最为异军突起。然而，分裂的蒙古并没有给南部的明王朝可趁之机，一如当年燕王朱棣与建文帝的内战以及汉王朱高煦对宣宗的叛乱也没有给蒙古带来可趁之机。真正让蒙古翻身的导火索是中国西南边陲的麓川战役，北军南调直接造成北疆空虚，加上宦官王振对朝纲的紊乱以及年轻皇帝的轻信冒进，终于爆发了震惊天下的“土木之变”。明军数十万精锐宣告覆灭，作为“天下之主”的皇帝也沦为瓦剌首领也先的阶下囚。随后，京师被围，明王朝在东亚诸国心目中的形象一落千丈。

丛林法则屡试不爽，明王朝的腐败气味激发了草原强邻的捕食欲望。对各路捕食者而言，想要安全地从明王朝这个庞然大物上撕下一块肥肉，还必须时刻提防身边的竞争者。瓦剌的辉煌无法持久，很快被鞑靼的光芒掩盖过去。也先杀死鞑靼可汗脱脱不花，自立为汗，其后又为部下阿剌所杀。趁着瓦剌内乱，鞑靼部酋长孛来攻杀阿剌，并将脱脱不花之子麻儿可儿拥立为首领，号称小王子。[①]小王子和孛来后来反目成仇，仇杀不休。小王子死后，鞑靼各部拥立马可古儿吉思为首领，同样号称小王子。各部擅权，不相统一。成化年间，鞑靼各部互相攻杀，孛来弑君，马可古儿吉思殒命。孛来不久也被毛里孩所杀，内乱纷仍。此时的明王朝自顾不暇，无法抓住草原各部内乱的时机发动进攻。恰恰相反，明武宗正德年间，皇帝失德，朝纲不振，国家北疆屡屡被鞑靼各部进犯，全线告警。

多年的战争让鞑靼意识到，只要避开坚城，满足于劫掠，在更多的明军抵达之前，便可全身而退。小王子仅是草原各部名义上的首领，虽然控弦十万，但是并不具备攻陷敌方首都的实力。嘉靖十一年（1532），小王子率领部族向东迁徙，号称土蛮。[②]有些不愿意迁徙的则散落在西方，不间断地对明朝北边进行掠夺。其中，就有小王子的晚辈吉囊、俺答兄弟二人。吉囊分到了富饶的河套地区，地接关中，饱暖之下，不至于有更大的吞噬野心。俺答的封地则在开原、上都地区，土地贫瘠，故而野心勃勃，饥渴难耐。他热衷于对外征战，直到拥兵十万，壮大成为草原上举足轻重的势力。[③]

比起鞑靼屡次进犯的缘由与经过，我们更关心的问题是，农耕文明和草原文明除了战争、和亲之外，是否还有其他手段让双方维系不坠？和之前的攻击者不同，俺答在进攻的同时不断向明朝请求封贡，希望通过象征性的进贡获得封号，从而展开互市。明朝则出于各种考虑屡次驳回。16世纪中后期，围绕着封贡这一主题，明蒙

① 《明史》卷三百二十七《鞑靼传》，第8471页。
② 《明史》卷三百二十七《鞑靼传》，第8478页。
③ 《明史纪事本末》卷六十，第911页。

双方纷挐不休，通向和解的道路上荆棘丛生。

公元1534年六月，边疆传来令人振奋的消息，副总兵梁震等人在偏头关痛击来犯的鞑靼，取得“偏头关大捷”。自二月以来，吉囊、俺答兄弟二人大举入侵，让国家北疆再一次紧张起来。鞑靼人凭借骑兵优势，飘忽不定，让备边的将领一筹莫展。捷报传来后，举朝振奋，嘉靖皇帝亲自下令给镇守的将军赏赐银两。实则，所谓的“偏头关大捷”不过斩首五十三级而已。[1]

尽管明廷在与鞑靼军事抗衡中的劣势一目了然，嘉靖皇帝却视而不见。北虏来犯，何朝蔑有，不过是癣疥之疾，未足深虑。次年（嘉靖十四年，1535）二月，嘉靖下诏建设九庙。嘉靖十五年（1536）十二月，壮美的宗庙在京师拔地而起，[2]象征着国家礼制改革的最新成果。

北边形势严峻，日甚一日。嘉靖十六年（1537）夏秋之交，总督三边都御史刘天和发来急报，吉囊、俺答二人集结十万骑兵压境驻牧，准备进犯。兵部的对策便是令各边守将用火器、强弓画地设伏，严阵以待。[3]明王朝是庞然大物，可是在漫长的北境防线上，无法集中兵力于一处。因此，在防御作战上，很容易顾此失彼。八月，鞑靼四万骑兵进犯大同，副总兵郝镗、中路参将张世忠等人能够调用的兵力不过一万四千人而已。[4]敌众我寡，他们上报朝廷请求速

① 《明世宗实录》卷一百六十四，嘉靖十三年六月戊戌，第3619—3620页。
② 《明史》卷十七《世宗纪一》，第226页。
③ 《明世宗实录》卷二百三，嘉靖十六年八月甲寅，第4250页。
④ 《明世宗实录》卷二百三，嘉靖十六年八月甲戌，第4257—4258页。

派援军。等到从他地抽调的援军抵达之时，鞑靼军队又选择了防守虚弱的其他地方发动进攻。

明廷的防边政策一直处于被动，继河套[①]、贺兰山相继失守以来，北边防线不断南迁。失去了黄河与贺兰山的天然屏障，明廷被动挨打的局面亟待扭转。刘天和认为：

> 新边既筑，旧边不守。红寺堡五百里之地直弃胡中，且使延、宁二镇皆在边外。我退一步，虏侵一步，非所以为国家深长虑也。[②]

为此，他提出一条积极的方案——移筑边墙，反守为攻，步步为营，将国家的北边防线向北推移。接到这封奏疏后，嘉靖皇帝颇为恼怒：移筑边墙只会劳民伤财。尔刘天和作为边疆重臣，不得无事生扰，此次姑且宽恕，下次再犯，严惩不贷！就在驳回刘天和奏疏的三天后，永康大长公主造坟，嘉靖皇帝开恩，直接拨款二万三千一百九十两白银。[③]明廷并非缺乏经费，只是根据自认为的轻重缓急，没有将资金花在增强国家军力这种刀刃之上。

此后数年中，吉囊、俺答兄弟二人像参加比赛一样，轮流进攻明王朝的边境，时时分享作战经验，攀比战利品的多寡。这一时期，明廷也忙碌不停。醉心于礼制改革的嘉靖皇帝制定了明堂大享礼，

---

① 河套地区地理位置极为重要，史称：“河套周围三面阻黄河，土肥饶，可耕桑。密迩陕西榆林堡，东至山西偏头关，西至宁夏镇，东西可二千里；南至边墙，北至黄河，远者八九百里，近者二三百里。”（《明史纪事本末》卷五十八，第887页。）失去河套地区之后，明王朝的边疆防御日益被动。

② 《明世宗实录》卷二百三，嘉靖十六年八月庚申，第4252—4253页。

③ 《明世宗实录》卷二百三，嘉靖十六年八月壬戌，第4254页。

终于给自己的亲生父亲奉上庙号——睿宗，还亲自到湖广承天府（今湖北钟祥）拜谒显陵，表达了拳拳孝心。

就在众人皆醉之际，御史杨爵谏言时政，揭开了国家不堪的一面：

> 今天下大势，如人衰病已极。腹心百骸，莫不受患。即欲拯之，无措手地。方且奔竞成俗，赇赂公行，遇灾变而不忧，非祥瑞而称贺，谗谄面谀，流为欺罔，士风人心，颓坏极矣……臣巡视南城，一月中冻馁死八十人。五城共计，未知有几。孰非陛下赤子，欲延须臾之生而不能。而土木之功，十年未止……[1]

如今天下太平，皇帝是千百年来难得一见的孝子圣君，大学士夏言、礼部尚书严嵩等人纷纷带头庆贺。杨爵竟然敢触怒龙颜，混淆视听。嘉靖皇帝震怒，将其抓到诏狱，严刑拷打，还在朝堂上公然廷杖，以儆效尤。最后，把杨爵贬谪到远在广东的韶州。

当一个国家长时间只允许出现歌颂君主一种声音，拒绝任何批评意见，那么这个国家绝不会处于千古罕见的盛世，而是已经到了生死存亡的关头。

嘉靖二十年（1541）七月，大同阳和塞迎来了一位鞑靼使者——石天爵。石天爵本是中原人，后来被掳至草原，成为俺答等人的心腹。俺答、阿不孩命令石天爵前来的目的即是请求入贡，要求大明开放边境，准许两边军民商贸往来。[2]俺答等人求贡一事在朝廷引发热议。朝臣们最终认定，鞑靼人居心叵测，名为求贡，肯定包

① 《明史》卷二百九《杨爵传》，第5524页。

② 《明世宗实录》卷二百五十一，嘉靖二十年七月丁酉，第5030页。

藏祸心。明廷的回绝让鞑靼恼羞成怒，同年八月，鞑靼的军队进犯山西。

根据巡抚大同右侍郎史道的奏疏，鞑靼各部在山西北部集结，大举进犯。嘉靖皇帝命保定副总兵周彻率所部赴紫荆关、倒马关等处防御，又特别调拨三千名京营兵到前线增援。军情紧急，鞑靼各部像洪水一样淹没了白泉、火烧两道关口，山西各地告警。俺答、阿不孩所部顺利攻下石岭关，径趋太原。吉囊部也攻破平虏卫，率领骑兵七八万人向中原腹地挺进。北直隶、山西、河南等地告急。[①] 几乎半个明帝国都在征调兵马、催交税粮，人心惶惶。

洪水退去之后，次年夏末，吉囊、俺答兄弟二人卷土重来。俺答攻掠大同，直到太原北部。吉囊袭击忻州、代州等地，除了金银钱财和奴隶牛马之外，这一次吉囊还抢夺到诸多妓女。由于纵欲过度，一代猛将没有战死疆场，反而像一头透支的公牛累死在这些女人身上，史载："纵淫乐不休，卒病髓竭死。"[②]

吉囊的意外死亡给俺答提供了一支独大的绝妙时机。他领兵从太原附近开拔，听闻京师戒严，便挥师西进，攻击潞安、平阳、定襄、五台等州县。即便朝廷已经颁布赏格，能够斩杀俺答者赏金千两，不次拔擢，斩杀敌军裨将者赏金三百两，加官三级，地方守将依然作壁上观。只有副总兵张世忠孤军奋战，主动出击。

张世忠，字显甫，祖籍山东日照，出身军人世家。[③] 在国家危难之际，他率领将士千人挺身力战。明军的怯懦让俺答甚至失去了

---

① 《明世宗实录》卷二百五十二，嘉靖二十年八月甲子，第5047—5049页。

② 焦竑：《国朝献征录》卷一百二十，《续修四库全书》第531册，第711页。

③ 过庭训：《本朝分省人物考》卷三，《续修四库全书》第533册，第88页。

战胜的快感，数年来连番征战，他几乎没有遇到一位值得敬佩的将领，故而倍感孤独。看到张世忠率领的这股军队顽强抵抗，俺答终于燃起了兴致，让其他军队停止进攻，亲自带领三千精骑围歼这支劲旅。因为附近驻扎的明军闭营不救，所以战争很快演变成一场屠杀，张世忠将军力竭身亡，全军上下无一人生还。趁着胜利的喜悦，俺答又派遣部队从代州到灵丘、广昌等地到处掠夺。

嘉靖二十一年（1542，壬寅）六、七月间，俺答的攻掠波及十卫、三十八州县，杀戮男女二十多万口，抢夺牛、马、羊、猪二百多万头，焚烧民居八万多处，毁坏良田数十万顷，[①] 史称“壬寅之乱”。

至于“壬寅之乱”的原因，依照明廷一贯的说辞，是鞑靼生性残暴，抢掠成灾。然而，壬寅年的抢掠规模远远超过往年，明廷的解释并不足以说明这种特殊性。根据俺答的说法，此次抢掠其实出于报复性的正义动机。

就像渔翁投下鱼饵之后并不清楚自己会钓到哪一种鱼，鞑靼人多次进犯，也并不清楚究竟能抢到什么战利品。如果能抢到所需的财物、奴隶、布匹、铁器等，自然皆大欢喜。可是，有些物品比如布帛、铁器等很难保证能抢到。加上草原牧民在农业、手工业制造上远逊于中原百姓，因此俺答不断派遣使者求贡，开放边境，允许鞑靼人用马匹等换取日常用品。

嘉靖二十一年（1542）闰五月，按照俺答的命令，使者石天爵再次到大同镇边堡请求入贡，要求开放边市。面对三番五次的请求，朝廷重臣各执己见。此时，有人愤怒地指出，石天爵本为汉民，如

① 《明史纪事本末》卷六十，第 914 页。

今甘心成为俺答的走狗，数典忘祖，犯逆天朝。前几次俺答入寇，肯定是此人充当间谍提供的情报，不杀石天爵，不足以平民愤！这种说辞虽然避重就轻、漏洞百出，却获得了很多人的同意和支持。在封贡未决之时，不少人已经蠢蠢欲动，开始策划诛杀石天爵。巡抚都御史龙大有承担了这一重任，他令人引诱鞑靼使者石天爵、肯切等人，将其抓捕，送往京师。

就在明蒙战争一触即发的关头，双方本应该保持冷静，兵部却认为：

> 天爵本华民，而甘心为虏驱使。去岁守臣失计放还，遂致涂炭山西，震惊畿辅。究其祸本，实天爵一人致之！兹者凭借故智，敢复叩关，而边臣能应机擒斩之，真足以剪虏羽翼，寒旃裘之胆，厥功甚大！请优录之，以作诸镇之气。[1]

两国交兵，尚且不斩来使，何况大敌当前，千钧一发。兵部的意见居然获得皇帝的首肯，朝廷特别提拔龙大有为兵部右侍郎兼右副都御史，并给数十名将领加官封赏，还把石天爵和肯切的首级传视九边，鼓舞士气。

对鞑靼人而言，石天爵是俺答非常宠信的使者，如今请求封贡不成，反被奸诈的汉人诱杀。事已至此，明蒙大战全面爆发。在石天爵被杀的第二个月，鞑靼各部出现了罕见的团结，三十万大军南下，誓为使者石天爵报仇。于是乎，山西等省份赤地千里，宛如人间地狱。

此外，俺答军之所以到处进犯，如入无人之境，和诸多叛军充

① 《明世宗实录》卷二百六十二，嘉靖二十一年闰五月戊辰，第5209页。

当间谍，以及一些边疆将士的首鼠两端不无关联。之前，大同发生兵变，一些叛卒逃亡出塞，被俺答委以重任。不少人又入关成为鞑靼的间谍，以至于明朝边疆乃至京师的情况都在俺答的掌握之中。大同作为北边重镇，在俺答进犯时企图自保，守边将领主动勾结俺答，订立约定，只要不掠夺我大同辖区的人马牲畜，可以借境，我方军队不会阻拦。鞑靼军喜出望外，整队路过大同就像路过熟悉的草原故乡。等到掠夺回师，鞑靼人还饶有兴致地拿出战利品馈赠给守边将士。对此，大同巡抚史道、总兵王升置若罔闻。等到巡抚都御史陈讲向京师告急时，还遭到兵部尚书张瓒的训斥："寇且退矣，何事张皇？"[1]我们不禁怀疑，明王朝的文官武将中到底有多少人接受过鞑靼人的贿赂。或者说，这些元老重臣似乎有一种看淡问题的本能，希冀问题可以自然而然地大事化小、小事化了。

反观"壬寅之乱"，以明廷拒绝封贡、杀害鞑靼使者为导火索，引火上身，为此葬送了二十多万条人命。等到鞑靼军队退回北方草原，整个明廷都如释重负。朝廷从太仓银中支出十万两白银赈济山西百姓，并下令免除该地两年租税。朱厚熜躲到深宫之中，感到此次能够化险为夷，一切都是神助，遂于八月初一在朝天宫中建延寿大斋。这场斋典声势浩大，持续了三天三夜。[2]金碧辉煌的仪式、连绵不绝的鼓乐以及纷至沓来的贺表，让人感觉到，此时的明王朝俨然盛世，而非劫乱之余。

嘉靖时期，边臣之中并非没有名将，顾君主用之何如耳。众将

① 《明史纪事本末》卷六十，第912页。

② 《明世宗实录》卷二百六十五，嘉靖二十一年八月戊寅，第5247页。

之中，尤以翁万达为首。

翁万达，字仁夫，广东揭阳人。嘉靖五年（1526）进士，授户部主事。其后，历任户部郎中、梧州知府、四川按察使、陕西布政使、巡抚陕西右副都御史、兵部右侍郎兼右佥都御史等，仕宦经验丰富，还总督宣府、大同、保定等地军务，声望卓著。守边期间，翁万达力排众议，多次上疏修筑边墙。根据他的估算，从大同东路阳和口至宣府西阳河仅用帑银二十九万两即可。尽管遇到地方边将以及兵部的重重阻挠，意志坚定的翁万达还是获得了嘉靖皇帝的支持，仅仅用了五十天，就在大同、宣府等边镇修筑了一道坚固防线。修成之后，朝廷将其拔擢为右都御史。值得称道的是，他还粉碎了代王府勾结鞑靼的阴谋，进封左都御史。[①] 堂堂宗室尚且勾结外敌，明王朝的边疆情况显然弊端丛生。

面对日益严峻的边疆形势，嘉靖皇帝急需一位可以倚重的将军。在很大程度上，翁万达确实获得了天子的信任，很多意见都被皇帝采用。对明王朝来说，边疆重臣翁万达得君行道，也是国家之福。女无美恶，入宫见妒；士无贤不肖，入朝见嫉。翁万达的得宠不可避免地引发了朝臣的嫉妒。一旦皇帝对翁万达的宠信发生变故，翁万达在劫难逃，而结束朱厚熜和翁万达这对君臣蜜月期的正是封贡。

自从石天爵事件以来，举朝都对俺答的求贡深恶痛绝，将其妖魔化，视作敌人的歹毒计谋。对俺答来说，如果没有封贡互市，日

① 《明史》卷一百九十八《翁万达传》，第5244—5246页。代王府通敌只是冰山一角，包括宗室在内的明代勋戚世受优崇，在国家危难之际并没有发挥应有的中流砥柱作用。

常生活确有诸多不便。无奈自“壬寅之乱”五年来，明蒙双边信使断绝，彼此之间的关系就是攻掠与反攻掠。直到俺答军捕获玉林卫百户杨威时，事情才出现一丝转机。

杨威为了活命，诡称可以为俺答请朝廷答应封贡互市。于是，俺答派他南下一试。不料，当杨威到了大同左卫塞，即便表明了身份，还是被边军杀死。兴高采烈的将士捧着杨威等人的脑袋到京师复命，希冀加封的美梦成真。明蒙和解的机会再一次擦肩而过，又陷入攻掠与反攻掠的恶性循环当中。

俺答索性派遣使者带着自己的书信，用蒙古语请求封贡互市。这一次，翁万达试图把握机会，代为奏言，寻求双方和解的可能。然而，即便翁万达多次上奏，嘉靖君臣的意见仍然被愤怒好斗的情绪左右。为此，嘉靖皇帝还指责翁万达“渎奏”。

嘉靖二十七年（1548）三月，嘉靖皇帝又接到一份奏疏，打开之后，发现还是翁万达请求朝廷考虑俺答封贡互市的内容。俺答多次求贡，不被理睬，如今且惭且愤，声言集结各部军队，大举进攻。[1]朱厚熜看到奏疏后，认为边臣的本职是悉心防御，而非动辄以求贡为言。如果不知悔改，一定重治不贷。

同年秋季，草长马肥，俺答领兵大举进攻大同、宣府等边镇。刀光剑影之中，明蒙双方互有胜负。就在军政旁午之际，翁万达接到父亲去世的噩耗。按照礼制，他请求回家丁忧。在这种紧要关头，朝廷竟然爽快同意。空气中弥漫着被君主冷落的气息，翁万达脱下戎装披上丧服，带着家丁，从国家北疆一路辗转，回到岭南老家

① 《明世宗实录》卷三百三十四，嘉靖二十七年三月辛丑，第6125页。

服丧。

翁万达离开后，边疆防务乱象丛生。君主多年不上朝，严嵩擅权，边将无能，京兵不职，终于爆发了直接威胁京师的“庚戌之变”。

嘉靖二十九年（1550，庚戌）六月，俺答入侵大同，杀死总兵张达。八月，俺答兵犯蓟州，京师门户洞开。人们不禁疑惑：大同作为拱卫国家北疆的重镇，易守难攻，为何没能有效拦截进犯的鞑靼军队呢？执掌大同军权的正是靠着贿赂严嵩、严世藩父子上位的仇鸾，此人投机有余，战守不足。在俺答军队入侵时，他计无所出，便和大同之前的守将一样打起了通敌的主意。俺答接受大同军派人送来的贿赂，然后将自己的箭旗送给大同军，作为双方结盟的信物。鞑靼军解决了后顾之忧，挥师东进。过了蓟州塞，便是古北口，古北口离京城仅有一百公里！

时任兵部尚书的丁汝夔知道深居简出的嘉靖皇帝迷恋玄修，向来厌恶军报，因此对各种边报采取了隐匿处理。直到鞑靼的军队逼近京师，丁尚书才方寸大乱。嘉靖帝闻讯后，大惊失色，这才意识到亡国的危机。

古北口战役胜败未可知，却对京师百姓造成末日来临一般的恐慌。此时，京师的守备力量不过四五万人，而且多半是老弱。年富力强的士兵又多半为总兵、提督、太监的家丁，无限期缺席京营操练。仓促之间，士兵们蜂拥到武库索要武器，可是武库的守备太监按照惯例，坚持要先付钱才可以支取。[1]

在父亲墓旁服丧的翁万达接到朝廷发来的急报，皇帝特旨，鞑

① 《明史纪事本末》卷五十九，第900页。

鞬兵指京师，令他火速回京！广东揭阳离京八千里，山水迢迢，即便翁万达倍道而行，也要耗费四十多日才可抵达京师。抵达京师后，他发现此时的皇帝听信严嵩谗言，疏远自己，不仅没有让他领兵，反而指责他欺君慢上，念其守制期间，从轻发落，姑且解除一切职务，听候别用。[①]

勤王的命令发布后，早有预谋的仇鸾带领二万大同精兵率先抵达，获得嘉靖帝的嘉奖，被封为平虏大将军，全权指挥从保定、河间、宣府、山西、辽阳等各地赶来的五万多兵马。

兵临城下的俺答再一次提出封贡的要求，这一次狮子大开口，要求三千人入贡。[②] 如果明廷回绝，必将攻破京师。此时，明廷的重臣中依然不乏强硬派，引经据典，驳斥俺答的无理要求。礼部尚书徐阶奏言：

> 虏酋悖逆天道，犯我郊畿，虔刘人民，蹂践上地。揆之大义，所当必诛。今虽称臣求贡，信使不入，表文不具。且其文书皆汉字，真伪不可知。臣等以为，求贡必不可许，宜且遣通事赍敕谕虏酋。如果悔罪求贡，则当敛兵出境，具表款塞，听朝廷处分。如驻兵境内，要求速赏，则惟有励将集兵，以大兵致讨，必使匹马不返，以泄神人之怒。[③]

---

① 《明史》卷一百九十八《翁万达传》，第 5251 页。

② “三千人入贡”在明廷看来，是俺答的诡计。三千人远远超出京师驿馆的接待能力。一旦这三千人发难，和城外的军队里应外合，就可能攻破京城。（《明史纪事本末》卷五十九，第 902—903 页。）

③ 《明世宗实录》卷三百六十四，嘉靖二十九年八月甲申，第 6499—6500 页。

徐阶言语之间流露出不可一世的霸气，却严重高估了明王朝的实力。明初，戍守京师的部队多达七八十万人，且不乏久经沙场的元戎宿将。嘉靖时期，承平日久，武备废弛，今非昔比。根据见在的兵籍，仅有四十万人。能够参加操练的不过几万人而已，遇到紧急情况根本不堪重用。表面看起来声势浩大，但华美的戎装下包裹的并非能征善战之士，而是老弱疲惫和市井游贩之徒。士卒如此，将军也多属世家大族的纨绔子弟，毫无经验可言。[1] 真正可以作战的士兵十不存一，又多半成为王公贵族和太监的家奴，不听节制。试问，凭借这样一支外强中干、腐败透顶的军队，如何使彪悍的鞑靼铁骑“匹马不返”呢？

所幸，俺答的真实用意并非攻陷京师。进攻敌方都城，自己也要损兵折将，并不划算。即便攻下城来，也无法打理，不如四处攻掠，以最小的伤亡获得最大的战果才是上上之策。鞑靼军队在京城外四处游弋，在昌平北与平虏大将军仇鸾的军队不期而遇。仓促之间，仇鸾溃不成军，本人险些成了俘虏。为了表示对敌人的愤恨，他亲自下令捕杀了昌平当地的一些平民，以他们的首级上报战功。[2]

同年九月，满载战利品的俺答军队开始后撤。朝廷下令，趁着各路军队云集，一鼓作气，对俺答军队发动最后一击。各路军队接到命令后，且追且止。各部战果如下：大同军王禄一部怀来大捷，斩首十七人；山西军柴缙一部昌平大捷，夺回了俘虏二百四十二人；都督仇聚在海淀大战中生擒敌军四人。最后，大将军仇鸾上报击杀敌军共计八十余级，为此受到嘉靖皇帝的嘉奖，被封为太子太保，

① 《明世宗实录》卷三百六十五，嘉靖二十九年九月辛卯，第6514页。
② 《明史纪事本末》卷五十九，第906页。

赏赐了很多金币。[1]

就在率先通敌直接造成敌军围困京师恶果的仇鸾加官受赏之际，不少人成了“庚戌之变”的替罪羊。除了诛杀兵部尚书丁汝夔、侍郎杨守谦之外，朝廷下令：刑部侍郎彭黯、左都御史屠侨、大理寺卿沈良入狱，各杖四十，降级五等；刑科给事中张侃、杜汝桢、乌从善违旨，各杖五十，张侃还被废黜为民。[2]

严嵩、仇鸾秉政时，翁万达等人的意见不被采纳。京师解围后，万念俱灰的翁万达请求回家终制，以全孝德。嘉靖皇帝指责他不为国分忧，只想着逃避责任。就在翁万达即将离开京师时，朝廷特旨，将他革职为民。直到仇鸾被问罪之后，朝廷又派人到岭南要求翁万达执掌边镇。根据《明史》本传的记载，翁万达还没有接到任命，就已经去世，享年五十五岁。[3]一代名将就此凋零，他曾经眼睁睁地看着自己国家的首都被敌人围困而又无能为力。不知弥留之际回顾平生时，他对此作何感想。

嘉靖初年以来，就有不少官员奏言边防的弊端，轻则夺俸，重则论死。“论死”的反复出现反映了朝廷在言论钳制上变本加厉，这些言论钳制直接反映出嘉靖皇帝对不同意见的厌倦。一如清代史学家谷应泰对嘉靖皇帝的批评：

---

① 《明史》卷三百二十七《鞑靼传》，第 8481 页；《明史纪事本末》卷五十九，第 906 页。

② 《明世宗实录》卷三百六十四，嘉靖二十九年八月丁亥，第 6507—6508 页。

③ 《明史》卷一百九十八《翁万达传》，第 5251 页。

世宗所恶者直言，而不必其忠；所喜者杀戮，而不必其当。①

当公正和宽容成为一个国家的稀缺品的时候，这个国家如何能赢得真正的尊严？

极具反讽意味的是，执掌国家军事大权的大将军仇鸾本人私通俺答，首鼠两端。嘉靖皇帝自以为用人得当，各路将领也假装皇上圣明。一旦临敌，将军们不是畏葸不前，就是私通外敌，贡献钱财请求绕道，或者干脆叛逃出关。醒悟过来的嘉靖皇帝只能采用砍头戮尸的消极举措泄愤。他讳言自己的过失，这种举措也无助于阻挡俺答进犯的步伐。

就鞑靼方面而言，他们主动请求封贡互市，开放边疆市场，互通有无。如果这种和平的交流方式不被允许，则会严重损伤他们的尊严。被激怒之后，他们只好举兵南犯，让那些自诩为“文明”的明朝人见识自己的“野蛮”。对明廷而言，虽然俺答等人频频求贡，但是没有按照我中原礼仪，而且之前杀掠我汉民无数，仇恨不共戴天，怎可轻允他们封贡互市的要求？

双方各执一词，莫衷一是。俺答汗如果能采取一些实际举动，比如主动归还俘虏、在明廷重大节日庆贺等，也许会获得对方信任。他们并没有释放这些信号，也无怪乎明廷起疑。对明廷而言，即便俺答汗的请求有诈，在没有形成坚强可靠的防御力量时，可以通过

① 《明史纪事本末》卷五十九，第910页。根据《明史》的记载，嘉靖皇帝尤为讨厌群臣提出异议。嘉靖二十年（1541），因为杨爵的奏疏，嘉靖皇帝震怒，把他逮入诏狱严刑拷掠，血肉狼藉。狱卒惮于皇帝的淫威，不许家人求见，也不许提供饮食。杨爵侥幸未死。主事周天佐、御史浦鋐进谏，请求皇帝开恩，也被捕入狱，折磨至死。（参《明史》卷二百九《杨爵传》，第5526页。）

局部互市缓和双边敌对的态势，至少为自己争取积蓄力量的时间。执政大臣满足于在朝堂上引经据典，大肆发泄对这些“胡虏”的不满，甚至肆意谩骂，所谓“揆之大义，所当必诛”。他们对敌我双方的力量并没有清醒的认识，盲目自信，妄自尊大，以为俺答之前之所以能够成功入侵不过是一时侥幸，只要我大明将士奋发一心，“大兵致讨，必使匹马不返，以泄神人之怒”。

剑拔弩张，互不相让，双方始终没有达成妥协。继嘉靖二十一年（1542）的“壬寅之乱”后，明蒙双方的冲突不断升级。时隔八年，震惊中外的“庚戌之变”爆发，让目空一切的明王朝终于认清了自己的屈辱地位。山重水复，双方之间的邦交进入了死胡同。

嘉靖三十年（1551）春天，刚刚经历过“庚戌之变”的北京城拥挤不堪。各地涌入的军民导致京师物价暴涨，民生凋敝。人们不知道鞑靼人什么时候还会卷土重来，给自己带来灭顶之灾。“不要哭，再哭，鞑子就来把你带走”甚至成为大人们哄骗小孩子的常用说辞。

此时此刻，明廷安危系于平虏大将军仇鸾一人肩上。执掌军事大权的仇鸾自从与俺答的军队交手以来，一直胆战心惊。上次昌平之战，自己险些被俘，要不是自己“急中生智”砍下了当地百姓的首级冒充军功，早就被降职问罪。根据身边智囊团的建议，他给明廷献上了一条维稳大计：互市。俺答之前多次要求封贡互市，屡屡碰壁。我大明朝当下自顾不暇，最好答应对方互市的要求。只要互市顺利进行，就可以为我方争取回旋的时间。只要鞑靼的军队不再进攻，仇鸾就可以保住自己的军权。非常时期，谁都没有更多的选项。嘉靖皇帝最终妥协，同意了仇鸾的意见，并派出使者，告诉鞑靼互市的消息。

此时，一位来自河北容城的官员提出强烈抗议：

> 互市者，和亲别名也。[1]

俺答悖逆天道，大肆猖獗，屠杀我百姓，围困我京师。如今，大仇未报，反而接受像和亲一样屈辱的互市，是可忍，孰不可忍！自古以来，中国人都偏爱用数字来表达自己的政治主张。为了增强说服力，兵部员外郎杨继盛把不可互市的原因总结为“十不可”“五谬”：

我大明朝下诏北伐，如今诏书墨迹未干，忽然下令议和互市，岂不是失信于天下？大明地大物博，居然与蕞尔小邦平等互市，岂不是冠履倒置、自甘堕落？一旦议和，沿边将士难免放松斗志，以后还指望谁来抵抗胡虏？俺答表面上要互市，如果在互市过程中，安插间谍，甚至潜伏死士，到时候里应外合，我大明危矣！俺答封贡也罢，互市也罢，目的无非在于获得他们平日抢掠不易得到的布帛等物品。根据互市的情况，敌方每年用数万匹马的代价就可赚取我方数十万匹布帛。试问，十年之后，何以为继……

有人说，通过互市可以赢得备战时间。孰不知，鞑靼人欲壑难填，我方全力迎战即可，何必采用互市这种迂回的手段？还有人说，通过互市，我们可以获得敌方马匹，增强我方骑兵实力。不要痴人说梦了！鞑靼人会把千里良驹卖给我们吗？也有人说，对方派遣使者来京师朝贡，可以彰显我大明气度。难道这些人不知道，名义上是朝贡，其实他们贪图的还不是天朝的大量赏赐？所谓名美而实损，

① 《明史》卷二百九《杨继盛传》，第5536页。

要这个浮浪虚名又有何用？有人以为，只要互市了，鞑靼人就会守信，不再进攻。这真是无稽之谈！互市真能满足鞑靼人所有的要求吗？如果不满足，他们必然还会入侵。这个道理，还用多说吗？还有人认为，佳兵不祥，通过互市能够达到休兵的目的，何乐不为！然而，我大明朝遭受的战乱之苦还少吗？战争是我们想要停止就可以停止的吗？

只要费点儿心思，就可以把不能封贡互市的道理看得清清楚楚。如今，公卿大夫竟然没有一个人愿意站出来为陛下言说，真是咄咄怪事。还请陛下乾纲独断，拒绝互市，而应发布诏书，选将练兵。不出十年，凭借我大明朝上下一心展现出来的强大实力，必然可以击败鞑靼，将俺答的脑袋挂在街头，以示天下。

在明代，人们很难讲真话。即便国家到了危难关头，仗义执言的臣子也很难有好的结局。人人都将自保放在第一位，呼喊口号，争表忠心，而非高效率地解决问题。这也解释了为什么在古代中国改变国家策略异常艰难。接到杨继盛发自肺腑的奏疏之后，嘉靖皇帝非但没有一丝感激之情或者改悔之意，反而认为此人“沮挠边机，摇惑人心”，[①] 让锦衣卫将其逮捕，严刑拷打，最后发配到西部边疆的狄道县（今甘肃临洮）做一个小小的典史。

① 《明世宗实录》卷三百七十一，嘉靖三十年三月癸卯，第6633页。

杨继盛虽然忠义可嘉，[1]但是他的建议并不能从根本上扭转局面。在今天看来，不同的文明，无论是农耕文明，还是草原文明，彼此之间的交流方式理应多元化，除了战争之外，可以通过商贸往来、文化交流等多种渠道。如果按照杨继盛的思维，只能陷入彼此仇杀的恶性循环。明蒙双方每一方都力图把战争责任推给对方：我们鞑靼人好心请求封贡，却被你们这些傲慢无知的汉人残杀使臣，我们必然要教训你们；我们大明老实安分，却被你们这些生性野蛮的鞑子反复蹂躏，我们誓要兴师北伐，湔雪前耻。

明蒙双方都认为自己是战争的受害者，都企图让对方先拿出诚意。大明倾向于认为，非我族类，其心必异，天朝物产丰盛，不用通过四夷一样可以自给自足。然而丰富悠久的文明和琳琅满目的商品并不足恃，大明有意无意地忽视了自己的致命缺陷：只要承平日久，就本能性地武备废弛。嘉靖三十八年（1559）四月，总督陕西三边侍郎魏谦吉上奏：甘肃孤悬河外，东起金城，西抵玉关，地广兵稀。本来额兵八万六百余人，如今大半逃亡，剩下的只有老弱，能操练的仅有二万七千人，而俺答能够调用的兵力据称有四十万之众……[2]

当武力强盛者进攻武备废弛者时，甚至都不需要什么冠冕堂皇的理由，谁让你如此疲弱？弱到令人触目惊心，还不痛定思痛救亡

① 在仇鸾被问罪之后，杨继盛获释。后来，他因为弹劾内阁首辅严嵩的“十罪”“五奸”，再次被捕。嘉靖三十四年（1555）十月，因为严嵩及其党羽的报复，关押多年的杨继盛在北京西市被斩首示众，享年四十岁。临刑前，他赋诗一首：“浩气还太虚，丹心照千古。生平未报恩，留作忠魂补。”（《明史》卷二百九《杨继盛传》，第5542页。）他的英雄事迹被广为传颂，成为忠君报国的模范。

② 《明世宗实录》卷四百七十一，嘉靖三十八年四月壬戌，第7920页。

图存，反而歌颂我主圣明，天下太平，或者徒逞口舌之快，仿佛通过强烈谴责就可以击退来犯之敌。

嘉靖三十年（1551）七月，俺答把从中原叛逃的萧芹、吕明镇以及萧芹的儿子萧得玉等人送给明廷。分明是俺答进献叛臣，嘉靖皇帝却认为，叛臣束手就擒也是我大明朝官员的功劳，于是给大将军仇鸾加封太子太傅，禄米二百石，还让他的一个儿子做了锦衣卫副千户。兵部侍郎史道被封为兵部尚书，赏银五十两，纻丝四表里。总督侍郎苏祐而下，各赉银币有差。俺答本人则获得金彩通袖衣二袭，彩币四表里。[①]

接到奖赏的同时，俺答心中充满了疑惑。明明是我们草原上的猛士进献俘虏，结果大明皇帝却封赏自己的官员。大明的体制真的让人不可思议。他们衣冠楚楚，礼节繁缛，互相倾轧，乐此不疲，无怪乎总打败仗。[②]

经过“壬寅之乱”“庚戌之变”，明蒙双边关系基本上一直处于敌对的状态。明穆宗隆庆四年（1570）十月，一位鞑靼人的叛降为双方的封贡带来了转机。

俺答有三个儿子，第三子铁背台吉的儿子名叫把汉那吉。把汉那吉很早就失去父母，由俺答的妻子抚养成人。长大后，俺答替把

---

① 《明世宗实录》卷三百七十五，嘉靖三十年七月癸巳，第6681—6682页。

② 明英宗正统末年，山西榆次县有一位李员外叛逃草原，投靠也先。李员外投敌的原因除了贪图也先的赏赐之外，还因为瓦剌“政宽，不受文法苦楚也”，不用忍受大明狡诈官吏的层层困辱。（《涌幢小品》卷三十，第3806页。）此外，根据明人文集的记载，很多边将都喜欢“杀平民报功”，这也促使不少边民北逃塞外，为敌所用。（《涌幢小品》卷三十，第3811页。）

汉那吉求婚，即将迎娶兔擠金的家的女儿。之前，俺答的长女哑不害生了三娘子。三娘子长大后，美丽动人，被许配给袄儿都司。袄儿都司已经下了聘礼，不日就来迎娶新娘。就在这时，俺答居然强暴了自己的外孙女，将她据为己有。袄儿都司一怒之下，领兵攻打俺答。自知理亏的俺答又犯了一个致命的错误——未经孙子把汉那吉的同意，把他即将过门的妻子兔擠金的家的女儿送给了袄儿都司，作为补偿。事已至此，把汉那吉断绝和俺答的祖孙关系，"我祖妻外孙，又夺孙妇予人。吾不能为若孙，吾行矣"。[①] 说走就走，他带着属下阿力哥等十人投降了大明。

当把汗那吉叩关请降时，守边将领不愿放行，甚至有人蠢蠢欲动，要杀掉这几个可疑的鞑子换点酒钱，直到总督王崇古及时获悉。王崇古以为"奇货可居"，把汗那吉日后必有大用，于是赶快迎入关门，并上奏朝廷，请求妥善安置。

王崇古，字学甫，蒲州（今山西永济）人，嘉靖二十年（1541）进士。历任刑部主事、刑部郎中、安庆知府、汝宁知府、陕西按察使、河南布政使、右佥都御史、右副都御史，仕宦经验极为丰富。他曾在东南沿海协同俞大猷追剿倭寇，功勋昭著。隆庆四年（1570），王崇古奉命总督宣府、大同、山西军务，成为朝廷深为倚重的边疆重臣。[②]

总督三边时，王崇古积极训练将士，还四处派遣间谍，洞察敌情，同时安抚流民，劝诱百姓南迁中国。在他的努力下，西番、瓦剌、黄毛等各部前来归附的百姓超过两千人。军务步入正轨，局面正在

① 诸葛元声：《两朝平攘录》卷一，《续修四库全书》第434册，第123页。
② 《明史》卷二百二十二《王崇古传》，第5838—5839页。

好转。可是，有一个人让王崇古倍感棘手，此人不除，大明边疆永无宁日。

此人正是白莲教首领——赵全。赵全主动投靠俺答，在明蒙交界处占据板升这块地方，聚集亡命之徒，建造城池、宫殿，还在他个人的府邸上题写“开化府”的字样，俨然以王者自居。他还主动为俺答提供明朝情报，多番劝诱俺答入侵中原，借以扩充自己的实力。俺答进犯多年来，朝廷对赵全恨之入骨，颁布了赏格：俘虏赵全者官封都指挥使，赏金千两。即便重赏之下，依然未见勇夫。

因此，当俺答的孙子把汉那吉带人投降时，王崇古大喜过望，感到前所未有的良好局面正在形成。只要抓住机会，明蒙双方的关系很有可能出现巨大转机。

为此，他上奏朝廷，提出了处置把汉那吉的方案：

其一，把汉那吉脱身来归，应授予房屋、官职，厚赐衣食，以悦其心，并下令禁绝交通，以防其诈，多次测试，以察其志。如果岁月既久，果无异心，则予以录用。如果俺答勒兵临境，则归还把汉那吉，前提条件是俺答必须献出盘踞板升多年的逆贼赵全。

其二，如果俺答蛮横无理，武力夺取把汉那吉，我们就严兵固守，随机拒战。紧要关头，将把汉那吉作为人质，威胁俺答退兵。如此一来，敌军进退两难，必然夺气。

其三，如果俺答放弃孙子把汉那吉，不管他的死活，我大明朝就格外开恩，厚待把汉那吉。相形之下，鞑靼各部前来投降的人必然络绎不绝。届时，降附的各部人马可以交给把汉那吉指挥。等到俺答死后，其子黄台吉即位，我大明朝就帮助把汉那吉与之抗衡。多方平衡之下，黄台吉必然不敢轻举妄动，我大明边民也可获得休养生息的机会。[①]

王崇古这三条计策都是深思熟虑的结果，更加幸运的是，他得到了隆庆皇帝朱载垕的支持。朝廷很快颁布诏令，既然虏酋慕义来降，宜加优抚，特命把汉那吉为指挥使，阿力哥为正千户，各赏大红纻丝一袭。具体事宜全权交给总督王崇古相机度处，务求至当。[②]

隆庆四年（1570）十一月，王崇古派遣精通蒙古语的鲍崇德进入俺答军营，告诉对方天朝的要求：想要我们归还把汉那吉并不困难，俺答汗早晨献上叛贼赵全，晚上就可以和孙子共进晚餐。探明明使来意，俺答大喜过望。对于自己一手抚养成人的孙子把汉那吉，俺答分外怜惜，加上未经孙子同意，就把孙媳送人，自己理亏在先。因此，俺答当即表示，之前的动乱都是赵全挑唆的结果。我的孙子如今获得明朝天子的保护，正是上天的旨意想要鞑靼和大明重归于好。天子如果能加封我为王，我将借天子之威灵统领北方草原，节制各部，永不为患。我死之后，即位子孙也会感念汉家美德。于是，他派遣使者请求封贡互市。[③]

俺答的反应远远超乎王崇古的意料，如能和俺答实现友好封贡，则会化干戈为玉帛，造福明蒙双方军民。只是，自嘉靖“壬寅之乱”“庚戌之变”以来，双方仇杀未已。此时，明朝的主流声音还是兴师复仇，如果有人妄自提出封贡互市，则会背上骂名，甚至被问罪，前朝翁万达等将军的下场还不够惨痛吗？

接到鲍崇德的军报，王崇古且喜且惧。尽管困难重重、前途未

① 《明穆宗实录》卷五十，隆庆四年十月癸卯，第1251—1252页。

② 《明穆宗实录》卷五十，隆庆四年十月丁未，第1255—1256页。

③ 《明穆宗实录》卷五十一，隆庆四年十一月丁丑，第1276页。

卜，然而机不可失，失不再来，他还是冒险给隆庆皇帝上了一道奏疏。奏疏中，他清醒地指出，俺答雄据漠北，保我叛人，麾下有骑兵不下三十万之众。如今，他的孙子来降，真是天纵良机。我大明朝建国之初，也有给胡虏敕封忠顺王的先例。不仅对北方部族，对西方部族也间有封号。如果此时能够把握机会，给俺答祖孙三代封号，必定受益匪浅。如今，俺答各部频繁攻掠我北部边疆，抢夺的主要目标是布帛、锅釜等生活必需品。如果答应他们互市，解决他们生活上的后顾之忧，和好的局面则有可能长存，对明蒙双边来说都是互惠互利的好事。何去何从，伏请陛下圣裁。

接到王崇古的奏疏，朝廷重臣争执不休。有的慷慨激昂，搬出嘉靖时期封贡互市的例子，以为断不可行；有的紧随杨继盛的步伐，高唱兴师复仇的大计，同样否定封贡互市；也有人持观望态度，口若悬河，滔滔不绝，却始终拒绝正面表态……最后兵部综合各种意见，认为既然俺答父子想要封贡互市，至少要拿出诚意，比如献上叛逆赵全。隆庆皇帝尊重朝臣的意见，特别赏赐把汉那吉彩币，让他派人跟随大明使者一起去落实封贡的事情。

十二月，当俺答见到把汉那吉的使者之后，迅速集结兵力直扑板升，擒获了白莲教徒赵全、李自馨、王廷辅、赵龙、张彦文、刘天麒、马西川、吕西川、吕小老等人，并进献给明廷。按照约定，总督王崇古派人护送把汉那吉回归草原。在中原驻留多日，临行前，把汉那吉还依依不舍。明廷又额外赠送了礼物，还举行了盛大的欢送仪式。有感于明廷的真诚款待，把汉那吉发誓，日后如果即位，对明朝绝无二心。在明蒙修好的道路上，白莲教成为众矢之的，被视为挑动双方连年战争的罪魁祸首。这种宣传客观上推动了和平的进程。当赵全等人人头落地之时，明廷举行了盛大的告庙大典。王崇古也因此官至兵部尚书，加封太子少保。[①]

隆庆五年（1571）二月，王崇古意气风发，趁机向朝廷奏报俺答请求封贡的具体事宜。鉴于嘉靖皇帝在位时曾经发布制书，“言开市者斩”，因此，当王崇古的奏疏被提交廷议时，大臣们议论纷纷。最终，就封贡、互市，廷臣们的意见大致分为三种：定国公徐文璧、侍郎张四维等二十二人认为可许；英国公张溶、尚书张守直等十七人认为不可许；尚书朱衡等五人认为，可以封贡，断不可互市。[②] 隆庆皇帝最后召见了内阁重臣高拱、张居正等人，二人力主封贡互市。

三月，明廷正式发布诏书，封俺答为顺义王，赏大红五彩纻丝蟒衣一袭等物品。与此同时，明廷还特地颁布了敕书：

> 朕惟天地以好生为德，自古圣帝明王代天理物，莫不上体天心，下从民欲，包含遍覆，视华夷为一家，欲其并生并育于宇内也……尔能慕华内附，请命恭虔，可谓深识天道者矣。朕实嘉悦，特允所请，封尔为顺义王，尔弟尔子及诸部落头目俱授以都督等官，俾尔世居本土，逐草射猎，各安生业，同乐太平。[③]

依照严格的礼制，顺义王俺答其实与“义”字并无关系。无论在农耕文明还是在草原文明中，他强娶外孙女、强嫁孙媳妇都是非礼的行为。对于汉民族而言，男女大妨，断然不可乱伦。对于鞑靼

① 《明史》卷二百二十二《王崇古传》，第5840—5841页。
② 《明史》卷二百二十二《王崇古传》，第5842页。
③ 《明穆宗实录》卷五十五，隆庆五年三月己丑，第1372页。

人来说，在兄长死后，弟弟迎娶嫂子，乃至父亲死后，儿子迎娶庶母，并不新奇。可是俺答汗的举措，却着实让人难以苟同。大行不顾细谨，大礼不辞小让，相较于促进明蒙和平这种大事而言，俺答的个人作风问题便不值一提。

狼群蹂躏之后，也为土地带来了花的种子，让长城南北的田野和草原上绽放出鲜艳的花朵。隆庆五年（1571），继俺答封贡以来，根据《明史》记载："自是边境休息。东起延、永，西抵嘉峪七镇，数千里军民乐业，不用兵革，岁省费什七。"[1]经过俺答、王崇古以及隆庆君臣等多方努力，俺答封贡至少为明蒙双边军民带来了长达二十年的和平。

迈入垂暮之年，俺答厌倦了杀戮，皈依佛门。为此，他主动向明廷请求，给自己赠送佛经，派遣喇嘛。兵部尚书王崇古认为，佛教戒人杀戮，劝人向善。如今，俺答一心向佛，理应成人之美。这一次，京师重臣们难得形成高度统一的意见，愉快地同意了俺答的请求。[2]

即便封贡互市取得了良效，但并不等于双方放弃了戒心。在《明实录》中，秉笔的史官从来不会直接书写"顺义王"，而是刻意在前面加上"北虏""胡虏"等字样，提醒自己，也提醒后人。隆庆六年（1572）五月，一代英主穆宗皇帝朱载垕崩殂。就在万历皇帝登极之际，大明对鞑靼的猜忌集中出现在奏疏上。

同年六月，兵科都给事中梁问孟因为防秋，特别上疏：

① 《明史》卷二百二十二《王崇古传》，第5843页。

② 《明穆宗实录》卷六十五，隆庆六年正月丙子，第1568页。

> 俺答虽已纳款，然犬羊之性，变诈叵测。且铜锅之给市，其议未已；亲属之求赏，其数难周。傥变生仓卒，何以御之？此外示羁縻，内修战守。[1]

同年七月，巡按宣大御史孙锛也上了奏疏，相对温和地提醒朝廷，即便俺答本人已经入贡，但是鞑靼各个部族之间，“人各一心，恐难钤制”，[2] 我大明朝还是小心为上，加强防备。

万历元年（1573）十一月，朝廷照例赠送了“虏酋顺义王俺答”佛像、番经，还派遣番僧二人，并禅衣、坐具、纻丝、番僧衣以及靴袜。[3] 投桃报李，次年二月，俺答将叛逃塞外的奸逆阎鹤等人献给明廷，增进了双边友谊。[4] 值得称道的是，俺答汗还在草原上修建了一座城市，被明廷赐名“归化”。[5] 这座归化城成为今天内蒙古呼和浩特市的前身。

在友谊升温的同时，也引发了一些不满。万历四年（1576）九月，兵部官员认为，如今鞑靼入贡的人数多达两百人，是当年加封顺义王时的两倍，如果不加阻拦，日后必然增加朝廷的负担。[6] 这种不满的声音像传染病一样开始蔓延开来。

万历十年（1582）二月，草原枭雄俺答去世；次年六月，他的孙子把汉那吉也升天了。随着这对祖孙的离去，封贡互市出现危机，明蒙双方的埋怨、猜忌与防备之心日甚一日。

---

① 《明神宗实录》卷二，隆庆六年六月庚午，第 37 页。
② 《明神宗实录》卷三，隆庆六年七月甲午，第 83 页。
③ 《明神宗实录》卷十九，万历元年十一月癸未，第 533 页。
④ 《明神宗实录》卷二十二，万历二年二月壬申，第 591 页。
⑤ 《明神宗实录》卷四十三，万历三年十月丙子，第 971 页。
⑥ 《明神宗实录》卷五十四，万历四年九月壬子，第 1267 页。

所幸俺答死后，他的妻子三娘子被封为忠顺夫人。三娘子先后嫁给俺答祖孙三代，即俺答本人、俺答的儿子黄台吉（后来改名乞庆哈黄台吉）、黄台吉的儿子扯力克，掌握实权，并采用过人的手腕将明蒙之间的和平状态延长了一段时间。当年，归化城的修建同样离不开这位铁娘子的功劳。据称，至今不少呼和浩特人还把归化城称为“三娘子城”，表达对这位巾帼英雄的纪念。此外，三娘子辅佐三代顺义王维护和平的故事也成为一段历史佳话。

时光荏苒，岁月无情，历史的车轮从来不因任何人、任何事而停下脚步。公元16世纪中后期，经过彼此之间的激烈冲撞与封贡修好，明蒙双边增进了交流。哪怕曾经是不共戴天的死敌，也可以像兄弟一样放下仇恨，为双方百姓带来和平。进入17世纪之后，封贡互市的光芒黯淡下来，双方将士又举起干戈互相厮杀。在此后的厮杀中，最终胜出的既不是鞑靼，也不是大明，而是《明史·鞑靼传》万历后期的叙述中突然闯入我们眼帘的一条记载：

> 我大清兵起……[①]

第二节　到日本册封

> 倭之为中国患久矣，顾今之倭非昔之倭，则今之备亦不当仅同于昔日之备……今舍东南不犯，直趋西北，又屯田筑舍，为持久计，所谓舍肢体而攻腹心，此其志足畏也。
>
> ——徐成楚（明神宗万历二十四年，1596）

① 《明史》卷三百二十七《鞑靼传》，第8492页。

我掌管日本六十余州，欲王则王，何须大明册封？

——丰臣秀吉（日本后阳成天皇庆长元年，1596）

我国与倭奴有万世必报之仇，不可与通信讲和决矣。况天朝之讲和，初不与于我国，则随天使遣陪臣，非徒无益于事，而亦恐有害于事，理固不容轻议也。

——李珞（朝鲜宣祖二十九年，1596）

公元1395年，朱元璋颁发了一道《祖训》。在《祖训》中，他追忆自己极不平凡的一生：自幼孤贫，出身卑贱，二十四岁投军，寄人篱下，经过二十年的努力，剪除强敌，统一海宇。如今，大明王朝巍然崛起，如何才能让后世子孙守好家业，成为他殚精竭虑的难题。为此，他立下家法，拟定《祖训》，前后花费六年时间，历经七次方才改定。在《祖训》的序文中，他异乎坚定地告诫后人：

凡我子孙，钦承朕命，无作聪明，乱我已成之法，一字不可改易。[①]

他还让人在大殿的西庑上将《祖训》用大字书写，希望子孙朝夕观览，铭记于心。《祖训》中既有朱元璋回顾自己征战一生与洞察人情的荣耀，“朕自起兵至今四十余年，亲理天下庶务，人情善恶、真伪，无不涉历”，[②]也有对后来者的谆谆告诫，比如应该晚睡早起，要少饮酒，按时吃饭，午后不要吃太饱等等，表达出长者的温情脉脉。

① 朱元璋：《皇明祖训》，《皇明制书》，第783页。
② 朱元璋：《皇明祖训》，《皇明制书》，第784页。

引起我们格外关注的是，朱元璋在《祖训》中定下一份军事外交的祖制。朱元璋认为，对我大明朝最大的威胁来自西部和北部，这两个方向的胡戎和蒙古等部有虎狼之心，绝对不容小觑。后世子孙必须选将练兵，严为之防。至于其他方位的力量，他们限山隔海，僻在一隅，得到他们的土地也会入不敷出，获得他们的民众也不便治理。因此，后世子孙绝不可兴师征讨。

十五个不征之国名单如下：

东北：朝鲜国。

正东偏北：日本国。

正南偏东：大琉球国、小琉球国。

西南：安南国、真腊国、暹罗国、占城国、苏门答腊、西洋国、爪哇（洼）国、浡（湓）亨国、百（白）花国、三佛齐国、浡泥国。[1]

朱元璋“不征之国”名单的出台，从积极意义上来说，未雨绸缪，避免了后世子孙穷兵黩武的灾患，从消极意义上来讲，画地为牢，束缚了明王朝在国际舞台上的手脚。明王朝单方面宣布放弃征讨四方，也给个别国家以可乘之机，让他们鼓起勇气，做起以蛇吞象的大梦。

洪武开国之后，朱元璋四处派遣使者通知邻国，令其称臣入贡。元明鼎革已成定局，高丽、安南、占城、西洋等国纷纷派遣使者来到京师上表称贺，唯独日本置若罔闻。不仅如此，朱元璋接到奏报，东南沿海不时出现倭寇袭扰。这让他非常恼火，认为日本国王妄自尊大，故意令人发难，折损大明尊严。

---

① 朱元璋：《皇明祖训》，《皇明制书》，第785页。

洪武三年（1370）三月，朱元璋令人草拟一封诏书，派遣莱州府同知赵秩远赴日本，警告日本国王良怀（即怀良亲王）。这份诏书充满了恫吓和问罪的意味：如今各国均已遣使入贡，西域诸种番王各献良马听命，蒙古残部远遁万里沙漠，也被我大明八十万大军征讨，天下已定。只有蠢尔倭夷出没海滨为寇，难道是国王唆使的吗？如今，我们中国的猛将无用武之地，智士无所施之谋，大明将士历经二十多年鏖战，都是精锐之师，正要乘坐巨舟，踏上日本，兴师问罪。后来得悉倭寇进犯并非国王之意，乃命有司暂停造舟之役。倘若尔等执迷不悟，故逆天道，神人共怒，天理难容！[①]

接到这份国书，怀良亲王不堪其辱，要杀死使者赵秩，以泄怒火。既然袭扰大明海滨的武士、浪人不是本王指使，大明何必如此咄咄逼人？赵秩从中斡旋，恩威并用，善意地提醒日本国王：杀死我一介使臣固然容易，无疑将会激怒大明。届时，锐气正盛的明军乘船登陆，衔命东征，无不以一当百。试问，四分五裂的日本该如何抵抗百万大军？迫于形势，日本暂时选择了隐忍。

洪武四年（1371）十月，日本使者僧祖跟随赵秩来到大明京师，奉上表笺，表示臣服。这一次，日本使团还送还了之前被倭寇俘虏的明州、台州等地的中国民众七十余口。朱元璋难得露出了笑容，下令厚赏日本使者文绮纱罗，还让他们带回大统历给日本国王学习。[②]

日本此后迭生内乱，也因曾拘留大明使者，让朱元璋对这个国家心生厌恶。当年元朝远征，遭遇天风怒涛，致使总兵阿答海及范

① 《明太祖实录》卷五十，洪武三年三月，第987—988页。

② 《明太祖实录》卷六十八，洪武四年十月癸巳，第1280—1282页。

文虎等十万之众没于东南，故此明廷亦不便轻易兴师。在此后的岁月中，日本频频入贡，也多次遭到明朝的拒绝。尤其是日本征夷将军足利义满在给明朝的国书中多有傲慢之辞，更加助长了朱元璋对日本的嫌恶。朱元璋在位时期对日本的看法，一言以蔽之："虽朝实诈。"①

两国之间时争时和，各执一词。对日本而言，你们中国人贪得无厌，地方百万里，城池千万座，还总想着灭亡我们。② 对明朝而言，你们日本人狡诈无比，生性残暴，不断入侵我国海滨，奸淫掳掠，贡服无常，岂能不防？明英宗正统年间，倭寇大举进攻浙江，犯下罄竹难书的罪行。他们把婴儿挑在长矛之上，放到滚烫的开水锅里，听婴儿的惨叫，引以为乐。他们还把孕妇的肚子划开，观察是男是女，惨不忍睹。当时，明廷疏于防备，让倭寇有机可乘，致使浙东地区"流血成川，城野萧条"。③

逮于嘉靖后期，俺答侵扰于北，倭寇肆虐于南，明王朝疲于应对，苦不堪言。在俺答接受明朝册封顺义王之后，明王朝的北疆危机大为减轻。此时，倭寇问题成为横亘在大明和日本之间的障碍，悬而未决。不过，如果认为倭寇的肆虐纯粹是日本人的怂恿，恐怕并不符合史实。皇帝怠政，朝纲混乱，民间不乏失意者和反叛者。

① 朱元璋：《皇明祖训》，《皇明制书》，第785页。

② 《明史》记载了日本国王良怀的上言："臣闻三皇立极，五帝禅宗，惟中华之有主，岂夷狄而无君？乾坤浩荡，非一主之独权；宇宙宽洪，作诸邦以分守。盖天下者，乃天下之天下，非一人之天下也。臣居远弱之倭，褊小之国，城池不满六十，封疆不足三千，尚存知足之心。陛下作中华之主，为万乘之君，城池数千余，封疆百万里，犹有不足之心，常起灭绝之意。"（《明史》卷三百二十二《日本传》，第8343页。）

③ 《国史纪闻》卷七，第340页。

出于个人私利或者泄愤等因素，浙江、福建的一些豪族大姓以及滨海民众往往勾结倭寇，给中国东南部造成难以估量的损害。其中，尤以汪直等人为害甚巨。在他们的引诱下，倭寇大举入侵，松江府、苏州府等多地饱受战争荼毒。关于倭寇的组成情况，史载：

> 大抵真倭十之三，从倭者十之七。[1]

换言之，倭寇来势汹汹，大部分却是中国人在残害中国人。更让人惊异的是，明代中国的军事防御力量极为薄弱。将领之间互相猜忌，马步士兵怯懦不前。嘉靖三十四年（1555）秋，一股仅有六七十人的倭寇登陆中国，杭州、芜湖、南京、无锡等地均受其侵扰。他们深入中国数千里之地，杀伤官民近四千人，前后八十天才被明军剿灭。[2] 区区几十名倭寇就给明代中国造成如此巨大的创伤，如果日本精锐的武士军团出动，明军胜算几何？

明后期的中国越来越像一头臃肿虚弱的狮子，看似强大，却散发出浓郁的腐败气息。俞大猷、戚继光等人虽然一一拓清侵占东南各省的倭寇，打击了他们的嚣张气焰，却无改于明王朝积重难返的衰颓命运。群狼散去之后，一只凶悍无比的猛虎带着凛凛的威风向中国步步紧逼。

凛冬将至。

公元1590年，统一日本六十州的关白丰臣秀吉（明代史籍称为“平秀吉”）分外孤独，因为日本岛内已经没有敌手。日本不再

① 《明史》卷三百二十二《日本传》，第8353页。

② 《明史》卷三百二十二《日本传》，第8353页。

是两百年前那个一味隐忍的日本，而一衣带水的明王朝也不再像建国之初那样强大。同年仲冬，丰臣秀吉把目光瞄准对马海峡对面的朝鲜国，表达了借道朝鲜吞灭明朝四百州的宏愿。在《答朝鲜国王书》中，丰臣秀吉如是说道：

> 秀吉，鄙人也。然当其在胎，母梦日入怀。占者曰："日光所临，莫不透彻，壮岁必耀武八表。"是故战必胜，攻必取。今海内既治，民富财足，帝京之盛，前古无比。夫人之居世，自古不满百岁，安能郁郁久在此乎？吾欲假道贵国，超越山海，直入于明，使其四百州尽化我俗，以施王政于亿万斯年，是丰臣秀吉宿志也……①

接到丰臣秀吉的国书，朝鲜君臣努力克制，还是忍不住发出了轻蔑的笑声。日本人真是幽默。他们去过大明吗？难道不清楚大明幅员辽阔的土地以及无可比拟的财力物力？区区关白想要以偏居一隅的岛国征服偌大的大明四百州，实在是痴人说梦。

三年以来，朝鲜人都没有充分重视日本人的意见。三年以来，朝鲜人也没有把精力集中到巩固国防的事业上。②因为，在他们看来，日本人不过是恐吓而已。一旦兵戎相见，我们朝鲜军队信心满满，完全可以不费吹灰之力将来犯的倭寇全部赶入大海。

---

① ［日］赖襄著、［日］久保天随订：《重订日本外史》卷十六，东京筑地活版制造所，1910年，第486页。

② 后来，日本使者小西飞抵达大明京师，内阁重臣赵志皋、兵部尚书石星、定国公徐文壁、吏部尚书孙丕扬等人询问请封始末。问："朝鲜是天朝恭顺属国，尔关白上年何故侵犯？"小西飞答曰："日本求封，曾教朝鲜代请。朝鲜隐情骗了三年，又骗日本人来杀，因此举兵。"（诸葛元声：《两朝平攘录》卷四，《续修四库全》第434册，第178页。）

朝鲜的态度让丰臣秀吉颇为恼火。此时，侍姬浅井氏所生的儿子丰臣鹤松不幸夭折，而鹤松是丰臣秀吉唯一的子嗣。家事国事两蹉跎，丰臣秀吉内心苦闷无似。一天，他登上清水寺阁，向西望去，说了一句遣闷的话，从而决定了日本的军事走向：

> 大丈夫当用武万里之外，何自悒郁为？[①]

日本文禄元年（壬辰，1592）四月，远征军第一军攻陷朝鲜半岛东南部的釜山，拉开了“文禄・庆长の役”的大幕。匆忙之下，朝鲜到处征兵，并没有向宗主国及时禀告军情。稍后，第二军、第三军相继登陆朝鲜半岛。日本前后出动水陆九军，共计十五万人。朝鲜战场形势突变，情况危急。四月底，号为天险的忠州被日军攻破。五月初，日本远征军势如破竹，攻陷朝鲜都城——王京（今韩国首尔）。七月，八道尽没，朝鲜史称“壬辰倭乱”。留下王子居守后，朝鲜国王一路溃逃到义州，向大明紧急求援。[②]

接到朝鲜国王的奏报，作为宗主国的大明极为震惊，甚至一度怀疑接到的情报有误——朝鲜八道怎么可能在短短三个月内就全部沦陷了呢？朝鲜八道城池众多，只要稍加抵抗，没有长年累月的攻打，敌军绝对不可能如此轻易逼近朝鲜都城。可是，王京竟然也被日军攻占。唯一合理的解释就是，在日本远征军大军压境之下，从

---

① 《重订日本外史》卷十六，第486页。

② 日军撤退后，朝鲜使臣也对当时文官武将的弃君溃散作出谴责：“壬辰之变，车驾播越，侍卫之臣不满数十。平日高官达卿孰不曰我是忠臣，我是义士？而及乎临乱，率皆相继逃窜。至于谏官史臣，亦且弃君偷生。”（《李朝宣祖实录》卷一百十二，己亥三十二年闰四月癸巳，学习院东洋文化研究所，1961年，第477页。）

朝鲜国王到普通将士，几乎所有人都只顾着逃命，纷纷放弃抵抗。

日本军营内到处都是色彩艳丽的旌旗以及形状怪异的盔甲，军容整肃，一眼望去便知这是一支久经沙场的军团。朝鲜人在三个月内就几乎丢掉了所有国土，这种态势也是加藤清正、小西行长等日本将军在多年征战生涯中从未遇见的，他们倍感惊讶和孤独：

> 日军一方面对朝鲜军队不堪一击深感惊诧，另一方面为自己一身武艺却没有用武之地而惋惜。①

接到朝鲜的急报，明廷左右为难。目前的问题不是指责朝鲜国王的“守国无状”，②而是仓促之间明朝并没有领军驰援朝鲜的理想人选。今年（万历二十年，1592）四月，就在日本远征军在朝鲜境内横冲直撞之际，明朝的精锐部队李如松军团正在向西北开拔，平定蒙古贵族哱拜在宁夏的叛乱。

东线、西线的战事同时打响，轻重之间，明廷必须做出抉择。相较于朝鲜战场上的日军，盘踞宁夏的蒙古叛军才是心腹大患。因此，明廷倚重李如松，务必并力镇压叛乱。如果镇压失败，宁夏叛军与塞外、西域等各部形成串联，那么，明王朝就可能彻底丧失对西北边疆的控制。东线作战方面，明廷做了两手准备，一方面下令祖承训作为先头部队火速集结骑兵驰援朝鲜，另一方面，四处散播

---

① ［日］小林莺里：《丰臣秀吉》，罗安译，北京：中国画报出版社，2018年，第329页。

② 朝鲜国王在林畔馆见到辽东游击史儒带来的一千骑兵后，身着衮龙袍、翼善冠与之相会，行再拜礼后，自我批评道：“不穀守国无状，致有今日之祸，至动天朝大人之行，不胜惶恐。”（《李朝宣祖实录》卷二十七，壬辰二十五年六月丙午，第338页。）

消息，扬言明朝集结十万大军，[①]即将奔赴朝鲜战场，与日军决一死战。

祖承训身为辽东猛将，战功卓著。在同蒙古铁骑作战的过程中，他尚且游刃有余，其他敌人更加无足挂齿。此时，明军内部不乏拥有与倭寇作战经验的将士。倭寇并非正规军，兵甲不一，七零八乱，而且早就被明军赶入大海。于是乎，祖承训便想当然地认为，所谓的日本正规军也不过如此。当朝鲜人告诉他日军听到自己的大名居然还没有从平壤城出逃时，他大喜过望，自以为可以像切菜一样获得大量的敌人首级，从而加官进爵，青云直上。

就在明军先锋沉浸于胜利的大梦之际，日军指挥官小西行长出于谨慎起见，开始试探明军实力。入夜后，他派遣小股部队偷袭明军大营，结果对方很快陷入混乱。看来这些中国军队连《孙子兵法》上强调的“不动如山”都不能做到，其实力也就可想可知了。哂笑之余，小西行长挥了挥衣袖，饮尽了杯中的旨酒。

平壤先锋战役打响，游击史儒、总兵祖承训率领数千名铁骑遇到日军后，大惊失色。日军装备精良，与之前的海盗寇匪不啻霄壤之别。他们人马都披着鬼头狮面，让明军战马受到了前所未有的惊吓。两军交战不久，大明先锋部队全线溃败。史儒战死，祖承训独自一人逃回鸭绿江。

日军随后警告朝鲜人：你们请来明军，结果怎么样呢？不过是找来了一群羊送到了猛虎的嘴边而已。战场惨败的消息传来后，大明举朝震动。

---

① 《明史纪事本末》卷六十二，第963页。

早在日本文禄元年（1592）二月，自称太阁的丰臣秀吉从京都出发，意欲兵出朝鲜、征服大明时，有人建议，请太阁多带一些精通中文的人。不料，丰臣秀吉冷笑道："我此行的目的，就是让他们汉人从今以后都讲我们日语。"① 众将听闻后，放声大笑，仿佛胜利就在眼前，大明四百州都将被日本吞并。

这一年，日军在朝鲜半岛取得了罕见的战功。朝鲜八道尽失，不可一世的大明先锋部队被全歼，日军士气如虹。日军内部有人建议，应该一鼓作气，跨过鸭绿江，转战辽东，直逼大明京师。有人则认为，刚占领朝鲜不久，很多地方并没有实际控制，如果此时主力攻入大明，后方生乱，我军会陷入被东西合围的险境。另外，后勤运输存在困难，不少士兵身患疾疫，如果明军或者朝鲜军队切断补给线，我军也将陷入险境。最终，持重的意见占了上风。就在日军经营新占领的朝鲜半岛，伺机进攻大明时，两国的使节也开始走动。

沈惟敬成为大明使者完全是一场意外。史书上称他是浙江嘉兴人，一个"市中无赖"。② 朝鲜半岛战事爆发后，除了过时的典籍之外，京师官民对日本这个国家的近况几乎一无所知。在日军入侵朝鲜半岛两年后，日本使者小西飞来到京师，万历皇帝还命令翻译询问小西飞："平秀吉为何侵掠朝鲜？"③

沈惟敬年近七十，在京师烧炼药石。他有一位家奴，名叫沈嘉旺。沈嘉旺，浙江温州人，曾被倭寇掳至日本，后来逃回中国。也

① 《重订日本外史》卷十六，第488页。

② 《明通鉴》卷六十九，第2790页。

③ 《明神宗实录》卷二百八十，万历二十二年十二月甲寅，第5172页。

有人说，沈嘉旺本人曾经投降过倭寇，一同入侵中国，兵败被俘。无论哪种情况，沈嘉旺对日本的情况肯定有所了解。根据他的述说，日本关白丰臣秀吉之所以入侵朝鲜，原因无他：日本仰慕大明，想要入贡，却被朝鲜从中阻隔，故而兴师问罪。[①]沈惟敬了解之后，渲染一番上报朝廷，获得朝廷信用，被破格封为游击将军，前往朝鲜半岛，与日军交涉。

一路跋涉，沈惟敬来到平壤，获得日军指挥官小西行长的热情款待。根据此番协商，以大同江为界，平壤以西归还朝鲜，平壤以东尽属日本。[②]表面上看，这份协议存在被接受的可能性。对日本而言，获得朝鲜领土，战果丰厚；对大明而言，朝鲜战场休兵，不至于让自己蒙受重大损失；对朝鲜而言，本来八道尽失，如今获得一半国土，至少可以立国自存。实际上，对三方来说，这份协议形同虚设。日军的核心目标在于征服大明，明军坐视属国领土被吞并，必定颜面尽失，而朝鲜也不会屈辱地接受丧失国土的结局。

万历二十年（1592）九月，宁夏叛军被敉平，西线战事告一段落，这让明王朝腾出手来并力迎战日本。之前七月，祖承训先锋部队全军覆没。八月，明廷命令兵部右侍郎宋应昌经略备倭军务。明王朝还发布了全国总动员令，调令南下，四川、重庆等偏远地区的官兵都被征发，南北各地的军队陆续到中朝边境集结。同年十月，朝廷命骁将李如松为总督，转战东线。根据情报，日军早就听闻李

---

① 沈德符：《万历野获编》卷十七，上海：上海古籍出版社，2005年，第2361页。

② 《明史纪事本末》卷六十二，第964页。

如松“材武天下无双”，[1] 十分期待与他沙场较量。

十一月，李如松带着精锐军团从京师出发。十二月，抵达鸭绿江。此时，沉醉于和平大梦的沈惟敬也从平壤来到军中。李如松对这位出身市井的游击将军并无好感，本来要在军中斩杀，在参谋的提议下，决定让沈惟敬大张旗鼓地和日军继续商讨册封事宜，然后明军出其不意，直捣敌巢。[2] 沈惟敬对日军释放和平在即的烟雾弹，平壤日军多少也放松了警惕。

鉴于祖承训的前车之覆，李如松和麾下将领为迎战日军做出妥善部署。十二月二十五日，迎着凛冽的寒风，李如松召开誓师大会。当时，天水一色，望着朝鲜半岛层峦起伏的山峰在云海中出没不定，监军刘黄裳在誓师大会上慷慨激昂地激励将士：“此汝曹封侯地也。”[3] 言罢，群情汹涌，大军跨过了鸭绿江。

明军的战术简洁明了，依托人数优势，在局部战场投入压倒性兵力，期在必胜。小西行长故技重施，对李如松之弟李如柏的军营发动夜袭，结果大败而归。看来这一次明军精锐尽出，小西行长面露难色……

万历二十一年（1593）正月，平壤战役拉开序幕。明军四面合围，在远程炮火的支援下，对小西行长发起猛攻。祖承训带着上次战败的耻辱，一同来到平壤城下。日军素来轻视朝鲜军队，认为他们不堪一击。故此，负责从南面进攻的祖承训令将士全部披上朝鲜军装。进攻伊始，祖承训所部“朝鲜军”时打时退，表现出精湛的演

---

① 《重订日本外史》卷十六，第497页。

② 《明通鉴》卷六十九，第2794页。

③ 《明史纪事本末》卷六十二，第965页。

技。小西行长从南面抽调兵力，支援西门。南军西调之后，祖承训令人脱去朝鲜军装，露出明军甲胄，战鼓擂动，旌旗招展，即刻发动奋击。小西行长发觉上当之后，赶快抽调其他方面的军队到南面支援。混乱之际，平壤城的小西门、大西门被明军攻陷。日本方面称，在这场战役中，明军调动二十万主力进攻一万多日军，[①]战场胜负不难预料。兵力之悬殊虽然有所夸大，但是明军集中优势兵力当属事实。

平壤大捷后，李如松又收复开城，并命令麾下将领乘胜追击。短短一个月内，朝鲜丢失的黄海、平安、京畿、江源四道全部收复，只有东北方向的咸镜道以及南部的忠清道、全罗道和庆尚道还在日军手中。朝鲜战局乾坤扭转，击溃日军指日可待。

明军对盘踞咸镜道的加藤清正派出使臣冯仲缨，扬言四十万大军将至，让加藤清正识时务者为俊杰，释放俘虏的朝鲜王子。加藤清正不愧是丰臣秀吉麾下的虎将，根本不为所动，如是答复明使：四十万大军，我一日歼灭一万，四十天可以全歼；一日歼灭两万，二十天就可全灭。消灭四十万明军后，我军卷甲奔赴辽东，直取京师，请大明皇帝到日本做客，届时清正就可回国复命。[②]

加藤清正的回复，在明军看来，不过是虚张声势。接踵而至的胜利让明军士气大振，仿佛全歼日军就在眼前。李如松接到谍报，日军放弃王京，纷纷南逃。信以为真的他轻敌冒进，在离王京三十里外的碧蹄馆遭到日军埋伏，本人险些被俘，明军损失惨重。

经过碧蹄馆之役，明军退守开城，朝鲜战场的前景愈发扑朔

---

① 《丰臣秀吉》，第 331 页。

② 《重订日本外史》卷十六，第 499 页。

迷离。

就在双方对垒之际，明军派遣偏将偷袭盘踞龙山的日军将领平秀嘉，焚烧日军数十万粮草。同年四月，饥肠辘辘的日军主动放弃王京。五月，日军退守釜山。就在日军撤退之际，联军陆续收复失地。朝鲜故土，奄然还定。此时，沈惟敬长袖善舞，抓住时机向朝廷提出册封议和的意见。

1593 年，釜山，沈惟敬与日军多次交涉，双方议和，签订条约。根据同年发布的《大明日本和平条件》，其中彰显出日本单方面的理想蓝图：

> 一、和平誓约不可违，天地虽尽，不可有变。大明皇帝应以贤女为日本之后妃。
>
> 二、两国因旧日之嫌隙，往来不通，此后应准官船商舶互相来往。
>
> 三、大明日本通好，不可变更，两国朝臣互誓盟好。
>
> 四、日本遣良将征伐朝鲜，以镇国安民，朝鲜不得有异议，朝鲜四道归于日本。
>
> 五、其余四道归还朝鲜，但朝鲜需派王子一名、大臣两名前往日本为质。
>
> 六、将二位王子归还朝鲜。
>
> 七、朝鲜国王臣服日本，世世代代不可违背。
>
> 文禄二年（1593）癸巳六月二十八日
>
> 丰臣秀吉 朱印

石田治部少辅
增田右卫门尉
大谷刑部少辅
小西摄津守[1]

日本用心险恶，七条之中除了第六条之外没有一条能为大明、朝鲜接受。即便存在诸多不确定性，日本似乎单方面认为这份条约已经生效，并于七月送还俘获的朝鲜王子。明廷根据沈惟敬的奏报，单方面认为日本关白丰臣秀吉同意撤兵，并臣服大明。看到日军已经释放朝鲜王子，明廷便下诏李如松留下偏将戍守，大军准备班师回朝。

在议和之初，大明和日本已经误会重重。沈惟敬诱骗小西行长，表示明朝允诺将朝鲜三道（忠清道、全罗道、庆尚道）割给日本，还要给丰臣秀吉封王。小西行长等人也有回国之意，不知是出于误解，还是有意为之，派人禀告丰臣秀吉，大明要尊奉丰臣秀吉为皇帝。丰臣秀吉闻讯后，见到大明如此卑躬屈膝，乐得同意。[2]直到后来，双方才逐渐明白事实并非如此。

从万历二十一年（1593）下半年开始，关于册封日本关白的问题在明朝群臣中间引发激烈的争论。御史杨绍程认为，本朝从太祖时期，就多次拒绝日本入贡。此后，倭寇频频进犯中国。嘉靖后期，东南沿海饱受倭寇蹂躏。中日之间仇恨未已，岂能册封议和？丰臣秀吉弑主篡国，狼子野心，正应天讨，不容姑息。此时此刻，我们

① 《丰臣秀吉》，第334—335页。关于中日和平条件的研究，可参郑洁西：《万历朝鲜战争期间和平条件的交涉及其变迁》，《学术研究》2017年第9期。

② 《重订日本外史》卷十六，第500页。

应该停止封贡，敕令朝鲜练兵自守，我军暂时撤还境内，仍需整兵以待。

与此同时，礼部郎中何乔远，科道御史赵完璧、王德完、逯中立、徐观澜、顾龙、陈维芝、唐一鹏等人交章止封。只有兵部尚书石星等人一意主和，认为册封日本、许其入贡可以停止战端。①宋应昌、李如松接到朝廷的旨意，领军回国。力主撤兵、赞成封贡的蓟辽总督顾养谦兼理朝鲜军务。李如松回国后，被加封为太子太保。言官交章上疏，弹劾李如松擅自同意与日本和亲，丧权辱国，理应问罪。万历皇帝予以优容，免于处罚。②

一直到次年（万历二十二年，1594）下半年，关于封贡问题，朝臣之间依然莫衷一是。朝廷倾向于认同封贡，以保和平，册封日本关白丰臣秀吉为日本国王，贡道定在浙江宁波。③同年九月，朝鲜国王李昖也上疏请求封贡，如此才能保全本国。与此同时，日本使者小西飞来到大明京师，在兵部尚书石星的主张下，享受了王公一般的超规格待遇。明廷提出册封三事：一、日本无条件退兵；二、册封日本关白为王，不许入贡；三、日本发誓不再入侵朝鲜。④

---

① 《明史纪事本末》卷六十二，第969—970页。

② 《明史》卷二百三十八《李如松传》，第6195页。关于李如松是否主张大明与日本和亲，史籍之间颇有疑辞。《万历野获编》认为，李如松提出与日本和亲之事子虚乌有，纯属仇人诸龙光的诬陷。诸龙光，浙江余姚人，曾经是李如松家的塾师，后来与李如松交恶，心怀怨恨。为了报复李如松，拉拢言官举报。后来，他被万历皇帝下旨拷讯，遣戍身死。（《万历野获编》卷十七，第2359页。）

③ 朝议将宁波作为日本贡道，大学士沈一贯极力反对。因为沈阁老是宁波人，担心日本由此入贡，会祸害乡里，故而贡议稍息。（《明史》卷二百十八《沈一贯传》，第5755页。）

④ 《明史纪事本末》卷六十二，第970页。

万历二十二年（1594）冬，明廷才确定了册封日本的基本方针。万历二十三年（1595）正月，明廷正式派遣临淮侯李宗城充正使，都指挥杨方亨为副使，同沈惟敬前往日本册封。[①] 在李宗城、杨方亨、沈惟敬等人被派出之际，万历皇帝朱翊钧、兵部尚书石星、蓟辽总督顾养谦等人看到了和平的曙光，朝鲜半岛的争端似乎即将画上休止符。

使臣虽然选定，但是文武百官悠悠众口，并未稍息。东封日本一事从此进入一段曲折繁复的历程。

礼部官员应日本使臣小西飞的请求，在万历皇帝的恩准下，除了准备皮弁冠服、纻丝等项以及诰命、诏敕之外，还特意铸造了龟钮金印，预备颁授丰臣秀吉为日本国王。[②] 蓟辽总督孙矿从军事角度出发，提醒朝廷，日军必须全部退出朝鲜半岛之后才可以册封。在此之前，我们应该整饬兵马，额外调拨三千名浙江兵到朝鲜协防，同时派遣官员谕令盘踞釜山的日本人尽快退回本土。福建等地应该随宜侦探沿海一带，选将练兵，积粮治器，以备不虞。[③] 在派出册封使臣的同时，明廷并未放松对日本的防范。此后，果不其然，日军和明军打打停停，冲突不断。

面对总督孙矿的提醒以及朝鲜战场的不时冲突，册封使臣李宗城等人羁留中国，并未东行。二月，大学士赵志皋上奏万历皇帝，

---

① 《明通鉴》卷七十，第 2818 页。

② 《明神宗实录》卷二百八十一，万历二十三年正月庚辰，第 5188—5189 页。

③ 《明神宗实录》卷二百八十一，万历二十三年正月癸未，第 5190—5191 页。

请求使臣尽快出行，落实东封大事，彰信天下。[①] 李宗城等人成行之后，总督孙钋坚执不可。他指出，日本山城君（即日本名义上的国王，没有实权）见在，使臣小西飞等人却诓骗大明，说他已经去世，十分可疑。因此，他建议朝廷断不可册封丰臣秀吉为日本国王，而应改封顺化王。他还请求朝廷，从天津等地调拨水陆大军积极防倭。[②]

九月，册封日本正使李宗城从朝鲜发来奏报，盘踞朝鲜的多股日军焚栅渡海回到本国，等到举行完受封礼后，剩余日军就全部退回日本。[③] 消息传来，兵部尚书石星如释重负，东封之事，旦夕可成，从此东北永享安宁。

就在东封日本一事步入正轨之时，万历二十四年（1596）正月，言官徐成楚的一封奏疏捅了篓子。

徐成楚指出，东封一事迁延时日，实在可疑。册封正使李宗城等人去年上奏，盘踞釜山的日本军民纷纷退回本国。如果从早年侵扰朝鲜半岛的倭寇算起，日本在釜山个别地区的经营已经有一百多年，祖宗坟墓均在此处。安土重迁，人之常情。他们怎么会听到册封的消息就乖乖撤离呢？沈惟敬不过是市井无赖，他与小西行长之间的约定岂可尽信？目前，我大明接到的日本国书含糊不清。李宗城等人奏报，釜山日军从去年七月初六日起至二十八日，渡海回日本的有三万多人。从八月初三日起至二十九日，又报渡海者

① 《明神宗实录》卷二百八十二，万历二十三年二月癸丑，第 5214 页。

② 《明神宗实录》卷二百八十二，万历二十三年二月乙卯，第 5215 页。

③ 《明神宗实录》卷二百八十九，万历二十三年九月乙未，第 5362—5363 页。

三万八千余人。如果奏报属实，那么釜山一地应该没有什么日军了，李宗城大可渡过对马海峡，到日本册封。他们一行为什么还是趑趄不前？他们到底在忌惮什么？还请朝廷命令使臣李宗城等人将彼中事宜据实奏报。[①]

吏科给事中张正学也提出质疑，从我大明京师到釜山不过两个月的行程。李宗城、沈惟敬等人前后发来奏报，语多支吾。如果真像他们所说的那样，东封之事一切顺利，为什么他们耽搁了整整一年，迟迟没有了结此事？微臣恐怕日军别有用心，而我们派出的使臣轻信误国。稳妥起见，还请朝廷派出重臣，速往釜山查验实情。[②]

二月，由于朝廷没有明确旨意，忧心如焚的徐成楚再次上疏。倭情叵测，东封一事引发议论纷纷。有人说，日本关白已经封锁对马海峡，我大明使者未通一舟。有人说，小西行长已把我大明使者关押起来，威胁我朝和亲、互市，并让朝鲜割让四道。有人说，釜山日军根本没有焚烧巢穴，返回日本。还有人说，日军在对马岛等处囤积大量粮食物资，图谋不轨。[③]

徐成楚不过是兵科署科事刑科左给事中，人微言轻。就在他担忧之际，册封正使李宗城发来奏报，言之凿凿，保证日本并无诈伪，请朝廷放心，册封一事大功垂成。

蓟辽总督孙钅上疏，请求朝廷保持强硬态度，命令李宗城等人暂驻釜山，不要轻易渡海。天朝册封日本的前提条件非常明确，那

① 《明神宗实录》卷二百九十三，万历二十四年正月甲申，第5434—5436页。

② 《明神宗实录》卷二百九十三，万历二十四年正月甲申，第5436—5439页。

③ 《明神宗实录》卷二百九十四，万历二十四年二月己酉，第5458页。

就是在朝鲜半岛上“一倭不留”。等到朝鲜国王确认国土上没有日军之后，天朝使臣才可渡海册封日本。日军一日不退兵，天使一日不渡海，即便迁延岁月，也在所不惜。[①] 兵部也感到了事态的严重性，东封之事耽搁至今，恐怕是日本别有所求。

我们不禁疑惑，这一年来，册封使者李宗城、沈惟敬等人究竟经历了什么？

万历二十三年（1595）正月，朝廷已经命令李宗城等人东封。他们观望不前，直到二十四年（1596）正月，才抵达釜山。沈惟敬陪同小西行长先行渡海，面见丰臣秀吉。正使李宗城身为纨绔子弟，素来贪财好色。由于他是开国元勋岐阳王李文忠的后人，所以获得朝廷的格外信任，被委以重用。[②] 他一路东行，到处索要金银、美女。来到对马岛之后，日本太守仪智小心伺候，每天晚上都要准备两三名美女轮番进献。比起册封日本的军国重事，李宗城更加重视个人淫乐，沉湎其中不能自拔。他甚至对进献的美女感到厌倦，听说仪智的妻子美若天仙，便意图强占。此女并非他人，正是日军指挥官小西行长的女儿。仪智被成功激怒，对李宗城恨之入骨。李宗城嚣

① 《明神宗实录》卷二百九十四，万历二十四年二月辛酉，第 5470 页。

② 关于明代的勋臣问题，可参拙作《明代的勋爵授予与勋臣教诫》，《史林》2019 年第 5 期。文章指出：“明廷渴望通过勋爵代代相传把军事指挥权牢牢把控在自己手中，对非勋爵集团出身的将领总是无法消除戒惧之心。勋爵子弟理所当然地把军事要职视为囊中之物，反而力图将应尽的文武修行义务不断稀释，乃至扬弃。明廷的固执己见、勋臣之间的盘根错节以及勋爵子弟的好逸恶劳形成了一种难以弥缝的撕裂，这种撕裂最终导致了勋臣教诫的频频失控。试问，在如此僵滞的机制下，如何指望这些纨绔子弟带领明军赢得胜利呢？”万历朝在册封日本这种军国大事上屡屡用人不当，致使三国邦交进一步恶化，对后来第二次朝鲜战争的爆发不无影响。

张跋扈，又与他人争道，被日本刺客追杀。危难之际，李宗城抛弃国书，连夜逃奔。[①] 李宗城辱国之事传回大明，万历皇帝龙颜大怒，下令逮捕，改命杨方亨为正使，沈惟敬为副使，令其择日渡海。

兵部尚书石星惴惴不安，认为李宗城之事是“倭奴狡诈”所致。因为荐人不当，他自请褫夺官职，结果却获得皇帝的谅解。随后，带着深深的负罪感，石尚书在使臣东封的同时，积极预备粮饷，调遣南北将士，以备不虞。

万历二十四年（1596）五月，沈惟敬从日本发来塘报，日军将领小西行长素来与加藤清正不和，日本方面关于议和与否各执一词。根据行长的说法，册封日本一事迁延日久，不是日本单方面的原因，而是明朝的办事官员、朝鲜将领以及日军之间言语不一，沟通起来常常是非颠倒。本来就反对册封的加藤清正奏报太阁，从中挑拨。[②] 现在，三方互相猜忌，才导致册封受阻。

小西行长、沈惟敬等人所论不无道理。在日本看来，明军似乎答应了自己提出的《和平条件》，同意和亲、割让朝鲜四道等七项要求。在明王朝看来，日本似乎答应了自己提出的册封三事：从朝鲜退兵、许封不许贡、誓不侵犯朝鲜，正满心欢喜地等待领取日本国王金印。实则，日本的“和平七条”与明廷的“册封三事”存在难以弥合的冲突。

七月，明廷接到册封正使杨方亨发来的军报，他们已于六月十五日渡海，前往日本册封关白。[③] 九月，杨方亨、沈惟敬面见丰

① 《明史纪事本末》卷六十二，第 971 页。
② 《明神宗实录》卷二百九十七，万历二十四年五月辛巳，第 5559 页。
③ 《明神宗实录》卷二百九十九，万历二十四年七月癸酉，第 5601 页。

臣秀吉，互相对质之后，才真正明白彼此的意图风马牛不相及。听到大明要封自己为日本国王时，丰臣秀吉大怒："我掌管日本六十余州，欲王则王，何须大明册封？"[①]他本来以为，明朝会派来重臣交涉，朝鲜会派来王子谢恩，结果却看到杨方亨、沈惟敬这种小角色，带来的也是微不足道的礼物，于是感到自己受到了莫大的羞辱。

根据日本的说法，此次册封闹剧之所以会出现，主要原因是朝鲜从中作梗。为了保住国土，朝鲜人使出计谋，派遣使者前往大明，让明廷误以为丰臣秀吉渴望得到朝廷的册封，成为日本国王。[②]实则，丰臣秀吉根本没必要拥有这种名分。他的目的是征服明王朝，怎么可能接受大明的册封？除了朝鲜人的问题之外，明朝使者也有问题。在日本决意再次入侵朝鲜之际，册封使臣杨方亨、沈惟敬等人的奏疏抵达朝廷。他们在奏疏上捏造出一个盛大场面：丰臣秀吉为了举行受封礼，特地斋沐三日，还面对天朝京师的方向行五拜三叩头的大礼，并山呼"万岁""万岁""万万岁"。[③]

至此，东封日本如竹篮打水，成为一场空梦。万历二十五年（1597）六月，日军数千艘战舰进驻釜山，第二次朝鲜战争全面爆发。

万历二十六年（1598）十二月，日军全部退出朝鲜半岛，长达七年之久的朝鲜战争尘埃落定。次年（1599）闰四月，明军班师回

① 《丰臣秀吉》，第335页。

② 《丰臣秀吉》，第337页。

③ 《明史纪事本末》卷六十二，第971页。日本史籍也记载沈惟敬等人欺瞒明廷的事实："（庆长）二年正月，明使者至明，佯报秀吉受封拜舞，和议全成。"（《重订日本外史》卷十六，第508页。）

朝，明廷向全天下颁布平倭诏书：丰臣秀吉不过是东夷小丑，竟敢挑战天朝权威，进攻内附的朝鲜。朝鲜向来恭顺，遭到国难，天朝岂能坐视不管？于是，“少命偏师，第加薄伐”，[①]就取得了平壤大捷。天兵神勇，最终扫平倭寇。

万历皇帝还派遣使者敕谕朝鲜国王李昖，告诫他日后要“卧薪尝胆，无忘前耻。筚路蓝缕，大作永图”，[②]一定要奋发图强，让倭寇不敢再犯。如果倭寇贼心不死，还来侵犯，你们也不要担心，有天朝做你们的坚实后盾。

真实的情况是，日军退回本土的原因在于丰臣秀吉的意外去世，导致军心涣散，这才鸣金收兵。在第二次朝鲜战争的军事较量中，大明和朝鲜均因自己的失误受到重创。

闲山岛是朝鲜水军的大本营，本来由一代名将李舜臣驻守。朝鲜国王听信谗言，用元均取代李舜臣，掌握水军的指挥权。万历二十五年（1597）八月，日本进犯闲山岛。元均内斗有余，作战无能，在闲山岛战役中大败于日军，致使朝鲜水军几乎全军覆没，让联军陷入被动，王京也危在旦夕。

万历二十六年（1598）正月，小西行长在蔚山与明军决战。尽管联军筹划已久，优势明显，但由于指挥不当，明军指挥官杨镐策马逃脱，麻贵也随后逃亡，一时间明军丢盔弃甲，阵亡近两万人。杨镐隐匿军情，仅仅向朝廷奏报死亡一百多人，将蔚山大败捏造成

① 《明神宗实录》卷三百三十四，万历二十七年闰四月丙戌，第6179页。
② 《明神宗实录》卷三百三十四，万历二十七年闰四月丙戌，第6182页。

“蔚山大捷”。[1]事后，杨镐不仅没有受到任何处罚，朝廷还恩荫他的一个儿子，送到国子监读书。[2]

在朝鲜战场的战和期间，大明和朝鲜各有自己的如意盘算。第二次朝鲜战争爆发后，总督邢玠曾对部下透露朝廷的八字密画：“阳战阴和，阳剿阴抚。”[3]为什么大明有机会主动进击日军，却费尽心力地册封、议和？原因无他，明廷要担负起防卫附庸国的义务，却不愿意为此付出过于高昂的代价。日军撤出朝鲜半岛之后，《李朝实录》特意引用了一位天朝官员的奏疏：

> 夫中国之兵虽强，岂有永为外夷戍守之理？中国之粟虽多，岂有长为外夷转运之理？虚内地而实外藩，割心腹而补爪发，世所谓愚也。[4]

也正是因为明廷在战和之间摇摆不定，反而为此饮下苦水。七年之间，明王朝丧师十余万，耗费粮饷无算，严重透支了本已虚弱的国力。为了弥补财政亏空，明廷命令各省设置税使，以太监充任，[5]从此踏上了剜肉补疮的不归路。而朝鲜上下是否领情呢？一位叫作

---

① 《明通鉴》卷七十一，第2845页。关于蔚山之败，史称：“是役也，谋之经年，倾海内全力，合朝鲜通国之众，委弃于一旦，举朝嗟恨。”（《明史》卷二百五十九《杨镐传》，第6686页。）明廷在朝鲜战场上，选用使者不当，李宗城荒淫误事，沈惟敬欺罔误国，选用将领亦不当，杨镐指挥失误，诈败为捷，朝廷不罚反赏。万历后期，杨镐再次辜负朝廷的信任，在萨尔浒决战中，全军覆没，大败于后金，对后来明朝的灭亡负有不可推卸的责任。崇祯二年（1629），杨镐才被处以死刑，而此时明朝灭亡已成定局。

② 《明神宗实录》卷三百六十四，万历二十九年十月己巳，第6786页。

③ 方孔炤：《全边略记》卷九，《四库禁毁书丛刊·史部》第11册，第326页。

④ 《李朝宣祖实录》卷一百七，戊戌三十一年十二月己巳，第410页。

⑤ 《明史》卷二十《神宗纪一》，第278页。

沈喜寿的朝鲜官员上奏国王，唐兵（即明军）扰民，从士大夫之家到闾阎小民都已经“不胜怨苦”，[①] 愤愤不平。

朝鲜当年之所以热心支持明廷册封日本，也是出于保全自身的考虑。只有想方设法让大明和日本两虎相争，最好两败俱伤，朝鲜才能成为最大的赢家。万历二十五年（1597）五月，大学士张位建议明军在平壤、开城两地屯田，这样才能获得稳固的后勤保障，积蓄实力与日军决战。朝鲜害怕中国借此机会吞并自己，故而从中阻挠，坚辞不允。[②] 因此，大明将士在朝鲜战场上抛洒热血、苦战日军，内地百姓也要运送粮饷到千里之外的朝鲜半岛进行支援。[③] 朝鲜对大明使者也十分不满，特别是沈惟敬竟然提出割让三道给日本，玩弄大明、朝鲜于股掌之中，简直是“左右卖国反复之臣”。[④] 日军卷土重来后，力主册封的兵部尚书石星以及册封副使沈惟敬等人以“通倭”的罪名被处以死刑。

远征朝鲜的丰臣秀吉有其传奇的一生，改变了日本的历史。他出身卑贱，精力过人，据说在青年时期，每天的睡眠时间不超过四个小时（晚上十二点到凌晨四点）。即便年过六十，“犹枕甲而眠”，[⑤] 勤于军政，可窥一斑。反观此时明王朝的最高领导人明神宗朱翊钧，他常年不上朝，以至于“纲纪废弛，君臣否隔”，致有“明之亡，

① 《李朝宣祖实录》卷一百十二，己亥三十二年闰四月辛巳，第472—473页。

② 《明史纪事本末》卷六十二，第972页。

③ 对大明而言，朝鲜作为属国，有不得不援救的道理。一如史学家张岱所揭：“总一朝鲜，而一救一不救，且关吾中国之衰盛，则东征之举，所系亦大矣。”（张岱：《石匮书》卷二百一十八，《续修四库全书》第320册，第328页。）

④ 《重订日本外史》卷十六，第509页。

⑤ 《重订日本外史》卷十六，第504页。

实亡于神宗”一说。[1]勤政体国的开国祖训形同虚设，后世子孙怠政误国，若朱元璋有知，未知作何感想。

当年，朱元璋统一中国后，举目望去，是茫无止境的欧亚大陆，得陇望蜀，为之白头。因此，“不征之国”代表了适可而止的治国智慧。[2]对丰臣秀吉而言，从京都出发四野皆海，日本实在过于狭小，想要拓展生存空间，必须乘风破浪，在新的大陆上立足，尤其要击垮大明这个庞然大物，就像当年蒙古军团将南宋政权一路追击最终使其葬身大海一样。

可悲的是，迷妄的野心也以迷妄的结局收场。正如一位丰臣秀吉的传记作家小林莺里描述的那样：

> 就这样，丰臣秀吉的远征，毫无意义地开始，毫无意义地结束了。[3]

万历朝鲜战争结束二百七十年后，李鸿章在接见日本外务少辅森有礼时提到：

> 平秀吉想是千古伟人，然朝鲜之役前后七年，明以朝鲜为我国藩篱，在所必争，致丧师縻饷，两受其害。[4]

如李鸿章所言，丰臣秀吉的勇武和谋略不可否认。同样不可否

---

① 《明史》卷二十一《神宗纪二》，第 295 页。

② 万历时期，有人提议，明军应该跨海远征日本，结果遭到众臣的强烈反对。按照内阁首辅朱国祯对大明实力的判断：“中国人全然不晓，懦者为封贡之说，躁者欲尽兵力，跨海长征。中国有甚兵力，学得倭子袭人？只备御为主，渐渐消耗他。”（《涌幢小品》卷三十，第 3818 页。）

③ 《丰臣秀吉》，第 366 页。

④ 黄遵宪：《日本国志》卷六，《续修四库全书》第 745 册，第 75 页。

认的是，日本挑动的朝鲜战争旷日持久，给中日朝三方都带来了沉重灾难。丰臣秀吉入侵朝鲜也并非如此“毫无意义”，小林莺里无不反思地写道：

> 丰臣秀吉的结果是日本人被称作“倭寇”，邻国不想与日本为邻，将日本看作“残暴之国”“不可交往之国”，把日本人当作“暴徒”“恶棍”，不愿与日本人交流，甚至觉得坐在日本人身边都会弄脏了自己。[1]

册封日本的背后正是中日朝三国力量的博弈。对朝鲜而言，想要在夹缝中求得生存，让自己强大起来，妥善处理好与中日两国之间的关系恐怕是必经之路。对明代中国而言，如果盲目自信，自恃强大，一旦遭遇战争，则胜负难料，国运堪忧。传统的邦交礼制服从于变化中的实力对比，明王朝的册封如果失去强大的国力这一基石，无异于一场幻梦。对日本而言，“流年不相贷，人老皆昏聩”，丰臣秀吉晚年入侵朝鲜害人害己，冒险扩张非但没有占到便宜，反而损兵折将，既导致丰臣家族的没落，江山易主，也引发邻国对日本的敌意，至今未替。

客观地讲，如果丰臣秀吉没有病逝，明军即便战胜日军，无疑也会付出更为惨重的代价。继宁夏之役、朝鲜之役以来，明王朝依然充满信心地以世界中心自居，直到萨尔浒战役后，看似强大的明军惨败于后金，中国历史又一次进入改朝换代的倒计时。丰臣秀吉

---

① 《丰臣秀吉》，第368页。日本庆长三年（1598）八月，丰臣秀吉临死前，突然张开双目，发表遗言：“勿使我十万兵为海外鬼。”（《重订日本外史》卷十六，第517页。）是年底，日军全部撤出朝鲜半岛。

死后，德川家康吸取了远征海外的惨痛教训，建立了稳固的幕府统治，代价却是奉行极端的闭关锁国政策。清军入关后，逮于康乾盛世，志得意满，同样闭关锁国，沉醉于天朝上国的迷梦之中。东亚国家不约而同地转入内向……后来，改变东亚各国命运的，既不是中国，也不是日本，更不是朝鲜，而是西方的坚船利炮。

往事已成空，还如一梦中。明清中国的封贡体系早已成为历史遗迹，被变化中的世界秩序所代替。放下唯我独尊的历史优越感，及时了解其他国家的真实发展，理解变化，把握变化，这或许正是四百多年前大明王朝册封日本这场闹剧带给我们的最大启示。

第十章　国君死社稷

第一节　皇陵大火

> 顷者流贼不靖，毒流五省，乃至侵犯皇陵，焚烧禋殿，则真古今未有之奇变，臣死臣辱之秋也。顾不亟灭此贼，无以泄神人之愤；而不追溯乱源，亦无以施戡定之功。
>
> ——文震孟《皇陵震动疏》（崇祯八年，1635）

明社既屋，两百余载，一次偶然的契机，晚清名臣曾国藩来到凤阳游历。熟谙历史掌故的他把目的地选在明皇陵，动身前往一探究竟。明皇陵是朱元璋安葬父母兄嫂的陵墓，素为明廷重点祭祀的圣地。

此时的明皇陵衰草离披，当年的显赫地位靡有孑遗。曾国藩游览时，明皇陵空空荡荡，四野阒寂。整个皇陵坐南向北，中间是一片旷地，平整得如同打磨过的镜面。从此处出发，向东是凤阳府城，向西则是凤阳县城。一府一县，明皇陵恰巧位于两个“凤阳”中间。明皇陵的建造结构环环相扣，外城之内是内城，内城之内复有内城。年湮代远，分界线漫漶难辨。粗略估算，陵城南北约三十里，东西约四十里。整座陵城的形状似方还圆，仿佛残聚着一团真气。陵城内的活水从东北部的一座山中汩汩流出，滋润西南。这座山巍峨耸立，高十余丈，山形恰如一顶纬帽（清代一种没有帽檐的凉帽）。山上坟头不过两丈来高，可是，四处群山无论是十丈的，还是二十丈的，却都感觉匍匐在脚下。果然山不在高！

博闻强识的曾国藩对风水堪舆之学颇有研究，看到这种地形，不禁在日记中写道：

> 天光极为圆聚，信异地也。[①]

凤阳作为明王朝顺天府（北京）、应天府（南京）之外的第三个首都——中都，政治、经济、军事等方面的实力虽然无法与两者颉颃，但是祭祖规格却有过之而无不及。当年凡是到过皇陵的人多少都会感到震慑，因为这与其说是一座坟墓，毋宁说是一座规模宏伟的宫殿建筑群，而且明朝历代君主在位时莫不加以修缮。

皇陵建有皇城一座，周七十五丈五尺，是祭祀朱元璋的父亲明仁祖的核心之地。皇城之中，单是正殿就有九间，另外还有十一间东庑，十一间西庑，左右各有角门。皇城里有燎炉、碑亭、御桥以及金水河等。

皇城之外是一座拱卫内城的砖城，周六里一百一十八步。砖城有四座门楼，还有六间服殿，两间膳房，六间官厂，两间东直房，两间西直房，十间外直房，三座灵星门。在砖城里面整齐分布着神

① 《求阙斋日记类钞》卷下，曾国藩撰，王启原辑，《续修四库全书》第559册，第882页。

厨、库房、酒房、水池等。凡是祭祀需要的物品，在砖城中多半可以自给自足。

砖城之外还有一座外土城，周二十八里。外土城正面有三座正红门，东西角门各三间，以及相应的官厅和东直房、西直房等。在外土城东南西北四道门外都立有两座下马牌，提醒往来人员，务必提前下马，否则予以严惩。围绕着外土城，还紧密地建造了十三处巡铺，以备警戒。①

成化年间，朝廷对皇陵进行过一次修葺。这次修陵的领导班子由南京守备太监郑强、平江侯陈锐以及南京兵部左侍郎白昂组成。具体负责修缮皇陵的部门则是南京的工部和户部，工部负责具体的施工事宜，户部则负责财政拨款。仅仅是一次普通的修缮，就借用兵部一百艘巨船负责运输建筑材料。为此，朝廷还调来六百名技艺精湛的建筑师，一千多名建筑经验丰富的匠户，又额外征用四千名民夫。按照负责官员的奏报，这次修缮有赖祖宗之灵，进展得出奇顺利，前后七个月完工，用银一万六千多两，费米一万五千多石，比原计划提前了数年。②

修陵后，朝廷照例在皇陵举行了规模盛大的祭祀仪式。在皇陵祠祭署官员刘雄、汪琨二人的指挥下，经验丰富的二十四名冠带礼生按部就班，确保整套仪式（迎神、祭神、送神等）顺利进行。为此，

① 柳瑛：《（成化）中都志》卷四，《四库全书存目丛书·史部》第176册，第205—206页。

② 柳瑛：《（成化）中都志》卷四，《四库全书存目丛书·史部》第176册，第206页。

这些礼生的名字还被史籍破格记载了下来。[①]

这二十四名礼生的名字无一例外都是单姓单字，史籍并未揭露原因。我们猜测，如果不是当地特有的习俗，则似在用极其简约的形式表达对仁祖淳朴的敬意。礼生受祠祭署管辖，也由祠祭署选拔，而祠祭署的官员与地方官员存在本质不同。按照洪武以来的定制，皇陵祠祭署的官员都是由汪家、刘家、赵家三家世袭。

凤阳皇陵的前身是濠州金井园陵。朱元璋未称帝之前，征战四方，担心父母兄嫂墓地的安危。因此，他特命同里的汪文、刘英回到濠州。汪、刘二人召集二十多家亲邻，承担起守陵人的角色。刘英是刘继祖的后人，而刘继祖又是朱元璋的恩人。当年，在父亲死后，朱元璋和哥哥用草席包裹尸体，准备草草掩埋。在抬尸体的半道上，绳子断裂，兄长回家去拿新的绳索。就在朱元璋等候之际，天降大雨，越下越大，他只好抛下尸体回去避雨。第二天，兄弟二人回去找寻，发现父亲的尸体已经陷在刘继祖的地里。了解情况后，刘继祖愿意无偿提供这块土地，作为朱元璋父亲的安息之所。朱元璋称帝后，刘继祖被封侯，妻子娄氏也被封为侯夫人。有了这份情缘，刘英作为刘继祖的后人，便被任命为祠祭署奉祀。汪文的母亲在朱元璋走投无路的时候，赠送盘缠，才让朱元璋落脚寺庙，免于饿死。汪文和朱元璋同里，一起长大，平时也对朱元璋多有关照。

---

① 当时，具体负责的官员有皇陵祠祭署奉祀刘雄、汪琨两人，祀丞汪璘、赵琼两人，冠带礼生二十四人：石岩、姜玉、刘钊、张珣、吴纲、郑容、李宗、王钦、李宁、周旻、徐浩、沈淳、殷通、庆亮、张荣、刘鉴、萧珎、史胜、任景、居志、武弼、赵秀、吴琳、刘和。参柳瑛：《（成化）中都志》卷四，《四库全书存目丛书·史部》第176册，第206页。

还有一户赵氏，是朱元璋义父的外家，也世袭守陵的职位。[1] 在汪文死后，朱元璋亲自撰写悼文，派遣官员慰问，吊祭赙恤极为丰厚，成为一时殊荣。[2]

在祠祭署当差是闲职，待遇优渥。洪武八年（1375），朱元璋让翰林院考订祭祖礼仪，拟于每年元旦、清明、七月十五、十月初一以及夏至、冬至用太牢祭祀，每月初一、十五则用特羊祭祀。[3] 次年，朱元璋特地给太常寺发布诏书，改定皇陵每月的朔望祭祀一律用少牢。[4]

天子的格外关注也让祠祭署的待遇不断提升，管辖规模不断扩大。原来仅有 20 多家守陵人，后来扩充为 3342 家，近 1.5 万人。这 3342 户人家获得世代免于交税和服役的特权，在盛大祭祀的时候，尤其是天子、太子等重要人物前来拜谒时，还会获得额外赏赐。[5]

汪家世为奉祀（从七品），刘家、赵家世为祀丞（从八品）。前人的德荫传至后人变成赤裸裸的利益争夺。后来，世袭奉祀的汪家犯罪，被降为祀丞，刘家升任奉祀。之后，汪、刘两家迭为奉祀。成化年间，汪、刘两家为了争夺祠祭署的最高管理权打起了官司，刘家有意世袭奉祀。事情闹到了南京太常寺，又闹到了北京吏部，往还反复。宪宗皇帝最终决定让祠祭署祀丞刘雄、奉祀汪琨并为

---

① 查继佐：《罪惟录》志卷十六《陵志》，《续修四库全书》第 321 册，第 517—518 页。

② 《明太祖实录》卷一百八十二，洪武二十年五月戊辰，第 2741 页。

③ 《明太祖实录》卷一百一，洪武八年九月乙卯，第 1714 页。

④ 《明太祖实录》卷一百三，洪武九年正月己未，第 1732 页。

⑤ 永乐十一年（1413）二月，朱棣到凤阳祭祀皇陵，赏赐八十岁以上的耆民每人三斗酒、五斤肉，九十岁以上的，还额外赏赐一匹帛。（《明太宗实录》卷一百三十七，永乐十一年二月辛未，第 1668 页。）

奉祀。[1]

汪、刘两家后人争夺祠祭署管理权的行为虽然可笑，但背后却是中国人笃信不疑的因果报应观念。《周易》上讲，“积善之家必有余庆”，前人积德行善，后人就会跟着享福，福祸相依，反之亦然。汪、刘两家的祖先不过是无偿提供了一小块儿土地和些许川资，就让子孙获得了世袭礼官的特权。朱元璋也同样认为，自己之所以能够问鼎天下，是祖宗积德的福报。洪武十一年（1378）二月，他特命皇太子到中都凤阳皇陵祭祖，并让中书右丞相汪广洋扈从。临行前，他叮嘱皇太子：

> 自古帝王之兴，皆祖宗积德厚深，格于皇天，钟吉聚庆，乃生帝王，以主天下，传世无极。朕仰承天命，抚驭万方，实由我祖考以来积德所致。[2]

朱元璋本人多次亲临皇陵祭祀，即便政务繁忙，闲暇时，他远眺中都，也会心生感慨。仁祖皇帝、皇后一生贫苦，却不改做人的本色。端赖朱家列祖列宗护佑，才有大明朝的今日。因此，太子必须体会圣经贤传的教训，聿守礼制，尊祖敬宗。

除了劝诫后辈诚心敬祖外，朱元璋从不缺乏霹雳手段。洪武末年，明廷发布皇陵禁令，凡是车马路过皇陵，百步之外必须下马，如有违犯，以大不敬论。[3]洪武帝也为后人严肃皇陵纪律做出表率。永乐年间，刑部接到举报，皇陵祠祭署奉祀刘墉监守自盗，擅伐皇

---

① 《明宪宗实录》卷一百三十五，成化十年十一月壬申，“中研院”历史语言研究所1962年校印本，第2537页。

② 《明太祖实录》卷一百十七，洪武十一年二月癸亥，第1913页。

③ 《明太祖实录》卷二百二十八，洪武二十六年六月壬辰，第3323页。

陵树木。即便是对祠祭署最高长官，朱棣也没有网开一面，而是直接将其逮捕入狱。[1]

成化年间，四月的一个夜晚，有四位心存侥幸的民夫偷偷潜入皇陵，准备砍伐几棵树木，贴补家用。皇陵卫的官兵很快将他们抓获。中都留守司加以拷讯，拟以长期监禁的重罚。南京都察院接到奏报后，按照洪武以来的榜例，从重处理，改拟死刑。案子送到京师，宪宗皇帝听从廷臣的意见，予以折中。死罪可免，活罪难逃，将这四名盗贼在皇陵附近枷项示众，满一个月后，再押送浙江沿海卫分充军。[2]

明皇陵象征着皇家威严，在很多奏疏中被称作“根本之地”，关系整个国家的气运。这里安葬着太祖皇帝的父亲、太宗皇帝的祖父，是此后历代皇帝彰显孝德的礼制圣地。在皇陵卫的戍守下，明皇陵戒备森严，不容冒犯。方圆百里之地，哪怕砍伐一棵树木，都会给当事人带来灭顶之灾。

崇祯初年，来自河南新安的吕维祺官拜南京兵部尚书，参赞机务。吕维祺出身中原望族，深受程朱理学的浸润。他的祖母牛氏因为守节获得朝廷旌表，父亲吕孔学恪守孝道，也曾捐献1200石小米给饥民，被旌表为孝义。[3] 在这种理学氛围浓郁的家庭环境中成长，吕维祺不负众望，怀揣一腔忠义，志在报效国家。

天启年间，他任验封郎中，因为魏忠贤专权乱国，落职还乡。

---

① 《明太宗实录》卷一百三十六，永乐十一年正月辛丑，第1658—1659页。
② 《明宪宗实录》卷二百五十一，成化二十年四月丁卯，第4248—4249页。
③ 《明史》卷二百六十四《吕维祺传》，第6820页。

崇祯皇帝即位后，剪除魏忠贤，天下想望太平。天下有道则见，吕维祺从尚宝卿迁太常少卿，不久擢升南京户部右侍郎，总督粮储，很快升任南京兵部尚书。南直隶下辖应天府、凤阳府、淮安府、扬州府、苏州府、松江府、常州府、镇江府、庐州府、安庆府、太平府、池州府、宁国府、徽州府等十四个府，另辖徐州、滁州、和州、广德州等四个直隶州。十八个府州当中，凤阳府作为本朝龙兴之地，管辖面积最大，也是南京的西北门户。

此时此刻，张献忠、李自成等部在西北、中原等地区到处游击，而后金的军队和蒙古各部在东北兴风作浪。当务之急，吕维祺亟需加强南部中国的防备力量。执掌兵曹之后，他迅速整肃了南直隶辖区的军事纪律，将八千多名冒名占籍的无关人员从军队中清除出去。此外，他还严令辖区各卫所加强军事训练，积极储备战略物资，以备调用。为了鼓舞士气，他严查军队中的腐败问题，揪出贪墨军饷多达一万二千余两的陈天翥等人，大快人心。同时，他还多方设局，捕获潜伏在城中的流寇间谍十余人，让流寇不敢觊觎南京。[①]

一切布置妥当之后，凝视军事地图，吕尚书忧心忡忡：南直隶辖区尚有一块偌大的地区亟需增援，而他手上又无兵可调。这块地区稍有闪失，后果不堪设想。他加急草拟了奏报，请求朝廷加强凤阳府的兵力部署。凤阳府乃本朝皇陵所在，素为根本重地。如果流寇从中原遽然南下，向东突进，极有可能动摇根本。

接到南都发来的奏疏，崇祯君臣不以为然。凤阳府一向由凤阳八卫镇守，其中皇陵卫更是由各地抽调的精锐军士组成。流寇就是

① 陈鼎：《东林列传》卷六《吕维祺传》，清文渊阁《四库全书》影印本第 458 册，第 249 页。

胆大包天，也不会以卵击石，冒犯皇陵。吕尚书不必反应过度，还是专心督运粮草，保障国家北疆的军需。此时，内阁首辅是以礼部尚书身份入阁的温体仁。温阁老工于算计，在与钱谦益等人的斗争中游刃有余，却拙于军事谋略。即便有人提醒增兵皇陵，他也不以为然。面对气焰高涨的农民军，他还为自己的处变不惊振振有词：

流贼癣疥疾，勿忧也。①

京师的给事中孙晋也提醒朝廷增兵凤阳，固守皇陵。兵部尚书张凤翼却满不在乎："这些流贼都是西北人，吃不惯稻米。他们的马匹也吃不惯江南草。你是南方人（按，孙晋是安徽桐城人），瞎担心什么？他们真要到了安徽，人不能吃米，马不能吃草，无异于自取灭亡。"② 言罢，哄堂大笑。堂堂国家公辅竟然如此短见，孙晋无言以对。

在吕维祺看来，明皇陵是皇帝自家的祖坟，作为臣子，我都担忧一旦流寇袭来，皇陵不保。朝廷从君主到执政大臣却不慌不忙，宛若无事。道不同，不相为谋。既然不被信用，吕维祺索性提出辞职，三番五次的辞职报告却都被打了回来。他此时的心境，正如自己写下的一首诗：

往事如谈虎，先忧甚喘牛。自烦前席召，屡切北宸忧。
令甲漕难截，呼庚例始留。徙薪君不信，毋乃到焦头。③

① 《明史》卷三百九《流贼传》，第 7952 页。

② 《明通鉴》卷八十四，第 3296 页。

③ 吕维祺：《南庚即事》，参朱彝尊：《明诗综》卷七十五，清文渊阁《四库全书》影印本第 1460 册，第 682 页。

临危受召，诸事丛脞。吕维祺有心报国，却无力挣脱官场上的各种枷锁。本地兵马钱粮尚且捉襟见肘，还要运送京师各地。截漕自留不允，呼庚呼癸不听。如今强敌在前，马上要大火烧身，朝廷还不赶快把堆积的柴草搬开。一封封奏疏都被朝廷当成了耳旁风，一条条意见都被置若罔闻。面对随时可能涌入的农民军，明皇陵准备好了吗？

崇祯八年（1635）正月，天气凝肃，河南荥阳城外的土岗上，几个放哨的农民军正在攀谈，聊聊家常，不时埋怨噬骨的寒冷天气。他们抱怨寒冷，不足为奇。根据竺可桢先生的研究，在公元1400年到1900年这500年中，17世纪最为寒冷。[①]然而严寒的天气不足以削减他们的昂扬斗志。起事至今，这些农民军早已不是大学士温体仁口中的“癣疥之疾”，而是中原大地上不容小觑的劲旅。

城外的道路四通八达，几个骑兵向城中疾驰。天高城低，风卷残云。即便是寒冷时节，城内外却无比喧嚣。打铁的飞花声，叫卖的吆喝声，醉汉的谩骂，牛羊鸡狗的扰攘……放眼望去，大小军帐鳞次栉比，十万农民军散落在附近，纵享击溃官军的欢愉。

一座小小的荥阳城显然容纳不了十万大军。十三路军马的首领正在参加一场军事会议，确定下一步的动向。这十三路首领分别是老回回、曹操、革里眼、左金王、改世王、射塌天、横天王、混十万、过天星、九条龙、顺天王及高迎祥、张献忠，代表着七十二营的全部兵力。仅从“射塌天”“横天王”这类名号就可以判断出

① 竺可桢：《中国近五千年来气候变迁的初步研究》，《考古学报》1972年第1期。

这些反政府武装首领的凌云壮志，个个心比天高。

各路首领七嘴八舌，完全讨论不出一个所以然来。有的要北渡黄河，直逼京师，自己做回皇帝；有的一副醉醺醺的样子，支吾不清；有的还眷恋着打回老家去，衣锦还乡；有的则认为哪儿都不去也挺好；还有的说朝廷增派援军，眼下应该避避风头；也有人认为大丈夫四海为家，老子打到哪里是哪里……眼看着好不容易聚集起来的大军即将陷入四分五裂，高迎祥身后的一位裨将站了出来，厉声道："一个人尚且可以单打独斗，何况我们手握十万军马，官兵能奈我何？各路义军应该上下一心，分配进攻方向，让官军疲于奔命，我们才有利可图！"

凭借过人的口才，这位裨将的提议获得大家的认同。会议讨论决定分割地盘：（1）革里眼、左金王进攻四川、湖广地区；（2）横天王、混十万、射塌天、改世王进攻陕西地区（明军中，秦军最为凶悍，故有四路人马应敌）；（3）曹操、过天星在黄河设防，阻击河北之敌；（4）高迎祥、张献忠转战东南部的安徽、江苏等地；（5）老回回、九条龙等人居中往来策应。会议还特别强调，大家抢到的金银财宝、子女玉帛一定记得平分。[①] 当时谁都没有料到，正是这位裨将后来埋葬了大明王朝。

就这样，荥阳军事会议决定了凤阳皇陵的命运。除了吕维祺、孙晋等少数清醒者之外，明廷君臣并没有嗅到灾难来临的气息。懊恼之际，吕维祺等人只能期待中原流贼不要东进，同时传令凤阳府加强防卫。

① 《明史》卷三百九《流贼传》，第 7952—7953 页。

作为有着光荣传统的龙兴之地，凤阳府军民本应众志成城，并力守卫。即便流寇袭来，也要坚守待援。只要南京、庐州附近的援军及时赶到，危机自然化解。然而，这一切只是理想图景。

早在洪武十六年（1383），太祖高皇帝就下令永远免除凤阳县、临淮县的税粮徭役。[①] 有了洪武爷的圣旨，本地军民确实享受了多年的福利，生活富足，羡煞旁人。到了明末，朝廷给各地纷纷加派粮饷，凤阳府终于没能逃脱。即便祖制俱在，地方官员也有各种方法变相收缴税粮。

凤阳府确有八卫镇守，分别为皇陵卫、留守左卫、留守中卫、凤阳卫、凤阳中卫、凤阳右卫、怀远卫、长淮卫，每卫下辖五个千户所，总兵力四万余人。[②] 除了八卫之外，凤阳府辖州县也有民间武装力量，作为预备役。八卫当中，皇陵卫最为精锐。可是，俗语云："皇帝不差饿兵。"崇祯三年（1630）以来，就有官员上奏，由于守陵太监的克扣，皇陵卫的将士缺乏口粮，需要预借几个月的粮食才能勉强度过年关。[③] 陵军聚噪，形势堪虞。

我们不禁疑惑，皇陵卫本有屯田，难道不能自给自足吗，何至于酿成动乱？

首先，按照惯例，皇陵卫将士的待遇远远高于普通将士。根据嘉靖后期一位官员的奏疏，凤阳府内，普通卫所士兵的口粮是每月三斗，皇陵卫的士兵却是每月八斗，近乎三倍！操守既同，粮饷互

① 《明太祖实录》卷一百五十三，洪武十六年三月丙寅，第 2394 页。

② 柳瑛：《（成化）中都志》卷三，《四库全书存目丛书·史部》第 176 册，第 186—187 页；《明史》卷七十六《职官志五》，第 1871 页。

③ 毕自严：《度支奏议》四川司卷三，《续修四库全书》第 488 册，第 389 页。

异。[1]后来，入不敷出，国家才统一发放口粮，却也让皇陵卫的士气受到损伤。

其次，皇陵卫不像凤阳县、临淮县一样享受免税的特权，同样要上缴赋税。不仅交税，还要加税。崇祯初，朝廷加派粮饷，凤阳八卫中的七卫每卫每石粮食加征八分，皇陵卫则加征四分。[2]这在时人看来已经是特殊的恩典。

再次，皇陵卫的屯田困难重重。名义上，皇陵卫是凤阳皇陵的卫戍部队，只需负责皇陵的安全。实则从洪武末年以来，皇陵卫的部队就被抽调到各地操练、打仗，所以才会发生燕王朱棣起兵初期捕获皇陵卫士兵的事情（见本书第四章第三节）。宣德年间，一位皇陵卫的老兵王福上报朝廷：洪武时期，本地军屯的情况是八分守城，二分屯种；永乐年间，八分屯种，二分守城，颇有余裕。如今，五千多人的军团，却只有一两百人甚至三五十人屯种。试问，如何收支平衡？种地的军民越来越少，大家越来越穷，遇到饥荒，有的将士把子女卖给别人才可勉强度日。[3]王福反映的问题后来并未好转。嘉靖后期，倭寇肆虐，皇陵卫也要协同抗倭；万历时期，南北征战，皇陵卫不是被抽调到京师，就是直接投入战场，能够安心屯种者寥寥无几。

最后，皇陵卫的管理受到守陵太监的严重干扰。洪武祖制，内臣不可干预政治。永乐以降，太监的权力却逐渐坐大，王振、刘瑾、

① 方廉：《议取兵粮疏》，参陈子龙：《明经世文编》卷二百八十四，《续修四库全书》第1659册，第266页。

② 毕自严：《度支奏议》新饷司卷八，《续修四库全书》第484册，第596页。

③ 《明宣宗实录》卷一百十，宣德九年四月庚子，第2485页。

魏忠贤等人的出现不断刷新太监干政的记录。嘉靖年间，就有官员专门上了一道《革凤阳守备事权疏》。奏疏中提到，凤阳皇陵是祖宗根本重地，洪武、永乐时期仅仅派遣一名太监管理香火，不闻设立守备一职。宣德年间，国家设立守备太监，弹压地方不法官吏，权力尤为有限。近来，守备太监作奸犯科，人情怨愤。太监任用私人，窃夺地方军政大权，凌虐卫所官兵，贪赃枉法，扰乱军民。[①]

要之，明后期皇陵卫的将士和家人生活举步维艰，又常受太监欺凌，战斗力可想而知。除了皇陵卫之外，还有3342家皇陵户。依照常理，这1.5万人世世代代不用交税，只要供给皇陵祭祀就好。可是，到了明朝中叶，一切都变了模样。

洪武祖制只说皇陵户不用交税，没说不让充军。所以，当战事紧张的时候，很多壮丁都被拉去参军。英宗正统年间，3342家皇陵户非但没有繁衍壮大，反而灭绝了1000多家。剩下的这2000多家还有一半被强制变成军户，前途未卜。[②]祠祭署日渐没落，汪家、刘家、赵家的荣耀不再，得过且过。

无论皇陵卫、皇陵户生活如何艰辛，大家尚不至于背叛捍卫的皇陵。对皇家来说，这是埋葬祖宗的礼制圣地。对这些军民而言，这就是他们的家园。每月初一、十五的祭祀照例举行，肃雍威严的礼乐定时响彻在皇陵的上空。每日每夜，皇陵卫的士兵还是照常出操、巡逻，保卫帝国皇陵不容侵犯的威严。日子平淡如水，他们也早已习惯了这样的生活。

---

① 方廉：《革凤阳守备事权疏》，参陈子龙：《明经世文编》卷二百八十四，《续修四库全书》第1659册，第268—269页。

② 《明英宗实录》卷六十一，正统四年十一月己未，第1162页。

面对艰辛的生活，有的人尚能坚持，有的人则承受不了煎熬。

嘉靖以来，朝廷不断加派粮饷，凤阳府的百姓苦不堪言。先是南方备倭，朝廷添加赋税。后来世宗皇帝在湖北、京师之间往来巡幸，凤阳府也要帮差，继续加税。万历时期，辽东战事吃紧，凤阳军民还要缴纳辽饷。如今，凤阳府很多百姓都开始逃亡，到别处谋生。[①] 凤阳府作为根本之地，本应享受福利，当地的百姓反倒生活在水深火热之中。

凤阳府又是一个非常奇怪的地方，别的府城都有城墙防卫，凤阳府偏偏没有。朝廷的精力都放在皇陵的建造上，所以凤阳府的地位屈居其下，建城墙防御不在考虑之中。此外，当地执掌军政大权的本应是统辖凤阳八卫的中都留守（正二品）和管辖五州十三县的凤阳知府（正四品），崇祯初年的实际弄权者却是守备太监杨泽。

皇帝差遣杨公公的目的无非是用家奴守陵，不应干预地方事务。事实情况则是，杨泽作威作福，鱼肉商民，早就导致民怨沸腾。崇祯八年（1635）正月，当中央的巡按御史吴振缨下来督查时，商民围堵在吴御史的门前陈情告状。多日来，聚集的民众越来越多，场面接近失控。太监杨泽率先逃脱，吴御史也随后逃亡。民情汹汹，一把大火焚烧了太监署，随后劫掠了平日和太监狼狈为奸的贪官污吏。稍后，胆战心惊的民众走投无路，听说张献忠的部队已经杀入安徽境内，便成群结队执香往迎。[②]

张献忠和高迎祥从河南突入安徽，先后攻陷霍丘、寿州、颍州等地。当看到凤阳百姓主动迎接自己，张献忠大喜过望。天意民心

① 《明熹宗实录》卷六十六，天启五年十二月乙亥，第3106—3107页。

② 李逊之：《三朝野纪》卷五，《续修四库全书》第438册，第137页。

如此，本王只好勉为其难，攻入凤阳。

中都留守朱国相带领若干将士殊死抵抗，战败后自刎而死，其余将士望风而逃。势不可挡的农民军凭借骑兵优势很快击溃了外强中干的凤阳八卫，闯入皇陵。没有城墙防守的凤阳府城也如同案上鱼肉，任由宰割。平时严禁砍伐一棵树的皇陵，如今三十万株参天松柏都被大火焚烧一空。皇陵城的宫殿屋舍也化作灰烬，浓烟滚滚，光照百里。看到皇陵的熊熊大火，相当于斩断了朱家的祖庭根脉，张献忠格外开心，于是自封了一个前无古人的名号："古元真龙皇帝。"①

二月，接到皇陵被焚的噩耗，崇祯皇帝大惊失色。他赶快穿好白色的孝服，一路哭哭啼啼到太祖、成祖的神位前请罪，诉说自己如何不肖：即位以来，政务劳冗，朕都没来得及亲自到凤阳皇陵祭拜，负罪之情弥漫周身，痛感百身莫赎。二百五十多年的大明圣地毁于一旦，朕愧对列祖列宗。

擦干眼泪之后，和往常一样，他认为都是大臣无能，不能替朕分忧。如果都像朕一样勤勉，怎么会让流寇有机可乘？他一方面下令驸马都尉王昺、太康伯张国纪到皇陵举行祭慰礼，侍郎朱大典巡抚凤阳，准备重修皇陵，另一方面将总督杨一鹏抓捕，随后公开处决，尽管皇陵大火之际，杨一鹏本人远在淮安。守陵太监杨泽在狱中负罪自杀，巡按御史吴振缨被发边充军。②

① 《明史纪事本末》卷七十五，第1275页。当时，李自成只是高迎祥手下的裨将，声望远不及张献忠。攻陷皇陵后，李自成向张献忠索要几个善于鼓吹的小太监作为消遣，被张献忠傲慢地回绝。一怒之下，李自成领兵西去，农民军陷入分裂。（《明通鉴》卷八十四，第3297页。）

② 彭孙贻：《平寇志》卷二，《四库全书存目丛书·史部》第55册，第777页。

大火之后，明皇陵遍地灰烬，空气中依然弥漫着烧焦的气息。皇陵城边，几位幸存的守陵老人一边抽泣，一边还在追念洪武爷往日的恩典。建造皇陵之初，不少乡亲的祖坟都在里面。洪武爷特别下旨，父老乡亲不用迁坟，可以按时进入皇陵城祭祖。这真是如天之仁！[①]

父老们的回忆有迹可循，确有其事。嘉靖年间，一位叫戴冠的绍兴郡学训导编写了一部小书，题名为“濯缨亭笔记”。在开篇的显眼位置，戴先生就记载了洪武帝在皇陵城四门外悬挂金字牌一事。牌文如下：

> 民间先世尝有坟墓在此地者，许令以时祭扫，守门官军阻当（挡）者，以违制论。[②]

民间富豪为了修建坟墓，恨不得把风水宝地上的他家坟墓统统移除。为了达到目的，他们不择手段，乃至发掘棺木，焚烧尸骨。戴先生感叹道，相比之下，太祖高皇帝心胸宽广，度量非凡，值得后人万世景仰！

今非昔比，世世代代守护的皇陵顷刻之间化作焦土，父老们悲痛欲绝，自惭深负皇恩。他们有的对杨公公恨意未消，若不是他作怪，怎么会有人招惹流贼进来？有的则说，甭提了，凤阳八卫这些官军好歹也有几万人，怎么大部分都临阵脱逃，不像个爷们儿！有的则说，前些日子听进城上坟的人讲啊，看到皇陵中有俩人，一个

---

① 查继佐：《罪惟录》志卷十六《陵志》，《续修四库全书》第321册，第518页。

② 戴冠：《濯缨亭笔记》卷一，《续修四库全书》第1170册，第430页。

穿着红衣服，一个穿着青衣服。俩人争斗不休，直到一方败下阵来。后来，传来一阵哭声，撕心裂肺，令人毛骨悚然。闻声后，守陵的官军前去驱赶，却什么人都没有发现，只见两条狗，一红一青，踉跄奔走，其中一条受了重伤。[①] 另外一位父老听罢，捋了捋胡子，似乎明白了什么，叹息道：哎，怪不得了，看来天意如此，这都是孽啊！

民间传言纷纷，难辨真假。当下可以肯定的是，守陵户也和皇陵一样灭绝殆尽。皇陵的这场大火让大明王朝颜面尽失，百姓自忖：皇帝连自家祖坟都保护不了，又如何保护我们呢？

孔子曰："礼云礼云，玉帛云乎哉？乐云乐云，钟鼓云乎哉？"（《论语·阳货篇》）明末皇陵的这场大火也让我们意识到，皇陵祭祀只是礼制问题的表层，而礼制的内核问题，基本都出在礼制之外。面对刚愎自用的君主、倨傲无识的权臣、作威作福的太监、铤而走险的乱民以及来势汹汹的流寇，清醒而无力的少数有识之士以及自身难保的皇陵卫和守陵人，根本无力阻止灾难的发生。礼制的核心功能是从君主、近侍，到文官、武将，再到地方士绅，以及礼生、庶民等各个阶层各司其职，按照合理的秩序，一道维系国家的有效运转，安上治民，移风易俗。这是礼制之车的发动机，是动力的来源。至于礼制建筑、仪节、器物、乐舞等等，不过是车辆的外壳。外壳再华美，一旦发动机老化，任何车辆都逃脱不了停摆的命运，更何况明王朝连这件外壳都被烧得面目全非。

---

① 李清：《三垣笔记》卷下，《续修四库全书》第440册，第622页。

第二节　最后的释奠礼

明熹宗天启七年（1627）五月，北京城开始燥热起来。作为国家的最高学府，国子监里的监生过着平平常常的日子，或是吟诵，或是默念，反复温习儒家的圣经贤传。读书志在报国的信仰早已成为明日黄花，如今九千岁当政，想要飞黄腾达，必须仰仗魏公公的提拔。

国子司业林钎身为学林领袖，正在案边奋笔疾书。此时，有一位名叫陆万龄的监生走了进来，揖拜之后，呈上新拟的奏疏，想要林先生代为奏报。陆万龄退下不多时，林钎抽空将这封奏疏徐徐展开，眉头不由紧锁起来。文章冗蔓杂乱，观点却一目了然：请朝廷降旨，让魏忠贤配祀孔子，魏忠贤的父亲配祀孔子的父亲启圣公叔梁纥。陆万龄还振振有词："孔子作《春秋》，魏忠贤作《要典》；孔子诛少正卯，魏忠贤诛东林党人。魏忠贤德侔孔子，理当从祀！"[①]

林钎心情异常沉重。现在的太学生都怎么了？读圣贤书，连最基本的礼义廉耻都不要了吗？就那么想要升官发财，连一丁点儿节操都不顾了吗？太祖高皇帝立下的学规都成了具文，[②]监生们只知

---

① 徐昌治：《昭代芳摹》卷三十五，《四库禁毁书丛刊·史部》第43册，第676页。

② 洪武三十年（1397），朱元璋裁定学规二十七条，共计五十六款。若有违反学规尤其是诽谤师长的学生，本人凌迟，全家发边，"将那犯人凌迟了，枭令在监前，全家抄没，人口迁发烟瘴地面"。（黄佐：《南雍志》卷十，台北：伟文图书出版社有限公司，1976年，第879页。）关于元明清的国子监情况，当代散文家汪曾祺还专门拜访过清代末年在国子监当差的朋友董某，并到国子监实地考察，论及国子监的变迁。（可参汪曾祺：《国子监》，《汪曾祺自选集》，北京：商务印书馆，2015年，第19—26页。）

道投机取巧，沦为无底线的利己主义者。他气愤地把奏疏掷回案上。可是，如果不代为呈报，他得罪魏忠贤，凶多吉少；如果将这封奏疏呈报上去，那么，他宁可自杀。

他拿起陆万龄的奏疏又看了一遍，咬牙切齿，顿觉斯文扫地。他忍不住提笔涂抹，这辈子都没看到过如此不争气的学生，简直是一派胡言！批罢后已是夜晚，夜色沉沉，像极了他失望的心情。他独自来到棂星门前，将国子司业的官帽挂在一旁，长叹一声，拂袖而去。[①]

魏忠贤很快得知消息，恨不得将林钎碎尸万段。在幕僚的建议下，他手下留情，当即假传圣旨，让朱之俊接任国子司业，并将林钎革职为民，永不叙用。[②]工部随即接到命令，准备在太学一旁建造魏忠贤的生祠，来彰显魏公公像孔子一样至高至圣的“道德学问”。

八月，熹宗皇帝驾崩。信王朱由检即皇帝位，大赦天下，改明年为崇祯元年，风向丕变。

九月，新即位的朱由检接到国子司业朱之俊的奏疏。他实名检举监生陆万龄阿谀谄媚，竟然提出魏忠贤从祀孔子以及在国子监一侧建造生祠的荒诞要求。为了表现对新皇帝的忠心，他还特别补充说，经查，监生曹代何、储寓奇等人也参与其中，理当一同问罪。[③]然而，根据时人的回忆，朱之俊也在倡议之列。当时，朱之俊歌颂

① 《明史》卷二百五十一《林钎传》，第 6495 页。

② 徐昌治：《昭代芳摹》卷三十五，《四库禁毁书丛刊·史部》第 43 册，第 676 页。

③ 《国榷》卷八十八，第 5389 页。

魏忠贤“功不在禹下”。[1]他一口咬定，岂止像孔子，魏公公手足胼胝，教诲民众，简直与大禹不相伯仲。若不是这番“肺腑之言”，魏忠贤也不会让他做国子司业。

端坐在龙榻上，崇祯皇帝一言不发，将朱之俊检举陆万龄等人的奏疏转给魏忠贤阅读。自身难保的魏忠贤伏地请罪，请求立刻停止建造生祠。[2]看到魏忠贤丢魂落魄的样子，崇祯皇帝不由得微笑了起来。

就在陆万龄被全天下读书人唾弃之际，还有的太学生鬼迷心窍一般，觉得让魏忠贤从祀孔子实在委屈了他老人家！一位姓张的太学生近来醉心于草拟奏疏，日日夜夜，反复增删，誓要把这封奏疏写得惊天地、泣鬼神。本朝自从出了一位魏忠贤，有如孔子复生，实乃我大明朝读书人的无上楷模。巍巍荡荡，民莫能名。事到如今，应该将魏忠贤称为“至圣先师”和孔子并尊，才能上应天道，下顺民心。可惜，他还是晚了一步，奏疏未及提交。

和往常一样，他来到国子监，本以为可以平步青云，不料却突然变得疯疯癫癫。同窗问他到底怎么了，他大惊失色地喊道，子路，是子路，我看到子路了！子路要杀我，救命啊！救命……随后当场暴卒。[3]

洪武十五年（1382）五月，南京太学正式落成。建国之初，太

① 《明史》卷二百五十八《魏呈润传》，第 6651 页。

② 《明史纪事本末》卷七十一，第 1161 页。

③ 夏允彝：《幸存录》卷下，《续修四库全书》第 440 册，第 541 页；《明史纪事本末》卷七十一，第 1161 页。

学选址不佳，现在已经破败不堪，有损国体。根据礼臣的建议，朱元璋下令京师太学破土动工。原来的学校改建成应天府学，而新建的太学成为国家的最高学府。

严格意义上来说，太学不仅是一座学校，也是一组宫殿建筑群。它沿袭了“左庙右学”的建筑格局，东边是孔庙，西边是太学。孔庙的核心建筑是大成殿，供奉孔子及其弟子、从祀儒者的神主。大成殿坐北朝南，南边是大成门，庙门两侧有二十四道戟门和厨房、祭器库等房屋，再南边是灵星门（也称棂星门）。太学的核心建筑是彝伦堂，其中间是国子祭酒、司业的公署和讲课的教室，东西侧是其他博士讲课的地方。彝伦堂的南方是太学门，太学门之南是集贤门，反映出国家求贤若渴的诉求。彝伦堂的北方是六堂，名号分别为率性、修道、诚心、正意、崇志、广业。这六堂是太学生集中上课的地方。[①]

太学食宿俱全，学生住的宿舍被称为号房，如果妻子陪读，则要住在太学之外。马皇后对太学生的家属格外关心，特别发布懿旨，为她们建造居所，名为红仓。[②]太学生及其家属每月都会领到国家的廪食。对于表现优异的单身学生，朝廷还会赐钱婚聘，发放衣服、粮食，解决后顾之忧。如果父母亲人去世，国家也会给太学生发放银两，作为他们来回的路费。

天下没有免费的午餐，优渥的待遇与高标准、高要求也成正比。太学六堂拟定独特的积分之法，获得积分还要论资。如果只诵四书，却不明五经，便停留在低等的正意、崇志、广业三堂；一年半以上，

① 《明太祖实录》卷一百四十五，洪武十五年五月己未，第2274—2275页。
② 《明史》卷六十九《选举志一》，第1676页。

文理兼通，便升到中等的修道、诚心两堂；再过一年半，表现突出的，便可以升入高等的率性堂。进入率性堂，方才获得积分资格！积分通过月考方式施行，每个季度，第一个月考经义，第二个月测试论、诏、诰、表等，第三个月测试经史策与判语，四季轮回。十二次月考中，每次得分只有三个档次：零分、半分、一分。一年内积满八分才与出身，获得为官资格。不然，还要日后继续努力，迎接新的月考。①

太学太庙浑然一体，既承担培养人才的实用功能，也担负祭祀孔子的礼制功能。唐宋故事，天子不必亲自祭孔，派遣官员代祭即可。洪武十五年（1382）太学建成时，为了表示重视，朱元璋决意亲自参加释奠礼。天子参加释奠礼究竟要不要跪拜孔子？这个问题在礼部、翰林院等公署引发热议。

有人认为，孔子乃万世师表，君主释奠，理当行稽首再拜的大礼；有人则提出反对意见，孔子即便是圣人，在世时不过是鲁国的一介臣子，哪有君主向臣子跪拜的道理？还有的人模棱两可，引经据典，无可无不可。群臣的舌战让礼部尚书刘仲质眼花缭乱，最后他索性提出一个折中方案：天子到太学行释奠礼时，仅需行一奠再拜之礼，毕竟孔圣人也是人臣。

看到刘尚书如此忸怩，朱元璋不禁嗤之以鼻。这些儒臣居然要朕在孔夫子面前只行再拜之礼。当年周太祖郭威参加释奠礼时，力排众议，认为孔子是百世帝王，岂有不拜的道理？于是行了再拜礼。

① 《明史》卷六十九《选举志一》，第1678页。

大明礼制，臣子见到君主要行五拜大礼。[①] 朕即位之后，天下百神莫敢不尊，应该对孔夫子礼加一等，最后决定行四拜大礼。

朱元璋的乾纲独断也为后世子孙做出示范。永乐四年（1406）三月，朱棣来到太学，问随侍礼臣自己该如何行礼。谨慎起见，礼部尚书郑赐回答，宋代以来，天子行再拜之礼。朱棣似乎是明知故问，听到郑尚书的回答，他高兴地予以反驳："见先师礼，不可简！"[②] 于是，他身穿皮弁服，行了四拜大礼，正如太祖高皇帝做过的那样。

朱元璋一生至少三次到孔庙行礼。早在至正十六年（1356）九月，朱元璋就摆出礼敬孔子的姿态——"上如江淮府，入城先谒孔子庙"。[③] 洪武五年（1372），京师文庙建成，"车驾幸太学，行释奠礼"。[④] 洪武十五年（1382）新太学落成后，已是朱元璋第三次到孔子神位前行礼。

在位期间，他还特别规定了两条祖制：

第一，自洪武四年（1371）三月之后，凡我大明朝的新科进士，都要先到孔庙参加释菜礼。[⑤]

第二，自洪武十五年（1382）五月之后，本朝所有嗣君在位期间，

① 明初的君臣相见礼仪可参拙作《明初的相见礼》，《广西大学学报》（哲学社会科学版）2017 年第 2 期。

② 嵇璜等:《续文献通考》卷四十九，清文渊阁《四库全书》影印本第 627 册，第 383 页。

③ 《明太祖实录》卷四，丙申年九月戊寅，第 48 页。

④ 《明通鉴》卷四，第 305 页。

⑤ 嵇璜等:《续文献通考》卷四十八，清文渊阁《四库全书》影印本第 627 册，第 357 页。

至少亲自参加一次释奠礼。[1]平时，在每年的仲春二月、仲秋八月的上丁日，皇帝则要派遣高官（比如礼部尚书、翰林学士、国子祭酒等）到太学孔庙代祭。

洪武祖制具在，惠帝、成祖以来，除特殊情况外，朱家子孙都恪守礼制，亲自到太学行礼。宪宗成化年间，因为国子祭酒周洪谟的奏疏，朝廷还将孔庙祭祀的规格提升一等。祭孔用的笾豆各用十二只，祭孔用的舞蹈改用八佾。这是天子才享有的礼遇。[2]

世宗嘉靖年间，明廷发生礼制大变革，祭孔的礼遇遭到削减。朝廷明令天下，只准称孔子“至圣先师”，不准称“文宣王”，也不准使用“大成”字眼，大成殿改称先师庙，大成门改称庙门，祭品只能各用十只笾豆，舞蹈只能用六佾。[3]比起到皇城北边的太学行礼，深居简出的嘉靖皇帝更喜欢待在文华殿的东室。文华殿东室原来有一尊正德皇帝供奉的佛像，嘉靖皇帝感到厌恶：朕又不信佛！随即，将佛像撤下，换上伏羲、神农、夏禹、商汤、文王、武王、周公这些儒家推崇的先圣，还为孔子的神主特别留出位置，规定以后春秋开讲前，皇帝都要预先在孔子神位前行礼。嘉靖皇帝的热度没保持几年，就把孔子神主迁到永明殿，从亲自行礼改成遣官

---

① 嵇璜等:《续文献通考》卷四十八，清文渊阁《四库全书》影印本第627册，第360页。

② 《明史》卷一百八十四《周洪谟传》，第4874页。

③ 《明通鉴》卷五十五，第2116页。

代祭。①

释奠礼在仲春、仲秋举行，亦即农历二月和八月。时间略有出入，有的在二月、八月行礼，也有在正月、三月行礼的。至于行礼次数，一般仅为一次，就像弘治年间吏部尚书王恕披露的那样：

> 我朝列圣即位之后，所行之礼有一行而不再举者，惟耕藉田及幸太学二事。②

仲春二月，皇帝要亲自到先农坛参加藉田大礼，为天下农民做出典范，解决基本的温饱问题。此外，也要亲自到太学参加释奠礼，为天下读书人做出典范，巩固精神信仰。有明一朝，大多数皇帝在位期间亲自参加一次释奠礼，除了洪武帝之外，还有几位皇帝属于例外。

仁宗皇帝、光宗皇帝在位均不足一年，来不及到太学亲祀。宣宗皇帝在位期间，由于史籍所限，我们迄今尚不明确他何年祭孔。此外，还有三位皇帝在位期间两次亲自祭祀。嘉靖皇帝锐意礼制改

---

① 嵇璜等：《续文献通考》卷四十八，清文渊阁《四库全书》影印本第627册，第369—370页。嘉靖中期，朱厚熜产生由儒转道的倾向，常命礼臣代替自己到永明殿祭祀孔子。嘉靖二十一年（1542）元旦，礼部尚书、武英殿大学士夏言奉命代祭后，赋诗一首："元旦焚香拜圣人，年年除夕遣元臣。千秋道统吾心在，一代王纲治教新。扶世定须周礼乐，济时全仗鲁经纶。凤池自合夔龙集，此日冠裳愧后尘。"（夏言：《壬寅元旦奉命永明殿代奉先圣先师》，《桂洲诗集》卷十四，《续修四库全书》第1339册，第292页。）在诗中，夏言吹捧天子以礼教治国，实则徒有其表。正如帝国对儒教的崇拜退却一样，他本人也不再受皇帝眷宠。后来，在江西同乡严嵩的排挤下，嘉靖朝的制礼名臣夏言被公开处决，时年六十七岁。（《明史》卷一百九十六《夏言传》，第5191—5198页。）

② 俞汝楫：《礼部志稿》卷六十八，清文渊阁《四库全书》影印本第598册，第144页。

革，在重订孔子祭典之后，再次到太学参加释奠礼。另外两位先后两次到孔庙祭孔的皇帝，一位是建文帝，一位是崇祯帝。

建文帝在建文元年（1399）三月、二年（1340）正月两次临幸太学，举行释奠礼。前后两年连续祭孔，在整个明朝仅此一见。建文帝崇尚文治，也由此可窥一斑。崇祯帝也曾两次到太学祭孔，一次发生在崇祯二年（1629）正月，另一次则在十四年（1641）八月。[①]

崇祯二年（1629）正月，在文武大臣和数千名太学生的环伺下，崇祯帝严格尊奉太祖、成祖以来的礼制，跪拜献爵，中规中矩。礼乐声中，崇祯君臣相信事在人为，国运可以好转。鉴往知来，他们的自信有着颇为坚实的现实基础。

去年正月，魏忠贤及其党羽被铲除，天下称颂。为了遏制宦官的专权，崇祯帝还颁布诏书：

> 内臣非奉命不得出禁门。[②]

四月，众望所归的袁崇焕被任命为兵部尚书，督师蓟辽，负责东北防务。

六月，朝廷起用一代名将朱燮元总督云贵、川广军务，平定西南叛乱。

七月，崇祯帝在平台接见袁崇焕，授予尚方宝剑，表现出充分的信任。

十二月，之前被魏忠贤陷害的前大学士韩爌重新入阁，再为

---

① 嵇璜等:《续文献通考》卷四十九，清文渊阁《四库全书》影印本第627册，第383页。

② 《明史》卷二十三《庄烈帝纪一》，第310页。

首辅。

新即位的君主不好声色，不贪钱财，殚精竭虑，慨然有为。治国之要莫过于得人，一时间贤臣良将布满朝中。孔庙中，仰望至圣先师的神位，崇祯帝看到四配十哲以及本朝薛瑄、王守仁等人从祀的神主，[1]济济多士，可资慨叹。他心有戚戚，渴望得到天下英才的拥戴。当年，我朝太祖高皇帝起事时身无长物，后来却掀翻整个世界，建立了大明王朝。如今，朕为天下之主，剪除阉党，起用忠良，都俞吁咈，上下一心，崇祯中兴指日可待。

崇祯十四年（1641）八月，重修后的太学焕然一新。依照太祖高皇帝的榜样，朱由检主动提出亲自参加释奠礼。

深秋时分，崇祯帝身穿皮弁服，伴随着肃穆庄严的音乐步入庙门。礼生周旋，舞生就位。钟鸣磬动，琴瑟悠扬。太学的一草一木，一砖一石，似乎都浸润在乐声的海洋。皇帝两侧人山人海，既有位高权重的在京高官（武官都督以上，文官三品以上以及翰林学士等），也有个别藩属的观礼使团。成百上千名太学生依次匍匐在地，庆幸自己能够参与罕见的天子祭孔大典（在明朝276年的历史中，天子祭孔平均16年一次）。太学内外，数千名锦衣卫和禁卫军组成的护卫军团，或是原地戍守，或是巡逻走动，警惕任何可疑人员。

迎神的乐曲响起，礼生高唱迎神乐章，“大哉宣圣，道德尊崇”云云，舞生转动，姿态翩跹。在礼官的导引下，崇祯帝下跪，随着“拜”“兴”的迭唱，行四拜大礼。祭神如神在，迎神意味着孔夫

① 关于孔庙从祀的研究可参朱鸿林：《儒者从祀孔庙的学术与政治问题》，《孔庙从祀与乡约》，北京：三联书店，2015年，第1—23页。

子穿越两千一百多年的时空来到大明王朝的太学，准备栖灵在神位之上。

神位仿佛拥有了魔力，孔夫子兀自坐在先师庙中，俯视着跪在地上的崇祯君臣。奠帛环节，崇祯帝向孔子神位奉上布帛，以示尊崇。乐章变换，礼生改唱“黍稷非馨，惟神之听”云云，自谦奉献的各种祭品微不足道，请孔夫子不要嫌弃。

释奠礼的高潮部分是三献环节——初献、亚献、三献。初献时，天子在孔子神位前跪拜祭酒。初献的乐章最为隆重，“大哉圣王，实天生德”云云，乐舞也庄重朴实。初献的时候，还有祝文，告诉孔子具体的祭祀年月和祭祀人等事宜。孔夫子闻着酒的气味，像是品过了美酒。亚献、三献则由其他高官进行，在导引官的指导下依次跪拜祭酒。亚献、三献礼降一等，乐舞亦然。中国人历来相信，事不过三。之后，还有其他人员分别祭祀孔庙中的从祀神祇。

三献礼后，从天子到与祭官员依次饮下祭酒，名为“饮福”。崇祯帝随即下令将各式祭肉分发给与祭官员，官员接受祭肉，名为“受胙”。只有天子最宠信的高官才有饮福、受胙的礼遇，如果没有收到胙肉，则表露天子对自己的冷落乃至怀疑。稍后是彻馔，撤去祭祀物品。众人跪拜，感激孔夫子的恩泽下施。

最后是送神环节，乐章改换，舞步移动，“有严学宫，四方来宗”云云。神位上的光芒暗淡下来，随着此起彼伏的乐声和香炉上的轻烟，孔夫子消失在京师太学的上空。天子要行四拜大礼，感谢圣人灵魂的降下，保佑大明王朝人才济济，百福咸集。[1]

---

① 明廷祭祀先师孔子各个仪节的乐章可参《明史》卷六十二《乐志二》，第1552—1553页。

所有这一切都在宣告，二百七十多年来，儒学依旧是国家的最高意识形态，孔子是毋庸置疑的至圣先师，而太学则是天下学术的中心所在。

两千多年来，“天地君亲师”这五个字统摄着中国古人的价值观念。有了天地生养万物，人类才得以生存。故此，天子要代表苍生万民祭天祭地。有了祖宗培育后代，人类才得以繁衍生息。故此，天子要以身作则，在太庙、皇陵等地祭祖。有了师傅开启智慧，人类才得以摆脱愚昧。故此，天子要带头到太学举行释奠礼，感恩至圣先师的教诲。

释奠礼毕，崇祯帝难得心情不错。看着修葺一新的太学，他兴致勃勃地开始一番参观。君臣一行在太庙中走走停停，深感斯文在兹，荣光无限。来到敬一亭，崇祯帝看到世宗皇帝下令建立的程子四箴碑。

> 【视箴】心兮本虚，应物无迹。操之有要，视为之则。蔽交于前，其中则迁。制之于外，以安其内。克己复礼，久而诚矣。
>
> 【听箴】人有秉彝，本乎天性。知诱物化，遂亡其正。卓彼先觉，知止有定。闲邪存诚，非礼勿听。
>
> 【言箴】人心之动，因言以宣。发禁躁妄，内斯静专。矧是枢机，兴戎出好。吉凶荣辱，惟其所召。伤易则诞，伤烦则支。己肆物忤，出悖来违。非法不道，钦哉训辞。
>
> 【动箴】哲人知几，诚之于思。志士励行，守之于为。顺理则裕，从欲惟危。造次克念，战兢自持。习与性成，圣贤同归。

宋明理学的优点在于发扬孔孟以来的修齐治平之道，倡明天理，弊端在于空疏狂妄，非流于佛教，则流于道教，且有压抑人性之嫌。嘉靖皇帝具有一定的理学修养，后来却躲到深宫修道养生；阳明后学不少人都流入禅宗，深为学林所讥。当年，世宗皇帝御笔书写四箴，下令两京太学以及天下府学、州学、县学勒石刻碑，认真学习。按照世宗皇帝的说辞，这四箴堪称：“帝王传心之要法，致治之要道。”[①] 仿佛谁要是参透这四箴的道理，如法施行，就可以辅佐帝王安定天下。

在程子四箴碑前，崇祯帝反复阅读，不禁佩服得五体投地。他的问题不是流于佛教或者道教，而是好大喜功，好为不急之务。他当即下令，让礼部官员把太庙中的所有石碑全部拓印，供自己阅读。甚至残存的石鼓文他也不放过，让礼部想办法尽快把石鼓文补全。[②] 太庙一行勾起了崇祯帝强烈的求知欲，他还下令礼臣把宋朝理学六子（周敦颐、邵雍、程颢、程颐、张载、朱熹）的格言汇编成册，表示自己要好好阅读。

明朝天子参加的释奠礼常有，像崇祯帝这般好学的君主不常有。同年九月，礼臣专门成立编修馆，四处网罗宋朝理学六子的文集，逐一校对，反复商讨，准备呈交一个完善的节选本。[③]

除了拓印石碑、汇编格言，崇祯帝在释奠礼毕后的另外一道命令让礼部、太常寺、翰林院的官员聚讼纷纷：“宋朝六子学问造诣深得圣人精髓，如今从祀地位却在汉唐诸儒之下。众位爱卿可以议

① 《明世宗实录》卷六十九，嘉靖五年十月庚午，第 1578 页。

② 嵇璜等:《续文献通考》卷四十九，清文渊阁《四库全书》影印本第 627 册，第 387 页。

③ 计六奇：《明季北略》卷十七，《续修四库全书》第 440 册，第 180 页。

一议。”

事情传至内阁，仕宦经验丰富的中枢大臣对崇祯帝的意图心知肚明。皇帝话中虽未挑明，但是不难揣测——他要将宋朝六子的从祀位置放在汉唐诸儒之上，乃至跻于七十子之上。兹事体大，稍有不慎，自己可能成为学林罪人。究竟该何去何从？

清代儒者徐乾学发现了明朝的一份史馆邸报，其中载有明代礼部左侍郎王锡衮的奏疏。王侍郎认为，抬高宋朝六子的祭祀地位于义未安。弟子不应该排在老师的前面，就像儿子不可以排在父亲的前面。举例来说，如果抬高朱子的从祀地位，他的老师李侗就屈居下位。臣以为，不仅是李侗，就是朱子本人在世，也不会同意。因此，请陛下三思。[①] 后来，朱彝尊在编写《经义考》时，也注意到崇祯皇帝要格外尊崇宋朝六子的意图。[②] 宋朝六子固然拥有出类拔萃的学术成就，但是改动祭孔礼制，阻力重重。宋朝六子的格言书正在如火如荼地编写，抬高从祀地位的讨论始终没有达成一致意见。国家存亡尚不可知，此事后来更是不了了之。

多年以后，面对亲友的询问，曾经陪同皇帝参加辛巳年（崇祯十四年，1641）释奠礼的官员都会怒火中烧。其中原因并非崇祯帝提出不急之务，而是他在习仪上的人事安排激怒了礼臣。

凡是天子参加的祭祀，仪式都格外隆重。按照惯例，所有陪同祭祀的官员都要提前斋戒，并在固定的场地排练礼仪，以确保祭孔

① 徐乾学：《憺园文集》卷十三，《续修四库全书》第1412册，第477页。

② 朱彝尊：《经义考》卷二百七十一，清文渊阁《四库全书》影印本第680册，第482页。

大典当天万无一失。根据《大明律·礼律》的规定，如果祭祀失仪，当事人就要被罚俸半月。[①] 另外，习仪的指挥官一般都由皇亲国戚、国家重臣担当，或者德高望重，或者学问精湛，如此方能服人。可是，当新任的习仪指挥官莅临现场时，群臣一片哗然。负责习仪的不是旁人，而是司礼太监王德化！我大明朝的祭孔大典居然让一位太监来指挥，这真是旷古奇闻！同样让儒臣惊诧的是，皇帝谕旨，还让正一教真人张应京扈从祭祀。[②] 我大明朝的儒臣经师难道都死绝了吗，居然让太监、道士在祭孔大典上指手画脚？

相较于礼臣的惊诧和愤怒，内阁重臣对此早就见怪不怪。根据他们的回忆，今上即位之初就颁发了内臣不许擅自出宫的禁令，但是崇祯四年（1631）十一月，他就改变旨意，让太监监军。战场形势瞬息万变，将帅需要当机立断。倘若处处被一个太监掣肘，如何克敌制胜？一旦军心动摇，谁来保卫我大明？文华殿中，深感事态严重的廷臣小心翼翼地提出反对意见。崇祯皇帝听罢，愤懑地回答道：

诸臣若实心任事，朕亦何需此辈！[③]

大殿上回荡着君主的咆哮声，俯伏在地的廷臣不寒而栗。人们无法和一个不讲道理的君主讲道理，遑论让他知错、改错，就如根本不可能叫醒一个装睡的人。

如今，这次规模盛大的释奠礼有名无实，不得人心。在太监王

① 《大明律·礼律》，《皇明制书》，第 924 页。
② 《国榷》卷九十七，第 5903 页。
③ 《明通鉴》卷八十二，第 3244 页。

德化的指挥下，儒臣们感到了莫大的羞辱。他们敢怒而不敢言，至少不用为此冒上生命危险。他们无法预料的是，爱也罢，恨也罢，今年天子亲自参加的释奠礼会是大明王朝的最后一次释奠礼。

在儒家意识形态支配下的明王朝，皇帝亲自参加释奠礼的目的有二：一是尊师重教，垂范天下；二是拉拢知识精英，为我所用。前者既有汉唐以来祭孔礼制的传统影响，又有洪武祖制“嗣君亲一行之”的惯例约束；后者则旨在向知识精英释放和善的讯号，表明君臣之间国家认同、文化认同的同一身份。

有明一朝，很少有皇帝像朱由检一样如此认真地参加释奠礼，甚至提出了汇编理书、改变从祀等具体要求。然而，他的所思所想所作所为和他祭祀的对象所提倡的价值观念却大相径庭。为政者热衷许下无法兑现的承诺，呼喊不着边际的口号，因为承诺和口号即便落空，当事人也无需因此被问责。崇祯帝也并不例外，他需要这件外衣。

如果说盛世祭孔有助于强化儒家意识形态，拉拢知识分子，那么衰世祭孔的意义何在？所有这一切当中，最重要的是价值观。孔子所提倡的价值观念在于“君礼臣忠”，而非“无不是的君父”。君主礼遇臣下是臣下忠君报国的重要条件。如果君主破坏这种价值观念，单方面地强调臣子的义务，则无异于自毁长城。孟子所推崇的“民贵君轻”以及诛杀独夫商纣王的观念，一直以来坚挺在儒家知识精英的信仰深处。明中后期以来，君主利用太监折辱儒臣的事件层出不穷，堵住了臣民的悠悠众口，也挫伤了臣民的爱国之心。当儒家塑造的“君礼臣忠”的价值观被反复摧毁，孔庙中的神主与其说是明王朝的护身符，毋宁说是明王朝的嘲讽者。价值观念的根茎发生溃烂，士人的精神之花也随之凋零。其中，一代儒宗黄道周的遭遇尤为典型。

崇祯十四年（1641），朱由检拒绝承认又无法逃避的形势是，国家灭亡的脚步越来越近。姑且不论万历后期以来朝廷接连出现的内忧外患，仅看崇祯十四年这一年里发生的事，遑论崇祯中兴，就连保住国家也难于登天。

正月，崇祯帝在京师南郊参加祈谷大礼，祈求上帝的庇佑。与此同时，河南府被李自成攻陷，福王朱常洵被杀，前南京兵部尚书吕维祺一同殉国，看来上帝抛弃了明朝。

二月，张献忠攻陷襄阳，襄王朱翊铭被杀。

三月，杨嗣昌畏罪自杀。杨嗣昌一度被崇祯帝寄予厚望，受命讨贼。如今，洛阳、襄阳两座重镇沦陷，藩王被虐杀，他罪责难逃，只好以一死报答君恩。

五月，崇祯帝煞有介事地到京师北郊祭祀地祇，祈求神灵保佑。

六月，从两京到山东、河南等地纷纷发来急报，旱灾、蝗灾不断，叛军像疯长的芒草此起彼伏。地祇也用沉默的方式回应崇祯帝的祈求。

七月，京师因为罕见的瘟疫千疮百孔。

八月的释奠礼看似规模盛大，却更像是国家垂死前的挣扎。

十一月，李自成攻陷南阳，唐王朱聿镆被杀，明朝大势已去。

就在同年十二月，崇祯帝还发布一道奇怪的诏书，将黄道周发配广西充军。

举行祭孔大典的目的是团结知识分子，而非礼仪表演。国家用人之际，即便是昔日宿敌，只要放下干戈，为我所用，也不妨冰释前嫌，共御外侮。我们不禁疑惑：为何崇祯帝此时此刻还对享誉儒林的黄道周耿耿于怀?

黄道周，字幼平，福建漳浦人。天启二年（1622）进士，做过翰林编修。由于魏忠贤擅权，落职归家。崇祯二年（1629），被朝廷起用，授予右中允的官职。五年（1632）正月，他上了一道奏疏，指出国家凶险的局势以及满朝大臣蝇营狗苟的境况。他的本意光明正大，忧国忧民。崇祯帝的思维方式却截然不同，他采用的是“锦衣卫式”的审查阅读，不论奏疏中所言为何，只要出现敏感词，比如“葛藤”“株连”等违碍字眼，就断定此人诽谤朝廷。一怒之下，他将黄道周革职为民。

崇祯九年（1636），朝廷又一次起用黄道周。重新履职后，他似乎适应了朝廷的运行机制，收敛了书生意气。崇祯十一年（1638），时任少詹事的黄道周“故态复萌”，因为三封奏疏又将自己推向舆情的风口浪尖，也让我们有机会看到崇祯帝对待儒林精英的真实一面。

黄道周的三封奏疏分别弹劾杨嗣昌、陈新甲、方一藻。杨嗣昌、陈新甲都在为父母服丧期间，贪恋权位，恶意起复，靠着走捷径的方式攫取军事大权。作为人子，不能终丧，不孝之至；作为人臣，多方失误，扰乱军心。方一藻作为辽东巡抚，不思奋力御敌，反而力主和议，更是误国误民。

依照常理，普通言官（六科给事中官居从七品）尚且可以弹劾国家重臣，黄道周身为少詹事（正四品），难道就没进谏的权力?黄道周却因此被崇祯帝连降六秩，贬为芝麻小官江西按察司照磨。

黄道周的思维方式在于仗义执言，不计个人安危。这种思维方式也是儒家素来鼓励和赞扬的一心为公。崇祯帝的思维方式却是审查优先，而非内容优先。按照大明礼制，朝廷要员的任命要经过廷推。内阁缺人之际，朝廷召开廷推会议。会议上，鉴于黄道周在儒林中的大名，有人提议推举。廷推之后，崇祯帝出于多种考虑，没有采纳。所以，在崇祯帝看来，黄道周在奏疏上讲什么并不重要，重要的是，他偏偏在落选这个时间段上疏。受到审查优先思维方式影响的崇祯帝于是怀疑，黄道周心怀不满，与朝廷作对。他召集内阁重臣和其他大臣，这一次黄道周也在其中。此次会议的重点本来是商讨国家政务，却很快演变成崇祯帝带头对黄道周的批斗。

这是一场充满理学韵味的批斗会。会上，崇祯帝率先发难："凡无所为而为者，谓之天理；有所为而为者，谓之人欲。你三封奏疏写在廷推不获用之时，难道属于无所为吗？"

黄道周回答说："臣三封奏疏所言都是国家纲常，自信属于无所为而为者。"

"那你之前为什么不上疏？"

"之前尚可不说，如今杨嗣昌被廷推为阁臣，现在不说，以后连说的机会都没有。"

崇祯帝言："清正虽是美德，但是不要恃才傲物。你以为你是伯夷叔齐吗？你比他们还清正？"

事已至此，无论黄道周如何辩驳，都显得苍白无力。一位是掌握生杀大权又争强好胜以理学正统自居的皇帝，一位是满腹经纶誉满天下却一腔孤勇不愿服软的儒学宗师。两强相斗，必有一伤。

多次论辩之后，局面逐渐恶化。在皇帝怒斥让他退下时，黄道周依然不屈不挠："臣今日不尽言，臣负陛下；陛下今日杀臣，陛下负臣。"①

崇祯帝不屑地说："亏你一生学问，现在却成了耍嘴皮子的佞臣！还不退下！"

看到龙颜大怒，黄道周抱定必死的信念："如果臣在陛下面前独立敢言都是佞臣，试问，普天之下，谁还是陛下的忠臣呢？"崇祯帝不胜其烦，却又不愿做杀死比干的商纣王，迟迟没有作出处罚的决定。

就在此时，有人搬出儒家传统的另外一套说辞："人主之尊，尊无二上；人臣无将，将而必诛。如今黄道周目无尊上，如果不予以严惩，无以昭示天下！"于是乎，崇祯帝颁发贬谪黄道周的诏书，并严禁廷臣上疏求救，否则以朋党论处。

崇祯十三年（1640）四月，江西巡抚解学龙举荐下属黄道周。二人因此被朝廷以朋党的罪名抓捕入狱，在刑部大牢中被反复拷打。翰林编修黄文焕、吏部主事陈大定、工部司务董养河、中书舍人文震亨等人受到牵连，身陷囹圄。上疏求救者，比如户部主事叶廷秀、国子生涂忠吉等人，也先后被捕入狱。②

崇祯十四年（1641）十二月，就在释奠礼的礼乐声渐行渐远之际，崇祯帝颁布迁延已久的处罚令：前江西巡抚解学龙与照磨黄道周朋党乱国，今拟解学龙发配贵州，黄道周永戍广西。这是仅次于死刑的判决。一位失去耐心和宽容心的君主厌恶不同意见。在他看来，读书人只会结党营私，名头越大，越会给朕添乱。

① 《明史》卷二百五十五《黄道周传》，第6598页。

② 《明通鉴》卷八十七，第3410页。

次年八月，黄道周在广西边疆服刑将近一年。一次偶然的机会，崇祯帝和廷臣谈及此人。深谙为臣之道的大臣有意说项，却又不便直言。有的说，黄道周自从被贬谪后，家贫子幼，委实可怜。听到臣下的困窘生活，崇祯帝微笑起来：知道家人生计艰难也好。还有的说，罪臣黄道周学问不错，现在一个人极其清苦，可能埋骨他乡。崇祯帝再一次微笑起来：知道跟朕斗争的下场也好。①

当天夜里，大明皇宫灯豆点点，崇祯帝一夜未眠……

次日清晨，内阁接到旨意：黄道周即刻释放，官复原职……

文华殿中，这对冤家故人再次相见。儒学宗师黄道周形容枯槁，丧失了昔日那股英气，只是跪在地上叩头谢恩，哭诉自己竟然能活着见到陛下。他还坚称自己有犬马之疾，乞求准假，回到乡里。②

崇祯帝同意了黄道周的请求，却始终微笑不起来，感到人生仿佛缺少了什么。

那是他们有生之年最后一次会面。

第三节　国君死社稷

公元前6世纪，一位老翁神情肃穆，急急忙忙出门而去。他边走边整理衣冠，仆从还在家里整理车马，准备从后面追赶。这位行色匆匆的老翁不是他人，正是孔子。他一接到国君的召唤，就立刻动身前往。为此，他留下了一条后人津津乐道并严格遵循的礼制

① 据《明史》记载，崇祯帝听到黄道周及其家人的惨状后，“帝微笑”，“帝不答，但微笑而已”。（《明史》卷二百五十五《黄道周传》，第6600页。）

② 《明史》卷二百五十五《黄道周传》，第6600页。

传统：

君命召，不俟驾行矣。（《论语·乡党篇》）

一旦国君召唤，臣子应当即刻出行，这是最基本的规矩。即便到了混乱的战国时期，一代大儒荀子依然强调：

诸侯召其臣，臣不俟驾，颠倒衣裳而走，礼也。（《荀子·大略篇》）

君臣名分，乃礼之大节。既然君主召唤，臣子理当衔命而动，不得有丝毫迟疑。孔子所在的春秋时期，礼崩乐坏，而鲁国的几位君主远非贤君明主，但是一朝为臣，自当恪守臣子的本分。千百年来，所有熟读儒家经典的官员对此了然于心。作为国家的公职人员，不要问君主做了什么，不要问国家做了什么，先要扪心自问：自己是否恪守臣职，是否奉行君命，乃至于舍生取义，也在所不惜？

景泰五年（1454）五月的一个黎明，御史钟同怀揣奏疏，策马出门，准备上朝觐见天子。这封奏疏只要上达天听，钟同绝无生还的可能，甚至还会殃及家人。为人臣子，钟同却不允许自己有丝毫犹豫。当仆从把马牵过来时，这匹马突然伏地不起。它仿佛通了人性，预料到了什么，不愿意看着主人白白送死。大厦将倾，独木难支。钟御史刚毅坚卓，不为所动，怒斥跟随多年的马儿："我都不怕死，你到底要干什么？"这匹马盘辟再四，嘶鸣不已，无可奈何之下，才让主人骑了上去。[1]

钟同，字世京，江西吉安人。他的父亲钟复官至翰林修撰，是

---

① 《明史》卷一百六十二《钟同传》，第4410页。

翰林侍讲刘球的挚交好友。正统年间，朝廷用兵麓川，死者十有七八。刘球仗义执言，上疏提醒朝廷，北兵南调，边防空虚，如果瓦剌趁虚直入，大明危矣！他的意见激怒了秉国太监王振。王振下令锦衣卫指挥马顺到狱中了结此人。马顺带着一名小校来到狱中，准备行凶。刘球知道死期将至，便大喊太祖、太宗的圣灵。马顺砍去了他的头颅，他的身体却岿然不动。惊悚与愤怒之下，马顺和小校一起残忍地肢解了刘球，并将破碎的尸体埋在了监狱的窗户之下。

后来，民间盛传，刘球忠魂不散。马顺的儿子和小校意外死亡，死的样子格外凄惨。刘球死后不久，他所担忧的事情不幸成真。北方的瓦剌大举入侵，震惊中外的“土木之变”爆发，英宗皇帝被俘，大明王朝危若累卵。愤怒的文臣在议事时群殴武官马顺，马顺当场死亡。

景泰帝即位后，下诏为刘球平反，赠官翰林学士，赐以“忠愍”的谥号，并在家乡江西安福为他立祠祭祀。[1]有的人死了，他还活着，刘球以这种方式活在官民心中。

当年，刘球与好友钟复约定，共同上疏。来到钟家之后，刘球发现，钟复适巧出门在外。奉上茶水，寒暄不久，钟复的妻子为了求生，便诘问刘球：你自己上疏也就罢了，为何要拉着别人一起送死？刘球放下茶盏，苦笑一声，出门而去。他独自踏上了死亡之路。

刘球死后，天下闻名，他的祠堂香火兴盛。钟复却病死在床榻之上，碌碌无为，赍志以殁。他的妻子追悔莫及：夫君与其这般死

---

① 《明史》卷一百六十二《刘球传》，第4406页。

去，轻于鸿毛，何如当初与刘公一同进言，重于泰山！

江西钟灵毓秀，人杰地灵，当地就有欧阳修、杨邦乂等先贤的祠堂。钟同耳濡目染，心中自忖，大丈夫当如是也。先父的遗恨历历如昨，让他更加珍惜名节，很早就笃定了以身许国的志向。在景泰帝的儿子薨逝之后，储位空虚，英宗皇帝的儿子沂王众望所归。景泰帝因为沂王并非己出，故而迟迟不欲确立太子。在奏疏中，钟同指出，太子去世，足知天命所在。于情于理，太上皇的儿子也是陛下的儿子，足堪继承大位，以慰宗庙社稷。[1]君臣父子之间，人所难言，何况是立储的大事。钟同此疏激怒了景泰皇帝，被逮入诏狱拷讯。次年八月，景泰帝下令在狱中用巨梃打死此人。钟同死时年仅三十二岁。他死的那天，家中的马儿仰天长嘶，倒地而亡。

英宗复辟后，给钟同赠官大理左寺丞，还让他的儿子钟启入国子监，不久授予咸宁知县一职。成化年间，朝廷赐予钟同“恭愍”的谥号，让他与父执刘球一道从祀忠节祠。[2]既为人臣，当国家危难之际，哪怕皇帝本人没有召唤，刘球、钟同等人也视死如归，尽忠职守。

时光辗转到了崇祯十七年（1644）三月，京师的外城、内城相继被李自成的军队攻陷。天刚蒙蒙亮，崇祯帝紧急鸣钟，召唤城中的文武百官。钟声嘹亮，声传十里之外。结果，如史籍所揭：

> （崇祯帝）亟御前殿鸣钟集百官，无一人至者。因大怒，还内，自经于煤山（又名万岁山）。[3]

---

① 《明史》卷一百六十二《钟同传》，第 4409 页。

② 《明史》卷一百六十二《钟同传》，第 4410 页。

③ 张贵胜：《遣愁集》卷十，《续修四库全书》第 1273 册，第 522 页。

崇祯帝临死前震怒不已：君命召，臣不俟驾而行，为什么文武百官无一人前来护驾？他们还有大臣的样子吗？他唯独忽略了一道核心问题：作为明王朝的天子，他自己还有君主的样子吗？

崇祯十五年（1642）九月，经过前后三次围困，李自成挖开黄河，引黄河水灌入开封城，中原重镇开封就此沦陷。

开封不仅是中原重镇，还是宋朝旧都，攻下开封具有改朝换代的象征意义。洪武元年（1368），在徐达奉命攻下汴梁城后，朱元璋甚至要将汴梁作为都城——应天府为南京，开封府为北京。[①]

开封府的沦陷，加上清军的南下，双重危机让身在京师的崇祯帝万分焦虑。同年底，他急忙下诏，谕令百官，广开言路。群臣不分大小，知无不言，言无不尽。大敌当前，群臣理应同心同德，尽快商议出对策，解决问题。可是，这一次的“开言路”枝蔓芜杂，很快成为攻击内阁首辅周延儒的恩怨之争。

周延儒，字玉绳，江苏宜兴人。万历四十一年（1613）会试第一名，殿试第一名，声动天下。彼时，他才二十多岁，官授翰林修撰。崇祯帝即位后，周延儒被任命为礼部右侍郎。崇祯二年（1629）十二月，被破格任命为礼部尚书兼东阁大学士，参与机务。三年（1630）九月，深受崇祯帝器重，被任命为内阁首辅。六年（1633）六月，因为内阁温体仁的排挤，周延儒告老还乡。

崇祯十四年（1641）二月，朝廷起用周延儒。他九月至京，再次成为内阁首辅，拜吏部尚书、中极殿大学士。周延儒并非东林党

①　《明通鉴》卷一，第 206 页。

人，由于曾经陷害钱谦益，遂与东林党为敌，致使名望受损。再次成为首辅后，他听从建议，推荐郑三俊、刘宗周、范景文等人执掌吏部、都察院、工部，任用李邦华、张国维、徐石麒、张玮、金光辰等贤良，释放傅宗龙等人，为死去的文震孟、姚希孟赠官，还主动奏请崇祯帝释放发配广西戍边的黄道周。[1] 果不其然，这些举措也让周延儒名望得补。

当崇祯十五年（1642）皇帝下令开言路之际，各部臣僚本当并力商讨如何应付清军和农民军的攻势，文武百官却各有盘算。

行人司副熊开元，湖北嘉鱼人，之前以给事中左降，迟迟没有升迁，主动到周延儒那里诉说自己的困顿，实则觊觎光禄丞的职位。[2] 周延儒适逢他事，便暂请他离开。于是，这位官员觉得周阁老目中无人，随后恼羞成怒，认定他是罪无可恕的奸臣。

在德政殿中，熊开元上奏："陛下求治十五年，天下日乱，必有其故。现在国家的重点在于平定贼寇，却不知事有本末。陛下十五年来任用的辅臣相继为奸。这些人不除，国家永无宁日。"崇祯帝问："你难道有推举的人吗？"熊开元的本来目的是排挤周延儒，回答说："无有。只是奸臣当道，引用贤人君子都是出于私意。即便偶有不平，我们也只能私自慨叹而已。"

熊开元负气弹劾，却没有实际证据。周延儒浪子回头，起用贤能，却成了收买人心的小人。这让崇祯帝大为恼怒，遂将熊开元以及一起进言的给事中姜埰抓捕入狱。

皇帝要处死熊开元、姜埰的消息散布开来，马上引发都察院

① 《明史》卷三百八《周延儒传》，第 7928—7929 页。
② 《明史》卷二百五十八《熊开元传》，第 6669 页。

刘宗周等人的强烈反弹。言官的职责本来就是闻风而奏，如果熊开元等人有负气不当之处，君主优容即可，何必置之死地？如果君主没有君主的样子，以后谁还敢上疏直言！被激怒的首辅周延儒也颇为委屈，如今我任用贤能，却被如此攻击。小臣肆无忌惮，如不惩戒，日后如何立威？尽管有人建议周延儒代为说项，宰相肚里能撑船，这位首辅却沉浸在委屈、愤怒之中，踟蹰不前。事到如今，与黄道周并称为“二周”的儒林宗师刘宗周联系九卿，一同抗争，想要挽救两人的性命。

刘宗周，字起东，浙江山阴（今浙江绍兴）人，万历后期进士。天启年间，魏忠贤擅权，将刘宗周削籍为民。崇祯元年（1628），朝廷起用刘宗周，任命为顺天府尹。后来，他在一封奏疏中一针见血地指明崇祯帝的问题：

> 陛下求治之心，操之太急，酝酿而为功利；功利不已，转为刑名；刑名不已，流为猜忌；猜忌不已，积为壅蔽。①

结果，被崇祯帝认为迂阔，不切实用。崇祯八年（1635），内阁缺人。廷推会议上，刘宗周名列其中。次年入京，在奏对中，刘宗周依然“冥顽不灵”，又指出当下的问题：陛下求治太急，惯用重典，法令太多，任用与罢免官员太频。陛下应该用尧舜之心，行尧舜之政，宽以御下，修内治，服远民。

古代中国的很多皇帝都以从谏如流的唐太宗为榜样，真正有唐太宗那般雅量的却寥寥无几。君主摆出一副听取意见的堂皇样子，内心却对异见者极为排斥，内用法令，外饰儒术，高悬功利主义的

① 《明史》卷二百五十五《刘宗周传》，第 6576 页。

标准，只要不能速治，便是迂言。刘宗周的直言高论立竿见影，他最终无缘进入内阁，转任工部左侍郎。在温体仁的搾掇下，有人弹劾刘宗周“道学有余，才谞不足”。加上刘宗周屡次上疏，触怒君威，崇祯帝最终失去宽容心，将他革职为民。

崇祯十四年（1641）九月，外宽内忌的崇祯帝又起用刘宗周为吏部左侍郎。刘宗周学问、品行素来一体，此次入京对答无非“明圣学以端治本，躬圣学以建治要，重圣学以需治化”等语。次年，升任左都御史。崇祯帝问：“都察院职掌安在？”他回答说：“在正己以正百僚。只要身正，上可对君父，下可对士夫，而后百官不令而从。”[①] 刘宗周表里如一，本来可以作为崇祯朝的一把利剑，清理朝政，裨益国事。可惜落花有意，流水无情，他的意见始终不入宸聪。

当熊开元、姜埰命悬一线时，刘宗周会同九卿誓死力争。在中左门的会议上，他不过道出了人尽皆知的常识：

> 朝廷待言官有体，言可用用之，不可置之。即有应得之罪，亦当付法司。今遽下诏狱，终于国体有伤。[②]

即便是常识，在执掌最高行政权力的君主那里却有截然不同的解读方式。崇祯帝依然受到“审查优先”的思维方式左右，反而质问刘宗周：“朕问你：你所谓公心，锦衣卫的诏狱和刑部的法司，何公何私？你所谓国体，朕不过是加罪一二言官，怎会损害国体？难道臣子贪赃枉法，欺君罔上，朕都不管不问吗？”

① 《明史》卷二百五十五《刘宗周传》，第 6582 页。
② 《明史》卷二百五十五《刘宗周传》，第 6584 页。

刘宗周据理力争："锦衣卫都是膏粱子弟，何知礼义？不过是听宦官役使罢了。陛下说贪赃枉法，欺君罔上，也不可不交给刑部。"

有重度易怒症嫌疑的崇祯帝被彻底激怒："你这种人如此偏袒，岂堪宪职！"随后，又一次将他革职为民。

本来是一次平平常常的"开言路"，让大家畅所欲言。结果，一条应敌之策都没有出台，而进言的熊开元、姜埰从诏狱被转移刑部大牢，饱受折磨，左都御史刘宗周等人被革职查办，以儆效尤。

刘宗周等人尚未触及问题的本质，朝廷的"开言路"看上去在征集意见，实则这种制度从洪武帝起就存在"言路陷阱"。无论是在《大明律·礼律》中，还是在《皇明祖训》中，朱元璋都清楚规定，不论大小官员，哪怕是百工伎艺之人，都可以直接到皇帝面前进言。[1] 这种规定貌似赋予所有人进言的自由，可是《大明律》同样规定：

> 若纵横之徒，假以上书，巧言令色，希求进用者，杖一百。[2]

问题在于，对于谁是巧言令色、希求进用的纵横之徒，律文并未界定。于是，皇帝想当然地依据《大明律》杖责那些触怒自己的进言者。有明一朝，这样的"言路陷阱"不知道捕获了多少慷慨激昂的敢言之士。[3]

---

① 《皇明祖训》，《皇明制书》，第789页；《大明律·礼律》，《皇明制书》，第925页。

② 《大明律·礼律》，《皇明制书》，第925页。

③ 关于"言路"的研究，可参邓小南：《信息渠道的通塞：从宋代"言路"看制度文化》，《中国社会科学》2019年第1期。

言官负气、辅臣跋扈、宦官挑拨、锦衣卫搬弄，加上皇帝刚愎自用，滥施淫威，事态越发不可收拾。君主不像君主，廷臣不像廷臣，言官不像言官……国家危在旦夕，崇祯君臣却把时间和精力浪费在无谓的是非之中，严重偏离了军政主题。宋词有云："流光容易把人抛，红了樱桃，绿了芭蕉。"（《一剪梅·舟过吴江》）就在崇祯君臣内耗之际，战火迅速燃烧，中原府县被李自成的军队攻占殆尽，京畿之地也在劫难逃。

中国古人认为，一个国家的崛起和衰亡都有征兆浮现。《礼记·中庸》所谓："国家将兴，必有祯祥；国家将亡，必有妖孽。"崇祯十六年（1643）二月，京畿之地爆发了罕见的瘟疫。疫情集中爆发的区域在北直隶、山西、河南等地，并到处蔓延。昔日人潮涌动的大街小巷空无一人，百姓度日如年，不知道下一个感染者会是谁，也不知道疫情到底什么时候结束。

这场疫情和老鼠有关。鼠疫泛滥以来，人们陷入巨大的恐慌之中。富贵人家抢购各种可能治愈的药品，并多方囤积食物，贫困人家很快陷入生存危机，嗷嗷待哺。朝廷不仅严格执行宵禁，连白日的通行也严厉控制。除了军国大政，一切活动都受到管控。惴惴不安的百姓纷纷像胆小的老鼠一样躲在各自的宅院中，数米而炊。起初，人死之后，还有亲友代为掩埋尸体，及至后来，尸骨塞满街衢。臭气熏天，惨不忍言。

疫情肆虐，无论是官府，还是民间，始终拿不出特效药物。时间慢慢推移，酷暑的到来才让疫情逐渐缓解。七月，崇祯帝颁发诏书，朝廷集中掩埋城内外暴露的尸骨，并释放轻罪人员。直到九月，鼠疫才彻底散去。

关于这场突如其来的鼠疫造成的死亡人数，说法不一。有的笼统地说“死者无算”；[①] 有的则认为，从二月到七月，平均死亡人数“日以万计”；[②] 也有的学者认为“在鼠疫流行的核心区，即山西、直隶和河南三省之北部，疫死人口可能达到总人口的三分之一”。[③] 无论哪种说法，毋庸置疑的是，鼠疫的爆发和流行给风雨飘摇的明王朝带来沉重的打击。

加拿大学者卜正民（Timothy Brook）教授从元明两朝中提炼出九个灾害集中爆发期（Nine Sloughs），其中崇祯时期的灾害包括严寒、干旱、饥荒、蝗灾、地震、瘟疫、沙尘暴、龙见（dragons）等，[④] 这仅是其中一个爆发期。所以，无论是旱灾、洪水，还是蝗灾、地震、鼠疫等，某种单一的灾害远不足以成为一个国家覆灭的根源。

相较于此时此刻的疫情，李自成、张献忠的叛乱才是心腹大患。同时，将军的反叛和盗贼的蜂起也让明廷焦头烂额。同年（崇祯十六年，1643）三月，盘踞在湖北的左良玉发动叛乱，从九江发兵，声言要攻取南京。在都御史李邦华的劝告下，左良玉的军变才平息下来。[⑤]

四月，近有疫情爆发，远有盗匪肆虐，另有清军入侵，抢掠山

---

① 《明通鉴》卷八十九，第 3502 页。

② 《国榷》卷九十九，第 5985 页。

③ 曹树基、李玉尚:《鼠疫: 战争与和平》，济南: 山东画报出版社，2006 年，第 132 页。

④ Brook, T. (2017). *NINE SLOUGHS: PROFILING THE CLIMATE HISTORY OF THE YUAN AND MING DYNASTIES, 1260–1644.* Journal of Chinese History, 1(1), 27-58. doi:10.1017/jch.2016.25.

⑤ 《明通鉴》卷八十九，第 3491 页。

东，危及京师。内阁首辅周延儒主动请缨，督师通州。周延儒的举动让崇祯帝大喜过望。然而在通州，周延儒所作所为，不过袖手而已，却频频假传捷报。不久，清军主动退去。五月，他回到京师，还获得崇祯帝的奖赏。稍后，就有人揭发周延儒如何逗留军中，贻误军机，如何欺君罔上，靡费国帑。周延儒先是被崇祯帝免职，后来被下令自裁。此时，张献忠的军队已经攻陷武昌，南部中国震动。

同年十月，就在疫情消失不久，陕西传来噩耗，西安被李自成攻陷。李自成自封为新顺王，以襄阳为襄京，改西安为长安，作为西京。他已经从四处攻掠的流寇转变成抢占根据地的起义政权，并以覆灭明廷为己志。

崇祯十六年（1643），朱由检还在滥用君主权力。在这一年里，他先后任命多名督师，负责国家军务，然而无一善终。

三月，内阁辅臣吴甡督师湖北讨贼。由于兵缺粮乏，还未成行，五月被罢免，十一月被发配金齿戍边。①

四月，内阁首辅周延儒督师通州抗清，五月被罢免，十二月被赐死。

六月，督师辽东的范志完以及总督蓟州、山海等处的赵光抃被逮入狱，十一月，两人同时在京师西市被公开处决。②

八月，督师孙传庭不堪催迫，兵出潼关讨贼。九月，大败于襄城，死者四万余人。十月，李自成乘胜攻陷潼关，督师孙传庭战死。

① 《明史》卷二百五十二《吴甡传》，第6523—6524页。

② 《明史》卷二百五十九《赵光抃传》，第6720页；《明史》卷二百五十九《范志完传》，第6722页。

之后，西安等地尽数沦陷。孙传庭率领的关陇军团是抗击李自成大军的精锐之师，也是明朝防御农民军的最后希望。在孙传庭阵亡后，明廷再无任何力量可以阻挡李自成挺进京师的步伐。故此，史称：“（孙）传庭死而明亡矣。”①

公元前4世纪，孟子见到了齐宣王，与之展开了一段有趣的对话。

孟子问：“如果大王境内，有一个人要到楚国去，将妻子儿女托付给朋友照顾。他回来时却发现，朋友根本没有照顾，致使妻子儿女饥寒交迫，该怎么办？”

齐宣王说：“放弃这位朋友。”

“如果监狱官不能治理案件，该怎么办？”

“罢免他。”

“如果您的国境，大王不能治理，该怎么办？”

王顾左右而言他，仿佛刚才什么事都没有发生。（《孟子·梁惠王下》）

儒家礼制的要求在乎君臣上下各司其职，每个人都拥有相应的权力，并受到相应的约束。即便是君主，也不能恣意妄行。

公元17世纪上半叶，明代中国也迎来一位齐宣王。如果一名将军用人不当，致使战役惨败，那么这名将军难逃军法处置；如果一名君主用将不当，致使战役接连惨败，那么，这名君主不仅不用担负任何责任，反而可以诿过他人，大开杀戒。崇祯帝依旧活在“宁可我负天下人，休教天下人负我”的独夫世界里，名义上还在祭天

① 《明史》卷二百六十二《孙传庭传》，第6792页。

祭地，俨然以儒家礼制的代言人自居，实则金玉其外，败絮其中，辜负了大明王朝的亿万百姓。虎毒尚且不会自废爪牙，作为君主，多年以来，崇祯帝却习惯杀戮封疆大吏，不知多少将帅成为他刀下的冤魂。[①]

崇祯十七年（甲申，1644）三月，京师被围。有人建议皇帝南迁，像东晋、南宋一样图谋东山再起。陷入绝望中的崇祯帝表现出最后的男子气概：

> 国君死社稷，朕将焉往？[②]

临死之前，崇祯帝还下令皇后自尽，并亲手挥剑，砍去了十五岁女儿的左臂，“谁叫你生在帝王家”。随后，和太监王承恩来到万岁山，自缢身亡。后人在他的衣襟中发现了御笔书写的遗诏：

> 朕凉德藐躬，上干天咎，然皆诸臣误朕。朕死无面目见祖宗，自去冠冕，以发覆面。任贼分裂，无伤百姓一人。[③]

国君死社稷，礼之正也。轮船沉没之际，船长应该最后一个离开，如若不能，则与轮船一道沉没，义无反顾。人固有一死，崇祯帝也许是中国历史上所有皇帝之中死得最像样子的一位。崇祯帝以一死换取了无数遗老遗少的同情，甚至让他之前的过失也获得了一

① 崇祯帝频繁黜免将军，滥杀成性。《明史》称：“先是，十二年封疆之案，伏罪者三十有六人。至是，失事甚于前，诛止志完、光抃及巡抚马成名、潘永图，总兵薛敏忠，副将柏永镇，其他悉置不问。而保定巡抚杨进得善去，山东巡抚王永吉反获迁擢。帝之用刑，至是穷矣。”（《明史》卷二百五十九《范志完传》，第6722页。）

② 《明史》卷二十四《庄烈帝纪二》，第334页。

③ 《明史》卷二十四《庄烈帝纪二》，第335页。

定的谅解。作为君主，他无疑是失败的；作为死人，他却赢得了最基本的尊严。

繁华落尽，如梦无痕。反观崇祯十四年（1641）的言路之争，当事人各有各的结局。内阁首辅周延儒被崇祯帝下旨自裁，死后还被《明史》刻入《奸臣传》。英雄到老皆归佛，宿将还山不论兵。熊开元看淡红尘，削发为僧。遁入佛门后，他绝口不提前朝之事，在苏州的灵岩山孤寂以终。①

当时一同被收押的言官姜埰赶上京城爆发鼠疫，转移到外地收保，免于一死。崇祯十七年（1644）二月，皇帝命令释放姜埰，发配到宣州卫（今属安徽宣城）充军。姜埰还没有出发，京城就已经沦陷。国变之后，他流亡苏州，自称“宣州老兵”。临死之前，他告诉两个儿子：“我奉先帝之命戍守宣州，死后务必将我安葬在宣州的敬亭山下。”② 儿子谨遵先父遗命，扶尸西进。姜埰生生死死都捍卫了作为一名大明臣子的尊严。他无愧于崇祯帝，也无愧于消失的大明王朝，更无愧于一生坚守的纲常信念。

崇祯十七年（1644），大明王朝的最后两位首辅分别是陈演和魏藻德。当崇祯帝在殿前鸣钟召集百官时，两位重臣无一人响应。京师沦陷后，陈演和魏藻德被俘。刘宗敏要求内阁大臣每人上交白银十万两，才肯放人。关押当日，陈演的家人就送来了四万两白银。刘宗敏大喜过望。在陈演被释放的第四天，李自成领兵与吴三桂决战。临行前，为了防止后方叛乱，李自成特令亲兵将陈演等人全部

① 《明史》卷二百五十八《熊开元传》，第6671页。

② 《明史》卷二百五十八《姜埰传》，第6668页。

屠杀。[1]

最后一位内阁首辅魏藻德在崇祯十三年（1640）的殿试上，还是朱由检钦点的状元，当年被授予翰林修撰。十六年（1643），破格授予礼部右侍郎兼东阁大学士，入阁辅政，这种速度的越级拔擢在明朝乃至整个中国历史上都极为罕见。次年二月，继陈演之后，魏藻德成为内阁首辅。被俘后，家人仅上交了一万两白银。刘宗敏意犹未尽，令人严刑拷打，酷刑持续了五天五夜，最后这位首辅脑裂而死，儿子也一同被杀。[2]

身为堂堂的内阁首辅，拿着国家的俸禄，甚至是天子门生，深受知遇之恩，结果在国家存亡之际，他们弃君命于不顾，既不肯外出讨贼，又不愿捐献家财，还不能杀身成仁，以死报国。最后，想要苟且偷生，反倒受尽折磨，既辱没祖先，又遗臭万年。《明史》说他二人“祸中于国，旋及其身”，真是庸碌可恶之辈！[3]崇祯帝在遗诏中说“诸臣误朕”，也绝非向壁虚造。

国家倾覆之后，若论死得其所，刘宗周当是其中的一位典范。京师沦陷后，被革职为民的刘宗周自称“草莽孤臣”，没有任何理由为崇祯帝殉葬。此后，他不受南京弘光政权的任命，被马士英等人排挤，乃至遭人刺杀未果。1645年五月，南京失守。七月，杭州失守，潞王投降。刘宗周绝食而死，享年六十八岁，在遗言中交代了自己关于可死、可无死的看法：

> 北都之变，可以死，可以无死，以身在削籍也。南都之变，

① 《明史》卷二百五十三《陈演传》，第6548页。

② 《明史》卷二百五十三《魏藻德传》，第6549页。

③ 《明史》卷二百五十三《魏藻德传》，第6551页。

主上自弃其社稷，仆在悬车，尚曰可以死，可以无死。今吾越又降，区区老臣，尚何之乎？若曰身不在位，不当与城为存亡，独不当与土为存亡乎？[①]

刘宗周之死显然不为忠君，因为他早就被革职为民。不在其位，不谋其政。不为其臣，不必殒身。江湖有梦追前事，天地无根笑此生。[②]刘宗周最后之所以绝食而死，不是臣子，不是宗师，只是作为一名普通的大明百姓，在山河破碎之后，失去了继续活下去的理由。

明朝近三百年的历史，与其说是一部走向失败的历史，[③]毋宁说是一部走向涣散的历史。礼制的作用在于理顺人情，建立一套各个阶层各得其所的秩序，凝聚人心，共治共赢。大道之行，天下为公。天下为公，在于君臣民众各行其道，而不相互背离。

秩序的恢复手段多种多样。政治上，可以锄奸反腐，开言路，兴实政；经济上，可以轻徭薄赋，均贫富，将财富从豪强的手中有限制地转入民众手中；文化上，可以正圣学，崇尚儒教，严肃学风；军事上，可以改良训练方法，提高武器质量，重新招募兵勇。所有这一切都是恢复秩序的可选项，却又远远不够。礼制处理的核心问

① 黄宗羲：《明儒学案》卷六十二，沈芝盈点校，北京：中华书局，1985年，第1513页。

② 诗出南宋遗民林景熙《酬潘景玉（其一）》。全诗内容为："唤起离愁落木声，抱饥犹自向书耕。江湖有梦追前事，天地无根笑此生。岁晏断鸿羁客影，夜深残火故人情。幸来相就分岑寂，闲对梅花酌翠觥。"（参陈焯：《宋元诗会》卷五十五，清文渊阁《四库全书》影印本第1464册，第77页。）

③ 黄仁宇在《万历十五年》一书中写道："书中所叙，不妨称为一个大失败的总记录。"（黄仁宇：《自序》，《万历十五年》，北京：中华书局，2007，第4页。）

题是名分问题，名分又关乎文化认同和价值认同。如果缺乏共同的价值文化，没有形成一股风气，那么其他一切手段都难免流于形式，从而后劲乏力。比如，新即位的皇帝明明知道宦官乱政的危害，又不由自主地任用太监，旋用旋废，旋废旋用。究其背后，就是君臣之间缺乏基本的信任，没有形成发自内心的统一的理念认同。为众人抱薪者，往往冻毙于风雪。失去君主的信任，左右掣肘，动辄罹罪。官员越卖力，下场越悲戚。试问，还有哪位臣子愿意为这样的君主和政权效命呢？

人们很容易生活在名分的表象之中，从而对名分背后的责任认识不清。君主误以为自己执掌生杀大权，滥施淫威，既背离了祖宗之制，又疏离了国家重臣。名为君主，实为独夫。大臣自以为忠君报国，日月可鉴，实则一封封奏疏的背后，不是争夺名利，就是意气用事，真正忧国忧民且发挥实效者寥寥无几。民众看似楚楚可怜，心中不满，轻则牢骚抱怨，重则为盗为匪。在达官显贵面前如何卑躬屈膝，在妻女和其他弱势群体面前就如何作威作福。身为民众时，怕官怕匪，化为盗贼时，奸淫掳掠，又何尝对其他平民手下留情？

从王侯将相，到贩夫走卒，每个人都容易自以为是，以“受委屈者”“受害者”的身份自居，羞于承认自己的错误，更拙于做出有效的改变。崇祯帝到死都觉得是“诸臣误朕”，却忽略了自己手下的那些野鬼冤魂。很多大臣对这个政权失望透顶，结果却用贪腐、投敌的手段恶意回报曾经热爱的乃至发誓效忠的大明。地方民众面对苛捐杂税只能逆来顺受，非到迫不得已不愿赌上全家人的性命上山做贼。各路将士也是普通人，人心涣散之后，听闻大顺军、大清军如何彪悍，在敌我力量悬殊时，与其做自杀式的抵抗，不如提前撤退保命。只有在少数知识精英治理下的地区，比如扬州、嘉定等地，那里的军民对名分最为执著，故而抵抗最为激烈，结局也最为凄惨。

万历以来，忧国忧民的大臣们经常在奏疏、文集中提到的一个词汇就是"收拾人心"。国家能够收拾人心，君臣上下同心同德，自然是礼制社会的理想目标。但是，互相猜忌、伤痕累累乃至支离破碎的人心究竟该如何收拾？担任顺天府尹期间，刘宗周在一封奏疏中表明：

> 夫宇宙之所以纲维而不毁者，恃有人心以为之本，而人心之淑慝，则学术之明晦为之也。①

明夷于飞垂其翼，天下为主君为客。如果世上真有什么千年大计可言的话，那么一定非学校教育莫属。学校教育乃天下之公器，自有是非明晦，断不以君主之是非为是非。一如晚明思想家黄宗羲所倡：

> 天子之所是未必是，天子之所非未必非，天子亦遂不敢自为非是，而公其非是于学校。②

① 刘宗周：《极陈救世要义疏》，《刘蕺山先生奏疏二》，《四库禁毁书丛刊·史部》第38册，第617页。

② 黄宗羲：《明夷待访录》"学校"条，《续修四库全书》第945册，第471页。

后来，顾炎武也抛出了著名的亡国、亡天下之辨。[1]在大明王朝覆灭之后，痛定思痛，他们才幡然醒悟，也终于可以公然宣布，原来忠君报国并不是第一要务。在忠于领袖、忠于国家之上，还有一层大义。天下之最可畏者，唯有民也。天下能收拾人心者，唯有学也。在他们看来，只要人知向学，学术还在，人心就在，守住礼义廉耻，守住纲纪名分，那么宇宙天下就永远都有希望。

① 顾炎武《日知录》载："有亡国，有亡天下。亡国与亡天下奚辨？曰：易姓改号，谓之亡国；仁义充塞，而至于率兽食人，人将相食，谓之亡天下……是故知保天下，然后知保国。保国者，其君其臣肉食者谋之；保天下者，匹夫之贱与有责焉耳矣。"（《日知录集释》卷十三，第756—757页。）

附录：明代礼制大事编年

1355 年（宋龙凤元年，元顺帝至正十五年）

二月，在刘福通等人拥护下，韩林儿称帝，号小明王，国号宋，定都亳州，建元龙凤。

三月，龙凤政权授郭天叙都元帅，张天祐右副元帅，朱元璋左副元帅。朱元璋拒受官职，但尊奉龙凤纪年。

六月，朱元璋攻取太平路，自称大元帅。陶安归顺。

1356 年（龙凤二年，至正十六年）

三月，朱元璋攻陷集庆路，改称应天府。

七月，继攻陷镇江、广德等地后，朱元璋自称吴国公。龙凤政权授朱元璋平章政事、右丞相。

九月，朱元璋到镇江谒孔子庙，这是他人生第一次祭孔。

1358 年（龙凤四年，至正十八年）

五月，刘福通攻陷汴梁，宋迁都于此。同时，遣西路军团进攻关中，中路军团进攻山西、河北，东路军团进攻山东。元廷大震。

十一月，胡大海久攻婺州，不克。朱元璋亲率大军出征，路过徽州时，当地儒者朱升建议："高筑墙，广积粮，缓称王。"

1359 年（龙凤五年，至正十九年）

八月，元将察罕帖木儿克复汴梁。红巾军被赶出河南。

同年，红巾军中路军团突入高丽境内，一度攻陷高丽国西京平壤。

1360 年（龙凤六年，至正二十年）

五月，陈友谅弑其主徐寿辉，在五通庙登极，国号汉，改元大义。遇大风雨，不能成礼。

1361 年（龙凤七年，至正二十一年）

正月，应天府，诸将奉小明王御座行庆贺礼。刘基不拜，向朱元璋密陈天命。

十月，潘诚、关铎、沙刘等率领红巾军十余万人跨过鸭绿江，大举进攻高丽。年底攻陷高丽首都开京。国王王颛出逃。

1362 年（龙凤八年，至正二十二年，高丽恭愍十一年）

正月，高丽统帅郑世云等领军收复首都开京，红巾军败逃。

六月，元将察罕帖木儿久攻益都不下，被伪降的红巾军将领田丰、王士诚所杀。

十一月，扩廓帖木儿收复益都，杀田丰、王士诚等人，血祭乃父察罕帖木儿。红巾军退出山东，大势已去。

1363 年（龙凤九年，至正二十三年）

正月，张士诚发兵围安丰，刘福通向朱元璋求援。

三月，朱元璋驰援安丰。刘福通战死。朱元璋将韩林儿安置在滁州。

四月，陈友谅大举进犯洪都，都督朱文正固守。

七月，在洪都被围八十五日后，朱元璋领兵二十万救洪都。

八月，鄱阳湖大战，陈友谅战死。

十二月，朱元璋在应天府鸡笼山阅兵。

1364 年（龙凤十年，至正二十四年）

正月，朱元璋自称吴王，强调“礼法，国之纪纲”。

二月，亲征武昌。陈理、张定边等人率众投降。

三月，朱元璋还应天，封陈理为归德侯。

1366 年（龙凤十二年，至正二十六年）

四月，朱元璋命韩政攻取濠州，随后从应天赶往濠州省墓，命同里人刘英、汪文等世守陵墓。这也是皇陵户的起源。

八月，命徐达、常遇春等领兵二十万讨张士诚。

十二月，命廖永忠到滁州迎韩林儿。韩林儿在瓜步沉船身亡。

1367 年（吴元年，元至正二十七年）

五月，初设翰林院，召诸儒议礼，以陶安为议礼总裁官。

七月，朱元璋在戟门阅雅乐，自击石磬。学士朱升不识五音，误把宫声当徵声。

八月，仿汉制，建圜丘、方丘和社稷坛。命冷谦为协律郎，定乐律。

九月，建成太庙。

徐达攻克平江路，俘张士诚。改平江路为苏州府。

新建三大殿奉天殿、华盖殿、谨身殿，并建文楼、武楼、乾清宫、坤宁宫等。

十月，命百官礼仪尚左，以左为尊。

命李善长等人定律令。

命徐达、常遇春等领兵二十五万，北伐中原。

命世子朱标到临濠谒墓。

十一月，朱元璋、朱标父子视察郊坛建设。

十二月，颁《大明律》《大明令》。

群臣劝进，朱元璋祭告上帝，表示：如果神明许可自己做皇帝，就请来年即位之日“天朗气清”；如果不许，就用“烈风异景”警示。

1368 年（明太祖洪武元年）

正月初四，朱元璋在京师南郊祭祀天地，即皇帝位，国号明，定都应天府，建元洪武，追尊四代（父、祖、曾祖、高祖）为皇帝、皇后。

分封群臣，任李善长、徐达为左丞相、右丞相。

二月，制定祭祀天地、社稷和宗庙的礼仪，以陶安的规划为准。冬至在南郊圜丘祭天，夏至在北郊方丘祭地，每年四季的孟月和岁除共计五次祭宗庙。以上祭祀，天子都需亲自参加，岁以为常。

戊申，朱元璋亲自祭祀社稷，服通天冠，绛纱袍，行三献礼。

诏衣冠皆复唐制。

三月，徐达攻汴梁，守将左君弼投降。朱元璋遣官告皇陵。

四月，诏制太庙祭器，不用笾豆古器，改用常见器皿。

禁宦官干预军政。

五月，朱元璋抵达汴梁，改汴梁路为开封府。

七月，朱元璋还京师，诏定军礼。元顺帝北逃。

八月，徐达攻克元大都。

元亡。

以元都平，大赦天下。朱元璋巡幸元大都，改大都路为北平府。

九月，江西行省参政陶安卒。陶安是明初制礼作乐的总裁官，对明代礼仪制度做出奠基性的贡献。

定正旦朝贺之礼。

十月，以平定元大都，诏告天下。

十一月冬至，朱元璋亲祀上帝于圜丘，这是建国后第一次正式祭天。

诏以孔子五十六代孙孔希学为衍圣公，官居二品，赐银印。

诏定官民冠礼。

十二月，诏定官民婚礼。

诏定官民丧服之制，禁胡风胡俗。

诏定官民房舍服色等第，禁止奢僭。

1369 年（洪武二年）

正月，诏立功臣庙于鸡笼山，以徐达为首。

封应天、开封、临濠、太平四府以及滁州、和州的城隍神为王，官居正一品，其余府、州、县的城隍为公、侯、伯，依次为正二品、正三品、正四品。

旌表当涂县民孙添母郑氏、黎德旺妻陶氏“贞节”，免除赋税，此后旌表节妇成为定例。

二月，命宋濂等修《元史》。

亲祭先农，行躬耕礼。

五月，朱元璋在方丘祭地，这是建国后第一次正式祭地。（按，以后夏至例行祭地，不再重复开列。）

七月，常遇春卒，诏定天子为大臣发丧礼。

八月，初修《元史》成。

封王颛为高丽国王。

命儒臣修礼书。

十月，诏天下府、州、县皆立学校。

十一月，到圜丘祭祀上帝，始奉仁祖（朱元璋之父）神位配祀。（按，以后冬至例行祭天，不再重复开列。）

1370年（洪武三年）

正月，礼部奏定朝日、夕月礼，春分祭日于日坛，秋分祭月于月坛。

三月，遣莱州府同知赵秩持诏谕日本国王良怀，指责倭寇袭扰中国沿海。

四月，封皇子九人，其中朱棣为燕王。

元顺帝崩于应昌。

五月，诏开科取士，三年一举。

李文忠俘获元顺帝的孙子买的里八剌以及后妃、诸王等。

诏行大射礼。命天下学校生员皆习骑射，推行学校射礼。

六月，诏天下郡县设义冢，禁止江西、浙江等地水葬、火葬。

去除城隍封号，各府、州、县的城隍仅称某府、某州、某县城隍之神。

七月，宋濂等续修《元史》成。

八月，开科取士。

九月，徐一夔等纂成《大明集礼》。

十二月，在宫中始建奉先殿，朔望荐新，行家人礼。

始令天下各府、州、县建立厉坛，祭祀无主孤魂。

太阳屡现黑子，朱元璋怀疑祭天不当导致，下令增加配祀上帝的神祇，被礼臣劝止。

礼臣请选人专任东宫官属，教育太子，被驳回。

1371 年（洪武四年）

正月，在中都凤阳建设郊庙。

六月，命儒臣制定宴享九奏之乐。

八月，汤和押送俘虏明升到京师。封明升为归义侯。蜀地平定。

国子司业宋濂因为上《孔子庙堂议》，被贬到安远县。

1372 年（洪武五年）

正月，将陈理、明升送到高丽王国安置。

四月，令礼部定乡饮酒礼，以厚民风。

十二月，京师文庙落成，朱元璋幸太学，行释奠礼，这是他第二次祭孔。读到《孟子》书中“君之视臣如土芥，则臣视君如寇仇”等语句，朱元璋大怒，将孟子逐出文庙，不准配享孔子。逾年，才准孟子配享如故。

1373 年（洪武六年）

二月，以科举所取人才不周实用，诏罢科举。停科长达十年。

1374 年（洪武七年）

八月，京师新建成历代帝王庙，祭祀对象包括元世祖。朱元璋亲自祭祀。

十月，始定郊坛分献礼，又命礼臣制定祭祀乐舞。

十一月，纂成《孝慈录》，规定：子为母、庶子为生母，皆服斩衰；嫡子、众子为庶母，也要服齐衰杖期。

1375 年（洪武八年）

三月，廖永忠被赐死。原因和他擅杀韩林儿以及僭用龙凤装饰有关。

四月，朱元璋幸中都，谒皇陵。

1376 年（洪武九年）

正月，册封魏国公徐达之女为燕王朱棣王妃。

八月，遣官祭祀历代帝王陵墓，设置守陵户。

十月，新建太庙成。定同堂异室制。

十一月，叶伯巨上疏，提到“分封太侈”。朱元璋认为他离间父子亲情，下令逮捕。叶伯巨死于狱中。后来，靖难之役发生，人们服其卓识。

1377 年（洪武十年）

八月，建大祀殿于南郊，准备合祀天地。

十一月，临时改在奉天殿合祭天地。明廷自此不再分祭天地，一直延续到明中叶。

1378 年（洪武十一年）

三月，定制，诸王到封国前都要先到皇陵辞行。

四月，朱亮祖奏安东、沭阳二县爆发“野鬼事件”。朱元璋御制祭文，遣使祭祀。

新建成皇陵，朱元璋御制碑文。

十月，大祀殿建成。

1379 年（洪武十二年）

正月，始合祀天地于南郊大祀殿。自此，成为定制。（按，以下每年正月合祀，不赘述。）

1380 年（洪武十三年）

正月，胡惟庸谋反，伏诛。“胡惟庸案”前后株连一万五千余人。

废丞相，著之《祖训》。权归六部，并将六部尚书升到正二品。

三月，命燕王朱棣到封地北平。

十一月，致仕翰林学士宋濂坐胡惟庸党，论死。经皇后求情，下令免死，安置茂州。宋濂死于途中。在陶安死后，洪武一朝的礼乐制度多出自宋濂之手。

1382 年（洪武十五年）

正月，宴群臣于谨身殿，始用九奏之乐。

二月，以平定云南，诏告天下。

四月，诏天下学校通祀孔子，于每年仲春、仲秋的上丁日祭祀。原来，只有京师、曲阜等地的学校祭祀孔子，其余地方的学校不祭孔。

五月，国子监文庙落成，朱元璋幸太学，行释菜礼，这是他第三次祭孔。

八月，重新开科取士，三年一行，以为定制。

1383 年（洪武十六年）

三月，由于皇陵所在，永久免除凤阳、临淮二县徭赋。

十一月，更定冕服之制及朝参坐次，并毁天下淫祠。

颁《乡饮酒礼图式》于天下。令制大成乐器，颁授学宫。

1384 年（洪武十七年）

三月，重颁科举取士式。

六月，朱元璋御奉天门，重申“治天下礼乐为先”。

七月，重申禁止内官干预外事。

1385 年（洪武十八年）

十月，颁《大诰》于天下。《大诰》共有三编，体现重典治国的思想。

1388 年（洪武二十一年）

四月，蓝玉取得捕鱼儿海大捷，俘虏蒙古军民七万人。

十二月，封蓝玉凉国公。朱元璋本欲封蓝玉梁国公，因为蓝玉无礼，奸乱元主后妃，改封凉国公。

1390 年（洪武二十三年）

二月，国子祭酒、文渊阁大学士宋讷卒。宋讷制定洪武学规，为监生树立规范。

三月，燕王朱棣和大将傅友德北征有功，史称“燕兵自此益强”。

定朝臣衣服之制。

1392 年（洪武二十五年）

四月，太子朱标薨。

七月，葬太子于孝陵之东（即东陵），谥号懿文。

九月，立朱标之子朱允炆为皇太孙。

任命方孝孺为汉中教授。方孝孺乃宋濂高足。

十二月，命黄子澄为修撰，侍奉东宫讲读。

同年，高丽大将李成桂自立为王。高丽王国灭亡。朱元璋认为高丽偏远，不便兴兵，遂默许李成桂的篡国举动，同意李成桂的奏请，将国号从高丽改成朝鲜。自此，李氏朝鲜崛起。

1393 年（洪武二十六年）

二月，凉国公蓝玉谋反，伏诛。“蓝玉案”爆发，株连甚广。至此，开国勋臣被诛杀殆尽。

三月，颁《稽制录》于功臣，令朝夕省览。

十月，颁大成乐器于天下府学。

1395 年（洪武二十八年）

九月，颁《皇明祖训》。

1397 年（洪武三十年）

五月，再颁《大明律》《大诰》，强调“明礼以导民，定律以绳顽”。

谕皇太孙“刑原于礼”，刑罚世轻世重，让他即位后刑罚从轻。

十月，重建国子监先师庙成。

1398 年（洪武三十一年）

四月，群臣因为朝鲜上表傲慢，请发兵征讨，朱元璋不许。朱元璋曾开列十五个不征之国，其中包括朝鲜、日本、安南等，著之《祖训》，预防嗣君穷兵黩武。

五月，明太祖朱元璋崩，时年七十一，传位于皇太孙朱允炆。

六月，朱允炆命齐泰、黄子澄参与国事。

七月，征汉中教授方孝孺至京，擢翰林侍讲。

八月，废周王为庶人，并逮捕齐王、代王、岷王等，大肆削藩。

1399 年（建文元年）

二月，从方孝孺请，根据周礼，大规模更定官制。时论以为“不急之务”。

三月，朱允炆到太学参加释奠礼。

四月，湘王自焚死，齐王、代王被废为庶人。

燕王三子（朱高炽、朱高煦、朱高燧）被放归北平，朱棣反志益决。

六月，岷王被废为庶人。

有人举报燕王谋反，朝廷诏责燕王。朱棣佯狂自保。

七月，燕王举兵反，号曰“靖难”。

1400 年（建文二年）

正月，朱允炆到太学参加释奠礼，连续两年亲自祭孔。

四月，白沟河大战，燕军大败南军。李景隆南奔。

八月，从方孝孺请，朝廷根据古礼，分别将午门改成端门，端门改成应门，承天门改成皋门，前门改成路门。

十二月，东昌大战，盛庸、平安等大败燕军。朱棣北奔。

1402 年（建文四年，洪武三十五年）

二月，更定尚书以下勋阶。

五月，燕军绕开坚城，一路南下。攻占泗州后，燕王拜谒祖陵。

六月，燕军渡江，直逼京师。李景隆等人打开金川门投降。朱棣入主京师，建文帝不知所踪。

燕王入城，杨荣建言先谒陵，后即位。

杀齐泰、黄子澄、练子宁等，皆族诛。方孝孺被诛十族，死者八百余人。其他死难的建文诸臣及其家属不可胜数。

魏国公徐辉祖下狱，后被软禁、削爵。

七月，朱棣在南郊合祭天地，奉太祖配祀，命今年仍称洪武三十五年。

诏建文更改官制一切复旧。

1403 年（明太宗永乐元年）

正月，令周王、齐王、代王、岷王等复爵。

以北平为北京。

二月，改北平为顺天府。

五月，以太祖忌日，谒孝陵。

十一月，颁历于朝鲜等国，著为令。

同年，始命宦官督军。

1404 年（永乐二年）

四月，立朱高炽为皇太子。

1405 年（永乐三年）

六月，命中官郑和出使西洋。传言，建文帝漂流海外。朱棣为了追捕建文帝，也为了向外国夸示中国富强，遂有郑和之行。郑和前后七次下西洋，始于永乐三年（1405），终于宣德八年（1433）。

1406 年（永乐四年）

三月，幸太学，参加释奠礼，服皮弁，行四拜礼。

七月，申严诽谤之禁。

1407 年（永乐五年）

五月，张辅等生擒安南黎季犛父子，安南平。鉴于安南叛乱，英国公张辅先后三征安南。

六月，以平安南，诏告天下。改安南为交趾，内属中国。

十一月，修成《永乐大典》。

十二月，徐辉祖卒。朱棣念中山王徐达不可无后，令徐辉祖长子徐钦袭爵。

1409 年（永乐七年）

七月，命丘福等领兵十万北征。

八月，丘福等将军阵亡，北征军团全军覆没。朱棣决定亲征，天子守边，自此常年兴师在外。

1410 年（永乐八年）

正月，朱棣在北京，太子代祭天地于京师南郊。

二月，北征，命皇长孙朱瞻基留守北京。

1411 年（永乐九年）

六月，因汉王朱高煦谗言，解缙“私觐太子径归，无人臣礼”，被逮入狱。

十月，封哈密兔力帖木儿为忠义王。

十一月，立皇长孙朱瞻基为皇太孙。朱棣亲自为其加冠，令其冕服一同皇太子。

1413 年（永乐十一年）

七月，封鞑靼知院阿噜台为和宁王。

1415 年（永乐十三年）

正月，锦衣卫奉命杀解缙。

五月，改封汉王朱高煦于青州。原封云南，朱高煦不从。

九月，胡广等人奉命纂成《四书大全》《五经大全》和《性理大全》，作为统一思想的官定教科书，独尊程朱理学，特别是朱子学。此举直接禁锢了明代经学的发展，顾炎武所谓：“《大全》出而经说亡。”

1416 年（永乐十四年）

十一月，朱棣决定迁都北京。

1417 年（永乐十五年）

三月，改封汉王朱高煦于乐安州。

1418 年（永乐十六年）

三月，姚广孝卒，以僧礼葬之，追赠荣国公。

1420 年（永乐十八年）

九月，定都北京。诏自明年（1421）起，改京师为南京，以北京为京师。

1421 年（永乐十九年）

四月，奉天殿、华盖殿、谨身殿三大殿同时遇灾，下诏求直言。主事萧仪认为是迁都所致，坐“诽谤”罪，下狱被杀。一时直言者，往往获罪。

1424 年（永乐二十二年）

七月，明太宗朱棣崩，时年六十五。

八月，皇太子朱高炽即位。

十月，立皇长子朱瞻基为皇太子。

十一月，诏建文诸臣家属为奴者，宽宥为民，给还田土。

十二月，葬文皇帝朱棣于长陵。明长陵在帝国的新首都北京北郊，为明十三陵之首。

1425 年（明仁宗洪熙元年）

正月，合祭天地于南京，奉太祖、太宗配祀。

二月，祭社稷，奉太祖、太宗配祀。

是月，南京连续地震。

三月，除诽谤之禁。

四月，皇太子到南京谒孝陵。当时，南京频繁地震，遂命太子居守。

五月，南京地震。

明仁宗朱高炽崩，时年四十八。

汉王朱高煦伏兵，中途刺杀皇太子朱瞻基，未遂。

六月，朱瞻基抵达北京，即位。

1426 年（明宣宗宣德元年）

八月，汉王朱高煦反。在杨荣等辅臣的建议下，朱瞻基决定御驾亲征。

平定汉王谋反，改乐安州为武定州。

1427 年（宣德二年）

十一月，明廷弃交趾，立陈暠为安南国王。安南内属中国二十年后，正式独立。

1428 年（宣德三年）

二月，立皇长子朱祁镇为皇太子。

1434 年（宣德九年）

六月，河南渑池曹端卒。曹端号称“明初理学之冠”，也是北方著名礼学家，严守儒家礼制，著有《夜行烛》《家规辑略》等。

1435 年（宣德十年）

正月，明宣宗朱瞻基崩，时年三十八。仁宗、宣宗在位时期，国家承平，史称“仁宣之治”。

九岁的皇太子朱祁镇即位。

二月，封朱祁钰为郕王。

三月，释放教坊司乐工三千八百余人，遣散山陵民夫一万七千余人。

五月，大学士杨士奇请早开经筵，教育小皇帝。

九月，太监王振执掌司礼监，开始弄权。

1436 年（明英宗正统元年）

二月，始开经筵，制定仪注。

三月，小皇帝开始上课。

1437 年（正统二年）

正月，太皇太后欲诛王振，不果。王振有所收敛。

1438 年（正统三年）

六月，麓川宣慰使思任发（一作“法”）叛。

1440 年（正统五年）

七月，四朝元老杨荣卒。

十一月，有僧人自称建文帝，被捕入狱。后来被杀，同党被发边。

十二月，王振用事，欲借军功立威，开启麓川之役。

1441 年（正统六年）

正月，命蒋贵、王骥等领兵十五万，讨麓川。

1442 年（正统七年）

十月，太皇太后张氏崩。此后，王振肆无忌惮，令人盗毁太祖留在宫中的铁碑。铁碑上有“内臣不得干预政事”八字。

1443 年（正统八年）

四月，侍讲刘球上疏，反对麓川用兵。

六月，刘球被捕入狱。王振派人杀之。

1444 年（正统九年）

二月，新建太学成。

三月，车驾幸太学，释奠于孔子。

大学士杨士奇卒。

1446年（正统十一年）

七月，大学士杨溥卒。至此，名臣“三杨”全部谢世，而王振弄权，不可抑制。

1449年（正统十四年）

二月，王骥三征麓川，破敌于金沙江。明军主力不断南下，北方空虚。

七月，瓦剌大举入侵。

明英宗下诏亲征，命郕王居守。

八月，大军经过土木堡，被也先军队四面合围。明军主力几乎全军覆没，英宗被俘，史称“土木之变”。

皇太后命郕王监国。兵部侍郎于谦力排众议，拒绝南迁。

九月，郕王朱祁钰即位，遥遵朱祁镇为太上皇。明朝历史上第一次也是唯一一次同时出现两个皇帝。

十月，也先拥太上皇入寇，京师戒严。

京师保卫战，明军获胜，也先撤退。

1450年（明景帝景泰元年）

正月，定输纳之例，“凡生员纳粟、上马者，皆许入监”。

二月，开经筵。景泰帝命宦官撒钱于地，让讲官捡拾。

赠前侍讲刘球为学士，谥忠愍，立祠于乡。

七月，李实至瓦剌，谒见太上皇。

右都御史杨善至瓦剌。也先允许迎回太上皇。

八月，太上皇从瓦剌出发。

诏礼部议迎上皇礼，不果。

太上皇至京师，居南宫。景泰帝率百官行朝谒礼。

1452 年（景泰三年）

四月，景泰帝赐阁臣陈循、高谷白金各百两，江渊、王一宁、萧镃、商辂各五十两，想要改立自己的儿子为太子。

广西罪臣黄玹迎合上意，上疏另立太子，被无罪释放。

五月，废皇太子朱见深为沂王，立皇子朱见济为皇太子。

十二月，从于谦请，始立团营，练京军十万。于谦、石亨不和。

1453 年（景泰四年）

八月，瓦剌太师也先杀死鞑靼可汗脱脱不花，自立为汗。

十月，命徐有贞为佥都御史，治理沙湾决河。徐有贞原名徐珵，之前建议首都南迁。

十一月，皇太子朱见济薨。

1454 年（景泰五年）

四月，御史钟同等人上疏，请立沂王为太子。景泰帝大怒，令锦衣卫逮捕钟同等人。

同年，瓦剌也先被知院阿剌所杀。此后，鞑靼部酋孛来杀阿剌，立麻儿可儿为可汗，号曰“小王子”。瓦剌势力衰退，鞑靼复振。

1455 年（景泰六年）

七月，徐有贞治沙湾决口成。

八月，御史钟同等被杖毙狱中。天顺复辟后，赠钟同大理左丞。成化年间，朝廷追谥恭愍，与刘球同祀忠节祠。

1457 年（景泰八年、天顺元年）

正月，景泰帝朱祁钰病危，在南郊斋宫召见石亨，命代为祭大。

石亨、曹吉祥、徐有贞等发动“夺门之变”，到南宫迎太上皇复位。

以“迎立外藩”的谋逆罪名诛杀于谦等人，并抄其家。于谦临刑时，阴霾四合，天下冤之。

二月，废景帝，仍称郕王，迁到西内。不久，朱祁钰薨，时年三十，依亲王例，葬之西山，谥曰戾。

大臣建议革除景泰年号，不许。

十月，朱祁镇赐王振祭葬，为之立祠，亲赐匾额，题曰“旌忠”。

1460 年（天顺四年）

二月，石亨伏诛。

十二月，传旨将被石亨陷害的徐有贞释放为民。

1461 年（天顺五年）

七月，太监曹吉祥及从子曹钦谋反被诛，夷族。

1464 年（天顺八年）

正月，明英宗朱祁镇崩，时年三十八，遗诏禁止宫妃殉葬，结束明朝的人殉制度。

皇太子朱见深即位。

八月，御经筵，赠讲官白金、文绮。

1465 年（明宪宗成化元年）

二月，为于谦平反。

1466 年（成化二年）

八月，复于谦之子于冕官。朝廷遣人祭扫于谦墓，制词提到“当国家之多难，保社稷以无虞。惟公道之独持，为权奸所并嫉。在先帝已知其枉，而朕心实怜其忠”，为天下传诵。

1468 年（成化四年）

朱见深宠溺万贵妃（年近四十，且比朱见深大十九岁），引发朝臣上疏。

1472 年（成化八年）

正月，皇太子薨，传为万贵妃所害。

1475 年（成化十一年）

五月，朱见深突然知道自己尚有儿子，在西内召见。此子乃淑妃纪氏所生，被偷偷抚养，此时已六岁。

六月，淑妃纪氏暴薨，或言自缢死，或言万贵妃所杀。

十一月，立皇子朱佑樘为皇太子，大赦天下。

十二月，复郕王帝号，上尊谥曰恭定景皇帝。

1487 年（成化二十三年）

正月，万贵妃薨。朱见深为之辍朝七日，谥曰恭肃。

八月，明宪宗朱见深崩，时年四十一。

九月，皇太子朱佑樘即位。

十月，追谥生母淑妃为孝穆皇太后。

十一月，礼部左侍郎丘濬进《大学衍义补》。

1488 年（明孝宗弘治元年）

二月，耕藉田。耕藉礼自永乐以来，君主只用在登极后举行一次即可。至此规定，皇帝需要在每年仲春亲自行礼，且为定制。

封哈密左都督哈商为忠顺王。

三月，御经筵，并命儒臣日讲，以谢迁等名臣为讲官。

从吏部尚书王恕奏请，在早朝之外增加午朝。

1489 年（弘治二年）

十二月，赐于谦谥号忠愍，赐额曰“旌功”。万历年间，改赐谥号忠肃。

1492 年（弘治五年）

三月，立皇子朱厚照为皇太子。

1496 年（弘治九年）

二月，诏增文庙佾舞七十二人，如天子制。

1497 年（弘治十年）

三月，御经筵，从阁臣之请，召徐溥、刘健、李东阳、谢迁于文华殿。既毕，赐茶而退。举朝传为盛事。

命阁臣修《大明会典》。

1498 年（弘治十一年）

六月，京师有熊从西直门入城。儒臣建议防火，因为熊字“能火”。

十月，太皇太后居住的清宁宫发生火灾。皇帝祭告天地、宗庙、社稷，下诏群臣修省。

十二月，榜禁中外奢僭逾制。

1499 年（弘治十二年）

九月，重建清宁宫成。两宫太后好佛老，用佛教、道教的规制举行落成仪式。大学士刘健等人劝谏，不被采纳。

1502 年（弘治十五年）

十二月，《大明会典》成，大学士刘健等上表。《大明会典》在嘉靖、万历时期都有续修，直至万历十五年（1587）大学士申时行重修后，《大明会典》才基本完成。该书对包括礼制在内的明代典章制度，叙述甚详。

1504 年（弘治十七年）

正月，申严诬告之禁。

二月，申谶纬妖书之禁。

1505 年（弘治十八年）

五月，明孝宗朱佑樘崩，时年三十六。明孝宗在位时期，勤政爱民，史称“弘治中兴”。

皇太子朱厚照即位。

1506 年（明武宗正德元年）

二月，从刘健之请，御经筵。

六月，命太监刘瑾提督京师十二团营。

七月，司礼监传旨，皇帝大婚，需银四十万两。举朝震惊。

十月，大学刘健、谢迁等请诛刘瑾，不果。

刘健、谢迁致仕。自是，大权尽归刘瑾。

十二月，刘瑾贬兵部主事王守仁为龙场驿丞。王守仁号阳明，后来在龙场悟道，创立阳明心学，与程朱理学分庭抗礼。他本人也是明代最具影响力的思想家，“门人遍天下”。

1507 年（正德二年）

五月，复宁王朱宸濠护卫。有术士言，东南有天子气。宁王蠢蠢欲动。

八月，建设豹房，号曰“新宅”。

1510 年（正德五年）

四月，安化王朱寘鐇反。

命杨一清、神英、仇钺率军讨伐。

仇钺俘虏安化王朱寘鐇，宁夏平。

命太监张永提督宁夏军务。

六月，通晓佛经梵语的朱厚照自称“大庆法王西天觉道圆明自在大定慧佛”，命有司铸印。

八月，刘瑾谋反，被发往凤阳安置。

查抄刘瑾家，金银数百万两，扇中藏有匕首两枚。命诛刘瑾，凌迟处死，随后清理党羽。

九月，因为平朱寘鐇、刘瑾功，封太监张永的哥哥张富为泰安伯，弟弟张容为安定伯。一时间，太监及其家人纷纷封爵，名爵滥矣。

1512 年（正德七年）

九月，赐义子一百二十七人国姓，并授予官职。

十月，增建豹房的房屋两百余间。

1517 年（正德十二年）

九月，出游宣府的朱厚照自署“总督军务威武大将军总兵官”，驻地称“军门”。

传旨户部，拨银一百万两输送宣府。户部尚书劝谏，不听，最终输送半数。

1518 年（正德十三年）

正月，车驾还自宣府。群臣迎驾，但称“威武大将军”。

九月，朱厚照自封镇国公，岁禄米五千石，令吏部奉行。杨廷和、蒋冕、梁储、毛纪等劝谏，不听。

1519 年（正德十四年）

二月，朱厚照敕谕吏部“镇国公朱寿宜加太师”，又命礼部、工部等为南巡做好准备。杨廷和等劝谏，不听。

三月，群臣劝谏，天子不可南巡。翰林修撰舒芬等 107 人到午门外罚跪五日。随后，廷杖群臣，死伤相继，史称“午门事件”。

六月，宁王朱宸濠反，领兵十万，攻陷江西州县。举朝震动。

巡抚南赣都御史王守仁奉命征讨朱宸濠。

七月，王守仁俘虏朱宸濠，前后仅用三十五天就平定叛乱。

八月，朱厚照以“威武大将军”的身份亲征。王守仁捷报传来，朱厚照秘而不发，继续南下。

十二月，车驾至扬州，四处搜刮妇女、财物等。

至扬州仪真，发布禁猪令，禁止民间养猪，违者发边充军。民间屠猪殆尽。

车驾抵南京。

1520 年（正德十五年）

闰八月，车驾发南京。

十二月，车驾还京师。

合祭天地于南郊。行初献礼时，朱厚照病发呕血，不克成礼。

1521 年（正德十六年）

三月，明武宗朱厚照崩于豹房，时年三十一，无子，传为纵欲过度所致。

杨廷和等人根据祖训，推兴献王之子朱厚熜（年仅十五岁）嗣位。朝廷遣人往湖北迎接朱厚熜来京。在此后三十七天中，首辅杨廷和妥善处理内外军政，中外倚以为安。

四月，朱厚熜抵达京郊，拒用皇太子即位礼，开启礼仪之争。

朱厚熜即位。

五月，议兴献王尊号，廷议以为，应称孝宗为“皇考”，兴献王为“皇叔父”，兴献王妃为“皇叔母”。朱厚熜命再议。此后，朝议不休。

七月，朱厚熜收到进士张璁的上疏，命儒臣再议。

八月，廷臣集议。上不听，留中。

十月，追尊兴献王为“兴献帝”，母妃蒋氏为“兴献后”。

十一月，以平朱宸濠功，封王守仁新建伯，可以世袭，但是不给铁券，不给岁禄。

十二月，谕令兴献帝改称“兴献皇帝”，兴献后改称“兴献皇后”。内阁封还，群臣进谏，不听。

1522 年（明世宗嘉靖元年）

正月，大祀天地于南郊。是日，清宁宫后殿发生火灾。群臣进谏，以为擅改尊号所致。朱厚熜妥协，不称“兴献皇帝”“兴献皇后”，只称“本生父母”，并认孝宗为“皇考”。

1524 年（嘉靖三年）

二月，内阁首辅杨廷和致仕。杨廷和离职后，礼仪之争复起。

三月，因为议礼问题，礼部尚书汪俊引疾求退。

五月，内阁首辅蒋冕致仕。此前，朱厚熜召席书、张璁、桂萼等顺承自己的官员来京，拟予重用。

七月，在翰林修撰杨慎等人的倡议下，群臣在左顺门跪谏，天子不可去“本生”二字。朱厚熜命锦衣卫逮捕议礼大臣 134 人，随后廷杖群臣，打死 16 人。史称“左顺门事件”。事后，不乏大臣被罢官、降职，杨慎则被发配边疆，永不叙用。

内阁首辅毛纪致仕。短短半年之间，杨廷和、蒋冕、毛纪等三位内阁首辅相继离职。

九月，更定大礼仪，孝宗改称“皇伯考”，昭圣皇太后改称“皇伯母”，献皇帝改称“皇考”，章圣皇太后改称“圣母”。

1528 年（嘉靖七年）

十一月，新建伯兵部尚书王守仁卒。因为朝臣阻挠，王守仁至死都没能封侯。

1529 年（嘉靖八年）

二月，因为桂萼非议王守仁“事不师古，言不称师”，明廷诏停王守仁世袭，不予恤典。直到明穆宗即位后，朝廷才追赠王守仁新建侯，谥号文成，并让他的子孙世袭新建伯。

1530 年（嘉靖九年）

正月，始作先蚕坛于北郊，拟以皇后亲行先蚕礼。后于三十八年（1559），罢皇后亲蚕礼。

三月，更改天地合祀大典，冬至祭天于圜丘，夏至祭地于方丘。

十一月，更改祭孔大典，去除孔子“文宣王”的王号，大成殿改称先师殿，大成门改称庙门。祭祀的笾豆从十二个减成十个，乐舞从八佾减成六佾。

朱厚熜祭昊天上帝于南郊圜丘。自此，明廷直到灭亡，一直遵行天地分祭之礼。

1533 年（嘉靖十二年）

十一月，朱厚熜命武定侯郭勋代祭上帝于南郊圜丘。此后，他经常缺席祭天大典。

1534 年（嘉靖十三年）

四月，时享太庙。朱厚熜派遣武定侯郭勋代祀。就连自家祖宗，朱厚熜也让人代祀，引发朝臣不满。户科给事中张选进谏，遭受廷杖，差点死去。

1536 年（嘉靖十五年）

十二月，九庙建成。朱厚熜建设九庙的私心，意在为自己的父亲预留位置。

任命道士邵元节为礼部尚书。朱厚熜崇信道教，由于久无子嗣，便请邵元节祷祀。生下皇子后，加封邵元节为礼部尚书。

任命严嵩为礼部尚书。

1538 年（嘉靖十七年）

六月，始定明堂大享礼。

九月，将朱棣的庙号从明太宗改成明成祖。为生父献皇帝上庙号睿宗，并将睿宗神位放入太庙，位在武宗之上。朱厚熜大享上帝时，既不用太祖神位配祀，也不用原来的太宗神位配祀，而是用生父睿宗配祀。

十二月，朱厚熜生母蒋氏崩。

诏议皇太后葬礼。朱厚熜原来打算，在京师大峪山建造陵墓（也叫显陵），把父亲从湖北的显陵迁到京师与生母合葬，并派遣使者到湖北。

之后，朱厚熜又改变主意，与其把生父接到京师合葬，不如把生母南迁到湖北合葬。

1539 年（嘉靖十八年）

二月，因为之前显陵出现异样，朱厚熜决定南巡，亲自到湖北承天察看。群臣进谏，不听，被逮多人。

三月，朱厚熜谒湖北显陵，建显陵新宫，行大享礼。

四月，车驾过尧母墓。朱厚熜看到尧的父母都是分葬，又下令停止迁陵，改成分葬。

回到京师后，朱厚熜又跑到大峪山，最终决定让生母南迁湖北，和生父合葬，并停止京师大峪山的显陵工程。

七月，朱厚熜生母终于葬入湖北显陵。

1542 年（嘉靖二十一年，壬寅）

四月，以“为民祈福”的名义，在西苑建成大高玄殿。

五月，鞑靼使者石天爵款塞求贡，被巡抚大同的龙大有诱俘。在明蒙战争一触即发的关头，明军怒斩使者。

六月，鞑靼各部大举进攻山西，为石天爵报仇。

七月，鞑靼退兵。前后攻掠十卫、三十八州县，杀戮男女二十余万，焚烧房屋八万处，破坏农田数十万顷，史称“壬寅之乱”。

八月，礼部尚书严嵩入阁预机务，自此逐步擅权，将近二十年。

十月，宫女杨金英等人刺杀朱厚熜未遂，史称“壬寅宫变”。朱厚熜自此移居西苑，不再回到大内，开启长达二十年不上朝的怠政期。

1546 年（嘉靖二十五年）

二月，总督翁万达请修筑宣府、大同等地边墙，许之。

五月，俺答派遣俘虏的玉林卫百户杨威到大同，请求入贡。杨威被边将所杀，封贡不果。

七月，总督翁万达再次上疏，请求考虑鞑靼的封贡问题。朝议不允。

十二月，总督三边曾铣请求举兵收复被侵夺的河套地区。

1547 年（嘉靖二十六年）

四月，俺答又遣使求贡。

七月，倭患兴起，不断袭扰东南沿海。

1548 年（嘉靖二十七年）

正月，夏言罢，曾铣被逮。

三月，杀曾铣，逮夏言。自是，无人敢建议主动收复北边失地之事。

十月，杀夏言。夏言死后，严嵩擅权，愈发不可收拾。

1550 年（嘉靖二十九年，庚戌）

六月，俺答进犯大同。

七月，俺答领兵十余万继续南侵。

八月，俺答进犯宣府，不克，转战通州。京师戒严。京兵多老弱病残，而且都是虚额。诏诸镇兵勤王。俺答大军在京师附近转战八日，大掠而归。史称“庚戌之变”。

1553 年（嘉靖三十二年）

闰三月，海盗汪直联合各路倭寇（七成倭寇都是中国人，真倭只占三成）大举进犯，东南边疆数千里同时告警。北有鞑靼，南有倭寇，明朝陷入被两面夹击的被动状态。

1555 年（嘉靖三十四年）

七月，倭犯南京，不克。

八月，一股六七十人的倭寇在东南转战数千里，杀伤官兵四千余人，经过八十多天才被官兵歼灭。

1556 年（嘉靖三十五年）

二月，命胡宗宪总督沿海军务。

1557 年（嘉靖三十六年）

十一月，胡宗宪诛汪直。

1565 年（嘉靖四十四年）

三月，严世蕃伏诛，抄家。严嵩被废。严嵩、严世蕃父子擅权时代结束。

1566 年（嘉靖四十五年）

七月，广东香山黄佐卒。黄佐是岭南地区著名礼学家，著有《泰泉乡礼》等。

十二月，明世宗朱厚熜崩，时年六十。继明太祖朱元璋之后，朱厚熜是明朝变革礼制最多的一位皇帝。特别是他发动的“大礼仪之争”，旷日持久。

裕王朱载垕即位，改明年（1567）为隆庆元年，停止斋醮，释放海瑞。

1570 年（明穆宗隆庆四年）

十月，俺答之孙把汉那吉来降。根据总督王崇古的建议，明廷授把汉那吉指挥使一职。

十一月，俺答请求封贡，并提出迎回孙子把汉那吉。明廷开出俘获白莲教头领赵全等条件。

十二月，俺答俘获赵全等人来献。明廷遣归把汉那吉。明蒙交好。

1571 年（隆庆五年）

三月，封俺答为顺义王。

1572 年（隆庆六年）

五月，召大学士高拱、张居正等受顾命。

明穆宗朱载垕崩，时年三十六。

六月，年仅十岁的皇太子朱翊钧即位，改明年（1573）为万历元年。

诏建文死节诸臣祭祀于家乡，并在南京建表忠祠，祭祀徐辉祖、方孝孺等人。

罢高拱，以张居正为内阁首辅，开启长达十年的“张居正时代”。

1582 年（明神宗万历十年）

二月，顺义王俺答卒。

六月，张居正卒。

1583 年（万历十一年）

闰二月，封俺答之子乞庆哈为顺义王。

1584 年（万历十二年）

二月，释放建文诸臣外亲还在谪戍的后裔三千余人。

四月，查抄张居正家。

1585 年（万历十三年）

十二月，顺义王乞庆哈卒。

1587 年（万历十五年）

三月，乞庆哈之子扯力克袭封顺义王。俺答之妻三娘子在俺答死后，先后嫁给他的儿子乞庆哈、孙子扯力克，辅佐三代顺义王，维护明蒙和平，被明廷敕封忠顺夫人。

六月，禁廷臣逾制奢僭。

1592 年（万历二十年）

三月，宁夏哱拜反叛。

四月，总兵官李如松提督军务，前往西北平叛。

五月，丰臣秀吉侵略朝鲜，攻陷朝鲜王京。朝鲜国王李昖逃到义州，向大明求援。

七月，副总兵祖承训驰援朝鲜，轻敌败归。

八月，宋应昌经略备倭军务。

九月，宁夏叛乱被平定，此为“万历三大征”的第一征。

十月，李如松东征，奔赴朝鲜。

十二月，以宁夏平，诏告天下。

1593 年（万历二十一年）

正月，李如松取得平壤大捷。之后，李如松乘胜进攻王京，在碧蹄馆被日军打败。

四月，日军放弃朝鲜王京。

六月，日本使者小西飞请求议和。关于册封问题，朝议纷纷。

十二月，召回宋应昌、李如松等将领，另派总督顾养谦兼理朝鲜军事。

1595 年（万历二十三年）

正月，遣李宗城、杨方亨到日本册封丰臣秀吉为国王。

九月，诏复建文年号。

1596 年（万历二十四年）

四月，册封使李宗城辱国，从日本军营逃奔朝鲜王京。

五月，命杨方亨、沈惟敬继续到日本册封。

九月，杨方亨等人抵达日本。丰臣秀吉拒绝受封，重新侵略朝鲜。册封一事彻底失败。

1597 年（万历二十五年）

正月，朝鲜使者向大明求援。

二月、三月，派遣麻贵、杨镐、邢玠等经略朝鲜军务。

1598 年（万历二十六年）

正月，大明、朝鲜联军进攻蔚山，大败，麻贵、杨镐等奔还王京。

十一月，接到丰臣秀吉病逝的消息后，日军放弃蔚山，主动撤兵。

十二月，朝鲜平。此为“万历三大征”的第二征，前后长达七年之久。

1599 年（万历二十七年）

三月，李化龙总督川、湖、贵州军务，讨伐在西南边疆反叛的杨应龙。

闰四月，以倭平，诏告天下，免除加派的东征田赋。

1600 年（万历二十八年）

六月，杨应龙自缢。播州平。此为“万历三大征”的第三征。

八月，大明撤回朝鲜戍军。

1610 年（万历三十八年）

是年，意大利耶稣会传教士利玛窦卒，赐葬京师。利玛窦在华传教二十八年，不仅吸引一批信徒，如“天主教三大柱石”徐光启、李之藻、杨廷筠等人，还带来西方天文、地理、数学等领域的新知识，引发晚明士大夫学习西学，促进东西方文化交流。

1612 年（万历四十年）

四月，南京各道御史上言：“上深居二十余年，未尝一接见大臣，天下将有陆沉之忧。”不报。

1616 年（万历四十四年，后金天命元年）

正月，建州女真努尔哈赤即位，定国号为金，改元天命。

1618 年（万历四十六年，后金天命三年）

二月，努尔哈赤以“七大恨”告天，起兵反明。

1620 年（万历四十八年、明光宗泰昌元年）

七月，明神宗朱翊钧崩，时年五十八。明神宗在位前期，有张居正辅政，国家接近富强，后期常年怠政，纲纪废弛，史称“明之亡，实亡于神宗”。

八月，皇太子朱常洛即位，改明年为泰昌元年。

九月，明光宗朱常洛崩，时年三十九，在位仅一个月，传为红丸毒杀。前后共发生“梃击案”“红丸案”和“移宫案”。

因为皇帝在位时间太短，所以史书把此年七月及以前记为万历四十八年，八月及以后记为泰昌元年。

皇长子朱由校即位，改明年（1621）为天启元年。

同年，俞汝楫编成《礼部志稿》。该书是继《明集礼》《明会典》等礼书之后又一部叙述明代礼制的重要文献。

1622 年（明熹宗天启二年）

五月，复故大学士张居正原官。

录方孝孺遗嗣，赐予祭葬。

1625 年（天启五年）

八月，毁天下讲学书院。

十二月，榜东林党人姓名，颁示天下。

1626 年（天启六年）

闰六月，巡抚浙江佥都御史潘汝桢请为魏忠贤建生祠。从此，魏忠贤生祠几乎遍天下。

1627 年（天启七年）

五月，监生陆万龄请在太学旁为魏忠贤建生祠，像孔子一样祭祀。

后金皇太极入侵锦州、宁远。

六月，袁崇焕固守，取得“宁锦大捷”。

七月，罢袁崇焕，封魏忠贤的孙子魏鹏翼为安平伯。

八月，明熹宗朱由校崩，时年二十三，以信王朱由检嗣位。

十一月，安置魏忠贤于凤阳。不久，魏忠贤自缢，朝廷清理其党羽。

1628 年（明思宗崇祯元年）

正月，诏内臣非奉命不得出禁门。

四月，任命袁崇焕为兵部尚书，督师蓟、辽。

1629 年（崇祯二年）

正月，亲自到太学行释奠礼。

六月，袁崇焕杀毛文龙。

十月，清军入大安口。

十一月，京师戒严。

十二月，逮袁崇焕，下锦衣卫狱。

1630 年（崇祯三年）

八月，以谋叛罪杀袁崇焕，天下冤之。

1635 年（崇祯八年）

正月，张献忠攻陷凤阳，焚烧皇陵，留守朱相国等战死。

二月，以皇陵失守，逮总督杨一鹏，弃市。

1641 年（崇祯十四年）

八月，重建太学，崇祯帝亲自参加释奠礼。

十二月，将黄道周发配广西充军。

1642 年（崇祯十五年）

六月，祭地于北郊。

八月，释放黄道周于戍所，官复原职。

闰十一月，下诏罪己，开言路，求直言。

十二月，因为直言进谏，姜埰、熊开元遭受廷杖，下锦衣卫狱。

左都御史刘宗周进言营救姜埰、熊开元等人，被贬为民。革职后，刘宗周自称“草莽孤臣”。1645 年，在杭州被清军攻陷后，他绝食而死。

1643 年（崇祯十六年）

从二月到七月，京畿地区鼠疫大爆发，死者不计其数。

十一月，祀天于南郊。

1644 年（崇祯十七年，甲申）

正月，京师大风霾。凤阳地震。

李自成称帝，定都西安，国号大顺，改元永昌。大顺军随后一路东进，直逼京师。

二月，下罪己诏。诏天下勤王。

三月，有人建议南迁，崇祯帝答："国君死社稷，朕将焉往？"

在李自成攻陷内城后，崇祯帝鸣钟召集百官，无一人至，自缢于万岁山。

明亡。